海永镇志

HAI YONG ZHEN ZHI

《海永镇志》编纂委员会　编

方志出版社
Publishing House of Local Records

海永镇行政区划图

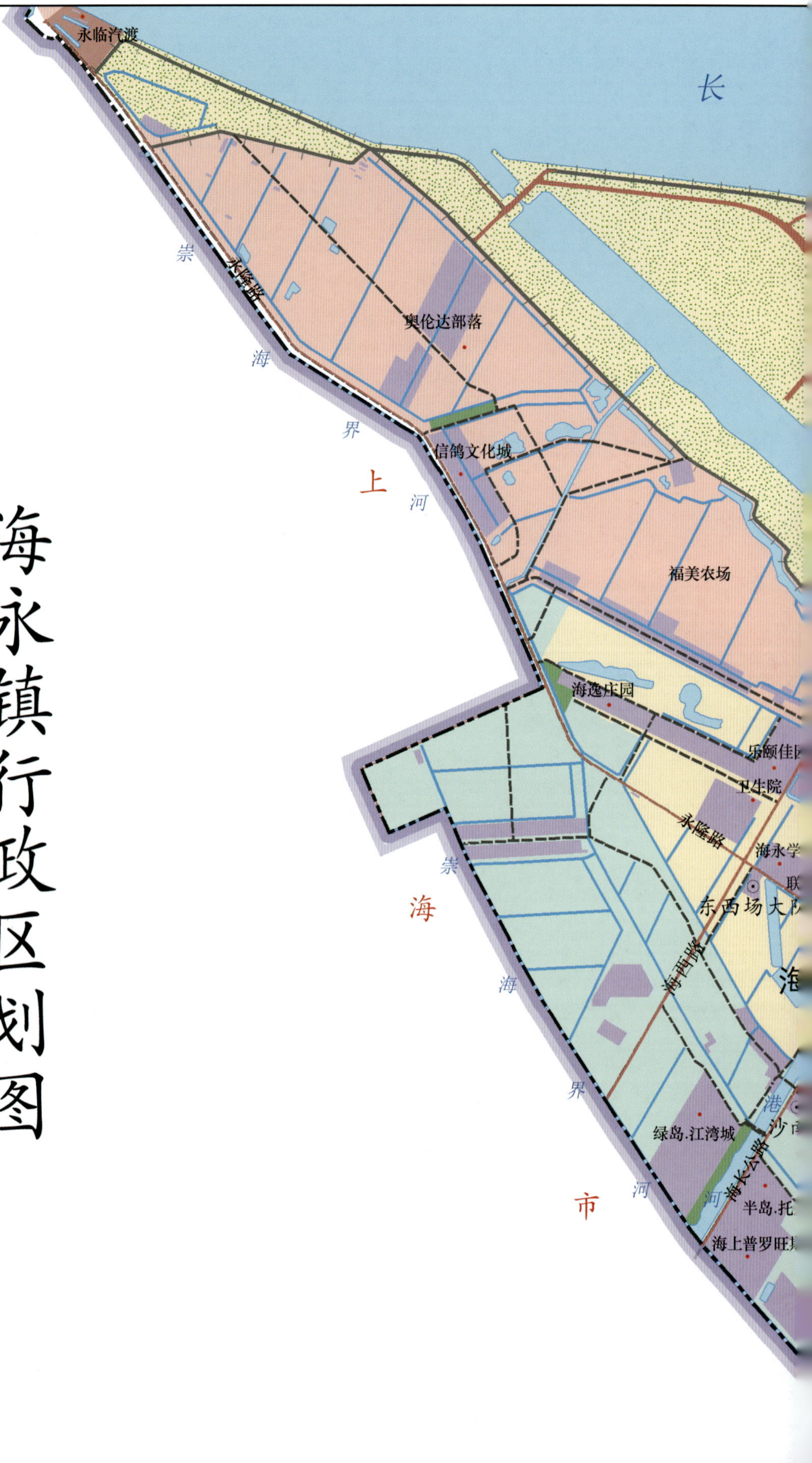
永临汽渡
长
崇
永隆路
海
界
上
河
奥伦达部落
信鸽文化城
福美农场
海逸庄园
乐颐佳
卫生院
永隆路
海永学
东西场大
崇
海
海
界
绿岛.江湾城
市
河
半岛.托
海上普罗旺

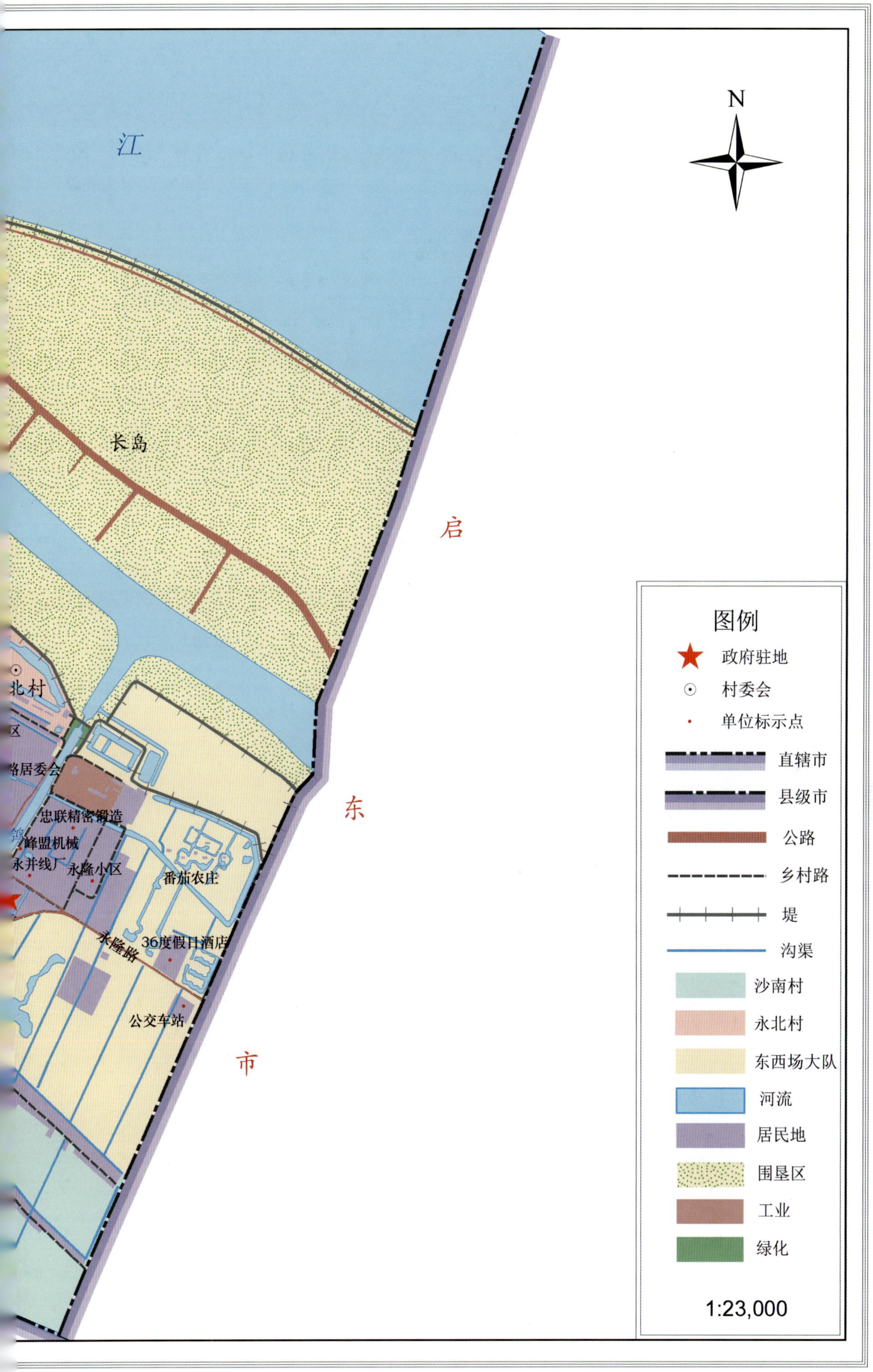

N
江
长岛
启
东
市
北村
区
路居委会
忠联精密锻造
峰盟机械
永井线厂
永隆小区
番茄农庄
永隆路
36度假日酒店
公交车站
图例
政府驻地
村委会
单位标示点
直辖市
县级市
公路
乡村路
堤
沟渠
沙南村
永北村
东西场大队
河流
居民地
围垦区
工业
绿化
1:23,000

永隆沙一角　1975年摄

海永日出　2015年摄

海永江滩 2001年摄

鸽笼港河 2015年摄

日落归巢　　2016 年摄

河岸绿化　　2016 年摄

太阳能风能路灯　　2015年摄

小镇夜景　　2016年摄

碧水蓝天 2016年摄

岸边草坪 2016年摄

草地牧羊 2001年摄

绿岛江湾城

江堤达标工程　　2013年摄

鸽笼港北闸　　2015年摄

自来水厂 2015年摄

自来水塔 2015年摄

35KV变电站　2016年摄

国农大桥　2015年摄

永临汽渡码头

绿岛江湾城大桥　　2013年摄

海长公路　　2015年摄

海永大道　　2016年摄

村落晨曲　　2015 年摄

海永镇政府办公楼　　2015 年摄

滨江小区 2016年摄

镇区鸟瞰图 2008年摄

联想小区　　2015年摄

海永商业街　　2013年摄

海永民居　　2016年摄

海永民居　　2016年摄

绿大阿斯米尔花卉基地　　2015年摄

绿宝石精致农业园精油提练车间　　2015年摄

香草园 留兰香　　2012年摄

纯种海门山羊　　2001年摄

南美白对虾 2005年摄

沙南村红皮甘蔗 2007年摄

8424西瓜　　2007年摄

树桩月季　　2015年摄

苏玉糯1号

海蜜甜瓜

四色宝豆

香稻

海永农业特产　　2005年摄

永隆沙建材厂　　1980年摄

海永并线厂生产车间　　1998年摄

海门市手帕二厂　　1998年摄

南通忠联精密锻造有限公司　　2015年摄

汽车用万向接

挖掘机配件

公司办公大楼

南通忠联精密锻造有限公司大楼及产品 2000年摄

南通忠联精密锻造有限公司生产车间 2015年摄

海永并线厂 2015年摄

海永并线厂生产车间　　2015年摄

南通华清净水材料公司　　2015年摄

普罗旺斯生态住宅　　2015年摄

普罗旺斯大酒店　　2015年摄

普罗旺斯住宅楼 2015年摄

田园风光住宅楼 2015年摄

蓝湖湾别墅区 2015年摄

绿岛·江湾城住宅楼 2015年摄

绿岛·江湾城小高楼　　2015年摄

融科·托斯卡纳别墅区　　2015年摄

乐颐小镇养老产业园　　2015年摄

设计空间大楼　　2015年摄

祥盛混凝土厂 2016年摄

绿岛·江湾城

海永旅游度假区 2016年摄

36° 阳光假日酒店 2016年摄

番茄农庄度假村　　2015年摄

游客接待中心　　2016年摄

蓝湖湾　　2016年摄

国农植物园　　2015年摄

智能温室　2015年摄

海永重点农业园区标志性建筑　2016年摄

SS1538游客接待中心　　2016年摄

江苏福美香氛主题馆　　2016年摄

生态垂钓大赛　　2014年摄

旅游观光车　　2015年摄

温室花卉 2015年摄

绿大月季园 2015年摄

海永学校　　2015年摄

海永卫生院　　2016年摄

海永敬老院　　2016年摄

社区党支部会议室　　2015年摄

大会堂 2015年摄

社区服务中心 2016年摄

社区服务大厅 2016年摄

海永幼儿园 2016年摄

海永镇文化中心　　2012年摄

30周年场庆文艺晚会　　2000年摄

迎新春文艺晚会　　2009年摄

社区腰鼓队表演　　2012年摄

社区广场舞表演赛　　2013年摄

清风海门廉政主题节目在海永巡演　　2015年摄

唱响中国梦演出　　2015年摄

全民长跑运动　　2004年摄

机关学校篮球队合影　　2001年合影

学校开展拔河运动　　2013年摄

成人拔河运动训练现场　　2014年摄

第二届全民运动会现场　　2014年摄

电子阅览室　　2016年摄

图书室　　2015年摄

围垦用泥络汏

1969年建水闸 2000年摄

建场初期移民住宅　　1980年摄

出席海门县知青代表大会代表合影　　1979年摄

1980年海永小学生毕业合影　　1980年摄

海永与崇明交界桥　　1990年摄

1990年前场党组织书记合影（左起：叶鹰、施乐之、张建勤、陆松云） 1990年摄

建场初期农业技术人员合影（左起：陈凡祖、吴一统、卢君佳、郭廷、陈警钟） 1990年摄

海永农业机械化生产 1989年摄

永隆沙良种场建场三十周年庆祝大会 2000年摄

建场四十周年场庆“四十年海永人”座谈会合影 2010年摄

2011年8月江苏省人民政府为所属永隆沙岛立碑 2015年摄

南通市科学技术进步奖状
（1989年度）
项目名称：杂交玉米制种高产栽培技术
奖励等级：四等奖
完成单位：海门县种子公司、海门县永隆沙良种场
南通市人民政府
一九九〇年五月

社会治安安全乡
中共南通市委员会
南通市人民政府
二〇〇六年二月

南通市侨联基层组织建设
达标乡镇（街道）
南通市归国华侨联合会
二〇〇六年十二月

二〇〇七年度
平安农机乡镇
南通市社会治安综合治理委员会办公室
南通市安全生产监督管理局
南通市农业机械管理局
二〇〇八年三月

江苏省体育强镇（乡）
江苏省体育局
二〇〇八年一月

省级农村信息化建设先进镇
江苏省信息化工作领导小组办公室
中国电信江苏公司
二〇〇八年十二月

南通市农村环境长效管理
达标乡镇
南通市人民政府
二〇一三年三月

2011-2012年度
南通市文明乡镇
中共南通市委
南通市人民政府
二〇一三年十月

我喜爱的长三角休闲农业（农家乐）与乡村旅游景点
2014长三角休闲农业与乡村旅游博览会组委会

2013-2014年度
南通市文明镇
中共南通市委
南通市人民政府
二〇一五年十二月

2015长三角休闲农业与乡村旅游博览会组委会推荐
休闲农业（农家乐）景点
2015长三角休闲农业与乡村旅游博览会组委会
二〇一五年九月

2009-2016年南通市老区建设扶贫开发
先进集体
南通市老区开发促进会
南通市扶贫开发协会
二〇一六年八月

海永镇志编纂委员会

2015 年

主　　任：徐秋华
副 主 任：俞　军　杜　琴
委　　员：鲁　宇　黄宏伟　沈志敏　陈银波　江慧卫　胡天颖　张　平
张林杰　顾宏图　黄　华　徐　勇　陆亚一　龚军华　戴咏梅
徐　健　张泉森　蔡卫东　姜凤迁　范　兵

2017 年

主　　任：樊丽红
副 主 任：顾　健　杜　琴
委　　员：鲁　宇　张林杰　沈志敏　陈银波　江慧卫　胡天颖　张　平
顾宏图　徐　健　龚军华　蔡卫东　陈　泳　戴永梅　张泉森
姜凤迁

海永镇志编纂办公室

主　　任：杜　琴
副 主 任：沈志敏
成　　员：季铃勇　黄　蕾

海永镇志编纂工作组

主　　编：杜　琴
执行主编：范本模
副 主 编：沈志敏
编　　辑：张品山　江　林　季铃勇　姜燕雯　陈新龙　张　平

海永镇志主审单位

中共海门市委党史办公室
海门市地方志办公室

序

盛世修志，志载盛世。在海永人民全面建设小康社会的进程中，《海永镇志》历经编修人员近两年的辛勤劳动，正式付梓出版。这是全镇人民政治文化生活中的一件大事，可喜可贺！

海永地处长江口，从围垦开荡至今近半个世纪，在这块地理位置优越、得天独厚的“飞地”上，几代海永人精心耕耘，生生不息，以勤劳的双手、聪明的才智，不断推动社会历史向前发展。特别是中共十一届三中全会以来，在海门市委、市政府的正确领导下，海永人民解放思想，坚持改革，勇于开拓，大胆创新，逐步走上以传统农业为基础的高端休闲农业之路，使经济建设蓬勃发展，社会事业兴旺发达，综合实力稳步增强，镇村面貌焕然一新，人民生活大幅度改善，先后入选全国投资潜力500强乡镇，中国可持续发展百强乡镇，跻身全市综合先进乡镇。2015年，四度蝉联南通市文明单位，被农业部认定为“全国一村一品示范乡镇”。

《海永镇志》是第一部记述海永经济、政治、文化、社会发展的“百科全书”，文字朴素简明，通俗易懂。它以科学的体例、详实的资料，据事直书海永的历史和现状，彰盛世、志伟绩，展示经验教训，全面系统地记载海永镇人民改造自然，改造社会，建设社会主义新农村的辉煌历程；艰苦奋斗，强毅力行，自强不息的精神风貌和具有一定文化底蕴的风土人情。镇志问世，是海永人民宝贵的精神财富，是一部永远载入史册的地情之书、传承后代的乡土教材，为我们鉴往知来、把握未来，提供珍贵的历史资料，我们一定要以史为镜，充分发挥志书的存史、资政、教化作用。真诚希望每位海永人、社会各界人士、海内外朋友，通过阅读这部志书，从中取得更多的信息，共同谋划海永的明天，海永后人一定会把未来的奉献者继续载入史册，名垂青史。

修志工作繁杂，功在当代，利在千秋。《海永镇志》的出版凝聚了全镇机关、单位领导和全体专兼职修志工作者的智慧和精力，得到海门市地方志办公室、档案局、水利局等各有关部门领导专家的指导和支持，曾在海永工作的老前辈为我们提供大量历史资料，在这里谨向指导帮助我们编修镇志的单位和个人致以真挚的谢意。

继往开来，征程豪迈。海永的昨天已记入史册，新的历史起点已经开始，海永人民在中共十九大精神的指引下，迈开新的步伐，继续坚持改革开放，开拓创新，为把海永建成：“生态环境最美，产业特色最明显，百姓幸福指数最高”的现代版“桃花源”，谱写更加光辉灿烂的篇章。

中共海门市海永镇委员会书记　樊丽红

海门市海永镇人民政府镇长　顾　健

2018年3月

凡　　例

一、本志编纂以马克思列宁主义、毛泽东思想、邓小平理论、“三个代表”重要思想、科学发展观和习近平新时代中国特色社会主义思想为指导，坚持辩证唯物主义的立场、观点和方法，坚持求实存真原则，力求全面、客观、系统记述海永镇自然、政治、经济、文化、社会的历史和现状。

二、记述时间，上限力求追溯事物发端，下限截至 2015 年 12 月 31 日。大事记、人物篇、志首图照延伸至 2016 年 12 月 31 日。

三、记述范围，以现海永镇境为界，为确保记述事物的完整性，发生在镇外与镇有密切联系的相关事物亦应予记述。

四、记述体裁，以志为主，述、记、传、图、照、表、录多体并用；结构体式为章节体，以篇、章、节、目四个层次为主，部分事项设子目；篇下设概述；地图、彩照及部分黑白照集于志首，并根据需要设随文照。

五、遵守横排纵写的编纂原则。篇目设置按事物的属性归类，通过科学分类，横排篇目，实现所记事物全覆盖。以时间顺序纵写，记述每一事物的发生、发展和现状。

六、坚持生不立传原则。立传人物均为革命烈士，以卒年先后为序记述；人物简介载录具有县、团级职务、高级专业技术职称以上的人士；人物表录，收录部队军官、地方副科职以上干部和中高级专业技术职称以上人士。人物传、简介、表录以在市（县）境活动的本乡人士为主，兼录在本乡活动的客籍人士和本乡在外活动的人士。

七、历史纪年，鉴于本镇除“成陆”外所有事物均发生在中华人民共和国成立后，一律用公元纪年。如用“年代”表述时间，凡在每节首次出现加“20 世纪”或“21 世纪”字样。凡用月、日记时间，农历用汉字、公元用阿拉伯数字表述。

八、所用数据，一律以市、镇统计资料为准，未作统计的以镇原始资料为准。

九、计量单位，使用 1984 年 3 月国务院颁发的中华人民共和国法定计量单位。

十、资料主要来自原始档案、文献、报刊、市（县）志，部分由海永镇机关部门和基层单位提供，少数通过口述形式采访知情者获取。因篇幅有限，均不注明出处。

目　　录

概　述

一

海永镇地处长江口北支。1969年冬，永隆沙首期围垦结束。1970年3月，建立海门县永隆沙良种场，为县办国营场圃。1976年、1977年，县境四甲、悦来、三厂区各公社移民近千户于场外围，建4个新垦大队，属区委领导。1980年划归良种场管辖。1990年9月，建立中共永隆沙良种场委员会，属中共海门县委领导，为副科级事业单位。1992年12月，建立海永乡，与永隆沙良种场合署。2015年9月，撤销乡建制，建立海永镇，是海门市8个行政镇之一。

海永镇位于北纬31°48′，东经121°26′。东与启东市启隆镇相邻，西、南与上海市崇明区接壤，北与市临江工业园区隔江相望，是海门市处于崇明岛北沿的一块得天独厚的"飞地"。全境总面积14.88平方公里，江岸线长6.5公里。地势平坦，平均海拔4.0米（以吴淞口为基准）。气候温和，四季分明，雨量充沛，无霜期长，平均气温15.3℃，略低于全市其他乡镇，属北亚热带季风区，海洋性气候特征明显。土壤肥沃，滩涂资源丰富，地理条件优越，自然环境清淅，无严重污染源。2010年，被环保部评为"全国环境优美乡镇"。2013年，获"国家级美丽乡村示范点"荣誉。

2015年，全镇人口5608人，其中非农业人口2230人，占总人口39.7%。设2个行政村，1个农场大队，1个居民委员会。居民大多是汉族，有少数民族11个、共28人。人口基本方言有"沙地话"、通东话两种。部分居民信教，有佛教、基督教等，基督教有信徒100多人。

二

建场初，海永人民会同开荡民工，历经8次围垦造田，使"沙背"变为良田。在这一片空白的土地上，农场职工和移民过着极其艰苦的芦荡生活，事关民生的一切基础设施亟待解决。面对白手起家的种种困难，场党政领导紧紧围绕镇村建设、堤防水利、道路交通、供电供水、邮电信息等各项基础建设，制定、调整规划，组织人力、财力、物力，实施工程建设，不断改善人民的生产、生活条件。进入新世纪，政府加大投入，实施民生事实工程，使镇容村貌发生天翻地覆的变化，农村居民过上现代化城市生活。

镇村建设错落有致。建场初，全场职工、移民自己动手，搭建简易草屋，解决住宿问题。20世纪80年代，以场部为中心，建设学校、卫生院、粮站、供销社、农贸市场，形成农场小镇。1995年，实施旧镇改造，兴建农民街，镇区各项公共设施逐步完善，使小镇变成全乡政治、经济、文化中心。农村大兴土木，拆平房，建楼房，镇村面貌为之一新。2005年后，为发展现代化高端农业，建设万顷良田工程，拆迁居民近千户，兴建"滨江""联想"2个居民小区，拆迁农户陆续住进小区，新居内水电、卫生设施一应齐全，农民生活城镇化。2015年，镇区与小区共有住户1061户，占全镇住户的43.3%。俯视海永鸽笼港两岸，镇、区连片，高楼环绕，错落有致，构成一派现代化小城镇的美丽景象。

堤防水利工程达标。1974年夏，大潮袭击海永，江堤6次决口，大地汪洋，灾害惨重。1977年始，永西、永北地段发生江坍，新垦的大片土地坍入江中。为实施堤防保坍,1979 年起,县财政出资 600 多万元,用于沉排抛石、退堤培土。良种场组织人力物力,投入护坡治坍,健全防汛抗灾队伍,加强江堤管理,确保万无一失。2001 年,完成江堤达标工程。

境内河道疏浚治理常态化。1977 年 10 月,开凿延伸纵贯海永全境的鸽笼港河海门段,同时开疏东场、白港引水河,涵闸配套,形成引排水利网络。80 年代开始,轮番疏浚匡河、明沟,做到水清见底、流畅自如。全面兴修农田水利,修筑灌溉总渠 1800 米。新世纪,兴修硬质水渠,建成农田露天微灌设施。2015 年,通过高标准农田建设市级验收。

交通运输四通八达。70 年代,永隆沙良种场只有 1 条贯穿全场东西的泥路,称"农场大道"。1977 年建鸽笼港河大桥,可通汽车。1983 年,建海长晴雨公路。1990 年 3 月,崇明南隆线通车,公交车首次驶入海永。1996 年,乡投资建成海长公路柏油路面,全长 2.5 公里。2005 年,海门市财政出资重建海长公路,成为海永乡首条市级公路。2008 年,重建鸽笼港河大桥,命名"国农桥"。2009 年,全乡实现水泥路"户户通",时为全市首创,全省领先。2010 年 10 月 1 日,永临汽渡开通。2011 年 8 月 21 日,海永至海门车站公交班车开通,实现海永人民的长期夙愿。2015 年,海永镇公路总长 26.59 公里,公交班车年载客约 10 万人次,汽渡过往车辆 40 多万辆次,海永成为连接苏南、苏北,接轨上海交通要道。

水电设施协调发展。海永地表水味咸,不宜饮用。1985 年,深井钻探成功,水质达标,全场居民饮用自来水。1987 年 4 月,成立水厂,经营管理供水。2007 年乡财政出资实施改水工程,确保居民饮水安全。2010 年,地处沙南村钻井成功,水质、提水量均达标,当年供水。2012 年完成纳入崇明供水网管道铺设工程。2015 年,全镇出水 45.5 万吨,供水 35 万吨,水费收入 60 多万元。

70 年代,场棉纺厂、县砖瓦厂为生产所需,购置发电机组自行发电,场部和附近居民靠厂内路线延伸解决照明用电。1979 年,经协商,崇明高压线进场供电,全场安装 100 千伏变压器 6 台,接入用电。1989 年,农场实施"旱改水"因水稻灌溉所需,增加变压器 2 台。2003 年、2004 年实施农网电力改造,安装 160 千伏变压器 6 台,100 千伏变压器 15 台。2011 年,海永经济腾飞,为适应经济发展需要,建成 35 千伏变电所,2012 年投入使用。2015 年,全镇用电总量 1200 万度左右,其中居民用电 800 万度。

邮电信息方兴未艾。建场初,全场无电话设施,邮件往返速度缓慢,信息十分闭塞。1975 年,购置 30 门磁石交换机,用于场部与下属大队、单位通话。1987 年,开通与县直达电话。翌年 7 月,场长途电话进入全国自动电话网。1993 年,安装数字微波塔,实现交换程控化、传输数字化。1997 年,全乡装有固定电话 790 部,实现电话乡。新世纪开始,由于无线通讯发展,邮政函件趋少,特快专递增加。2003 年 9 月,海永建 G 网基站,结束手机漫游收费。2004 年 11 月,接通江底光纤电缆,互联网宽带进村入户。2005 年,建立海永政府门户网站,用现代化信息工具对外宣传海永,各部门、单位、家庭用户都使用电脑、手机为生产、工作和生活服务。2015 年,镇财政出资建成无线网络全覆盖,居民免费上网。

三

海永围垦建场初期,定位于培育发展作物良种,经济结构单一,企业连年亏损。中共十一届三中全会以后,通过贯彻执行改革开放政策,调整农业种植结构,摸索工业发展路子,推动第三产业发展,实行经济体制改革,加强经济综合管理,全场经济效益明显上升,企业逐步扭亏为盈。90 年代,海永一、二、三产全面发展,市场经济不断活跃,财政收入逐年上升。21 世纪开始,海永经济快速崛起,各项经济指标大幅度增长。2008 年,地区生产总值首次超亿元,入选中国乡镇投资潜力 500 强。2010 年,财政收入 5666.85 万元,人均财力超万元,跻身全市综合实力先进乡镇行列。2015 年,地区生产总值 3.72 亿元,财政收入 4557 万元。

农业经济上台阶。海永建场初,农业以培育良种为主,制种玉米著名全省。1989 年实行"旱改水",种植水稻 62.4 公顷,购置配套农业机械,实施全程机械化生产。1993 年,战胜多种自然灾害,获得农业丰收,总产值 696 万元,粮食总产 1664 吨,油料 100 吨,皮棉 105 吨,亩产皮棉 80 公斤,名列全县第一。养殖业、绿化造林同时发展,利用滩涂开塘养殖淡水产品成为海永一大特色。

21 世纪开始,加大调整种植结构力度,发展设施农业、特色农业、高效农业。2005 年获得省颁发“无公害农产品产地”认定证书,注册“海隆”农副产品系列商标。沙南的甘蔗、向华的西瓜以及各村的“四青”作物以公司 + 农户的模式旺销上海市场。2015 年,全镇粮食总产 1472 吨,油料 617 吨,皮棉 69 吨,水产 115 吨。

在全市范围内,海永率先走上发展高端农业新路子。从 21 世纪初开始,乡党委政府果断决策,利用海永生态、地域优势,打破传统农业框框,迈向项目农业、高附加值农业。2004 年 12 月,与中国农业大学签订“国农海永生态农业园”项目协议,投入 2.5 亿元,成为全省最大的单体农业项目。2006 年 6 月,海永乡被市评为“项目农业建设先进单位”。随后,引进并建成绿大阿斯米尔、番茄农庄、绿宝石精致农业园、鸿泰乐颐小镇等集科学种植、休闲、观光、旅游为一体的现代农业项目。2015 年 3 月,经省国土厅验收,海永率先完成海门万顷良田片区工程。江苏农业网多次报道海永走一条与传统农业绝不相同的高端休闲农业之路。

工业经济上规模。建场初,为生产和生活的需要,良种场开办小窑厂、季节性轧花厂、小油厂和豆制品加工作坊。1976 年,创办永隆沙棉纺厂。80 年代,场办、村办企业异军突起,工业生产门类较多。同时,成立县建安公司永隆沙工程队,有工人 300 多人,在陕西、吉林等地承包工程。1992 年,建崇明县运良锻造厂永隆沙分厂。1993 年,有乡办工业企业 8 家、职工 819 人,固定资产 812 万元,工业总产值 2176 万元,利润 133 万元。1996 年,运良锻造厂增加投入扩大规模,更名为南通忠联精密锻造有限公司。同年,乡办工业企业实行经济体制改革,乡棉纺厂、建材厂等企业建立股份制或股份合作制企业。1999 年,进一步深化改革,乡办企业通过招投标,作价买断,成为民营企业。2006 年,海永工业经济抓重点、上规模,经济指标稳步增长,工业产值 1.29 亿元,首次超亿元大关。2010 年,南通忠联精密锻造有限公司上交税收超 500 万元,获市政府颁发铜牌奖。2015 年,全镇有工业企业 8 家,工业总产值 3.58 亿元,其中规模以上工业企业产值 2.4 亿元,占总产值的 67%。

商贸市场日益繁荣。70 年代,海永商贸网点逐步形成,1973 年建粮站,1976 年建供销社、商店,收购农副产品,供应生产、生活资料。80 年代初,商品供应货源偏紧,部分商品凭证限量供应。随着改革开放,商品经营逐步放开,农民进镇经商办企业,农村小店星罗棋布。1995 年旧镇改造,采取优惠政策,鼓励农民进镇经商,形成通江路商业一条街。至 1998 年,农民进镇经商 80 多户,社会消费品零售总额 952 万元。与此同时,供销、粮食部门为适应开放搞活的市场经济,采取承包租赁、转为私营等多种形式改革商业体制。进入 21 世纪,海永经济崛起,农民增收,形成家庭装潢热潮,给建材、装潢材料、家用厨卫、电器商户带来商机,餐饮和其他服务业相应发展。2015 年,镇区共有商户 150 多家,农村、小区商业网点 15 个,社会消费品零售额 1.82 亿元。

房地产业飞跃发展。从 21 世纪初开始,海永乡党委政府瞄准融入崇明、接轨上海大目标,决定开发房地产。2006 年,引进南通兴和房地产有限公司、江苏国农置业有限公司、江苏荣海置业有限公司等房地产业主投资海永,开发商住楼。至 2009 年,开发面积 62 万平方米,在建 15 万平方米,楼盘销售面积占竣工面积的 94%,房地产业税收占全乡地税收入的 81.54%,成为海永财政收入的支柱产业。截至 2015 年,先后开发建成“海上 · 普罗旺斯”“半岛 · 托斯卡纳”“绿岛 · 江湾城”“国农 · 蓝湖湾”“国农 · 田园风光”“融科 · 托斯卡纳”“鸿泰 · 乐颐小镇”等生态住宅园,开发面积近百万平方米,实现楼盘产销两旺。

旅游开发全面启动。2005 年,海永以创建崇明国际生态岛为依托,开发旅游业,走一条集生态农业、休闲农业、观光旅游农业为一体的经济发展之路,即时成立机构,规划开发景点。2010 年 11 月,与崇明县签订生态旅游循环带合作协议。2015 年 5 月,经南通市政府批准,同意设立为“南通市级旅游度假区”。2015年，全镇景点建设初见成效，其中，“番茄农庄”“绿宝石精致农业园”“乐颐小镇”等景点基本成型。农业部认定海永乡为“乡村休闲示范乡镇”。

金融保险业务兴旺。建场头几年，场境内无银行，集体、个人存款到境外银行办理。1976年，县人行设立永隆沙服务组办理存贷业务。1980年9月，改称县农行永隆沙服务组，后升格为营业所。1984年，农行营业所内设保险代理处，办理保险业务。1986年，场成立农村合作基金会，为场办集体融资拆借单位，至1996年吸储123万元。1999年10月，根据市金融部门规定，基金会清盘关闭。年末，全乡银行储蓄余额1626万元，人均3097元。2003年，因故撤销市农行海永乡营业所。2009年6月30日，建海永乡农村信用合作社，填补全省唯一的银行网点空白乡镇。同年，办理农业政策保险，减少农民经受自然灾害风险。2015年，全镇银行存款1.76亿元，其中居民储蓄1.61亿元，人均3万元。办理农业政策性保险交纳保费3.8万元，办理其他保险交纳保费6.93万元。

四

建场初期，良种场经济薄弱，各项社会事业发展滞后。中共十一届三中全会后，通过改革开放，推动全场经济的发展，财政实力逐步增强，各项事业欣欣向荣，社会秩序井然，人民安居乐业，生活蒸蒸日上，人们的精神面貌、道德素质不断提升，英雄、模范、先进人物层出不穷。

科技事业卓有成效。海永原为良种繁育基地，是农业科研单位。建场初期，引进农业科技人才，建立科研组、考种室，专门为全县繁育作物良种，制种玉米“苏玉9号”“大粒种蚕豆”和棉花、高粱等良种。1990年，沙南村村民制作木制地膜覆盖器，经县农科部门定型后获国家专利。1993年，乡建材厂采用煤渣代煤内燃烧砖技术，质量达国家先进水平。1996—1998年，向全市提供玉米良种147.35万公斤，占全市所用玉米种子的60%～70%。1999年，东西场大队被评为“中稻科技丰产方竞赛先进单位”。2012年12月，海永乡“休闲农业新模式”科技项目获南通市农业创新三等奖。2013年，“树桩月季栽培与推广”立为市科技计划项目。

教育事业应时发展。建场初，为解决农工子女入学，创办永隆沙良种场小学复式班，校舍设备简陋，师资均为初、高中毕业的代课、民办教师。1975年9月，建立永隆沙初级中学。1977年9月，永隆沙初中附设两年制高中，共招2届。1988年，永隆沙良种场小学兴建教学楼，原址开办永隆沙幼儿园。1994年12月成立海永乡成人教育中心，与乡党校合署办公，负责党员干部教育、成人教育、技术培训。随着教育事业发展，为提高教学质量，学校广泛开展教研活动。1999年，海永小学被南通师范定为教改实验小学和社会实践基地。2001年9月，海永小学“田园教育”课题开课，中央教科所所长朱小蔓博士应邀出席。2003年，海永小学与初中合并，定名为海永学校，成为九年一贯制学校，全校共有1～9年级15个班，学生399人，教师25人。2010年，学校所有班级多媒体教育设备安装完毕，达到现代化标准。2011年，乡幼儿园重建竣工使用，共有学生95人。2012年，海永学校综合教学楼竣工，建筑面积7500平方米，校舍、操场、设备均达省定标准。2014年，海永幼儿园成为南通市优质幼儿园。2015年，海永学校共有9个班级，学生299人，教师32人。

文化生活丰富多彩。建场初，场部自办广播，播出农场信息、革命歌曲、天气预报等；购置放影机，巡回放映；组织“毛泽东思想宣传队”，自编自演文艺节目。1980年，场部礼堂安装标准座位600张，作为开会和文艺活动场所。同年更新广播设备，接通县广播，传播全县信息。1988年，建文化站，指导全场开展文体活动。1993年，建广电站，接通县调频广播。21世纪开始，乡财政加大投入，文化事业蓬勃发展，学校、村居相继建立图书室、文化活动室，乡成立文艺队、腰鼓队，送戏下乡，演出活动频繁。体育赛事不断，成绩优异。2012年，乡建联想新城文化活动中心，配有图书馆、乒乓室、舞蹈室、电脑阅览室、电影放映中心等设施。2015年举办文艺演出、节日庆祝活动13场次，放映电影54场次，播出“海永之声”47期。全镇有线电视用户1300多户。海永学校足球队获海门市初中足球赛冠军、南通市“可口可乐杯”初中组足球赛亚军。

医疗卫生逐步改善。永隆沙良种场建场时，即建卫生保健站，为场内职工诊治一般疾病，大病患者到海门或崇明县医院就诊。农场、农村先后建立合作医疗制度。1976年，建良种场卫生院。1978年，县卫生局为场卫生院配备X光、化验、妇科手术等必要设备，卫生院开展常见病治疗，并开展妇幼保健、新法接生、计划生育工作。配备防疫医生，开展全场卫生防疫、医药食品卫生监督。1990年建卫生院大楼，增加病床，改善医疗条件。2003年3月，卫生院改制为私营，更名海永医院。2011年由乡政府回购，恢复卫生院建制。2012年，政府埋单，为农场职工办理享受一类医保。截至2015年，政府出资350万元为农村居民交纳新型农村合作医疗保险。镇财政投入1755万元，按一级甲等医院标准兴建的卫生院新大楼竣工。是年，卫生院有医务人员14人，全年收住病员389人次。计划生育成绩显著，人口自然增长率-1.26‰。

劳动保障机制完善。建场初，良种场招收少量生产管理人员，主要雇用合同工、季节工。1974—1977年，先后接受三厂、青龙港两镇插场知青531人，成为场内生产主力。农场职工实行农工工资制，职工离退休实行南通市范围国营农林场圃统筹。1993年，纳入海门县人事部门统筹。2004年12月，海永乡541名农场职工加入养老保险盘子。2005年参加农村养老保险457人。2015年，全镇农场职工参加养老保险174人，退休享受养老保险待遇职工364人，农村参加养老保险人员995人。

民政工作深入细致。民政事关百姓利益，工作头绪繁多。建场初着重做好灾害救助、困难补助、优抚工作、退伍安置、“五保户”供养以及婚姻登记等各项工作。海永建乡后，抓村居民主自治建设，贯彻村务公开、财务公开，实施一事一议筹资办事，加强社区服务设施和服务队伍建设。新世纪开始，实施扶贫帮困工程，农户草危房改造，落实农村低保，残疾人救助，加强地名管理、殡葬管理，做好老龄工作等。2014年沙南村获省“民主法治示范村”称号。2015年，海永镇连续7年蝉联省“双拥模范城”称号。

人民生活蒸蒸日上。海永人民历经围垦开荡，艰苦创业，逐步走上富裕道路，衣食住行各个方面基本达到小康水平。2015年，全镇人均银行储蓄3万元，人均年收入20820元。私家轿车500多辆，楼房住户2300多家，农村居民过上现代化城市生活。

居民素质全面提高。精神文明建设、公民道德教育，历来都是海永党组织的工作重点，建场初期，在职工中开展“五讲四美三热爱”活动。在农村开展移风易俗、抵制封建迷信、败风陋习活动，在青少年中开展学雷锋，做好事活动。在长期的文明创建活动中，出现一批县级、乡级文明单位和舍己救人、尊老爱幼、助人为乐、见义勇为的先进人物，彰显海永人的传统美德。新世纪开始，在党员干部中开展学习“三个代表”重要思想、保持共产党员先进性教育、党的群众路线实践教育，在群众中开展社会主义荣辱观和社会主义核心价值观教育，组织志愿者服务队关爱帮助社会弱势群体。2007年，全乡开展以科技致富、无私奉献、人民公仆、助人为乐为内容的“海永之星”评比活动，评出“海永之星”15人。2013年至2015年，海永镇（乡）连续被评为南通市文明乡镇。

社会安定秩序井然。70年代，场部设治保室，组织武装民兵做好治安保卫工作。1979年，建立永隆沙良种场人民武装部，开展征兵、民兵整组、预备役登记和国防教育，充分发挥民兵在保卫和参与经济建设的生力军作用。1985年建派出所，组织联防队值班巡逻，确保社会安定。海永建乡后，成立人民代表大会，设司法、综治机构，加强政权建设，开展普法教育，实施以法治乡，进行社会治安综合治理。财政出资建成视频监控网络，实现技防全覆盖。2015年，海永镇实现零发案，6年蝉联全国“无讼乡镇”荣誉。

人杰地灵英才辈出。在全镇移民中，有7位亲属为中国人民的解放事业浴血奋战，英勇牺牲，成为革命烈士，给海永人民留下永垂青史的革命斗争精神。1998年，出现海永乡沙南村人民的好儿子、英雄王陈，在部队执行任务时为抢救落水儿童，英勇牺牲，他是新时期海永人民的骄傲。在改革开放、建设美丽海永的热潮中，培养造就一代新人，其中有被评为劳动模范、先进工作者、生产者和具有中高级职称、副科职以上国家干部的镇内贤达；有具有博士、硕士学位和高级职称的在外乡贤和学子,他们在各条线上为祖国社会主义现代化建设作出重大贡献,为海永人民争光。

五

忆往昔浪漫江洲,看今日花香海永。近半个世纪以来,海永历史发展璀璨夺目,社会事业欣欣向荣,各条战线成果辉煌。回顾这一伟大历程,使人们得到诸多启迪。

解放思想,开拓进取是推动社会发展的一大法宝。从围垦开始,特别是中共十一届三中全会以后,海永党政领导带领海永人民战天斗地,顽强拼搏,终于使海永由沙滩变为良田,落后的乡村变为城镇化农村,人民的生活由贫穷、温饱达到小康水平,综合实力由连年亏损的场圃达到全市一线乡镇水平。实践证明,只要解放思想,开拓进取,百折不挠,攻坚克难,朝着建设社会主义的宏伟目标奋勇前进,就一定能够取得硕果,推动社会向前发展。

坚持改革,大胆创新是推动社会发展的强大动力。在改革开放浪潮中,海永先后实施农场、农村、工厂、商贸流通和其他行业经济体制改革和各项机制改革,最大限度地调动劳动者、经营者积极性,农民纷纷发展高效农业、特色农业、养殖业,以公司加农户的模式,把产品运销上海大市场。不少农民进城经商办企业,发展第三产业,促进三产增加值不断增长。进入新世纪,海永党委政府引领海永人民掀起开放开发、招商引资热潮,创新发展高附加值农业,一批精致、休闲、观光农业项目落户海永,实现由传统农业向高端农业转型的飞跃。实践证明,只有改革与发展生产力不相适应的生产关系,才能完全释放劳动者、经营者的积极性,变为推动社会发展的强大动力。

抓住机遇,发挥优势是推动社会发展的关键着子。海永地处长江口,与崇明岛相连,具有优越的地域、生态两大优势。崇明创建国际生态岛,海永在其规划区,这是千年等一回的历史机遇。从新世纪开始,海永党政领导抓住机遇,大胆决策,誓把海永建成“海门生态第一乡”。2005 年,乡党委决定以开发房地产融入崇明,接轨上海,经 10 年努力,开发生态住宅园近百万平方米,使之成为海永经济的支柱产业。实践证明,只有正确把握机遇,及时抓住机遇,遵循事物发展客观规律,充分发挥优势的作用,才能推动和加速社会向前发展的步伐。

加强党建,永葆本色是推动社会发展的根本保证。社会发展,关键在党,加强党建是重中之重。纵观海永历史,从良种场党支部到乡镇党委,都能始终坚持把党建工作放在首位,不断加强党的思想建设,组织建设,作风建设和廉政建设,加强和改善党的领导,充分发挥党支部的战斗堡垒作用,党员的先锋模范作用,共青团、妇联、工会和其他社团的助手作用,在改造自然、改造社会的实践中铸就一批全心全意为人民服务的好党员、好干部,人民的好公仆,成为海永各项建设事业的中坚,确保各项任务的胜利完成。实践证明,只有加强党建,保持共产党的先进本色,才能团结和带领人民群众把社会各项事业推向前进。

以人为本,惠及百姓是推动社会发展的唯一取向。社会发展,归根结蒂是为满足人民日益增长的物质文化生活的需要。这是中国共产党执政的基本理念,也是长期以来海永党政领导带领人民群众为之奋斗的总体目标。海永党政领导围绕这个目标制定一系列惠民政策,实施民生实事工程,采取扶贫帮困举措,出资解决居民劳保、医疗福利待遇,使全体海永人民生活水平与日俱进,获得前所未有的幸福感、安全感、自豪感。实践证明,只有坚持发展经济和社会各项事业与造福人民的一致性,党和政府的各项工作才能得到广大人民的支持和拥护。

综上所述,海永社会发展变化巨大,成就令人瞩目,但在前进过程中,尚有不尽如人意之处,诸如海永产业基础比较薄弱,资源配置不够平衡,继续发展缺乏后劲等。对此,镇党委政府十分重视,积极探索研究对策,采取有力措施加以解决。

回眸历史催人奋进,展望未来任重道远。站在新的历史起点,海永将以习近平新时代中国特色社会主义思想为统领,围绕“创新高地、旅游胜地、养生福地”的定位,全面建设经济强、百姓富、环境美、社会文明程度高的新海永,海永的明天一定会更加美好。

大 事 记

1968 年

12 月 18 日 南通专区革委会副主任朱锦辉率领海门县革委会常委茅锡堂、启东县革委会副主任黄裕飞等一行 11 人到永隆沙实地考察。明确以启东五七农场已围垦的西大堤中心线为界，堤东已围垦部分归启东县管辖，堤西未围垦部分归海门县管辖。

1969 年

10 月 16 日 县革委会召开永隆沙围垦动员大会，指定由天补、新海、秀山、平山、树勋 5 个公社出动民工 3350 人参与围垦永隆沙。会后，经 40 多天的围垦，筑堤 4040 米，挖土 32.08 万立方米，围垦面积 148 公顷。

1970 年

3 月 县革委会批复，建立海门县永隆沙良种场，属国营农场，作为繁育良种基地。

1971 年

4 月 15 日 县委同意建立中共永隆沙良种场支部委员会，党支部委员由张建勤、朱拯国、杨建林 3 人组成，张建勤任党支部书记。

1972 年

4 月 第一批迁移户进场，共 17 户 101 人。其中，王浩公社 10 户 62 人、东兴公社 7 户 33 人、刘浩公社 1 户 6 人。

6 月 第二批迁移户进场，共 46 户 249 人。其中，厂洪公社 30 户 179 人、包场公社 14 户 59 人、正余公社 1 户 7 人、悦来公社 1 户 4 人。

9 月 1 日 由教师江林筹建的永隆沙良种场小学正式建立。学校有 1 个复式班(1 至 5 个学级)。共有学生 40 余名。

1973 年

3 月 3 日 农场建立两个大队，实行“四定一奖”分级管理，即定土地、定农本、定指标产值、定报酬，超过所定指标奖给场员 50%。

是年 全场种植棉花 125.67 公顷，总产皮棉 17 万公斤，单产皮棉 90 公斤，比建场初的 1970 年增长 189.5%。

为加工良种棉籽,建季节性轧花厂及小油厂。这是永隆沙首次采用机器生产的工厂。

1974 年

4 月 2 日 县委组织部批复,建立海门县永隆沙良种场团支部,陈国丰为团支部书记。

5 月 23 日 县委决定,永隆沙农场外围沙滩和全部芦苇由县财政局芦荡办事处统一管理。

6 月 三厂镇、青龙港镇知识青年共 154 人落户永隆沙良种场。

8 月 18—20 日 13 号台风在长江口登陆,18 日晚上 11 时左右,台风、暴雨、大潮所谓“老弟兄三个”一齐登岛。大堤 6 处决口,潮水蜂拥而入,进水 1.5 米以上,全场干部群众、知识青年全力投入抢险。县委副书记倪汉明率县有关部门领导,第一时间赶赴现场指挥抗灾。这次潮没时间持续一个多星期,灾情严重,但无人员伤亡。

1975 年

7 月 1 日 临江至永隆沙客班航线延伸至青龙港,为三厂、青龙港插场知青往返带来方便。

7 月 24 日 经县公安局同意,自 9 月 1 日起,永隆沙农场自行办理居民户口迁移手续。

8 月 25 日 县委组织部同意中共永隆沙良种场支部委员会改选结果,张建勤任支部书记,陈国丰任支部副书记。

10 月 13 日 县革委会成立永隆沙围垦指挥部,县革委会副主任陈冠球任总指挥,县水利局副局长倪德仁任副总指挥,技术干部黄志良、周志泉等参与指挥部工作。

11 月 8 日 县抽调大新、临江两个公社民工 750 人筑堤围垦。因战线长、民工少、取泥不便,影响围垦进度。11 月下旬,县革委会又从四甲区、悦来区 13 个公社调动民工 3600 人参与围垦,动土 135.06 万立方米,筑堤 1.12 万米,围垦面积 330.7 公顷。

11 月 22 日 县农林局、财政局批复,同意永隆沙良种场建 10 间住宿兼办公用房。

是年 三厂镇、青龙港第二批知识青年 115 人落户永隆沙良种场。

1976 年

2 月 23 日、26 日 海门、崇明两县负责人对海永沙(崇明称新开沙)、永隆沙南沿的滩地归属问题进行协商,并到实地明确界址。

4 月 5 日 县委任命陆松云为永隆沙良种场党支部书记、革命领导组组长,张建勤任党支部副书记,江曾峰任革命领导组副组长,施志良任革命领导组副组长、党支部委员。

6 月 22 日 建立永隆沙良种场共青团总支部委员会,陈国丰任团总支部书记(兼),李章荣任副书记。

7 月 20 日 财政投入 6165.5 元建场卫生院,院房 8 间,约 200 平方米。

7 月 县临江购销社在永隆沙良种场建立收花部。

8 月 7 日 县财政拨款 2000 元扩建永隆沙良种场小学;拨款 2400 元建三厂垦区小学教室、办公室 87 平方米;拨款四甲、悦来垦区各 800 元,建垦区小学简易教室、办公室。

8 月 15 日 县委发出地震警报,全场组织人员值班。17 日,全场居民大多住进防震棚。至 9 月底,地震警报解除,恢复正常工作。

是年 四甲区、三厂区、悦来区共 16 个公社居民 880 户、3456 人迁入永隆沙,分成四甲、三厂、悦来 3 个新垦大队。

三厂镇、青龙港镇知识青年 202 人落户永隆沙良种场。

县人民银行设永隆沙服务组,办理存贷业务。

冬季 大新、临江公社与崇明长征农场联合,自海门永隆沙良种场与启东五七农场交界处向南筑堤,接上崇明县北沿大堤,堤长 2450 米。海门施工 500 米,围垦面积 134.4 公顷,将永隆沙良种场与崇明县交界处的港槽拓宽为河界。

1977 年

9月9—12日 8号台风袭击永隆沙，最大风力10级以上。良种场吹倒房屋数十间，死亡1人，农作物受灾损失严重，场组织干部群众全力抗灾。

10月 开凿鸽笼港河海门段，崇明县出资15.2万元，海门县从悦来区6个公社调动民工8000人，动土38.4万立方米，河长2.07公里。同时，建鸽笼港河大桥。

10月 兴建鸽笼港河北闸，位于鸽笼港河北长江出口处，由崇明县投资70.52万元兴建，闸单孔净宽10米、底高程-0.5米、顶高程8.5米、桥宽5米，钢筋混土结构，钢结构卧倒式平板闸门。翌年6月竣工使用。

11月12日 南通地区革委会批复，核定永隆沙良种场1977年的亏损计划保持上年水平，为23.2万元。

是年 从临江公社迁入115户到永隆沙良种场，建立向华大队。

三厂、青龙港知识青年60人到永隆沙良种场落户。

1978 年

3月 永隆沙良种场实行“两级核算、分级管理、四定保干，联产奖赔”责任制。

5月中旬至6月底 全场玉米、棉花遭受严重旱灾，干部群众奋力抗旱保苗。

1979 年

3月14日 施乐之任永隆沙良种场党支部书记。

5月15日 县委同意建立中共永隆沙良种场总支委员会。

施乐之任总支书记，张家仁、陆尚礼、陈国丰任副书记。

10月 农场知识青年按照政策全部调回城镇，逐步安排工作。

1980 年

1月1日 建立永隆沙供销社，该社党支部隶属中共永隆沙良种场总支领导。

7月21日 县委决定，三厂、四甲、悦来、向华4个垦区大队归属永隆沙良种场领导，实行以场带队管理。

9月1日 建立中国农业银行海门县支行永隆沙服务组。

是年 东场一队赵银涛等5户职工建起永隆沙第一幢楼房。

1981 年

12月 东西场大队职工张允林在玉米良种培育过程中，大胆革新，试验父本不占行新技术取得成功，大幅度提高制种玉米的单产。被评为县“劳动模范”。

1982 年

8月8日 永隆沙良种场纳入全国第三次人口普查，普查结果，全场共有居民1291户、4807人，其中男2541人、女2266人。

10月15日 海门县和崇明县就修筑长征农场至鸽笼港北闸公路经2次协商，达成协议：崇明县出资1.5万元，永隆沙良种场负责承建、维修管理。

是年 全场制种玉米总产46.72万斤、单产163公斤，皮棉总产1430担、单产75.5公斤，盈利30万元,创历史新高。

1983 年

3月 永隆沙良种场对下属农业生产大队在统一种植计划、统一上交产品的前提下,实行"五定一奖赔",即定面积、定产值、定农本、定工资、定利润。超出部分上交60%,按劳分配40%,减产赔偿,赔偿额最高不超过工资的20%。

12月16日 县人民法院宣判,永隆沙良种场流氓集团杨某某、蔡某、蔡某某强奸病妇,诱骗强奸病女、与有夫之妇长期鬼混,情节特别严重,判处杨某某、蔡某死刑,蔡某某无期徒刑。

1984 年

3月11日 永隆沙良种场被评为县1983年度两个文明建设、计划生育先进集体。

4月11日 永隆沙良种场建筑工程队更名为海门建筑安装工程公司二〇一工程队。

1985 年

3月2日 县政府办公室"海政发59号"文件,撤销沙南、永北、永西、向华大队建制,改为村民委员会。

1986 年

7月21日 永隆沙良种场与县水利局签订协议,明确护堤工作交永隆沙良种场管理。

1987 年

1月7日 叶鹰任永隆沙良种场场长。

5月21日 永隆沙良种场开通程控电话。

1988 年

3月 永隆沙良种场获县农业科学技术成果三等奖。

4月23日 永隆沙良种场发出《关于加强土地管理的意见》,根据国家《土地法》和省实施细则,加强建房用地和居民宅基地、三棚基地的管理。

9月7日 根据县粮食部门通知,对1970年进场的合同工、且仍在场工作的正式农工,由吃自产粮改为吃定销粮。

11月 场部对捕捞鳗苗的地段划分、出售开票、收费发证等方面作出规定。

1989 年

1月11日 试行农业机械化耕作,投资10万元配备上海50型中拖3台,中型联合收割机3台,旋耕机3台、播种机2台、开沟机2台,耕种土地90.5公顷,使用管理人员18人。

2月19日 自来水厂从水利站划出,单独成立永隆沙自来水厂。同时,成立永隆沙良种场用电管理站。

5月5日 召开建场20周年座谈会,县委、县政府和有关部门领导、企事业单位负责人、县各驻场单位负责人及启东县五七农场、上海市崇明县等友邻单位负责人共100多人参加。

是年 良种场转亏为盈,实现利润49.7万元。

组长，在领导组领导下开展社会主义思想教育。

1990 年

1 月 22 日 在永隆沙良种场召开南隆线通车论证会，崇明、启东、海门县政府分管领导及长征农场、启东良种繁育场、海门永隆沙良种场领导与会。与会者一致认为，南隆线通车条件具备，应尽早通车。3 月 1 日，南隆线通车。

2 月 5 日 县手帕二厂被评为县先进企业，袁洪礼评为“优秀企业家”。

3 月 县永隆沙良种场“杂交玉米制种高产栽培技术”获县“科技成果”三等奖。同年 5 月，该科技项目获南通市“科学技术进步奖”。

8 月 29 日 海门县永隆沙良种场与启东县良种繁育场签订协议，对将两场交界废堤各占二分之一作公路和路旁绿化用地取得一致意见。

9 月 2 日 召开中共永隆沙良种场委员会第一次党员大会，出席大会党员 156 人，中共永隆沙良种场总支书记叶鹰作《加强党的领导，不断深化改革，为开创我场两个文明建设新局面而奋斗》的报告，大会选举产生叶鹰为中共永隆沙良种场党委书记，顾善忠为党委副书记。

11 月 7 日 成立共青团永隆沙良种场委员会，全场有团员 157 名。

是年 永隆沙良种场试制木制地膜覆盖器，经县农机总站和研究所重新研制定型，获得国家专利并向全县推广，该机器比人工铺膜提高工效 10 ~ 15 倍。

1991 年

2 月 22 日 场党委研究决定，恢复永隆沙良种场党校，叶鹰任党校校长，顾善忠、杨建林任副校长。

9 月 7 日 场党委研究决定农工划田承包。

11 月 26 日 永隆沙良种场党委研究决定，建立永隆沙良种场社教工作领导组，由顾善忠、杨建林、陈惠新、陈国丰、李一飞组成。顾善忠任

1992 年

10 月 顾善忠任中共永隆沙良种场委员会书记，蔡学新任副书记、场长。

11 月 3 日 在海门的部分省、市、县政协委员视察永隆沙良种场。

11 月 14 日 县政府批复，同意围垦并划拨位于永隆沙良种场东北角 26.67 公顷滩涂作为养鱼、养蟹的副业基地。

12 月 10 日 实现九年制义务教育达标乡镇。

12 月 26 日 成立海永乡人民政府，与永隆沙良种场实行两块牌子、一套班子。

1993 年

1 月 5 日 建立乡广播站，人员编制 3 人，经费列入预算；扩容更新广播设备，新增扩大器 4 台，修筑延伸广播干线 4 公里；添置调频接收器，转播县台节目。

1 月 15 日 县永隆沙建材厂“利用锅炉煤渣全代煤炭超内燃黏土烧砖新技术”，经县科委组织鉴定、南通市技术监督局砖瓦质量检验站测试，各项技术指标达到国家先进水平。

4 月 5 日 海永乡被评为县“人口与计划生育目标管理达标乡镇”。

4 月 26 日 建立中外合资南通市瀛海保健品有限公司，生产出口洗浴保健用品，为乡首个中外合资企业。

5 月 4 日至 5 日 召开海永乡第一届人民代表大会，出席正式代表 26 人。会议审议并通过《政府工作报告》，选举产生乡长顾善忠、副乡长张品山，县人民代表蔡学新、江锦方、成玉兰 3 人。

8 月 9 日 成立海永乡广播电视站。

8 月 12 日 县委书记曹能新到海永检查各

项工作。

10 月 15 日 海永乡妇联召开第一次代表大会，出席代表 30 人，选举李素琴、顾静芳为海永乡妇联正、副主席。

10 月 28 日 召开中共海永乡委员会第三次代表大会，出席代表 44 人，选举产生顾善忠为党委书记，蔡学新为副书记，张品山、杨建林、陆志平、汤伟韬为委员。通过《关于加强党风廉政建设》的决议。

11 月 1 日 海永乡投资 80 万元实施乡东北角外滩围堤，实际围垦面积 25.93 公顷。

12 月 10 日 县邮电局决定在海永乡安装 ZX—500 型数字微波，实现电话程控化、传输数字化。

1994 年

1 月 4 日、5 日 由海永乡、县邮电局、县电力器材公司、南京企业咨询公司等单位通过讨论协商，发出会议纪要，共同解决微波塔安装施工问题。

4 月 19 日 部分乡办工业企业实行股分制，其中，锻压件厂 63 股 34 人、建材厂 67 股 50 人，新成立的股份制企业召开职工代表大会，成立董事会、监事会，通过各种章程。

5 月 18 日 海永乡党委、政府组团到张家港、昆山考察，学习江南开放开发、推动经济发展经验。

是年 在市高产优质高效农业竞赛中，海永乡获评市“棉花高产”三等奖。

1995 年

3 月 15 日 在市民营经济第三产业工作会议上，海永乡被评为“优胜乡镇”第二名。

5 月 16 日 市下达海永乡淡水产品、产量、产值等各项指标，其中 1995 年产出水产品 200 吨、1996 年 205 吨、1997 年 210 吨、1998 年 215 吨，乡长蔡学新与市政府签订建设“水上海门”责任状。

5 月 31 日 南通市广播电视局同意海永乡广播电视站使用调频传输广播信号。

10 月 永隆沙良种场向县种子公司提供玉米良种 50 万公斤，向南通市种子公司提供小麦良种 5 万公斤、水稻良种 10 万公斤。

11 月 11 日 市黑色路面指挥部与海永乡协商海长公路黑色化工程操作办法，通过商定由海永乡出资 4 万元，并负责做好前期准备工作，黑色路面指挥部负责施工。

1996 年

4 月 7 日 市委书记、市企业改制指挥部总指挥宋飞，与海永乡签订企业改制责任状。随后，乡组建企业改制工作领导组，确定首批改制企业，委派干部进驻改制企业协助改制工作。

10 月 16 日 全乡市级、乡级黑色路面 4.5 公里竣工通车。

11 月 海永乡永西村组织 4 组、5 组村民围垦村所在地段滩涂，共筑堤 700 米，增加面积 8.4 公顷，解决人多地少问题。

是年 海永乡获评海门市第六批“体育乡镇”。

永隆沙良种场出让土地 3.33 公顷给运良锻造厂，建南通忠联精密锻造有限公司，项目总投资 1000 万元。

1997 年

7 月 5 日 海永乡永北村被评为市“文明示范村”。

8 月 19 日、20 日 受 11 号台风袭击，全乡农作物受灾严重，市财政补助永隆沙良种场 2 万元。

8 月 28 日 建立通江路居委会，村级建制，主要负责为进镇农民办理小城镇户口和房产证，居民区环境卫生、安全秩序等工作。

8 月 投入25万元建邮电所综合大楼。

11 月 19 日 张品山任中共海永乡委员会副书记,主持全面工作。

1998 年

2 月 26 日 南通新垦工贸有限公司与海永乡在南通三棉集团公司召开彩棉开发工作协调会并达成协议,在海永乡建彩棉试种基地4.67公顷,南通农科所副研究员韩世杰为基地高级顾问。

4 月 10 日 为解决海长公路向南道路交通,海永乡与长征农场协议决定,由长征农场出资20万元,海永乡负责对界址河南至长征农场汽车站段的路面进行改造。

5 月 4 日 乡政府决定,在场人员每人每年交款50元,享受农场合作医疗待遇。

6 月 23 日 生于海永乡沙南村的某部排长王陈在河北省平山县东王坡村执行任务时,为抢救落水儿童而光荣牺牲。7月20日,王陈被所在某集团军党委追记一等功臣,追认为烈士。

10 月 30 日 陶兰春任中共海永乡委员会副书记,主持全面工作。

1999 年

1 月 8 日 召开第三次人民代表大会,与会代表44人,列席代表22人,选举产生张品山为人大主席,陶兰春为海永乡乡长,胡兵、韩亚生为副乡长。

9 月 经南通市教委批准,海永乡中心小学为南通师范海永教改实验小学,南通师范社会教改实践基地。

11 月 19 日 海永乡政府聘请南通师范教科室主任李庆明担任南通师范海永教改实验小学副校长,聘请东洲小学校长许新海、全国特级教师张兴华担任海永教改实验小学顾问。

是年 海永乡与通棉三厂合作,引进两大系列10个品种彩棉,建立彩色棉花试验基地5.33公顷,彩棉一次性试种成功,共产皮棉1900公斤,生产针织衫1000余件,销往国内外市场。

2000 年

1 月 24 日 海永乡党委、政府召开农场职工座谈会,派员到启东"五七"农场专题了解兄弟单位的做法,千方百计为农场职工解决养老保险问题,博得人民群众一致好评。

6 月、7 月 进行第五次人口普查试点工作,从6月中旬至7月底,历时1个多月,分为准备、实施、资料整理、总结4个阶段。乡人口普查办公室对参加第五次人口普查的指导员和普查员进行普查知识培训,经考试合格者颁发任命手续,任命指导员5人、普查员12人。

11 月 28 日 举办庆祝建场30周年活动暨歌舞会。

2001 年

3 月 14 日 召开中共海永乡第三次代表大会。出席正式代表60人,列席代表6人。选举产生陶兰春为党委书记,张健、邱鹏生为党委副书记,邱鹏生任纪检委书记。

4 月 20 日 海门市政府批复,沙南村与向华村合并为沙南村,永西村和永北村合并为永北村。

8 月 江苏省政府和上海市政府代表在《江苏省政府和上海市政府联合勘定的行政区域界线协定书》第二号上签字生效,明确在海门市海永乡与崇明县行政界线段设3个界桩点。

9 月 海永小学"田园教育"课题组进行开课报告,中央教科所所长朱小曼博士,江苏教科所所长成尚荣,南通情景教育专家、江苏省特级教师李吉林应邀参加指导。

院被评为市先进单位。

2002 年

3 月 海永乡获评南通市“社会治安综合治理文明乡”。

7 月 4 日 5 号台风直接影响海永乡,风力达 10 级以上。农作物严重倒伏、断枝,大棚、渔塘设施遭到不同程度的破坏,建材厂损坏砖坯 100 万块、平瓦坯 15 万片,锻压件厂厂房 600 平方米屋顶吹坏,棉纺厂厂房及棉纱进水。全乡民房倒塌 10 间、损坏 15 间,电杆倒断 6 根,500 多户居民家中停电,全乡直接经济损失 190 余万元。

11 月 乡财政投资 600 多万元实施农村电网改造,确保全乡生产、生活用电正常。

2003 年

3 月 27 日 张健任中共海永乡党委书记,丁城、陆金田任党委副书记。

3 月 27 日 海永乡卫生院在部分市、乡人大代表、市政协委员监督下,实现竞标转制,天补医院主治医师施健以 52 万元中标。转制后卫生院更名为海永医院。

7 月 19 日 海永乡初中、小学合并为九年一贯制学校,校名为“海门市海永学校”。

8 月 14 日 海永乡政府与市建设局、市城乡规划设计事务所制订《海门市海永乡总体规划》(2004—2020),翌年 5 月,南通市规划局组织专家评审通过,海门市政府批准。9 月,经海永乡四届人大 2 次会议审议通过。该规划从生态文明角度为海永乡制定一条可持续发展的科学道路。

9 月 市移动公司投入 400 万元建 G 网基站,结束海永全境手机漫游的状态。

10 月 海永乡获省农林厅颁发的《无公害产品产地》认定证书。

是年 在预防“非典”中,海永学校、海永医院被评为市先进单位。

2004 年

3 月 26 日 中国综合开发研究院城市经营研究中心主任、研究员李津逵为海永乡题词:“这片有着独特个性的土地,正面对千年等一回的机遇。”

6 月 16 日 海永乡举行农民健身运动会,比赛项目有长跑、足球、乒乓球、拔河、棋类等,100 多名农民运动员参赛。

8 月 完成有线广播江底电缆铺设工作,建小灵通基站 1 个。

9 月 乡财政投入 120 万元,完成修筑乡级公路 4.7 公里。同月,投入 15 万元,建立两个苗木示范基地。

10 月 乡财政出资 12.52 万元,完成农村居民住户危房改造 27 户。

12 月 1 日 市政府出台《永隆沙良种场和棉花原种场改制的实施意见》,全场 541 名职工纳入市养老保险。

是年 海永乡获市“2004 年度农田水利竞赛”三等奖。

2005 年

3 月 海永乡在全市三个文明建设中首次受到市委、市政府嘉奖,被评为海门市“年度进步乡镇”和南通市“科技进步赶超先进乡镇”。

10 月 海长公路建成通车,这是乡境首条市级公路,全长 2.8 公里,南至上海市崇明县长征农场,北经乡政府向东至启东市启隆镇。

10 月 乡政府投资 80 万元在海永大道及镇区近 5 公里路段安装路灯,同时实施道路绿化工程建设。

11 月 海永乡被评为海门市“平安创建先进集体”,实现“平安创建先进乡镇”荣誉三连冠。

11 月 乡投入 120 万元，修筑沙南村中心路、永北村二道堤路白色化水泥路面。总长 3.7 公里，实现水泥路面村村通。

2006 年

1 月 海永乡获评市 2005 年度“安全生产工作先进单位”。

2 月 海永乡被评为南通市“社会治安安全乡镇”。

11 月 20 日 南通星岛种猪有限公司开业。

11 月 26 日 “滨江小区”两幢安置楼竣工交房，80 户拆迁户喜迁新居。另两幢安置楼于春节前交房，第二批拆迁户迁入新居。该小区现代化设备齐全，是海永乡新农村建设的示范点。

是年 乡财政投入 80 万元，完成教育现代化乡镇创建。

乡政府在海长路海永与崇明交界处制作牌坊，面向崇明的内容为“江苏海永伴您共塑宝岛辉煌”。面向海永的内容为“浪漫江洲，花香海永”。牌楼的造型像一艘巨轮扬帆出海，乘风破浪，向着接轨上海，融入崇明生态岛的方向奋勇前进。

2007 年

4 月 15 日 海门市政府与荷兰 NITA 集团签约的农业项目“绿大阿斯米尔农业新天地”落户海永乡。该项目总投资 3 亿元，按照外向型、多功能、现代化的发展理念，打造新农村建设的示范区，让农民就地转化为产业工人，走上致富道路。

4 月 15 日 乡境突遭冰雹袭击，受灾损失严重，市政府补助人民币 30 万元。

6 月 乡政府为农场 235 名退休职工办理城镇职工二类医保。

7 月 乡政府投资 10 多万元，先后建成全乡 12 个全民健身点。

12 月 28 日、29 日 召开海永乡第五届人民代表大会第一次会议，出席代表 43 人，列席代表 36 人，上届乡长李勇作政府工作报告。

是年 海永乡党政机关组建“效能”“项目推进”“环境整治”“安全生产”和“实事工程”五大指挥组，各科室、站、所编入指挥组，以提高施政效率，推进海永经济和社会事业的发展。

海永乡在全市 2007 年度三个文明建设综合考核中获“进位奖”和“平安创建工作先进集体”。

2008 年

1 月 海永乡被省体育局评为“江苏体育强镇”(乡)。

1 月 海永乡被评为 2007 年度海门市“安全基础工作先进单位”。

3 月 海永乡人获市“经济发展进位奖”。

3 月 海永乡获市“造林绿化乡镇”一等奖，奖金 6 万元。

3 月 海永乡被南通市社会治安综合治理委员会办公室、南通市安全生产监督管理局、南通市农业机械管理局评为 2007 年度“平安农机乡镇”。

5 月 四川汶川大地震，海永乡个体劳协捐资数万元给灾区人民。

7 月 海永乡田园风光住宅小区开工建设。

7 月 东西场大队职工赵银涛成功培育瘦肉型猪，年利润 80 万元，被评为南通市“劳动模范”。

10 月 客商陆友荣、李三瑞、梅向荣在海永发展中成为纳税大户，对海永经济建设做出卓越的贡献，乡政府为他们颁发“特殊贡献奖”。

12 月 20 日 国务院发展研究中心课题组和海门市人民政府在海永联合举办中国城乡一体化暨农村发展论坛。国务院研究室副主任李炳坤、国务院发展研究中心课题组组长、《中国发展观察》总编辑卫建明，国务院发展研究中心、农业部、商务部、国家旅游局、中国农业银行及海门市政府、人大、政协的有关领导和专家出席论坛。

与会专家与领导分别就海永如何抓住优势，整合资源，融入崇明，妥善处理生态保护与旅游开发发表意见。

12 月 北京联想集团与乡政府成功签约建设“海永联想新农村”及其配套的博朗生态农业园项目，总投资 6 亿元，建设高品位商品住宅 20 万平方米。租赁农业园地 66.67 公顷。

是年冬 海永乡遭受百年一遇的雨雪冰冻灾害，市民政部门发放救济款 8 万余元、救济粮 600 余公斤。

海永乡获全市 2008 年度“目标管理综合考核进位乡镇”。

“中国海永国际生态园”筹建对接会在中国农业大学举行，来自以色列、法国、韩国、西班牙等 8 个国家的驻华使馆农业参赞、农务官参加会议。

2009 年

1 月 26 日 海永乡举行农村生活垃圾纳入崇明县集中处置体系签约暨启动仪式。为便于生活垃圾集中处置，乡财政投入 178 万元，购置有机无机垃圾分装桶 4400 多只，分发到各户，配备人力收集车 6 辆，添置 240 升垃圾箱 80 多只，新建标准垃圾屋 7 座。

5 月 海永乡被评为市“平安建设工作先进集体”。

6 月 投入 560 多万元重建鸽笼港大桥，命名国农桥。

7 月 16 日 位于沙南村 4 组的 10.96 万平方米建设用地，经市国土局挂牌出让。江苏苏通房地产开发公司以每平方米 1077 元价格摘牌，出让总金额 1.18 亿元，实现海永建设用地出让的历史性突破。

7 月 经沙南村群众多次上访，启东市启隆乡奶牛场污染问题得到解决。通过南通市政府信访办协调，启东市启隆乡奶牛场同意搬迁，并赔偿环境污染费 100 万元。

8 月 11 日 乡政府为全场 279 名在职职工支付医疗参保费 500 万元，使他们纳入二类医保行列。

9 月 海永乡获市“教育质量上台阶工程先进集体”。

10 月 海永乡获 2008 年度海门市“文明单位”。

11 月 10 日 乡政府出资 20 万元为全乡农民参加新型农村医疗保险全额埋单。

11 月 民政部、中国社会工作联合会、全国特色乡镇认定工作委员会、中国乡镇研究课题组举办 2008 年度中国乡镇可持续发展高峰论坛暨中国乡镇科学研究成果发布会。海永乡入选中国乡镇投资 500 强，在全国 4.08 万个乡镇中排名 498 位。

12 月 在全国城镇信息调查综合评定中，海永乡获“中国投资潜力 500 强乡镇”“新农村建设示范乡镇（街道）100 强”和“中国可持续发展百强乡镇（街道）”荣誉称号。

是年 海永乡被评为 2009 年度全市目标管理考核、财政收入先进乡镇。

2010 年

2 月 海永乡被评为市“法治建设先进集体”。

3 月 1 日 乡投入 80 万元实施鸽笼港河两岸的景观工程。

5 月 鸽笼港河绿岛大桥开工兴建，总投入 1100 万元。

7 月 海永乡党政领导班子被市评为“树一流形象，创一流业绩”好班子。

7 月 市政府常务会议讨论通过《海永乡（2010—2030）总体规划》。

9 月 30 日 崇海汽渡公司经营的临（江）海（永）航线开通。

10 月 市政府同意原江堤外的所有滩涂由市财政局芦荡办事处划归海永乡。

11 月 26 日 海永乡与崇明县签订旅游合作协议，与森林公园、前卫生态村构筑生态旅游循环带。

11 月 乡全年房地产项目入库地税 1808.8 万元。

12月31日 完成投资650万元的海永污水处理厂竣工并投入运行。

12月31日 完成投资250万元的海永自来水厂改造工程竣工并投入运行。

12月 鸽笼港北闸重建竣工,重建后新闸比原址外迁100米,总投资3250万元。该工程由崇明县出资建设,崇明县水利部门负责管理。

12月 海永乡被农业部、国家旅游局评为"全国休闲农业与乡村旅游示范点",全省获此殊荣的仅有4家,海永乡是南通市唯一获此荣誉的单位。

12月 "联想新城"项目举行竣工交付仪式,市委书记曹斌为动迁户发放新居钥匙。

12月 南通忠联精密锻造有限公司上交税收500万元,成为海永乡纳税大户。

是年 海永乡被评为2010年度全市"目标管理考核综合先进乡镇"。

在海门市第十五届全民运动会开幕式上,海永乡机关干部和学校教师组成的方队获得优秀表演奖。在农民部负重短跑比赛中,东西场大队范兵获男子肩挑100米第一名。

乡财政投资18万元,建设一套视频监控。从主干道到镇区,从校园到企业形成一个覆盖全乡每个角落的全方位、多层次技防网络,实现社会治安零隐患。

2011年

3月21日 召开中共海永乡第五次代表大会,出席代表60人,列席4人。乡党委书记张健作《乘风破浪,再铸辉煌,为建设幸福而又充满魅力的新海永不懈努力》的报告,纪委书记俞军作《以人为本,执政为民,不断加强我乡党风廉政建设》的报告,大会选举张健为党委书记,彭皓、俞军为党委副书记,俞军为纪委书记。

3月28日 台湾中兴电工集团投资的绿宝石精致农业种植园在海永乡落户。这是海门首个投资超亿美元的合资农业项目,海基会董事长江丙坤等台湾著名的六大理事会长发来贺信。

3月 人社部副部长季允石考察海永并题词:"生态海永,幸福之乡。"

6月 海永乡党委被市评为"树一流形象,创一流业绩"好班子。东西场大队入评"双带五星村"三连冠。

7月 海永乡被列为全市2010年度"党建工作示范点"。

8月12日 海永医院体制由私营医院恢复为乡卫生院,私人医院业主施健把产权重新移交给乡政府。

8月21日 开通海门至海永乡公共交通线路,彻底改变海永与海门本土没有公共交通的历史。

8月 海永乡被评为市"文明单位"。

8月 省政府在海永乡驻地镇区南端、海长公路东侧立碑,明确认定永隆沙隶属于江苏省南通市,为乡级岛。

9月17日 由吉林省人民政府、中国农业大学、中国农业国际合作促进会、长春市人民政府联合举办的"2011·中国东盟创意农业国际合作与发展高层论坛"在吉林省长春市召开。受主办方邀请,海永乡作为乡镇代表参加论坛,海永创意农业在论坛展板区成功展出。

10月 海永乡被评为市"文明乡镇",东西场大队被评为市"文明村",南通忠联精密锻造有限公司为市"文明单位"。

12月 王帆任海永乡党委书记。

是年 海永绿大阿斯米尔苗木花卉基地出口苗木30万枝,销往荷兰等国。该基地是南通市唯一具有欧盟出口资质的花卉苗木基地。

海永乡被评为全市2011年度"目标管理考核外向型经济先进乡镇(园区)"。

乡投入1676万元,在长征农场变电站建35千伏的变电所,解决全乡生产、生活用电。

成立海门市海永乡慈善分会,募集慈善基金15万元。创立100万元"李三瑞教育基金",解决海永贫困学子上学难的问题。

海永乡财政收入冲破5000万元大关,纳税大户南通兴和房产获"金牌企业"称号,南通忠联精密锻造有限公司和江苏荣海置业有限公司获"铜牌企业"称号。

乡财政全额出资,为全乡4141人交纳新型农村合作医疗保险。

2012 年

2 月 海永乡获评市2011年度“法治建设工作先进集体”。被市全国人口普查领导组评为“第六次人口普查先进单位”。

3 月中旬 海永“休闲农业创新发展模式的推广”研究课题通过南通市农委专家组评审签定。获南通市“农业科技应用推广成果”三等奖。番茄农庄被南通市评为“三星级”休闲农庄。

5 月 11—14 日 乡党委书记王帆携乡招商引资人员赴广州、佛山、深圳、上海等地招商，在深圳招商会上与深圳勤丰园实业有限公司签订合作意向书。

5 月 15 日 广东工业设计院总经理韩风琴与中国企业发展规划院董事长王克一行应邀到海永实地考察。

5 月 25 日 南通市统计局局长陆云飞一行对海永的房产项目和生态农业进行考察。

5 月 31 日 复旦大学新闻学院副院长李双龙、国际关系与公共事务学院教授刘建军一行到海永考察。

6 月 8 日 《南通日报》记者一行到海永乡专题调研新农村建设。

6 月 16 日 中国海永—国农置业有限公司举行楼盘开盘仪式。

6 月 27 日 台湾中兴电工集团、江苏福美景点开发有限公司举办“海门市海永乡绿宝石能源农业发展计划”研讨会。海门市副市长朱志强到会并讲话。

7 月 17 日 南通市水利局局长刘新华、海门市水利局局长叶大达一行到海永乡考察防汛工作。

7 月 18 日 台湾中兴电工集团营运长吴金条博士、电工集团董事长特别助理、江苏福美景点开发有限公司负责人邓国同就项目推进状况向乡党委、政府作汇报。党委书记王帆、副书记俞军、乡长经济助理陆美英听取汇报。

7 月 海永乡永北村被市委评为“创先争优先进基层党组织”和“2011年度‘双带’五星村党组织”。

8 月 14 日 乡党委书记王帆、乡长徐贇、党委副书记俞军一行应邀到美国环球能源实业有限公司中国区总部（上海）参加“光伏高效农业生态示范园”项目对接洽谈会，双方达成项目意向。项目占地33.33公顷，注册资金600万美元，总投资超1000万美元。

8 月 16 日 澳大利亚蔚蓝投资集团董事长朱志勇一行到海永考察，双方就海永“蔚蓝玫瑰小镇”项目的用地、资金和配套等一系列问题进行协商，达成一致意见。

8 月 20 日 南通市委常委秦厚德一行到海永进行考察调研。在充分肯定海永发展的同时要求海永抢抓生态宝岛机遇，打造休闲旅游宜居基地。

8 月 29 日 省委组织部、农委、南通市农委考察海永农村合作社，称赞海永的农民专业合作社有特点、有亮点，成效明显，是全省农业的领头羊。

9 月 6 日 市农业局“12316”三农热线专家组一行10余人到海永开展“放心农资下乡暨农业法律法规宣传”的送科技下乡惠农活动。活动采取图片展示、现场咨询等方式，为广大农民提供现代农业运用技术服务，讲解惠农强农政策。

9 月 7 日 台湾中兴电工集团董事长江义福、台湾中兴电工集团大陆区运营长吴金条一行到海永协商推进“绿宝石”台湾精致农业科技园项目。

10 月 6 日 世界华人华侨精英联合会施大伟董事长一行到海永考察生态农业高科技产业园“一河两街”①景观项目。

10 月 20 日 国内著名策划专家、明天策划专家集团董事长王克带领策划团队专程到海永召开策划成果汇报会，王克策划团队用6个小时详细介绍海永整体策划方案，并与乡党政领导就如何进一步完善策划后期工作进行协商交流。

① 一河两街：美化鸽笼港河景观，河两岸建商业街。

10月25日 举行"镇区供水主管网工程"签约仪式,南通市城乡建设局、市住建局、崇明水务局、崇明自来水公司等单位出席签字仪式。该项目投入600万元,将海永供水纳入崇明供水网络。供水网络开通后,海永人民由饮用深井水变为饮用长江水。

10月26日 台湾晋江市丰晟房地产有限公司副董事长蔡长质一行到海永参观考察。

11月23日 海门农业招商暨名特优产品展示会在上海西郊宾馆举行,海永乡经济助理陆美英与澳大利亚蔚蓝投资集团董事长朱志勇成功签约"玫瑰小镇生态农业"项目,成为招商展示会一大亮点。

12月12日 市人大郭辉副主任一行到海永乡考核人大工作。

12月19日 市关工委组织全市各镇区关工委常务副主任共32人到海永检查关工委工作。

12月 海永乡获评全市2012年度"安全生产宣传教育培训先进单位"。

是年 乡投入900万元,将农场职工二类医保升为一类医保。

海永学校综合教学大楼竣工使用。该工程投资总额1700万元,成为海门市硬件建设最好的乡镇小学之一。投资50万元,对海永幼儿园进行翻新重建,达到省级幼儿园标准。

"绿大阿斯米尔花卉母本园"苗木基地由12公顷扩展到15.15公顷,全年共出口苗木40余万株。

台湾中兴集团绿宝石精致农业园建成两只分别占地0.2公顷、0.13公顷的钢构鸟巢景观大棚。

番茄农庄建造17座别有风味的小木屋,种植绿化3.33多公顷,被南通市评为海门市唯一的三星级休闲农庄。

2013 年

1月25日 市委组织部副部长范燕燕一行到海永慰问建国前入党的老党员及大学生"村官"。

2月19日 在《海门日报》"党委书记2013话发展"栏目中,海永乡党委书记王帆谈新年发展,使全乡人民深受鼓舞。

2月 海永乡获评市2012年度"平安建设工作先进集体"和"公共安全感先进乡镇(园区)"。

3月5日 南通市副市长韩立明到海永乡考察,对海永乡取得的成绩给予充分肯定。

3月14日 证大集团董事长戴志康一行到海永考察。

3月18日 海永学校纳入海门市东洲中学教育管理集团并举行揭牌仪式。

3月24日 南通农学院党委书记程晓强和海门市科技局副局长陈忠、黄炜一行到海永考察,洽谈合作项目。并就"农民培训技术支持"项目申报等方面签署了框架性协议。

3月26日 海门市委常委、市纪委书记陈跃生,市人大常委会副主任郭辉到海永乡调研。

3月 海永乡被南通市政府授予南通市"农村环境长效管理达标乡镇"称号。

4月16日 在海门经济技术开发区举行的"2013年中国海门经贸投资洽谈会投资环境推介暨项目集中签约仪式"上,南通志诚投资有限公司承接"江滩围垦"项目、陕西长润集团承接"'一河两街'夜崇明"项目与海永正式签约。

4月19日 乡党委书记王帆带领全乡52名党员干部赴复旦大学进行为期4天的专题培训,提升党员干部的理论素养和驾驭全局的能力。

4月20日 四川雅安市发生7级地震,海永乡党委呼吁干部群众捐资捐物,共捐资1.46万元,为灾区人民献爱心。

4月26日 国家关工委"品质塑造孩子一生"课题研究心理学教育专家王岚教授到海永学校,为学校教职员工和学生家长作题为"品质塑造孩子一生"的专题讲座。

5月7日 市关工委主任谭伯虎、副主任徐忠义一行专程为海永乡校外辅导站赠送电脑10台,供乡关工委校外辅导站开展网络辅导课使用。

5月16日 市委宣传部副部长郁国强、教育局副局长倪强一行考察海永学校,决定申报

2013 年度中央专项彩票公益金“支持乡村学校少年宫”项目锁定海永学校。

5 月 23 日 上海美奂置业有限公司总裁郭钟慧、陕西长润集团总经理赵静到海永考察。

5 月 29 日 省国土厅驻厅纪检组组长孙军，副组长、监察室主任杨建中一行，到海永乡对土地执法开展“三解三促”①调研活动。

5 月 29 日 海门市环保局与海永乡永北村创建省三星级“康居村”签订结对共建协议书。

6 月 20 日 海门市副市长张炜一行到海永乡考察指导工作。

7 月 25 日 台湾创意设计中心黄振铭教授到海永考察。

8 月 7 日 南通市“康居村”创建组主任平根一行对海永乡永北村 2013 年创建的三星级“康居村”进行验收，认为海永乡永北村完全具备三星级“康居村”条件。

8 月 8 日 海永乡党委、政府向南通市审计局赠送“三解三促系海永，服务基层促发展”锦旗，感谢其多次上门为海永的项目建设、经济腾飞、园区打造等方面提供帮助。

8 月 12 日 市政协主席黄汉忠一行到海永调研项目发展状况，对海永乡的经济发展和项目打造给予充分肯定和高度评价。

8 月 30 日 在上海举行的“2013 江苏海门国际投资环境推介会”上，海永乡与永泰红磡养老产业投资集团签订投资合作协议，涉及总投资额 10 亿元，成为这次推介会招商签约单体规模最大的项目。

9 月 27 日 海永乡召开第五届妇女代表大会，出席妇女代表 23 名，审议通过《海永乡第四届妇女执行委员会工作报告》，选举产生海永乡妇联第五届执行委员会。陆美英、黄红伟等 5 人当选海永乡第五届执行委员会。

10 月 17 日 海永乡 38 名人大代表参观海门工业园区，感受海门日新月异的城市面貌。代表们对海门的新气象、新变化、新发展产生浓厚的兴趣，同时结合海永实际，对海永的发展、规划提出自己的见解。

10 月 21 日 中国综合开发研究院城市经营研究中心主任研究员李津逵到海永，为全乡 100 多名党员干部作“都市田园畅想”专题讲座。他高度赞扬海永发展成绩，讲述当前农村城市化进程中的困局，提出都市田园是一种新的农村城市化路径。

10 月 海永乡获评 2012 年度南通市“文明乡镇”。

10 月 海永乡举行首届农民运动会，有田径、球类等 8 个比赛项目，7 个代表队 130 名运动员参加比赛。

11 月 3 日 市委书记姜龙、市长杨曹明率领市委、市政府部分领导及部委办局、园区、乡镇主要负责人一行 46 人考察海永项目建设。市领导对海永产业发展状况和新签约引进的项目作深入调研和高度评价。

11 月 5 日 南通市委常委、组织部长张兆江到海永调研项目建设和民生工程。

11 月 9 日 “海永乡休闲观光农业发展规划”通过省农委、省休闲观光农业协会有关专家的论证，是省内首个休闲观光农业发展规划通过论证的乡镇。

11 月 11 日 清华大学副教授周榕博士，中国综合开发研究院城市经营研究中心主任研究员李津逵专程到海永考察，为海永策划乡村综合体项目提档升级。

11 月 18 日 副乡长黄海华从“普罗旺斯”小区工作回乡政府，发现小区门口海长公路上一位老人被撞倒在地，司机早已开车逃逸。黄海华一面站在路中间保护老人，一面报“110”并等待交警赶到现场。经了解，老人为外地人，幸亏黄海华及时保护并报警，使老人保住生命。事后，黄海华被市评为“见义勇为模范”，受到市政府嘉奖。

11 月 20 日 农业部办公厅发布，海永乡为全国“美丽乡村创建试点”乡村。

12 月 2 日 中国三农美丽乡村产业园总设计师、中国农大客座教授戴宝明携中瑞、兆丰投

---

① 三解三促：是江苏省切实加强新形势下群众工作，推进社会管理创新工程的重要举措，即了解民情，破解发展难题、化解社会矛盾，促进党群干部关系融洽、促进基层发展稳定、促进机关作风转变。

资集团董事长韩林一行到海永乡考察。

12月13日 海永乡“美丽中国空间(建筑)设计产业总部基地”规划汇报会在市会展中心举行,参加汇报会的有原吉林省委副书记、吉林省政协副主席林炎志,中国综合开发研究院城市研究中心主任研究员李津逵、清华大学建筑学院副教授周榕,中国城市设计规划研究院副院长杨保军,副市长张伟、市政协副主席蔡建新及部分单位负责人。广东同天投资管理有限公司董事长韩风琴、德纳国防管理咨询有限公司董事长张锐对项目规划作详细汇报。市委书记姜龙向专家组介绍海门经济社会发展状况及海永乡策应崇明岛生态开发的规划定位。

12月24日 海永乡“农家书屋”通过市级验收。海永“农家书屋”地处联想新城服务中心,藏书1万余册,有电脑20台。

12月24日 崇明县发改委一行到海永调研。

12月31日 新加坡生态城投资有限公司城市规划团到海永乡就“一河两街”项目,向乡党委政府作项目规划设计方案汇报。

12月 海永乡被省爱国卫生运动委员会评为“江苏省卫生乡村”。

是年 海永乡被评为市2013年度目标管理、绩效考核嘉奖单位。

海永全乡安装无线调频广播。

2014年

1月3日 崇明县委书记赵奇,县委副书记、县长马乐声,县人大常委会主任周卫杰,县政协主席施建华到海永乡考察。

1月9日 江苏凯利绣品公司周占贤董事长一行到海永乡考察。

1月15日 市建管局局长王碧君一行到海永乡,就“美丽中国空间建筑设计”项目推进召开现场办公会议,为项目加速推进助力。

1月20日 中青旅控股股份有限公司副董事长尹幸福、总经理卢军一行到海永乡考察。

2月17日 在联想新城会堂召开第六届人民代表大会第四次会议,出席代表44人。副乡长庞道义作政府工作报告。会议表决通过人大主席邱鹏生、乡长彭浩、副乡长黄海华的辞职请求,选举产生海永乡人大主席王帆、副主席陆美英、乡长俞军、副乡长徐勇。

2月17日 江苏紫软投资有限公司副总裁张南迪与乡长俞军签订“紫光智能物联网(江苏)产业园”项目协议,标志着紫光产业园正式落户海永。

2月22日 海永乡设立分会场,收听市委召开党的群众路线教育实践活动专题学习会,全体机关干部和村(社区)党组织负责人共50多人,收听上海市浦东干部学院副院长王金定教授所讲授的“圆中国梦,走中国路”专题报告。

2月26日 江苏紫光集团董事长牟仁平一行到海永乡考察。

2月28日 清华大学数十名学子在清华大学建筑学院博士周榕的带领下到海永乡,为打造乡村综合体进行为期5天的调研规划及前期设计。

3月2日 国家“千人计划”专家罗隽博士到海永乡考察。

3月6—8日 海永乡在复旦大学举办为期3天“党的群众路线教育实践活动”专题培训班,全乡45名党员干部参加培训。复旦大学经济学院教授朱强、浦东干部学院教授吴涛、浦东社区党校教授周慧敏、上海城市管理学院教授王震国讲授经济形势,经济管理等方面知识。

3月13日 中俄基金总经理陈新文一行到海永乡考察。

3月14日 乡全体机关干部在海永大道两侧参加义务植树活动,共植树500余株。

3月19日 市委常委、市纪委书记陈跃生率市督导组深入到海永开展大走访活动,征求党员群众、企业代表对开展党的群众路线教育实践活动的意见和建议。

4月12日 江苏省副省长傅自应到海永乡调研旅游度假区建设。

4月 由市交通局和海永乡政府共同出资160余万元修筑的三厂路绿化、亮化工程竣工。

5月4日 海永乡第一届青年足球赛在海永学校举行,共有6支球队参加比赛。海永学校教工队与机关队以3比3决赛平局。

5月8日 市纪委悦来片纪检工作例会在海永乡召开，市纪委常委、派驻二室主任宋爱武主持会议，三厂、悦来、临江、海永镇（乡）纪委书记参加会议，汇报交流纪检监察工作。

5月19日 海门人民大剧院举行“学雷锋在行动”江苏省道德模范与身边好人现场交流活动暨农商行杯“身边好人 温暖海门”道德人物颁奖典礼。海永乡沙南村15组村民唐美英被评为2013年度“海门好人”，市委书记姜龙为其颁发荣誉证书和慰问金。

5月26日 乡团委组织举办海永乡青年足球赛，经过10多天的角逐，终于落下帷幕。宏扬传媒队荣获冠军，乡村明星队获得亚军，海永学校教工队获得第三名。副乡长庞道义为获奖球队颁发奖杯。球赛赞助商绿岛·江湾城和鼎杰市政的领导出席闭幕式。

5月 海门日报社、海门新闻网举办的“海门新闻杯少儿绘画校园行”活动在海永幼儿园举行。活动以“美丽新海门”为主题，展示海门文化，描绘和展现孩子们对家乡海永乡的热爱之情。

5月 海永乡举办老年人健康知识讲座，由市老年人协会副会长吴佳虹详细讲解以戒烟戒酒、适当运动、合理饮食、心理平衡构建健康的生活方式，全乡80多位老年人参加。

6月10日 海永司法所、综合治理办公室通过展示图片、发传单开展反邪教宣传活动，提高广大群众识别、防范、抵制邪教的能力，为全乡反邪教工作营造良好社会氛围。

6月13日 乡人大主席团组织全体乡人大代表视察海永项目建设、十大实事工程和海永乡第六届人大四次会议代表议案办理情况。

6月14日 部分海门籍老干部到海永考察，老干部们对海永取得的成绩表示祝贺，希望海永早日建成“全国美丽乡村示范区”。

6月16日 海永乡旅游度假区举行总体规划评审。

6月26日 市委常委、宣传部长赵新叶到海永调研精神文明创建工作。

6月 新华报业副总编辑张晓东到海永乡专题考察精致农业，对乡的精致农业发展状况、发展方向、未来前景给予充分肯定。

6月 荷兰NITA设计集团总裁戴军一行考察海永，就如何更好地整合资源、发展旅游产业进行深入调研，提出合理化建议。

7月4日 乡召开旅游业发展座谈会，研究如何打响“浪漫江洲 花香海永”旅游品牌。南通旅游局规划处副处长曹佩虹、市旅游局局长陆冬辉参加座谈。

7月20日 海永乡举行乡村综合体设计方案汇报会，清华大学建筑学院教授周榕汇报乡村综合体的设计方案。

7月25日 北京军事科学院首席科学家周平坤专程到海永考察。

7月28日 江苏省委督导组组长、原省广播电影电视局局长耿乃凡到海永调研，对乡的生态环境、项目发展给予充分肯定。

7月29日 乡党委召开专题民主生活会，省委督导组组长耿乃凡、督导员尹振江、南通市委督导组组长姜建宁、海门市委常委、纪委书记陈跃生全程参加。党委书记王帆代表党委班子作党风党纪对照检查，全体党委成员开展批评与自我批评，气氛民主，畅所欲言，是一次高质量的民主生活会。

7月 海永乡党委被评为“市先进党组织”。

7月底 经省休闲观光农业协会专家评审，海永乡永北村被评为2014“江苏最具魅力休闲乡村”。同时被市委评为2013年度“‘双带’①五星村党组织”。

8月5日 市委常委、纪委书记陈跃生带领市安监局等有关部门负责人到海永乡检查安全生产工作。

8月26日 江苏出入境检验检疫局副局长蒋原、南通出入境检验检疫局局长刁彩华一行实地考察江苏绿大海永农业发展有限公司，就如何更好服务绿大花卉出口展开调研。

9月11日 陕西省长武县县委常委、组织部部长张静带队在海门挂职的镇长团到海永乡

---

① 带头发展经济，带领群众致富。

考察经济发展。

9月18日 以“生态崇明，活力海永”为主题的海永招商推介会在同济大学举行，30多位高端企业家应邀出席。

9月19日 2014年度长三角休闲农业与乡村旅游博览会在上海国际农展中心召开，海永乡为江苏仅有的3家推介单位之一。乡长俞军以“浪漫江洲·花香海永”为题，重点介绍海永乡以玫瑰花、夜崇明、蓝湖湾为特色打造独具魅力的“花香小镇”。

10月27日 永北村海永西美蔬菜农地股份合作社成立，115人参加股份合作社，主要从事蔬菜种植、销售、技术指导及信息咨询服务。合作社的成立成为海永农村经济发展新起点。

10月28日 海永乡天然气入户工程启动仪式在联想社区举行。

10月30日 上海耕禾国防贸易有限公司与海永乡永北村签订33.3公顷的租赁农业用地协议。

11月7日 南通市民政局局长金元、审计局局长顾崇瑜一行到海永乡调研海永卫生院和敬老院等民生工程规划建设情况。

11月8日 海永乡在市第十六届农民运动会上获得“拔河”比赛冠军，“负重”比赛亚军和“自行车慢骑”比赛第四名，赛事组委会授予海永乡“优秀组织奖”。

11月8日 南通大学商学院、南通大学民营经济研究所一行6人就地方区域新兴产业发展，沿江沿海优势提升，民营经济、校企、校地合作等问题到海永考察学习。

11月8日 甘肃天然玫瑰基地董事长曹珊一行到海永乡考察。

11月17日 海永乡举行党的十八届八中全会精神宣讲会，市委党校副校长俞东毅为全乡机关干部、村级干部、全体共产党员和入党积极分子作了解读。

11月25日 海永乡举行“申报南通市级旅游度假区”现场评审会。南通旅游局副局长袁鸣飞、海门市旅游局局长陆冬辉等出席会议。

11月26日 海永乡组织乡机关工作人员无偿献血，共35人献血9100毫升。

11月29日 南通市旅游局评审确定海永乡为南通市级旅游度假区。

12月1日 海永学校师生捐赠冬衣近千件，全部寄赠给边疆小学生。

12月11日 海门农干校组织全市103位家庭农场主到海永现场参观学习农业科技示范园，感受现代农业先进种植技术和管理经验。

12月11日 海永乡土地承包经营权登记换证工作全面展开，通过登记换证，明确土地承包经营权归属，为经营者提供法律保护。

12月15日 市人大常委会副主任陈水平一行到海永乡进行人大工作考核调研。

12月17日 鸿泰·乐颐小镇项目开工典礼隆重举行。乡党委书记王帆、乡长俞军、永泰鸿磡养老产业集团总经理张敏、南通二建集团副总经理蒋辉、海门建筑设计院院长周建勇、南京工大建设监理项目总监田葆华等领导出席开工典礼。

12月22日 在南通市委宣传部副部长黄正平的带领下，南通市学习贯彻十八届四中会议精神宣讲团到海永举行报告会，乡党政领导班子、机关工作人员、党员代表共100多人参加报告会。

12月29日 广东工业设计城董事长韩风琴、中国综合开发研究院城市经营研究中心主任研究员李津逵带领“美丽中国”项目团队专程到海永，就如何更好推进美丽中国项目与海永乡党委、政府洽谈。

12月 海永乡获市2014年度“安全生产先进企(事)业单位”“目标管理考核优秀奖”，以及目标管理、绩效考核更高水平小康建设先进区、镇(乡)奖。海永乡永北村被省休闲观光农业协会评为2014年度“江苏最具魅力休闲乡村”。

2015年

1月10日 乡人大被市人大常委会评为市“先进单位”。

1月15日 北京大学教授、中国文化书院院长王守常到海永作题为“中国智慧—习近平总书记关于传统文化的解读”专题讲座，全乡党员干部100余人听取精彩讲座。

1月16日 乡长俞军走进“中国海永”政府网站在线访谈演播室，与广大网民零距离交流。俞军介绍，2015年海永将继续依托崇明岛，融入大上海，紧扣经济建设与社会发展两大工作主线，推进美丽乡村建设，创建“全国美丽乡村示范区”“省级旅游度假区”。

1月27日 上海第二军医大学特聘教授张培霖一行专程到海永考察。

1月底 海永乡党委、政府在春节来临之际，慰问1959年前入党的老党员10人，为他们送去慰问金和慰问品。

2月1日 国家“千人计划”专家张丹专程到海永乡，与党委政府就加快推进有关科学研究项目进行会谈。

2月2日 通过海门市委组织部联合上海同济大学组织部，委派上海同济大学经济与管理学院教授关贤军到海永乡挂职，任海永乡党委副书记，从而加强海永乡和上海同济大学的友好往来，促进校地合作。

2月 海永乡获市“第三次全国经济普查先进集体”。

3月17日 海永乡全体机关干部在三厂路两侧参加义务植树500株。

3月18日 上海投资咨询公司规划研究部主任吕海燕一行到海永乡调研，吕海燕希望与海永今后加强交流，共同促进生态岛建设。

3月23日 江苏省住建厅李正仑处长一行对海永乡永北村三星级康居村考核验收，认为永北村创建成果明显，各项基础设施到位，对整个创建工作给予肯定。

3月24日 南通对台办公室副主任朱鸿一行到海永乡走访调研绿宝石台资企业，重点了解企业农业项目的建设情况。

3月24日 荷兰NITA设计集团进驻海永，为海永建筑产业外观、道路绿化等方面进行设计。

3月26日 省国土资源厅“万顷良田建设验收”专家组对海永乡万顷良田工程进行实地验收。一致认为，该项目界址清楚，权属明确、资料齐全、土地平整、耕作到位，顺利通过阶段性验收。

4月1日 市常务副市长成伟专程到海永考察，要求海永乡服务和支持美丽中国空间(建筑)设计产业园先行启动区，继续引领全市建筑产业转型升级。

4月2日 广东省南通商会、澳门南通商会、广东省江苏海门商会企业家一行20余人到海永乡参观考察。

4月3日 海永学校特邀全国关心下一代工作委员会李宝星教授为全校师生和学生家长作题为“家校携手，共育英才”专题报告会。

4月19日 上海浦东创业投资有限公司总裁何彬一行到海永乡考察投资环境。

4月22日 同济大学经济与管理学院教授、博士生导师、发展研究院院长任浩到海永乡就园区产业发展、海岛经济现状、校地合作等问题进行考察。

4月22日 海永乡“SS1538文创农业园”项目评审会在市会展中心召开，该项目总投资7亿元，占地面积102.55公顷。专家组在听取规划情况介绍后，一致认为项目规划围绕现代农业加文化创意，打造科技农业、生态农业为题，指导思想明确，是一个集美丽乡村建设和农业休闲观光为一体的优质项目。

4月23日 乡党委、政府特邀台湾云林科技大学张文山教授、乐乎文创策略长蔡幸爵作关于现代农业与文创、旅游、互联网融合发展的专题讲授，政府机关各部门以及村、居委会负责人听取讲授。

4月29日 海永乡污水管网扩面工程正式启动。

4月底 海永乡远程教育服务网络平台调试成功，为接收省市宣传、组织部门教育信息、对外地党员干部及其他人员开展教育提供方便。

5月6日 香港世华集团总裁张晓雄到海永乡就养生养老项目进行考察。

5月13日 市人大常委会副主任肖振时率离退休老干部考察海永，老干部们对近几年海永取得的发展成果感到高兴，对未来海永的经济、社会各项建设更好、更快发展充满信心。

5月14日 海永学校小学部足球队参加市通源集团足球比赛，在仅8名队员、无替补的劣势条件下，发扬连续作战的精神，力克通源、三厂、余东等强队,获得冠军。

5月19日 海门日报社和大东方百货联合主办的“大东方杯”少儿绘画校园行活动首次走到海永幼儿园,孩子们用妙笔童心把看到的、想到的全部表现在绘画里,比赛轻松愉快,成绩优异。

5月26日 海永乡举行第二届足球赛,学校、机关、企事业单位、村大队组成7支足球队,经过紧张角逐,学校教工队以全胜的战绩获得冠军,村社区队获得亚军,机关队获第三名。

6月3日 南通市委常委、宣传部长章树山专程到海永乡调研文化建设工作。

6月4日 北京华严集团董事局主席徐峰、中国教育学院副院长朱永新一行10人到海永乡进行投资考察。

6月5日 海永乡众创平台设计空间开园,国家住建部原总工程师全德均、省经信委经济运行局局长管明、市委书记姜龙、市纪委书记陈跃生等领导和嘉宾出席开园仪式。

6月8日 海门市园区工作推进现场办公会在海永乡召开,市委书记姜龙、市长杨曹明以及市各部、委、办负责人与会,会议期间,参观海永SS1538文创产业园,鸿泰·乐颐小镇和美丽中国空间建筑设计产业园。

6月17日 美亚友好协会澳门分会会长何大志一行到海永考察休闲农业,协商旅游投资合作事宜。

7月8日 市人大常委会副主任陈水平一行到海永乡调研上半年项目建设及主要经济指标完成情况。通过考察,对上半年工作给予充分肯定,并就如何做好下半年工作提出指导性意见。

7月16日 第一届海峡两岸农业文创论坛在海永乡召开,论坛由市政府和台湾云林科技大学设计学院共同主办,海永乡人民政府与江苏伊秒实业有限公司承办,台湾云科大学教授管倖生、南通市台办主任朱鸿、海门市委副书记陆一飞出席论坛。

7月23日 省海洋渔业局副局长夏前宝一行到海永乡调研海岛生态保护和修复情况。

7月25日 广州天适集团旅游开发事业部总经理黄超力专程到海永就投资打造樱花园作考察。

7月 海永乡党委获评市“先进基层党组织”和“2014年度‘树一流形象,争二次率先’① 好班子”的称号。

8月11日 南通市首届青少年校园足球节在南通市第二中学开幕,海门市共有5支队伍参加,其中海永学校8名选手参与东洲教育集团代表队进行比赛,他们不畏强敌,赢得一个又一个得分机会。取得优异成绩,在全市小学生足球队中崭露头角。

8月12日 副市长王拥军、卫生计生委主任王平到海永乡检查海永卫生院基建进展情况。

8月22日 市学校校长培训会“运动与健康趣味”大赛在海永乡举行,来自全市100多名校长参加此次活动。海永乡党委书记徐秋华、市教育局局长许新海致开幕词,活动由海永乡SS1538文创项目部和江苏伊秒实业有限公司策划、组织。

8月22日 市关工委主任方正达一行到海永乡检查关工委工作开展情况。

8月22日 “海启崇”平安边界创建工作会议在海永乡召开,南通市民政局局长陈太山及海门、启东、崇明民政局分管领导参加会议。会议要求对界桩的维护情况进行自查自纠。与会人员实地勘察海永乡、启隆乡、崇明三地的界碑。

9月7日 市优秀党课巡回宣讲团到海永,以“服务群众展形象,先锋引领树榜样”为题,岗位榜样为例,给全乡党员上党课。

9月9日 市委书记姜龙到海永调研鸿泰·乐颐小镇项目,认为乐颐小镇是医养结合新模式,发展前景宽广,服务客源丰富,是全市乃至全省一张靓丽的名片。

9月11日 省人民政府批复,撤销海永乡建制,以原行政区域设立海门市海永镇。行政区域调整后,海永镇行政区域面积为13.9平方公

① 二次率先:在率先基本完成由温饱到小康的历史性转变后,率先全面建成小康社会、率先基本实现现代化。

里，人口 5400 余人，下辖 1 个居委会、2 个村委会。

9 月 22 日 市副市长金再勤带领“科技镇长团”一行 7 人到海永调研经济发展情况。

9 月 29 日 全市举办的“2015 江苏海门服务外包产业专题招商”活动中，海永镇成功签约新加坡汽华国防绿色预制结构设计项目、生物医药研发服务基地项目、海峡两岸建筑文化交流基地项目和“创客微家”景村设计项目，受到市委领导的一致好评。

9 月 25—27 日 2015 年南通市小学生“NT-TV 可口可乐杯”足球赛在南通体育会展中心举行，海永学校足球队获得亚军。

10 月 20 日 镇党委、政府领导上门慰问全镇 90 岁以上老人，并送上慰问品，弘扬中华民族尊老爱幼的传统美德。

10 月 22 日 海永镇第三届青年足球赛在海永学校举行，来自镇机关、各行政村、企事业单位共 6 支代表队、100 余名运动员参加角逐，海永学校教工队获得冠军，村企事业队获得亚军，机关队获第三名。

10 月 29 日 海永乡永北村举行永北社区股份合作社成立大会，村支部书记蔡卫东作合作社成立的筹备工作报告，100 多名村民参加会议。

11 月 2 日 海永镇召开镇志编纂动员暨培训会议，会议由组织委员杜琴主持，党委书记徐秋华作动员报告，乡长俞军、机关各部门负责人及镇志编纂工作人员参加会议。

11 月 10 日 海永镇“美丽乡村”创建规划方案竞赛颁奖仪式在同济大学召开。同济大学联合农业部美丽乡村创建办公室、海门市人民政府，以海永镇为规划对象，发动国内 8 所高等院校 100 多名本科生和研究生开展“美丽乡村”创建规划方案竞赛。共 10 份参赛作品，其中同济大学《戴水忆乡》荣获一等奖和“最佳创意”奖。

11 月 11 日 农业部认定全国 306 个乡镇为第五批全国一村一品示范乡镇，海永乡被认定为“乡村休闲”示范乡镇，南通市仅此 1 家。

11 月 11 日 海永镇 1800 多位居民领取社会保障卡，该卡为领取养老金、挂号就医、银行存取款等多项业务的便民卡。

11 月 13 日 农业部美丽乡村创建办公室、同济大学、海门市人民政府在上海同济大学联合举办海永镇“美丽乡村创建论坛”。同济大学建筑与城市管理学院副院长张尚武主持开幕式，农业部美丽乡村创建办公室主任魏玉栋、同济大学副校长吴志强、同济大学建筑与城市规划学院党委书记彭震伟、海门市人民政府副市长张伟致辞。浙江大学建筑工程学院教授王竹代表美丽乡村创建规划竞赛评审组对海永镇美丽乡村规划竞赛的评选过程和结果作简要的介绍和点评，由主办方代表向 8 所高校颁发获奖证书和奖金，同济大学建筑与城市规划学院党委书记彭震伟和海永镇党委书记徐秋华共同为海永镇、同济大学乡村教学实习基地揭牌。

11 月 17 日 无锡田园东方投资公司总经理黄宾玲一行到海永乡考察。

11 月 30 日 经省、市批准，海门市人大常务委员会会议通过，海永乡撤乡建镇。

12 月 4 日 上海市政协区县联络组组长施南昌、崇明县政协主席施建华一行 9 人到海永镇调研。

12 月 23 日 美国拉加斯国际中学投资商朗睿涵先生一行到海永镇考察投资环境。

12 月 29 日 海永镇全体党员干部通过远程教育平台听取市委书记姜龙在中共海门市委十三届七次会议上作《率先建成创新之城，率先融入苏南发展，为加快建设“强富美高”新海门而努力奋斗》的工作讲话。

12 月 30 日 海永学校品学兼优的四年级贫困学生蔡怡凌获南通市“爱心护蕾”工程发放的 1000 元慰问金。

是年 海永镇被评为南通市“文明乡镇”海门市“目标管理考核”优秀奖和“目标管理绩效考核党建工作先进园区(镇)”。

2016 年

1 月 7 日 海永镇获南通市“耕地保护十佳乡镇”荣誉称号。

1月11日 南通市委常委、宣传部长章树山,海门市人民政府副市长王拥军一行到海永美丽中国(空间)建筑设计产业园,就设计空间的产业发展、企业招商等工作进行专项调研。章树山重点了解设计空间的发展现状,参观入驻企业的展示产品、紫金奖获奖作品以及海永镇"美丽乡村"创建规划方案等,希望设计空间继续加强招商力度,吸引更多更好的企业到海永投资兴业,为海永的产业转型升级做出更大的贡献。

1月12日 海永镇综治办与上海崇明县新村乡禁毒办人员在海永镇召开省防边界禁毒工作会议。与会双方签订《省防边界禁毒工作协议书》,确定禁毒工作协调领导小组、联席会议、互通信息、禁毒宣传培训等协作内容。

同日 南通市文化、科技、卫生工作"三下乡"活动在海永镇举行。

1月15日 南通市委党校副校长沈卫中为海永镇党员干部讲授十八届五中全会主要精神。

1月20日 中国农业大学校长傅泽田到海永镇视察美丽中国建筑设计产业园、国农蓝湖湾、永泰红磡·乐颐小镇、绿宝石精致农业园、绿地长岛等项目。乡长俞军介绍海永的发展历程、发展生态、发展目标,突出介绍崇明岛的生态理念,融入崇明,把海永打造成具有竞争力的健康小镇。傅泽田校长希望海永围绕江滩等优质资源在做精做优上再做文章,争取成为崇明岛的新亮点。

1月25日 副市长张伟一行到海永镇对2015年度党风廉政建设责任制进行检查考核。

1月26日 镇司法所参加省司法厅组织的"结网杯"社区矫正信息化应用竞赛,获得一等奖。

1月28日 南通市审计局党组书记鲍丹一行到海永镇看望20多户困难群众,为他们送去春节慰问金及新春的祝福。

2月5日 南通市团委、妇联等部门领导为"留守儿童"贫困妇女以及失独子女、伤残家庭送上春节慰问金和慰问品。

2月17日 国际义商集团董事长赵晓华携加拿大精准医疗集团董事长稽耀东、美国艾伦集团董事局主席津望英、义商集团环球医典科技总裁周苏明一行到海永洽谈精准医疗项目。

2月29日 广东省武江市台州商会会长王道春一行到海永考察。

3月1日 海永镇六届人大第七次会议召开,大会出席正式代表41名,列席代表36名,选举吴田强为海永镇人大主席。

3月5日 海永镇向华集聚区实施污水管网工程。

3月10日 海永镇在三厂路共植中山黄栾树1万株,绿植面积4.67公顷。

3月11日 上海云山实业有限公司与海永镇江苏美丽空间建筑设计产业发展有限公司签订战略合作协议,双方将整合各自平台的优势及资源,携手在全国创意园区开展全方位的合作,资源共享,合作共赢。共同推动产业项目发展,打造良性创新的创意生态圈。

3月17日 海永镇人大召开建议提案交办会,对镇六届七次会议代表提出的议案和建议,以及市十三届政协五次会议所提出的议案共17件一并向镇政府有关部门进行交办。内容涉及民生、道路交通、安置房建设、基础设施等方面。

3月22日 上海乡思文化发展有限公司董事长张弘先生到海永镇考察文旅项目。

4月5日 市委书记姜龙听取海永镇党委书记徐秋华、中铁集团总经理朱洁就海永打造"一河两街"项目专题汇报。姜龙书记要求做好该项目的前期规划工作,力争早日签约并开工建设。

4月8日 中铁集团一行在上海投资部总经理陆金法的引领下到海永镇深入考察"一河两街"等重点项目,协商投资事宜和合作模式。

4月12日 海永镇农村经济服务中心被市委农办评为"农村集体'三资三化'①先进单位"。沙南村被评为"农村集体'三资三化'先进村"。

4月22日 海永镇沙南村被海门市政策性农业保险推进工作委员会评为2015年度全市"政策性农业保险先进村"。

4月 海永镇原永西村党支部书记印祖达

① 农村三资三化管理,其中,"三资"指资金、资产、资源,"三化"指制度化、民主化、规范化。

获评市“劳动模范”、2015年“海门好人”荣誉称号。

5月4日 市纪委、监察局、文广新局组织“清风东洲，文化润心”为主题的海门廉政文化周暨“5·10思廉日”活动文艺演出，由海永镇自行创作、海永学校教师倪陈演唱廉政歌曲《清风谣》获三等奖。

5月12日 儿童文学家郑春华应邀到海永学校作报告。

6月5日 上海岳阳医院院长房敏、上海市长宁区卫计委副主任徐健康、上海中医药学院党委书记徐强一行考察永泰红磡·乐颐小镇，对乐颐小镇医养结合新模式十分赞赏。

6月17日 海永幼儿园接受省优质幼儿园现场评估，通过省教导评估院专家对海永幼儿园的现场考评，受到评估组的一致好评。

7月19日 市委书记陈勇到海永镇专题调研项目建设情况。陈勇书记通过听取汇报和现场查看，强调要充分放大生态建设这个优势，抓好产业规划，加大配套投入，加强招商引资，努力做强自身的特色产业。

7月21日 市委组织部副部长张成牵头科技局人才办等部门参加海永镇“千人计划”研讨推进会。

7月 海永镇党委被海门市委评为全市“先进基层党组织”。

8月1日 中国“农商银行”第六届中国农村金融品牌大典暨2016中国农村金融品牌建设论坛在北京举行，海门市农商银行海永支行喜获“2015最美服务窗口”称号。

8月3日 市委副书记葛志娟一行到海永镇检查工作，葛志娟在认真听取SS1538、绿宝石精致农业园、永泰红磡·乐颐小镇、美丽设计空间等项目负责人对项目的介绍后，强调指出海永要进一步放大区域优势，力推特色产业，融合集群发展，实现项目最大效应。

8月11日、12日 2016中国海门乡村旅游活动暨世界旅游小姐中国海门赛区选拔赛在海永镇隆重举行，活动由市旅游局主办，舍得传媒承办。

8月20日 海永镇实施电动汽车分时租赁。全镇在普罗旺斯、绿岛江湾城、滨江小区等7个点共设35个车位，供居民使用租赁电动汽车。

9月8日 江苏省宿迁市动龙河镇党政代表团到海永镇考察。

9月13日 市人大常委会副主任柏云冲、农业农村工委主任万旭东一行到海永镇实地调研农业项目。

9月13日 南通报业传媒集团一行到海永镇采风，《南通日报》原纪检委书记赵国庆、《江海晚报》媒体采访主任李波等参加采风。认为绿宝石精致农业园和SS1538这两个项目将成为海永今后具有代表性意义的旅游景点，决定刊发以海永为主题的专题报道。

10月25日 召开海永镇第一次工会代表大会，镇机关、企事业单位共48名代表参加。会议听取并审议海永镇工会第一次代表大会工作报告，选举产生第一届工会委员7名、经审委员3名。

10月25日 以色列海法大学工商管理专业教授、同济大学经营管理学院党委书记陈松、同济大学经营管理学院副教授关贤军一行到海永镇考察。

10月26日 海永镇政府与北京睿特环有机农业技术研究院共建的“海永生态农业”项目举行签约仪式。

10月 海永卫生院竣工并交付使用，卫生院共投入2000万元，建筑面积5000平方米，共有病房15间、更新添置五分类血球仪、彩超、DR放射机、万层流手术台等设备，较好改善医疗条件。

11月17日 南通市审计局局长顾宗瑜，党委书记鲍丹、南通国有置业集团董事长张星一行到海永乡调研。

12月27日 召开全乡党员干部大会，党委书记徐秋华传达贯彻党的十八届六中全会和南通市党代会精神。

第一篇　建置区划

海永镇地处长江口北支崇明岛，1969 年冬，永隆沙海门段首期围垦结束。1970 年 3 月，建海门县永隆沙良种场，为国营场圃。1975—1977 年，县境悦来、四甲、三厂区 16 个公社近千户农户迁进良种场垦区，成立 4 个新垦大队。1979 年，以场带队管理模式由良种场对大队实施行政领导。1992 年 12 月，建立海永乡，与永隆沙良种场为两块牌子、一套班子，下辖永北、永西、沙南、向华 4 个村，东场、西场 2 个农场大队。1997 年，建立通江路居民委员会。2001 年 4 月，原有 4 个行政村合并为永北、沙南 2 个村。2015 年 11 月，海永撤乡建镇，下辖 2 个行政村，1 个居民委员会，1 个农场大队。

海永镇境域边界，在国家有关部门、上海市、江苏省人民政府的领导关心下，通过上海市崇明县、江苏省海门市、启东市以及毗邻乡、镇、场的友好协商，达成多次协议，基本做到界址明确、界线走向详尽。

第一章　建　　置

第一节　沿　　革

1969 年冬，永隆沙首期围垦工程结束。1970 年 3 月，县革委会批复，建立海门县永隆沙良种场，为国营农场，隶属县农水局领导。1971 年，为便于管理，全场分为若干个农业生产组及副业、菜园等其他生产组。1973 年，场内建立 2 个农业大队，实行场、队分级管理。1974 年始，连续 4 年安置三厂镇、青龙港镇等地插场知识青年 531 人。随着全场职工的增加，为更好地组织发展生产，加强经营管理，全场建立 6 个连队，实行准军事化管理，其中一连和四连为知青连队，三连为常乐公社移民连队，二连、五连为其他各公社移民和知青混合连队，六连为场直人员组成的连队。

1976 年，悦来、三厂、四甲区共 16 个公社，880 户农户移居永隆沙，以区为单位组成 3 个垦区，仍隶属当地区委领导。后为便于管理，将悦来区迁入户编为新垦 1 大队，三厂区迁入户编为新垦 2 大队，四甲区迁入户编为新垦 3 大队。1977 年，从临江迁入 115 户居民，建立向华大队。1979 年，插场知青陆续上调，农场根据上级要求，撤销连队建制，建立农场 1 大队、农场 2 大队。1980 年 7 月 21 日，将原属当地区委领导的 4 个新垦大队，改由良种场领导和管理，形成场带队的管理模式。

1980 年 11 月 29 日，县民政部门批复，新垦 1 大队更名为永北大队；新垦 2 大队更名为沙南大队；新垦 3 大队更名为永西大队。是年，场外围有 4 个生产大队，36 个生产队。同年，农场一大队改为东场大队，二大队改为西场大队。1985 年 3 月 20 日，县政府办公室发文，将沙南、永西、永北、向华大队冠于村民委员会标准名称。1988 年 2 月，东场大队与西场大队合并，组建东西场大队。1992 年 12 月 26 日，建立海门县海永乡，与永隆沙良种场为两块牌子、一套班子。1994 年 9 月 22 日，东西场大队重新分为东场、西场两个大队。1997 年 8 月 28 日，建立通江路居委会，相当于村建制单位。1999 年 4 月 1 日，东场、西场 2 个大队合并为东西场大队。2001 年 4 月 2 日，永西村与永北村合并，建立永北村；向华村与沙南村合并，建立沙南村。2015 年 11 月 30 日，经省、市批准,海门市人大常务委员会会议通过,海永乡撤乡建镇。是年,海永镇下辖永北村、沙南村、通江路居委会共3个行政区划及东西场大队。

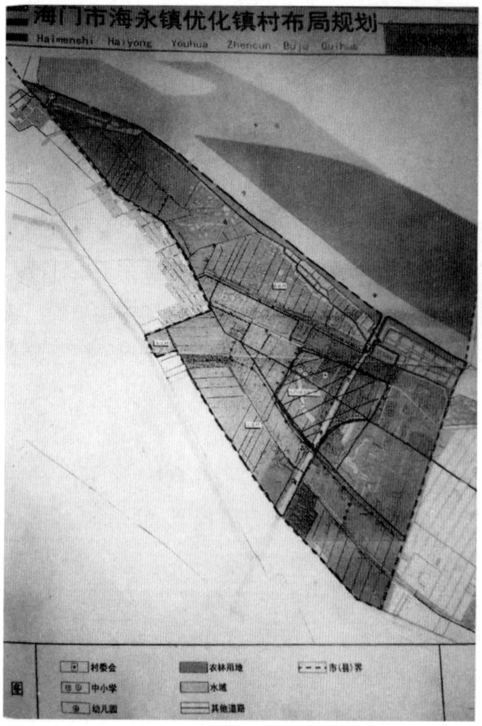

图1-1 镇村行政区划图 2001年摄

第二节 境 域

一、海永镇与启东市界

1968年12月31日,南通专区革命委员会批复,永隆沙由启东、海门两县分管,以启东已围垦的西大堤中心线为界,堤东归启东管辖,堤西归海门管辖,1969年1月1日生效。1969年10月,海门县革委会组织有关公社民工对辖区进行围垦。1995年,海永乡东与启东启隆乡交界,以原堤中心线(堤已平)为界限。2001年9月30日,省政府批复,启东与海门两市分界线向南穿过长江入海口北支,进入永隆沙,再向南至友谊河中心。海门市海永乡与启东市启隆乡交界处,边界走向呈曲线形,其中永隆沙地段长度为2.425公里,海永乡与启隆乡的界桩位置为:11号界桩位于海永乡与启隆乡之间的二道堤北侧,南北小道启东一侧,边界线走向是从11号界桩向北偏东北方向315米至头道堤上海启分界点;从11号界桩向南偏西南沿机耕路西侧1062米至12号界桩,从永隆沙北头道堤至12号界桩之间为1.777公里;12号界桩位于海永乡与启隆乡之间机耕路西侧,边界线走向是从12号界桩顺路西边向南偏西南方向1048米,到达江苏省与上海市交界的友谊河中心,接上江苏省与上海市的分界线,长度为1.048公里。

图1-2 海永镇与启隆镇界桩

二、海永镇与崇明县界

1976年2月23日、26日,海门、崇明县双方领导和有关部门负责人对海永沙(崇明称新开沙)、永隆沙范围问题,通过协商达成协议。双方认为,海永沙是崇明的滩地,海门、启东县的永隆沙与崇明合隆沙是以现有港槽为界;对1975年海门在海永沙围垦的133.33公顷左右土地,已进行开沟平整,并造100多间房屋,崇明作了谅解,已围的面积归属海门县所管;1976年春,崇明的新村、合作两个公社在两岸之间搞围垦,将堤岸与海门的大堤相接,包括港槽以北的土地,全归崇明所管。

双方对未来的分界明确统一两点:一是永隆沙南沿港槽以北的滩地除崇明合作公社已围的大堤,向东港槽以北的均归启海所管,港槽以南的全归崇明;二是海永沙问题,以海门已围的西堤岸为界限,即对现有滩地和未来发展滩地,凡是西坚堤脚以西及坚堤线向北以外属崇明;北横堤西北角以东向北以外的归海门。以后为了抢险防汛安全,解决海门挖土来源,议定为西岸脚向外在50米宽内取泥加堤。

1985年2月16日,由海门、崇明两县领导和有关部门负责人参加,海门县永隆沙良种场和崇明县合作乡政府达成协议:双方以大堤为界,为防汛、培修大堤取土需要,在大堤的崇明一侧留15米宽的平台。但在白港以东段维持现状,保持现有转河。白港河以西段在15米内平台外,由合作乡组织新开转河一条,白港东西段转河归合作乡管理使用。内平台可由海门县永隆沙良种场永西大队群众种植浅根经济作物,但不得建造房屋等固定建筑物,以确保大堤安全。

1993年8月16日,海门县海永乡与上海市长征农场签署界址河划分协议:(1)以鸽笼港东侧启东市良种繁育场界址,横河北侧河口线为界河线,该段界河属长征农场;(2)以鸽笼港西侧到永北村排水沟,以河中心为界址线,南北以排水沟西侧为界址线。(3)因开鸽笼港大河,双方协商调换土地6.67公顷,划在永北村西侧,以排水沟为界址,南以北大堤岸边线向北8米为界址线。

1995年,海门市与崇明的界址,其中海永乡南与崇明交界以海崇界河水沟和西堤西侧河沟内侧水线为界,其余按传统的以长江北支主道中心线为界。

1996年,海门市、崇明县双方认可的界线:西自X:3523621米,Y:40631131米,H:5.9米(原岸顶高径)。向东南方向沿岸南小匡河中心延伸展至X:3520473米,Y:40633605米,H:2米处折向西偏南方向沿岸东坡底边线伸展815米,转向东南方向延伸274米,再折向东偏东北方向延伸254米后,折向东南方向沿小河中心伸展至长隆公路界址桥后,再沿小河北边线伸展到海门、启东、崇明三县市三叉点,其X:3517296米,Y:40635215米,H:2米。全长计8.81公里。

海门市海永乡南与崇明县新海镇(原长征农场)接壤,西与崇明县庙镇、新村乡毗邻。1996年,江苏省与上海市开始联合对其行政区域进行勘界。2001年3月和5月,苏沪双方勘界办就长

图1-3　海永镇与上海崇明区界桩

江北支段的有关问题两次进行协商,取得一致意见,完成长江北支永隆沙段界桩埋设和测绘。同年8月,江苏省政府和上海市政府代表在《江苏省政府和上海市政府联合勘定的行政区域界线协议书》第2号上签字生效。协议书明确,在海门市海永乡与崇明县行政界段设了3个界桩点:(1)36号界桩为同号双立单面花岗岩界桩,位于P8点东南侧,36A号界桩位于海门市海永乡沿江村,36B号界桩位于崇明县新村乡第一副业场,从36号界桩起,界线向东偏东南1600米,向东偏东南575米,向东南1050米至37号界桩,这段界线长3.225公里;(2)37号界桩为同号双立面花岗岩界桩,37A号界桩位于海门市海永乡沿江村,37B号界桩位于上海市崇明县合作镇副业养鸡场东北侧,从37号界桩起,界线向西南600米至友谊河西北向延长线与围堤中心线交叉点P9,转向东南2225米至38号界桩,这段界线长2.825公里;(3)38号界桩为同号双立单面花岗岩界桩,38A号界桩位于海永乡沙南村,38B号界桩位于上海市崇明县长征农场阔叶林东侧

与鸽笼港和友谊河交叉处西南侧，从 38 号界桩起，界线向东南 1200 米，向东偏东南 1650 米，向南东偏南 350 米，向东偏东南 1350 米，向东 200 米，向东偏东南 1500 米至 39 号界桩，这段界线长 6.25 公里。海永乡与崇明县的海崇边界线 12.3 公里。

第二章　区　划

第一节　村

一、永北村

永北村地处全镇北部，故名“永北”，南侧东部与中国农业大学“田园风光”“蓝湖湾”住宅小区相连、西部与崇明县合作乡、新村乡交界；西侧与崇明县新村乡相攘；北侧西部滨濒长江，东部与长岛相连；东侧与东西场大队相邻。

1976 年 3 月，县境悦来、临江、万年、海洪、三阳、六匡 6 个公社，共 290 户 1239 人迁入永隆沙新垦区，建立新垦 1 大队，归悦来区领导。1977 年始，村所在沿江地段发生江坍，坍掉村内部分耕地，使沿江的生产队受到严重影响。同年冬，村里组织村民在村沿江外围扩垦，筑堤 400 米，增加耕地 26 公顷。1980 年 7 月 21 日，归属良种场领导，实行场带队。11 月 29 日，新垦 1 大队更名为永北生产大队，下辖 13 个生产队，耕地面积 86.26 公顷。1982 年，全大队有 328 户 1274 人。1985 年 3 月，建立永北大队村民委员会。1990 年 2 月 8 日，永北生产大队改为永北村，下辖的 13 个生产队改为村民组。

2001 年 4 月 2 日，永西村与永北村合并，建立永北村，合并后区域范围不变，共有村民组 21 个，耕地面积 163.6 公顷。2010 年，全村经济收入 2201 万元，农民人均纯收入 10767 元。2015 年，全村有 21 个村民组、886 户 2083 人。耕地面积 168 公顷，村经济总收入 3335 万元，农民人均纯收入 23290 元。

二、沙南村

沙南村地处全镇南部，东与启东市启隆乡相邻，北与东西场大队相连，南与上海市长征农场交界，西与崇明县合作乡副业场相攘。

1976 年 3 月，县境三厂区常乐、大新、厂洪 3 个公社 284 户农户、1106 人迁入永隆沙垦区，建立新垦 2 大队，归三厂区领导。1980 年 7 月 21 日，归属良种场领导，实行场带队。11 月 29 日，更名为沙南生产大队，下辖 10 个生产队。1982 年，全大队有 337 户 1161 人。1985 年 3 月，建立沙南大队村民委员会。1990 年 2 月 8 日，沙南生产大队改为沙南村，下辖 10 个村民组。

2001 年 4 月 2 日，向华村与沙南村合并，建立沙南村，合并后区域范围不变，共有村民组 15 个，耕地面积 146.4 公顷。2010 年，全村经济收入 1635 万元，农民人均纯收入 10571 元，首次闯过万元大关。2015 年，全村有 749 户 1672 人、村民组 15 个，耕地面积 152.1 公顷，经济收入 310.24 万元，农民人均纯收入 18572 元。

附 1：永西村

永西村地处海永镇西部，故名“永西”，东与永北村相邻，南与崇明县合作乡、新村乡交界，北滨濒长江，西与崇明县新村乡相攘。

1976 年 3 月，县境四甲区平山、瑞祥、国强、树勋、四甲、王浩、新建共 7 个公社 306 户农户 1111 人迁入海永沙垦区，建立新垦 3 大队，归四甲区领导。1977 年始，永西大队所在沿江地段发生江坍，至 1984 年坍失耕地 20 多公顷。1980 年 7 月 21 日，归属良种场领导，实行场带队。1982 年，全大队有 229 户、1083 人。1983 年，永西大队原从王浩、四甲公社迁入的 2 个生产队共 52 户 160 余人因江坍失地，回迁原公社。1984 年，原从新建公社迁入的生产队迁至向华，建第 5 生产队，归向华大队领导，农场划拨土地 1.8 公顷。1985 年 3 月，建立永西大队村民委员会。1990 年 2 月 8 日，永西生产大队改为永西村，下辖的 8 个生产队改为 8 个村民组。1996 年冬，村里组织村民围垦，增加面积 8.4 公顷。2000 年，村级经济收入439万元,农民人均收入4240元。2001年4月2日,永西村与永北村合并为永北村。

附2:向华村

向华村地处海永镇西南部,西与崇明县合作乡副业场交界,东与沙南村相邻,南与上海市长征农场交界,北与东西场大队相连。

1977年,从县境临江公社迁入115户450多人,建成向华生产大队。1980年,全大队有4个生产队。1982年,全大队共有119户462人,是全场最小的生产大队。1984年有5个生产队。1985年3月,建立向华大队村民委员会。1990年2月8日,向华生产大队改为向华村,下辖的5个生产队改为5个村民组。2000年,村经济总收入325.55万元,农民人均收入4100元。2001年4月2日,向华村与沙南村合并为沙南村。

第二节　居委会

20世纪90年代,海永镇区发展,农民进镇经商办企业,集镇常住人口不断增加。为加强集镇管理,乡政府决定建立居民委员会。1997年8月28日,经市政府批准,建立通江路居民委员会,相当于村级建制单位,管理范围:通江路沿线居住人口,海长路68号集体户、通江路84号建材厂集体户。同年,普罗旺斯、融科·托斯卡纳、半岛·托斯卡纳房地产公司商品房开盘,其购房户均列入居委会管理服务范围。2006年11月至次年1月,滨江小区拆迁安置楼竣工,拆迁户乔迁新居,小区的物业管理以及服务入列居委会工作范围。

2009年,田园风光房地产业、绿岛·江湾城楼房开盘,所有成交住户都归属通江路居委会管理。2010年,联想新城竣工,427户拆迁户搬进新居,联想新城与通江路居委会实行两块牌子、一套班子管理模式,使居委会的管理服务范围增大,工作任务增多。2015年,通江路居委会所属管理服务的有8个小区(含房地产业小区)1条农民街、2个集体户居民,其中非农业户466户983人。

第三节　农场直属大队

建场之初,场部领导直接参与一线生产管理,这种管理方法,使领导精力分散,不利于抓好全场大事要事。1979年,农场建立2个直属大队,其中鸽笼港河以东、直至启东五七农场,北至长江,南至沙南大队为农场1大队,耕地面积80公顷;鸽笼港河西至永西大队,南至沙南大队,北至长江为农场2大队,耕地面积70公顷。每个大队下设生产组进行作物种植、良种培育。整个良种场实行一级核算、两级管理的体制。

1980年11月,农场1大队更名为东场大队,2大队更名为西场大队。1988年2月,东场大队与西场大队合并,组建东西场大队,是良种场的直属大队,实行独立核算,按比例向场部上缴利润。1990年3月,场部副业场划归东西场大队,属大队核算。1994年9月22日,东西场大队重新分开,建立东场大队、西场大队。1999年4月1日,东场大队、西场大队第二次合并组成东西场大队。2006年,东西场大队大部分耕地划为乡万顷良田范围,部分土地流转为项目用地,其余土地流转给外地农民承包经营,大队职能由经营核算型转变为管理型。2015年,东西场大队有农户350户,人口827人,经济总收入1819.4万元,农民人均收入22000元。

第二篇　自然环境

海永镇的成陆属长江下泄泥沙沉积而成的沙背。清光绪年间露出水面，名永隆沙。1971年，县芦荡办事处在其西侧海永沙种青，促使该沙西坍东涨，与永隆沙连体，形成海永绿土。

海永境内地势低平，土质偏粘，人工开挖沟河成网，形成具有江南特色的水网地区。气候四季分明，雨量充沛，属典型的北亚热带海洋性气候。

境内江滩资源丰富，全镇土地面积不断增加，2015年全镇总面积13.9平方公里，其中耕地面积430公顷。

境内空气清淅，生态平衡，无严重污染源，废气、废水、废弃物不断得以整治。2007年开始，融入崇明国际生态岛创建体系，创建海门市生态第一乡。2010年，被环境保护部评为“全国环境优美乡镇”。2013年，成为国家级“美丽乡村创建示范点”。

第一章　地　　理

第一节　成　　陆

永隆沙地处长江口北支。清光绪二十六年(1900)前，永隆沙露出水面，沙长1.8公里、宽0.5公里，面积约70公顷。出水后淤涨增大，向下游和崇明岛方向渐移。至1958年，沙头下移4.2公里，沙长增至16.5公里，宽增至1.8公里，面积增加到10多倍。是年，永隆沙距北岸临江乡5.2公里。因其东侧与启东原永隆镇隔江相望，故名永隆沙。

海永沙(崇明称新开沙)位于永隆沙西北沿，1965年开始形成，1969年露出水面。1970年，该沙东西长3公里，南北宽0.6～1公里。1971年，县芦荡办事处派员到该沙种植芦苇20公顷。以后西坍东涨，逐渐向永隆沙靠拢，连成一体，形成与永隆沙仅一港之隔的海永沙。

第二节　地质地貌

一、地　质

根据鸽笼港北闸工程地质勘探报告，海永地基土自上而下分为5个工程地质单元体及1个透镜体。其中层3和层4根据强度又各分为层3－1、层3－2及层4－1、层4－2两个亚层，境内地基土层均为第四纪全新世河口相冲积层。各土层土性分别描述如下：

(1)层1：淤泥质土，以黄褐色淤泥、淤泥质粉质黏土为主，局部为同色淤泥，夹薄层青灰色砂质粉土，含大量芦根，摇振反应较慢，有光泽，干强度较高，韧性较高。水平层理。流塑。饱和。层厚0.00米～3.50米，层底标高－0.80米～0.80米。

(2)层2：砂质粉土与淤泥质粉质黏土互层，砂质粉土青灰色，淤泥质粉质黏土灰褐色，层厚比约1∶1，含植根，摇振反应较迅速，稍有光泽，干强度较低，韧性较低。水平层理。砂质粉土稍密，很湿；淤泥质粉质黏土流塑，饱和。土质欠均匀。层厚0.00米～4.80米，层底标高－4.40米～－0.50米。

(3)层3－1：砂质粉土夹淤泥质粉质黏土，青灰色，夹层灰褐色，摇振反应较快，稍有光泽，干强度较低,韧性较低。水平层理。砂质粉土稍密,很湿;淤泥质粉质黏土流塑,饱和。土质欠均匀。层厚 0.00 米 ~ 1.40 米,层底标高 -5.40 米 ~ -2.20 米。

(4)层 3-2:砂质粉土与粉砂夹粉质黏土,砂质粉土与粉砂青灰色,夹层灰褐色,粉砂矿物成分以石英、长石、云母为主,砂质粉土、粉质黏土摇振反应较快,稍有光泽,干强度较低,韧性较低。水平层理。砂质粉土稍密,很湿;粉砂松散,饱和;粉质黏土软塑,饱和。土质欠均匀。层厚 0.00 米 ~ 3.40 米,层底标高 -7.50 米 ~ -2.10 米。

(5)层 4-1:砂质粉土或粉砂,青灰色,粉砂矿物成分以石英、长石、云母为主,夹薄层灰褐色粉质黏土,砂质粉土摇振反应迅速,无光泽,干强度低,韧性低。水平层理。砂质粉土稍密,很湿;粉砂松散 ~ 稍密,饱和。土质欠均匀。层厚 0.00 米 ~ 5.70 米,层底标高 -11.20 米 ~ -7.7 米。

(6)层 4-1T:砂质粉土夹淤泥质粉质黏土,青灰色,夹层灰褐色,摇振反应稍快,稍有光泽,干强度较低,韧性较低。水平层理。砂质粉土稍密,很湿;淤泥质粉质黏土流塑,饱和。土质欠均匀。层厚 0.00 米 ~ 1.70 米,层底标高 -10.70 米 ~ -9.40 米。

(7)层 4-2:砂质粉土与粉砂,青灰色,粉砂矿物成分以石英长石、云母为主,夹薄层灰褐色粉质黏土,砂质粉土摇振反应迅速,无光泽,干强度低,韧性低。水平层理。砂质粉土稍密 ~ 中密,很湿;粉砂稍密 ~ 中密,饱和。土质欠均匀。层厚 4.50 米 ~ 4.80 米,层底标高 -15.70 米 ~ -12.60 米。

(8)层 5:粉质黏土与粉砂、砂质粉土互层,粉质黏土灰褐色,粉砂、砂质粉土青灰色,粉砂矿物成分以石英、长石、云母为主,层厚比约 2:1,砂质粉土、粉质黏土摇振反应较快,稍有光泽,干强度较低,韧性较低。水平层理。粉质黏土软塑,饱和。粉砂松散 ~ 稍密,饱和。砂质粉土稍密,很湿。土质欠均匀。

二、地　貌

境内地势低而平坦,平均海拔 4 米(以吴淞口为基准),由于围垦时间的不同,滩面土地略有高低,海永沙(又名阴沙)比永隆沙地势稍高,高程在 4 米以上,永隆沙东部镇境稍低,高程在 4 米以下。

土壤表层质地分为两种:东部大多为黏性泥土,分布于东西场大队等地,西部为夹沙泥土,分布于永北、沙南村等地。

第三节　气　　候

一、气候特征

海永镇地处长江口,属北亚热带季风气候区,四季分明。雨量充沛,光照充足,无霜期长,为典型的海洋性气候。

3—5 月为春季,是冬夏季风转换季节,冷暖空气对流较强烈,天气多变,气温回升缓慢且不稳定,呈跳跃性,常出现低温连续阴雨或春霜冻。

6—8 月为夏季,6 月下旬至 7 月上旬为梅雨季节,平均约 20 天,出现长时间阴雨寡照,降水集中,气温偏低。梅雨结束后,受西太平洋副热带高压脊控制,天气晴热,进入盛夏。梅雨、台风及局部雷雨是夏季的主要降水原因,降水量年际之间变化甚大,出现伏旱或雨涝。在夏秋之交,每年受台风影响一二次,平均日照 7.6 小时,是全年日照最多的季节。

9—11 月为秋季,是由热变冷的过渡季节,冷空气来得快,降温速度比春季升温速度快。10 月以后,天气稳定变化少,多秋高气爽天气。平均日照 5.9 小时,月平均雨日 9.2 天。

12 月至次年 2 月为冬季,受冬季风影响,盛行来自高纬度大陆内部的西北风,多干冷天气,雨雪较少,平均每年有 2 ~ 3 次寒潮袭击,带来西北风和剧烈降温天气,有时有雨雪出现。冬季降水量平均 116 毫米,雨雪日平均 24 天,是一年中雨量、雨日最少的季节,平均日照 5 小时。

二、气　温

镇境 1 月为全年最冷月,7 月为全年最热月,据 1979—1984 年年平均气温统计,1 月为 2.8℃,2 月为 3.7℃,3 月为 7.9℃,4 月为

13.3℃,5月为19.7℃,6月为23.3℃,7月为27.1℃,8月为26.7℃,9月为22.3℃,10月为17.5℃,11月为11.7℃,12月为4.8℃。年平均15.3℃,略低于市境其他乡镇。

三、降　水

镇境年平均降水量1040.4毫米,年最大降水量1500.7米(1975年),最小降水量为606.1毫米(1978年),降水量6月最多,1月最少,大多集中在4—9月,据气象部门统计,全年雨日最多为151天,最少为99天。

降水量的季节变化明显,夏季降水占全年降水量44%,冬季降水量占全年降水量11%,春季占24%,秋季占21%,1987年12月没有降水,1992年3月13—28日,连续降雨16天,为气象部门有记载的最长连续降雨现象。2001年6月降水482.8毫米,是降水量最多的月份之一。

四、日　照

境内全年平均日照时数为2104小时,百分率为47%,2月为131小时,8月为254.1小时,全年太阳总辐射为每平方厘米115.324卡。季节分布为冬少夏多,其中以7月、8月最多,2月最少。

五、霜

境内平均无霜期为232天,各年稍有差异。最早初霜出现10月22日(1979年),最迟初霜出现12月6日(1994年),平均初霜日为11月11日,最早终霜3月5日(1977年),平均终霜日为4月2日。

六、雾

境内平均一年四季均有雾出现,但以春夏、秋冬之交出现频率最高,累计年平均雾日28.9天,最多53天(1997年),最少11天(1973年)。各月雾日最多的是4月,其次是11月和12月。

七、雷　暴

境内一年四季均可发生雷暴,累计年平均雷暴日29天。多集中于夏季,春、秋、冬季较少,最早雷暴初日1月1日(1997年),最迟5月10日(1989年)。最早终日8月12日(1980年),最迟终日12月21日(1979年)。

八、雪

境内累计年平均降雪日7.2天,平均积雪日3.5日,冬季最多降雪日17天(1976年、1977年),累计年平均降雪初日1月4日,最早初日11月27日,最迟初日3月18日;累计年平均降雪终日3月2日;累计年平均积雪初日1月21日,最早初日11月27日,最晚初日3月20日,最早终日1月1日,最晚终日为4月3日。

九、风

境内11月至次年4月盛刮西北风。5—10月以东南风为主,全年以东南偏东和东南风频率最高,为8%。春季主导风向为东南偏东风和东南风,频率为11%;夏季主导风向为东南风,频率为14%;秋季主导风向为东北偏北风,频率10%;冬季主导风向为西北风,频率12%。

境内平均风速2.9米/秒,各月中以3月平均风速最大,为3.4米/秒。10月、11月最小,为2.5米/秒。春、夏、秋、冬各季平均风速分别是3.3米/秒、3.1米/秒、2.6米/秒、2.9米/秒。自有气象记录后,出现最大风速为18.3米/秒,时间是1990年6月24日、1997年8月19日。

第四节　物　　候

一、植物候

桃花4月上旬盛开,6月中旬雨花露桃果成熟,7月中旬白凤桃果成熟,12月上旬桃树落叶。巨蜂葡萄5月下旬花开,8月上旬果熟,12月中旬落叶。枇杷花期从10月到翌年2月,6月中旬果熟。银杏3月中旬展叶,4月上中旬雄花盛开,4月中旬雌花盛开,12月上旬落叶。燕竹、淡竹笋期为4—5月。元麦10月下旬播种,12月上旬分蘖,翌年2月上旬返青,3月中旬拔节,5月下旬成熟。小麦11月上旬播种,12月上旬分蘖,翌年2月上旬返青,3月中旬拔节,6月上旬成熟。玉米春分至清明节之间播种玉米,5月下旬拔节,6月下旬摆果,8月上中旬成熟。中稻5月上旬落谷,6月上旬移栽,6月中旬返青,6月底至7月20日分蘖,8月上旬拔节,8月底孕穗,9月上旬抽穗,10月中旬成熟。棉花3月底4月初播种,4月上旬出苗,6月上旬现蕾,7月中下旬开花成铃,8月下旬至11月吐絮、收获。

农村流行民谚"十二个月(农历)花开":正月梅花开,二月杏花开,三月桃花开,四月蔷薇花开,五月石榴花开,六月荷花开,七月凤仙花开,八月桂花开,九月菊花开,十月海棠花开,十一月水仙花开,十二月腊梅花开。

二、动物候

鸟候　立春前春鸟叫鸣,春分燕子来筑巢,5月布谷声声,8月鸿雁将至,11月大雁南飞。

动物反常测气候　预示风雨:蜻蜓成群低飞,蚊虫四处乱撞,路上蚂蚁结队搬迁,燕雀低飞,鸡迟不进窝,河中蛙声不绝,鱼浮水面;预示天晴:蜘蛛吐丝、结网;预示天热:蝉鼓噪不停,白昼"鸪"叫。

第五节　水系　水文

一、水　系

海永镇境内河沟纵横,呈网络分布,属比较完整的沿江水系。

1977年,开挖鸽笼港河海门段,段长2.07公里,贯穿全场南北,流入长江,流域面积8平方公里。另有东西场大队东侧、永北村2条南北走向引水河流入长江,7条东西走向的匡河与之贯通。在匡河中间,以50米为距开挖明沟,共有明沟92条,均与匡河相通,明沟之间排水渠道沟沟相通,形成完整农田水利灌溉网络。

二、水　文

永隆沙在围垦前有白港等天然水道,随着沙滩的淤积,港泓逐渐涨满。因此海永除白港有原型外,所有水道都为人工开挖。至2015年,全镇有直通长江的二级河1条、引水河2条、匡河7条、明沟92条。

由于境内地势平坦,内河取统一水位,闸内正常水位2.8米,农忙灌溉用水期间,开闸引潮,内河水位升至2.9米左右,台风暴雨时,闸内河水位降至2.6米左右。

境内地表水主要水源来自降雨和长江引潮,水源十分丰富,满足农业、副业、工业生产和人民生活的用水需要。每年冬季,咸潮上溯,无法引潮灌溉。全镇地下水水位较高,波动值小。在梅雨季节和秋天阴雨季节地下水位上升,在低洼田块,地下水与耕层渍水、地表水互相沟通,造成三水相连,出现暂时性的农田涝渍现象。

境内受海潮上溯的影响,水质偏咸,含盐度较高,高于长江南支水质的盐度。地表水的矿化度高于地下水,高于长江南支,一般每升含量为3—10克。水质的污染程度好于长江南支和市境其他乡镇。潮汐正常,每日昼夜两潮汐,最大潮差4.6米,最小0.04米。

第六节　土壤植被

一、土　壤

境内土壤属浅色草甸土系列,类型属盐土、亚类为潮盐土,土种为黏性潮盐土种,东部黏性突出,主要分布在东西场大队,面积100多公顷。西部及西南部沙性突出,主要分布在沙南、永北等地,面积200公顷左右。八九十年代,县土管部门曾对农场土壤进行多次测试,认定土壤养分丰富,氮、磷、钾含量比例适中,农药残毒含量较低,适应各种作物生长和培育无公害农产品。

二、植　被

野生植被　主要是杂草，有 31 科 120 多种，分布在旱田、水生田、荒田、滩涂湿地。

旱田的发生期 11 月至翌年 4 月。主要草相有猪殃殃、卷耳、繁缕、看麦娘、早熟禾、棒头草、荠菜。发生期 5—10 月，主要草相有马唐、乌蔹莓、狗尾草、千金子、马齿苋、铁苋菜、泽漆、牛筋草、旱俾、鲤肠、刺儿菜、刺苋、香附子、打碗花、小飞蓬等。

水生田的发生期 6—11 月。主要草相有俾草、千金子、眼子菜、莎草、球花碱草、牛毛草、野荸荠、鲤肠、矮慈姑、节节草、旱俾、蓼草、结缕草、水花生、水藻、浮萍等。

荒田的发生期 4—11 月。主要草相有加拿大一枝黄花、葎草、水花生、一年蓬、小飞蓬、乌蔹莓、小根蒜、芦苇、蓼、牛膝、东前草、扁蓄、白茅、酸模叶蓼、臭荠、刺里毛莨、狗尾草、藜、萝藦、苦蘵、半夏、龙葵等。

滩涂湿地有蒲草、蔺草、野菊花、蒲公英、野芹菜、白茅、天鹅绒藤、野苜蓿、野山药、江芦、荻、野刀豆、繁缕、乌蔹莓、苦苣菜、青苔、苔藓等。

人工植被　主要包括农作物、树木、竹林、药材、花卉等。1970 年建场后，当年种绿肥、棉花。以后逐渐增加种植品种，夏熟种植元麦、大麦、小麦、蚕豆、豌豆、甘蔗和各类果树。秋熟种植棉花、玉米、黄豆、薄荷、水稻和西瓜、甜瓜等、四季种植各类蔬菜。

第七节　自然灾害

一、气象灾害

建场之初，由于围垦时间短，防御自然灾害的各项工程设施没有到位，经不起狂风暴雨大潮的袭击，严重影响生产的发展。1974 年 8 月 18—20 日，受 13 号台风和特大潮水的影响，全场大堤有 6 次决口，境内全部受淹，平均水深 1.5 米左右，在县委和场部领导指挥下，所有党员干部、知青、青壮年投入抗灾抢险。将老人、妇女、儿童和病弱者转移至大堤，由县派“海运”号机船接运北岸，再由四甲部队派车接运至县第二招待所，免费食宿。经一个多星期的抗灾，潮水渐退，恢复生产，大潮的淹没严重影响作物的生长，减产近 5 成。

1977 年 9 月 9—12 日，境内遭 8 号台风袭击，最大风力 10 级，吹坏房屋数十间，死亡 1 人。1986 年 5 月下旬至 6 月上旬，全乡发生严重干旱，农作物生长受损，明显减产。1997 年 8 月 19—20 日，受 11 号台风影响，鱼塘、堤岸决口，使全乡农作物和工厂企业受损严重，市政府补助 2 万元，支持全乡恢复生产。2002 年 7 月 4 日傍晚开始，5 号台风“威马逊”直接影响乡境，风力 10 级左右，166.6 公顷玉米倒伏，其中断枝 20%；棉花、黄豆、西瓜等作物大面积受损；生产大棚设施遭破坏；建材厂损坏砖坯 100 万块、平瓦坯 15 万片；锻压件厂、棉纺厂等工业生产直接损失 32 万元；民房倒塌 10 间，受损 15 间；全乡经济损失 190 余万元。2007 年 4 月 15 日，突遭冰雹袭击，全场农作物受到严重灾害，市政府补助 30 万元。2008 年 1 月 25—28 日，境内下暴雪，最大积雪深度 25 厘米左右，造成民房、简易厂房、农村生产大棚严重受损，市场顶棚倒塌。乡党委发动全民扫雪，清除道路、公共场所、市场顶棚和危房积雪，做到公路畅通、行人安全，减少财产损失。

图 2－1　台风造成农户房屋倒塌

2002 年 7 月 14 日摄

二、地质灾害

1977 年至 1984 年，农场沿江滩涂发生江坍，主要地段在永西村及永北村部分江滩，先后失地

101.11 公顷。1983 年，由于江滩失地，原从王浩、四甲公社迁入永西村的移民，重新回迁原公社。1984 年，原从新建公社迁入永西村的移民转移到向华村，建第 5 生产队。

1979 年，江苏省溧阳县发生 6 级地震，良种场有震感，并通知群众作防震抗灾准备。1984 年 5 月 21 日，南黄海与勿南沙发生 6.2 级地震，全场震感最为强烈，房屋、家具发出响声。1996 年 11 月 9 日，南黄海发生 6.1 级地震，1997 年 7 月 28 日，南黄海发生 5.8 级地震，海永均有震感。

附：　亲历滔天洪水

卢君佳

经过几年奋战，到 1974 年，新开垦的处女地——永隆沙良种场，已初具规模而且硕果累累。大田生产的粮棉优质良种、养鸡场培育的蛋肉两用鸡，果蔬园出产的特甜无籽西瓜，闻名江海平原；还创建了棉纺厂、机械厂等各类现代化工厂。对于远从海门各地迁来这里安家的农户来说，向往和期待的美好远景正悄然到来。然而，一场噩运猝然降临永隆大地，多少人历尽艰辛梦寐以求的夙愿顿成泡影。

盛夏 8 月 20 日左右的一天，突然地面狂风呼叫，飞沙走石，天空乱云飞渡，雷声隆隆，天气预报有强台风过境，又恰逢农历七月半大潮，这对于孤悬于江海一角的小岛来说，无疑是雪上加霜，很可能是致命的。果然很快接到上级通知，要求全场紧急动员加固堤岸，严防死守，确保安全。按照分工，我带领一批人携着锹铲等工具迅速赶到小岛南部外堤，虽然一时没有沙袋、木材等关键抢险器材，但还是认真查找险情，尽力堵防。

走上堤坝高处狂风更烈，飙发电举阵阵袭来，我们只能匍匐前行。抬头远望，大江之上浊浪排空，阴风怒号；俯看堤下，巨涛拍岸，惊心动魄，心想大堤虽然宽厚，挡得住这江狂海啸吗？再看降水水位已达堤腰，心想这土堤虽还坚固，怎经得起如此折腾？岂料不多时，更可怕的场面蓦然出现，远处只见天文大潮由东向西而来，汹涌澎湃，气势非凡，潮头水花竞怒，隆隆巨响，咆哮蜂拥而至，不多时已达我永隆沙地界。危险近在眼前，我们赶紧下堤撤退，正行之中，忽闻水声夹杂着惊慌人声铺天盖地由远而近。不由得向东望去，只见不远处汹涌潮水已冲破堤坝、漫过堤顶，奔腾呼啸席卷而下，转瞬间已到脚下。惊慌的人们被水淹，纷纷就近牵手结对，相互依赖着。我不由得也和身旁的一位紧紧拉在一起，这时忽然看到水利工程师蒋、周伉俪被潮水冲到我们身边，当即赶紧拽住。于是我们四人裹在一起生死与共。然而不多时，潮水已深及胸际，我们听任狂涛恶浪将我们身体载着，向西漂去。慌乱中我们唯一清醒的认识是必须北向堤内，如果任由洪水冲向西区，必然有去无回，身葬鱼腹。四人中我与另外一位回农场探亲的解放军战士个子较高，双脚有时能沾地，勉强靠他把握方向。然而脚不能沾地的蒋、周夫妇，已经呛足了水，是我们把他们硬行拉住向上托着。

可怜娇小的周文艳经受不住这猛烈水势，几次说："我不行了！""我不行了！"

我们则说"再坚持一下，马上到了！"

到后来只听到她微弱的声音："不行了……"

"再坚持一秒钟""再坚持一秒钟"，我气喘吁吁地硬行鼓励。人在生死关头，只要有一线希望，总会死死抓住，决不会放过的。

这样经过几个一秒钟，她终于挺住了。不久我们实实在在踏到了地，在滔滔洪水中一步步艰难地走上了内堤，死神从身旁悄悄退去，四个人全都安全脱险。然而在顶着狂风踉跄回家的路上，惊魂未定又遇新情况。天空忽然乌云密布，一下子暗了下来，如夜幕降临。刹那间，狂风夹着骤雨倾盆而下，我飞速向家中奔去。到家时，浑身湿透的我，一副失魂落魄样子敲门而入。

妻看见我赤着双脚，劈头盖脸问："鞋子呢？"的确我上堤防洪，是穿着塑料凉鞋出去的。

后来看见我两手空空，她又马上补充一句：

"锹呢？"她对东西比对人更珍惜，这是她苦心经营小家的一贯作风。

我说："能活着回来就不错了。"

还是岳母眼快，拿着衣服鞋子叫我赶快换

了。我把刚才的遭遇简单叙述了一下。这时窗外大雨滂沱，雨速如箭，量大如瓢泼，雨点落在屋内如重锤阵阵敲击；地面泾流急速流淌，很快形成了厚厚积水；横空出世的风声、雨声和电闪雷鸣交织一起，其威力之大似乎要把整个小岛摧毁。我们两个小女本来看着外面风雨感到好玩，这时也惊吓得不敢乱动，妻方知情势之严峻和危急。

我迅速赶到场部会议室，大家正在凝神聆听海门县领导电话指示。原来县委焦虑岛上千万人的生命安全和当前洪灾险情，通过省和中央力请东海舰队支持，现在一艘军舰正受命向我场进发。县委还特别通报了河南驻马店地区今年8月5—8日由特大暴雨引发水库群大规模溃决的洪水事件。说这场历史罕见的特大洪水，蒙难10多万人，也许数十万人。惊悉这一惊天动地的洪水灾难，再回看我场当前巨风、暴雨、天文大潮一起袭来的疯狂阵势，一个个无不更加胆战心惊，一心盼望着解放军军舰速速前来救援。

这时全场曾经建立的通往每家每个职工宿舍的有线广播网，起了非凡的作用。通过紧急广播，一家家都把不能带走和经不起洪水浸泡的粮食衣被等生活必需品尽可能往高处藏放，祈望能侥幸躲过一劫。现在全场老百姓正听从安排，一群群携老扶幼，带着随身用品顶着雷雨暴风一步步向码头艰难走去。突然一连串照明弹升向高空，发出耀眼的光芒，原来军舰已经到达，人们一阵欢呼，加速向码头赶去。但是军舰在港口反复行移，终因码头吃水太浅未能靠岸。不久两艘大型木船在风浪中停泊，人们纷纷上船。场领导考虑我们一家老小六口人，在场干部中是最突出的，要我带他们安全撤走。由于高水位高船帮，跳板呈60多度陡坡，加上风雨和泥泞，上船十分不便，老弱病残更难。这时人们特别是受命留下的年青骨干纷纷涉水顶着雷电风雨极力帮扶着。记得我当时抱着4岁的小女是靠着船上水手硬往上拉，地面上队长杨汉周死力向上托着推着才得以登上船的。下船后我们转乘汽车到了海门，吃住安排在海门党校。

这里曾经是上世纪“大跃进”时期全省各县大办大中等专科学校，后来唯一被定为省立的学校—江苏省海门农校旧址，我曾在这里任教。后来我现在的爱人也由省高教厅分配前来“传道授业解惑”，从而有了我们的相识和初恋。想不到10余年后我们竟作为难民，重返这曾经挥洒青春的地方。尘封已久的记忆，使我们再次流连忘返。看这里屋宇依旧，人事全非，当年好多老师都已仙去，想岁月如歌，韶华易逝，人生无常，不禁唏嘘不已！

据知，我们从永隆沙撤走后，当天晚上风雨潮三兄弟再次联合发威，内堤终于溃决，几天后，我未等洪水退去，带了些许蔬菜急着回到永隆沙。只见岛内一片泽国，大路农田阡陌河流丘垄都躺在茫茫汪洋之中，场的西部地势低，一群群农舍全被水淹没，只露屋脊。我小心翼翼涉水向前，凭着露出的屋脊和树木确定方位，尤其注意避免误入粪坑和沟河，行了多时，终于摸索到了家中。我的家在场东部，地势高，洪水未淹到屋顶。我从室内最高处拿下煤油炉和大米，就在屋内水中淘米洗菜，舀水煮饭烧菜，倒是方便至极。虽然知道家前不远农田旁有个大型粪池，粪满待用，地面积水中无疑有很多粪便分子，然而我顾不了那些，填饱肚皮要紧。人的一生总有许多为生活所逼的无奈之举。面对现实，因应随变，这是适者生存的进化之道。果然县委驻永隆沙的洪灾善后工作组一行10多人，同我一起进场后不久，就有一半人因患严重腹泻和呕吐，提前撤走，说是水土不服。而我曾经罹患过肠结核，肠功能的不佳在同行中是颇有知名度的，这次同大家一样喝了含大粪的脏水却安然无恙，究其原因无非是久经磨难，抗体多了些，能顺应而已。不过洪灾给我家带来的财产损失还是蛮大的，一些衣柜衣橱浸水后已不堪再用，其中的衣服当我敲开橱门取出时竟发热发烫，长出了长长的红色霉状物。

灾后第二年，大田的庄稼长得出奇地茂盛，人们的精力依然无限的饱满，对美好愿景的追求，信心和毅力更胜昔日，这是因为灾难中上级政府对永隆沙老百姓的关怀和温暖感动了大家，灾难也使人们学会了勇敢、坚韧和知道了如何面对，更看到自己的力量和互相关爱的人间真情。

（载于2013年2月1日《江海晚报·旧闻》作者卢君佳系永隆沙良种场高级农艺师）

第二章　自然资源

第一节　土　地

一、耕　地

1969年冬，农场第一次围垦总面积148公顷，其中耕地面积132公顷。通过多次扩垦，耕地面积不断增加。1975年，耕地面积158公顷。1977年，全场耕地面积434.14公顷，其中场部176.77公顷，外围垦区257.37公顷。1977—1984年，沿江永西、永北地段发生江坍，坍失耕地101.11公顷，严重影响当地农业生产和农民生活。

1990年，全场在册耕地面积440公顷。1997年，全乡耕地面积423公顷，鱼塘面积67.46公顷。1999年，有耕地面积367.6公顷，人均0.072公顷。2006年，总面积为8平方公里，耕地面积450.6公顷。2009年，全乡总面积9.22平方公里。由于招商引资事业的发展，海永经济建设逐步与上海市经济发展的接轨，特别是伴随崇明生态岛建设的进展，乡境土地不断升值，沙南村四组10.96万平方米耕地转为建设用地，经市国土局挂牌出让，江苏省苏通房地产开发公司以每平方米1077元价格摘牌，出让总金额1.18亿元，实现海永建设用地出让历史性突破。2011年，有耕地面积422.1公顷。2015年，有耕地面积430公顷，其中万顷良田349.67公顷。

二、江　滩

乡境江滩自从1969年冬第一次围垦后，外围滩面淤涨加快，加上种青促淤措施跟上，江滩围垦条件不断成熟。从1969年至1977年，县、场连续组织8次围垦和扩垦江滩。1993年冬，乡政府组织围垦江滩25.9公顷。1993年、1994年，经县、乡政府同意，永北、永西村村民自发围垦，有偿承包所垦滩涂近17公顷。1996年冬，永西村4、5村民组集体围垦滩涂8.4公顷。2001年冬，启动新的江滩围垦工程。2013年，外围土地全面复垦，民间自发围垦的土地均归村集体所有。新的江滩围垦主体工程基本完成，新增围垦面积326.27公顷。

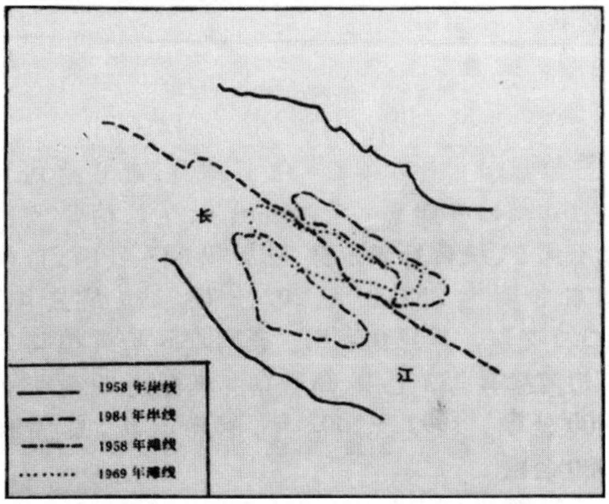

图2－2　1969年前江滩演变示意图

第二节　水资源

一、地表水

长江水是海永引水灌溉的主要水源，全境有贯通南北的鸽笼港河，河口有鸽笼港闸，另有南北走向的2条引水河，河口均有小闸，3条河直通长江，引水十分方便，流量充裕，另有匡河、明沟，纵横成网，旱天放得进，雨季排得出。排涝抗旱，畅通无阻。由于地表水源丰富，利用水面发展养殖业是海永的一大特色，全镇淡水养殖面积常年保持千亩以上。

二、地下水

境内地下水按其埋深条件及水力性质可分为4个含水层，即潜水层和3个承压含水层，潜水层埋深2～20米，上部为淡水，可供食用，下部为咸水，第一、二承压含水层埋深为60～170米。一般以咸水为主。第三承压含水层分上、下两层，埋深250～300米，其中上层为咸水，下层为淡水，厚度20～30米。

境内从1985—2015年供水均为埋深300米左右的深井水,是第三承压含水层的淡水,厚度25~30米,含水量丰富。2015年,全年出水量45.5万吨,其中居民用水35万吨,据有关部门测试,供饮用的水质各项指标均符合标准要求。

第三节　野生动植物

一、野生动物

哺乳类　黄鼬、刺猬、豹猫、蝙蝠、田鼠、麝鼠。

鸟类　麻雀、乌鸦、喜鹊、灰喜鹊、杜鹃、鱼狗、翠鸟、家燕、云雀、白头鹎、白脸山雀、寿带、伯劳、绿头鸭、翡翠、环颈雉、啄木鸟、猫头鹰。

爬行类　乌龟、鳖鱼、水赤链蛇、乌梢蛇、蝮蛇、壁虎、草蜥。

两栖类　青蛙、蟾蜍、牛蛙。

鱼类　刀鲚、鲥鱼、凤鲚、间银鱼(面鱼)、鳜鱼、黄颡鱼、鰕虎鱼、鲫鱼、鳗鲡、黄鳝、白鲦、鳑鲏郎、泥鳅、塘鳢、大黄鱼、小黄鱼、梅童鱼、鲳鱼、带鱼、鳓鱼、马鲛鱼、海鳗、河豚。

节枝动物　蜈蚣、蝉、沙蚕、梭子蟹、蟛蜞、招潮蟹、青蟹、米虾、葛氏长臂虾、脊尾白虾、哈氏仿对虾、鳌吓、中国毛虾、虾蛄。

软体动物　河蚌、螺蛳、文蛤、四角蛤、青蛤、竹蛏、毛蚶、金蚶、银蚶、泥螺、乌贼、蜗牛、牡蛎。

腔肠动物　海蜇、蚯蚓。

二、野生植物

野菱、荆三稜、桑、鸡儿肠、枳、蓼、牛膝、鲤肠、旋复花、胜红蓟、牛筋草、东前草、小根蒜、莎草、藜、天名精、艾、青蒿、黄花蒿、牡蒿、凤尾蕨、刺儿菜、蒲公英、紫花地丁、野菊、鼠麴草、蔊菜、酢浆草、酸浆、苦蘵、红花、玉竹、半夏、臭梧桐、萝藦、鸡矢藤、猪殃殃、苍耳、蒺藜、毛茛、石龙芮、石胡荽、天胡荽、棉毛酸模叶蓼、水蓼、地锦草、铁苋菜、乌蔹莓、箨草、曼陀罗、益母草、鱼腥草、金钱草、苘麻、金荞麦、野胡萝卜、篇蓄、香蒲、野跖草、薏苡、沿阶草、爵床、点地梅、婆婆纳、瓜篓、合子草、白茅、瓦松、木浮莲、水花生、水葫芦、绿萍、狐尾藻、苹、槐叶萍、荇菜、竹叶眼子菜、菹草、狗牙根、蕹草、薦草、金银花、佩兰、女菀、牛蒡。

第四节　矿　　产

境内土地黏性较强,是制砖的优质材料,尤其是东部地区用黏土制砖已有40多年历史。年用量10多万吨。1997年5月,市有关部门发文征收土地矿产资源费,共征4.6万元,其中乡建材厂4万元、4个村0.6万元。

附1:沼　气

2006年,位于永北村的南通市星岛种猪有限公司在猪场配套设施中建有污水处理大型沼气发电设备。2009年,星岛种猪场投入414万元实施沼气工程,建成1500立方米压氧塔1座,500立方米储气罐1座,实现日处理污水70吨、鲜猪粪24吨,年产沼气54万立方米。

附2:太阳能热水器

1989年、1990年,境内有个别农户使用"四季沐歌"太阳能热水器,由于吸热效果差,未能为更多农户所接受。

1993年始,真空管式太阳能热水器进入市场,乡境农户开始逐步购买使用,至2015年,全镇使用太阳能300台左右。

附3:大棚温室

20世纪80年代中期,境内开始搞棉花等作物的温床育苗,利用太阳能促进作物生长早熟。90年代,少数农户试用大棚保温,生产反季节蔬菜。2000年,诚招一批山东大棚蔬菜种植能手,种植大棚蔬菜2.66公顷,大棚种植大面积推广。2001年,投入7万元,新增大棚生产面积10公顷。2009年,全乡大棚设施面积53公顷。2015年,大棚设施50公顷。

图 2-3　大棚蔬菜瓜果生产基地　2015 年摄

第三章　环境保护

第一节　环境污染

建场之初，境内空气清淅，生态平衡，除北沿长江水污染外，别无其他污染。1971 年始，农场棉花种植面积增多，使用农药化肥对作物、土壤、水质均有较大污染。1972 年，为解决群众建房所需，农场建 80 吨小窑 1 座，以芦苇、煤炭为燃料，烧砖时排放二氧化碳、氮氧化物、一氧化碳、碳氢化合物和烟尘等污染物。1975 年县办 30 门轮窑建成投产，排放废气更为严重，对境内空气造成极大污染。1975 年创办的印花厂、1979 年创办自行车配件厂的抛光车间和 20 世纪 80 年代兴办的县手帕二厂等，在生产中排放出的污水对周围群众的饮用水都有污染。90 年代开始，农村以油菜为主的桔梗作物面积不断增加，收获期焚烧秸秆成为乡境空气的一大污染源。同期，商贸部门用塑料包装袋代替纸包装，群众将包装物四处乱丢，泡沫、塑料长期残留，成为对社会造成严重的固体废物“白色”污染。

进入 21 世纪，居民小区的建立，生活垃圾、粪便污水排放增加，以及饭店菜馆的污水排放，使乡境居民集中区严重污染。各企业门店的霓虹灯广告，游动字幕，五光十色，对人们造成一定的光污染。

2008 年 5 月，沙南村 100 多户村民住宅离启东上海奶牛集团启隆奶牛场相隔只有 50 米左右，奶牛场的水、气味严重污染附近空气和水质，影响居民生活。为解决污染，群众到南通市信访局上访，经南通市政府协调，迫使该奶牛场于 2009 年 5 月 30 日搬迁完毕。2010—2015 年，各小区居民住宅楼陆续竣工，居民住房装潢装修形成高峰，所用合成板材、黏合剂、油漆、涂料等材料，均会释放苯、二甲苯、甲醛等对人体有害的气体，在装修过程中，发出噪音，影响周围居民的正常生活。

第二节　环境治理

20 世纪 80 年代，场部根据县有关部门的要求，抓好场办工业企业的污染治理，印染行业用煤渣、砂石过滤处理污水，窑厂采取消烟除尘措施，尽量减少废气排出。90 年代，随着乡办工业的发展，全场在抓工业生产的同时抓工业“三废”（废水、废气、固体废弃物）处理，创建文明生产车间、班组，做到清洁生产、减排废气、处理废水、日清废弃物。

2003 年，成立乡环境卫生管理所，专职管理环境卫生。同年 5 月 28 日，开展为期 7 个月的环境卫生整治，印发《告全乡人民书》，开展告别陋习专项行动，宣传居民基本行为规范，做到不随地吐痰、不乱扔杂物，违者罚款 10 元。2006 年，乡投入 600 万元建海永污水处理厂，于 2010 年 12 月 3 日建成运行。同年，乡政府将农村环境整治列为政府实事工程。

图 2-4　2006 年建污水处理厂

2007 年，乡投资 178 万元，购置多种垃圾集中清运设备，并通过海门市政府与崇明县政府联系，得到崇明环卫部门的支持，纳入崇明农村垃圾集中处理系统，垃圾做到日产日清。是年，投入 250 万元，集中 2 个月，完成镇区 109 个环境污染点整治，通过整治改为绿化，绿化面积 2.4 万平方米。

图 2-5 垃圾纳入崇明集中处理 2007 年摄

2010 年,创建“环境优美,生态宜居”乡镇,利用环境卫生宣传车巡回宣传“海永是我家,卫生靠大家”理念。2012 年,投入 300 万元,疏浚河道 32 条,清除河中水草 8 万立方米,建公厕 1 座,建 5 个农产品质量检测室。2013 年 8 月 11 日,成立农产品质量安全监督所,对各类农产品进行检测,确保居民食用安全。2014 年 6 月 11 日,经市政府同意,关停并拆除南通市星岛种猪有限公司,赔偿其经济损失。同年,拆除交博养鸡场,完成污水管网扩面和泵站改造两大工程,兴建排污管网 1.6 公里。

图 2-6 2010—2030 年处理污水工程规划图 2010 年摄

第三节 创建生态乡镇

海永镇与崇明县相连,2003 年,上海市规划创建崇明生态岛,这是推动海永生态建设的最佳机遇。2007 年,乡党委、政府决定,融入崇明生态体系,打造海门市生态第一乡。2008 年 5 月始,成立创建领导组,抓美化、净化全乡环境建设,实施长效管理,重点抓农村环境、水环境、道路环境。2010 年 8 月,开展“坚持科学发展,走进低碳生活”创建环境优美乡镇活动。乡环保办公室、城建环卫所等部门,走上街头,开展环境美宣传咨询和“低碳家庭时尚生活”知识竞赛活动。9 月,一次性通过国家级“生态乡镇”省级考核组验收,接着,被环境保护部评为“全国环境优美乡镇”。

2011 年 7 月 20 日,为加强领导,充分发挥海永的区域优势、生态优势,抢抓崇明生态岛发展机遇,海门市成立海永生态科技创业园筹建领导组,推动海永生态乡的发展进程;同年,乡投入 1000 万元,在鸽笼港河绿岛地段实施景观改造工程;投入 216 万元,在联想新城搞明沟石爻工程和小区绿化工程。投入近 500 万元种植路旁园林,绿化面积 95.4 公顷,创造海永生态大环境。

2013 年,海永乡获批国家级“美丽乡村创建示范点”,整个生态文明建设平台迈入国家级层面,融入崇明国际生态岛建设,与国家“千人计划”联谊会结成战略合作关系。是年,相继实施三大生态建设工程。一是镇区环境综合整治工程。投入约 600 万元,围绕街区立面、道路绿化、排水排污、镇容镇貌、农贸市场及公厕改造、建筑工地等 11 个方面集中整治,成效显著,获得海门市综合评比第二名。二是农村环境综合整治工程。疏浚河道 19 条(段),地表水达到国家Ⅲ类水标准,改造农村旱厕 410 座。通过全省农村环境全域整治验收,永北村建成省级“三星级康居村”。三是基础配套完善工程。新建 3 条(段)道路,全长 1.5 公里,实施天然气入户改造工程,联想社区 120 户居民用上安全清洁燃气。

2015 年 11 月 13—15 日,举办海门市美丽乡村创建规划方案竞赛暨美丽乡村论坛活动,由农业部美丽乡村创建办公室、同济大学、海门市人民政府联合主办,海永乡政府、同济大学建筑与城市规划学院承办。通过活动,博采众多院校名家为谋划海永镇进一步建成美丽生态镇的高见。

第三篇 基础建设

从1969年冬开始，海永镇历经多次围垦造田，全境总面积从8平方公里增加到14.88平方公里。40多年间，为更好地经营海永这块乐土宝地，乡（场）党政领导班子不断修订完善总体规划。2010年12月，市政府讨论通过《海门市海永乡总体规划》（2010—2030年），确定海永乡经济、社会建设宏伟蓝图。

40多年间，海永镇村建设面貌不断更新，供水、供电、供气配套，正朝着城镇化方向蓬勃发展。水利、交通、邮电信息等各项基础建设在原有水平上逐步完善，堤防治坍工程达标，河道水清流畅，涵闸运行完好，农田水利通过市级验收，以“二纵一横”为干线的水泥公路交错成网，全市首家实现水泥路户户通。临永汽渡、公交班车先后开通，为海永的经济发展和居民的生产、生活带来方便。邮电通讯设施不断发展，进入新世纪，特快专递成为邮政服务新的特色。电话通讯实现交换程控化、传输数字化。2004年11月建成江底光纤电缆，确保移动通讯畅通无阻，手机、宽带用户迅速发展。2005年，建立海永乡政府门户网站—海永在线，利用网络传播信息，为海永经济建设服务。至2015年，全镇基础设施建设基本完善，供电、供水、供气、排污管网齐全，道路、邮电、广电、互联网畅通无阻，完全适应海永经济发展和居民生活的需要。

第一章 围垦造田

第一节 县级围垦

1969年10月16日，县革委会生产指挥组主持召开永隆沙围垦工程动员大会，指定由天补、新海、秀山、平山、树勋5个公社出动民工3350人，承担第一次围垦永隆沙的任务。会后，各有关公社及时组织民工，做好赴岛开荡围垦的准备。10月29日，县革委会向南通专区革委会提交《关于兴办永隆沙围垦工程的请示报告》，并请转报省革委会生产指挥组。11月16日，由省革委会水利局发出《关于海门县兴办永隆沙围垦工程的复函》，同意海门县在永隆沙围垦，作为繁殖良种基地。

1969年冬，根据县革委会生产指挥组的安排，各公社民工经临江码头乘机船轮渡登岛。永隆沙是个荒岛，除县财政局芦荡办事处派少数人种青促淤外，荒无人烟，生活条件十分艰苦，民工们上岛住芦柴棚，睡芦柴床，烧泥涂灶，用咸水炒菜做饭，面对如此艰苦的生活，民工们从不叫苦，发扬海门祖辈开荡造田的创业精神，凭手里一把铁锹和肩上的一副泥担，起早摸黑，挑泥筑岸，一共花40多天时间，筑堤4040米，动土32.08万立方米，围垦面积148公顷，如期完成县革委会下达第一次围垦永隆沙的任务。

1973年冬，县组织大新、常乐、厂洪公社民工围垦场部南侧，动土5.7万立方米，筑堤3156米，围垦面积109.4公顷。1975年冬，永隆沙堤岸外围滩面渐高,土质成熟,尤其是与永隆沙一港之隔的海永沙“永西村”土质十分成熟。为确保滩土成熟性不受影响,县革委会决定,抢在长江北支咸潮到来之前,组织实施一次规模较大的围垦工程。10 月 13 日,县成立永隆沙围垦指挥部,县革委会副主任陈冠球任总指挥,县水电局副局长倪德仁任副指挥,指派黄志良、周志泉等水利技术干部现场指导。由大新、临江两公社派出民工 750 人在外围先行筑小堤。11 月 18 日,从四甲区的平山、瑞祥、国祥、树勋、四甲、王浩、新建 7 个公社、悦来区的万年、悦来、海洪、三阳、六匡 5 个公社调动民工 3600 多人,进行永隆沙外围、海永沙围垦和白港打坝堵槽。共筑堤 1.12 万米,动土 135.06 万立方米,围垦面积 330.7 公顷,占 20 世纪 70 年代 8 次围垦面积的 36.7%,是海永历史上规模最大的一次围垦。

1976 年冬,县组织大新、临江两个公社,与上海市长征农场联合,自海门、启东两县交界处向东南筑堤,接上崇明县北沿大堤,堤长 2450 米,海门施工 500 米向华、沙南村地段,围垦面积 134.4 公顷,将交界处的港槽拓宽为界河,从此永隆沙海门段与崇明县全部相连。

附录:围垦长岛

2001—2004 年,水利部长江水利委员会组织有关单位修订长江口综合治理开发规划,2006 年起,按照该规划,实施长江口北支上口整治工程,围垦长岛。海门、启东两市通过江洲生态科技发展有限公司联合承担整治任务,江苏海宏建设工程有限公司总承包,南通通源监理公司为工程监理单位,全程从海永乡原星岛种猪公司至启隆乡富隆村,长约 18 公里,分为 19 个标段进行施工,海门共 5 个标段。2011 年 11 月 10 日始,海门段投入施工人员 740 多人,采沙、运沙、吹沙船只 45 艘,挖掘机 7 台,水力冲挖机 3 套,至 2013 年 1 月 16 日围垦整治工程结束,共筑堤 8285 米,完成土方 528.21 万立方米、石方 87.88 万立方米、混凝土 0.98 万立方米,围垦面积 326.27 公顷。

图 3-1 围垦前长岛滩涂 2006 年摄

第二节 农场扩垦

1970 年建场后,全场外围滩涂不断涨淤,滩面土壤不断成熟。场部领导在抓好发展生产的同时,抓住机遇,利用冬季农闲季节,向全县各地招用民工,和场员一起组织扩垦。1970 年 11 月,围垦场西侧和南侧,动土 2 万立方米,筑堤 3570 米,围垦面积 64.4 公顷。围垦后,建立新东、新西、新南 3 个生产组,发展种植业。

1971 年冬,在场部东北角与启东交界处,组织第二次扩垦,动土 8.5 万立方米,筑堤 1150 米,扩垦面积 12 公顷,扩垦后先种西瓜,后开挖鱼塘,发展养殖业。1972 年,扩垦场部西侧和北侧,动土 15.2 万立方米,筑堤 4020 米,扩垦面积 76.2 公顷,利用围垦地段安排来自三厂、青龙港镇的插场知识青年,建立知青连队,同时安排来自常乐公社的拆迁户,建立西场 3 队。在围垦地的北侧兴办砖瓦厂,用来解决场里职工和迁入户的住房问题。

1992 年,乡政府研究围垦场部东北角与启东交界处向西,过鸽笼港闸,直至永北小闸口,经县政府批复同意作为副业基地围垦利用。1993 年冬,乡政府组织围垦,动土 10.1 万立方米,筑堤 1500 米,围垦面积 25.9 公顷。围垦后开挖鱼塘,由个体户承包经营。

2013 年,长岛围垦后,与海永陆地之间形成内河,长约 6 公里、宽 300 米左右,经乡政府申报市政府同意,实施冲沙填河造田,2015 年围垦结束,增加陆地面积约 133 公顷。

1969—1977 年永隆沙良种场初期情况一览

表 3－1

垦区名称	围垦年份	总面积(公顷)	堤长(米)	土方(万立方米)	组织单位	淤积特征
永隆沙农场	1969	148.00	4040	32.08	县组织	沙岛
农场扩垦	1970	64.40	3570	2.00	场组织	沙岛
农场扩垦	1971	12.00	1150	8.50	场组织	沙岛
农场扩垦	1972	76.20	4020	15.20	场组织	沙岛
农场扩垦	1973	109.40	3156	5.70	县组织	沙岛
永北永西村	1975	330.70	11160	135.06	县组织	沙岛
向华沙南村	1976	134.40	500	3.40	县组织	夹江淤积
永北村	1977	26.00	400	2.30	永北自办	边滩

第三节　村级扩垦

一、集体围垦

1977 年冬，永北村组织村民在村的堤外进行围垦，共筑堤 400 米，动土 2.3 万立方米，扩垦面积 26 公顷。

1995 年 4 月 5 日，永西村 4、5 村民组为解决人多地少问题，通过乡政府向海门市政府申请围垦村外围滩地，经市政府批准，于 1996 年冬，组织村民和外来民工进行扩垦，围垦费用由村民组自筹，共筑堤 700 米，增加面积 8.4 公顷。

二、联户围垦

20 世纪 90 年代，在农村土地搞家庭联产承包经营后，县政府同意村民在大堤外围滩涂搞有偿围垦。1993 年，永北村村民陈新、袁连平在永北村中部偏西堤外围垦土地 5.33 公顷，挖塘养蟹，每年按亩向财政局上交租金。1994 年，永西村村民唐启洪、张志平、姚伯劲围垦堤外小闸口以西滩涂面积 4 公顷，利用围垦的土地搞养蟹、种水稻，每年向财政局交地租费。同年，永北村村民朱小三、黄陈飞在鸽笼港闸西大堤外围垦滩涂 7.6 公顷，开挖蟹塘、养殖河蟹，经与乡政府签约同意，围垦土地个人经营 10 年后归还集体。

2013 年，全乡外围土地全面复垦，民间自发围垦的土地均归村集体所有。

附：　永隆沙：曾经的避风港

卢君佳

上世纪 60 年代末，史无前例的文化大革命进入斗批改阶段，不久我和妻得到通知，被安排到位于海门与崇明之间的长江口的永隆沙农场安家落户。这个正在围垦的江心小岛原是一片芦苇荡，同电影“沙家浜”里春来茶馆前的芦苇荡一样，水大时可行船，落潮时沙背露出水面。

一、芦笋的恶作剧

数十年过惯了安逸生活的我，一下子到这远离尘嚣的小岛，的确感到生活的异常艰苦。蜗居在秋风难挡的茅屋，烧火做饭的炊具是黑烟弥漫、尘灰迷眼的自制锅墩，须臾不能离的淡水需肩挑手提取自十数里外。最有趣的是茅屋内的遍地芦苇，它个性倔强，第一天铦掉它，第二天就会昂然崛起，甚至夜半能听到它奋力挣斗破土而出的声音。它的桀骜不驯令我悚悸，小女双脚两次被它刺得鲜血淋漓。还有一次我正安然入睡，忽然感到床面不平静，草席下似有异物突起，原来是隐于床下土中的它，恣意直耸，穿过床板的空隙直达睡席下。此后，我对它与床外的芦苇“一视同仁”，每天都铦到床底下伺候它，不再疏懒。芦笋的恶作剧使我想起曾为我国民初艺术大师陈师曾所书、北宋文学家王禹稱的“闲拖屐齿防横笋,静拂琴床有落花”的对联,作者如果没有丰富的生活体验,是写不出文采如此生动的诗句的。王禹稱从小家道贫寒,命运多舛,最终卒于蛮荒之地,因此他也可能曾在芦荡茅草之地生活过,不仅从上联的“防横笋”可以悟出,请看下联“静拂琴床有落花”,其中描述的需要静静拂去的落花,不正是芦花吗?犹如我们这个四周仍是芦苇荡的江心小岛,在每年金秋芦花盛开的季节,那体态轻盈,摇曳多姿的芦花,就会随风四处飘荡,然后像七仙女一样轻轻落下,有的就飘然闪进屋内一样。由此引发一些人的艺术联想,感叹她的生命力,赞美她的婀娜多姿,但是我与王禹稱相同,没有安逸的兴致、闲暇的诗情去欣赏和联想,却把飘进屋内床凳桌椅上的落花轻轻掸去。

二、世外桃源出成果

自到永隆沙后,我的志趣一下子被沸腾的生活所吸引,如火如荼的建设场面激发了我的被冷却了的热情。在那难忘的日子里,我每天怀着无比兴奋心情和场领导一起,脚穿长靴,踯躅污掉,观察地形,为灿烂美景丈量川脉,绘制蓝图;在实现长堤碧水绿树的建设高潮中我乐此不疲;而在繁育良种和杂交制种过程中更是全身心的投入。晨曦的平畴沃野,夜晚的朦胧玉黍,常有我的身影。酷暑毒日罩身,皮肤脱了一层又一层,人变成黑炭似的也全然不顾。终于,我们这一批知识分子新农民吴一统、金明勇与主动要求迁来开辟研究新领域的长江农科所陈范祖等一批创业者,铸就了永隆沙的首次辉煌。一个个科研项目得奖,一次次成果现场会在这里召开,处女地上育雏的特别甜无籽西瓜,优质高产良种惊动了大江南北。这儿是昔年的南泥湾,曾经的大寨。这里看不到由于严酷的阶级斗争而导致的人与人之间冷漠无情和言不由衷的变态生活;也没有“文化大革命”的喧嚣和硝烟弥漫,无怪被当年老百姓偷偷比喻为“阶级斗争避风港”和“世外桃源”。

三、人间至情

恶劣的自然环境,艰苦的生活条件往往容易发生意想不到的天灾人祸。一年,永隆沙农场承担了杂交高粱的制种任务,入秋丰收在望,果实累累,但召来了麻雀竞食,我们请来火枪手驱雀。他那一声枪响,无数弹丸飞出,被轰鸣惊飞的麻雀纷纷中弹坠地,效果异常的好。为此我们专门为火枪手在高粱地旁建了一座简易棚屋,供他在其中调制黑火药用。一天我去看望他后,走出不过百米远吧,遽然一声巨响,茅屋轰然倒塌,火光冲天,我迅速冲进屋内,正在田间作业的人们也都赶到,只见火枪手匍倒在地,脸上血肉模糊,惨不忍睹,于是急送农场医务室抢救。谁知祸不单行,那时他的年轻的爱人也在农场,正参加热火朝天的建造涵闸的劳动,得知此不幸消息后,悲伤欲绝。当时她正在为民工送晚餐,捧着一大锅粥行走在工地斜坡上,不料因坡面泥泞加上神情恍惚,突然一下子滑倒,一大锅滚烫热粥朝头脸泼去,以致重度烫伤,姣好面容顿然全毁,哀哉!一对正在热烈追求美好愿景的年轻人,从此走上艰难坎坷的不幸之路。然而更让人心痛的是他们还有一个尚在年幼玲珑隽秀的女儿,平时她天真地穿梭在人们中间,一双美丽大眼睛,人见人爱,大家不忍心她稚嫩的心灵受到伤害,就用美丽的谎言骗她,争相爱抚她,然而这能持久多长呢?不久农场又发生了一件众人啧叹的事,一位年轻的拖拉机手施德明为一心驾驶拖拉机,他爱人为一意在田间作业,将刚满一岁的幼儿狠心绑在家中床上,以防走失。谁知被饿极的老鼠在幼儿额部正中啮啃,形成指尖大的洞,血流如注,小儿痛极哭叫,挣扎不脱,待母亲回来喂奶时,已极度衰弱。这事发生不久还发生了一件令人心痛不已的事:寒冬腊月,茅屋草房难以御寒,所幸永隆沙有取之不尽的芦苇,人们就地取材,烧热水以取暖。一天有人烧了一壶开水放在屋中央,把壶盖揭开想让蒸汽温泽全屋,岂料正在屋内嬉耍的几个穿着拖鞋的小孩,在忘情追逐之中,一幼儿竟不慎把小脚插入滚烫的开水壶中,脚被烫,痛极难忍,一时反而出不得壶口而久浸于滚热水中,造成稚嫩小足深度烫伤殃及骨骼,其悲惨之状在场的人无不黯然至于泪下。一个年幼孩童遭此大难,其情景久久在人们心中回荡。灾危之时人心齐。我看到在这些大难来临的时候,是人们群策群力、奋急抢救的感人场面;是人们竞相捐钱、捐物、献血的动人情景;是一起劳动的人们之间,互相关爱、互相照顾的人间至情。这与我刚刚从“文化大革命”阶级斗争第一线过来,经历的彼此提防、相互猜疑,甚至无端的去指责别人的情境,是天地两重天的鲜明对照。

后来我在永隆沙遇到更多充满人性温暖的生动事例：建场初，兴修水利无疑是重中之重，它是今后农场的命脉，急需这方面专业人才。这时有一对年轻伉俪蒋志高和周文艳，大学毕业不久，豪情满怀，立志到艰苦的第一线锤炼自己。为此来到虽然生活困厄但充满活力的永隆沙农场。当年农场还无粮店，涵闸工地食堂曾经多次请蒋志高趁出差之便，代购粮油。不料后来食堂竟两次派人送大米至蒋家中，对他爱人周文艳说："这是你爱人买的，特送过来。"

周文艳信以为真。后来蒋志高又一次受托代购大米，小周向他谈起此事，蒋感到奇怪，说："我没有为家里买过呀！"

于是他留了一点心眼，代购的大米运回后，亲自请食堂过秤验收，岂料一看竟比在粮店购买时多出了数十斤，他感到困惑。后来经分析，原来是大米在船上过夜后，竟因吸收潮气而增加重量，故前几次食堂验收时，就误认为多出了的是蒋志高为自己家中买的。自然蒋、周夫妇当即送回一百多斤大米，并把情况说明。这天上掉下来的馅饼，在口粮定量配给的当年，是很有诱惑力的。此事影响很大，因为全场有好几个大型食堂都有过江买粮的问题。不久场领导鉴于他俩在这件事中所体现的诚实品格和一贯的出色表现，在全场予以表扬和重奖。然而，他们却把这重奖所得，全部捐给遭受不幸的火枪手一家。蒋、周夫妇的乐于助人和甘于奉献的精神在农场广为流传，一次他们主动到一线护堤抗灾，在与洪水惊险搏斗中差一点丢掉性命的故事更是人人皆知，此是后话。

（原刊登于2012年7月17日《江海晚报·旧闻》）

第二章　镇村建设

第一节　总体规划

1970年，全场有耕地140多公顷，为改良土壤，规划种植绿肥和棉花。1971年、1972年，随着农场组织扩垦，耕地面积逐渐增加，县水利部门和场部一起研究制定水系配套规划，确定开挖南北走向的二、三级河入江引排水，开挖东西走向的四级河（匡河）与二、三级河相通，四级河间距700—1000米，东西分墒挖明沟，相隔距离为100米，中间挖一条"深脚沟"。1977年9月，场部制定基本建设项目规划，主要有深井、学校、医院、低压电等项目。

20世纪80年代，确定良种场以培育良种为主。农、工、副业全面发展，规划场部东侧为工业集中区，场部大桥两侧为商贸集中区，并专门规划农贸市场。1993年3月5日，海永乡召开一届一次人民代表大会，讨论通过海永乡乡村建设规划，确定从鸽笼港河东、北起锻压件厂，南至长征农场交界处1500米范围为工业区，并确定沙南大队乡工业区南段、向华大队陆菊萍小店路北往西、永西大队10队南堤岸转弯处，永北大队原永北小学校址为工业区预留地；鸽笼港河西、北起自来水厂、南至场部大桥为商业区，转角处建商业大楼。1995年6月23日，市政府批文，海永乡村镇规划采用村庄规划形式建居民点，人口在300人以上。其中，居民点向华村建1个、永北村3个、永西村2个、沙南村3个、东西场大队1个；农田一级保护区面积场部161.97公顷、永北村90.82公顷、沙南村112.29公顷、永西村67.51公顷、向华村43.47公顷，共476.06公顷；居住面积沙南村21.83公顷、永北村22.83公顷、永西村13.5公顷、向华村10.01公顷、东西场大队10.93公顷、集镇20.8公顷，共199.9公顷；建设预留地面积沙南村1公顷、永北村0.67公顷、向华村0.33公顷、永西村0.33公顷、场部4.67公顷，共7公顷。1998年12月，编制《海永乡土地利用总体规划》（1997—2010年），规划编制做到与市土地利用总体规划衔接。12月9日，该规划通过市土地利用总体规划编制和修订领导小组的评审。

2003年8月14日，海永乡政府与市建设局、市城乡规划设计事务所制定《海永乡总体规划》（2004—2020年）。2004年5月，通过南通市规划局专家评审，9月乡人大四届四次会议审议通过。该规划根据上海市《崇明岛屿总体规划》对海永乡所在"崇北分区"的功能定位，从生态文明的高度,确定一条科学、可持续发展的道路。2008 年 5 月,经市政府同意,调整部分用地规划,将港东路东侧、悦来路北侧 15 公顷土地调整为沙南村集居点;环乡公路北侧 9 公顷土地调整为原永西村集居点;学校东侧三厂路北侧 10 公顷土地调整为东西场大队集居点。另外对污水处理、综合开发用地以及敬老院用地等也作调整,共调整建设用地 144 公顷。2009 年 3 月,经市政府同意,长海公路北侧、启隆乡西侧、东西长 320 米、南北宽 175 米、面积 5.6 公顷的土地调整为商业用地。2010 年 6 月 30 日,市政府批复同意海永乡现代农业产业园区建设规划。12 月 7 日,市政府常务会议讨论通过《海门市海永乡总体规划》(2010—2030 年),认为规划从生态环境、基础设施、经济发展、旅游开发和社会事业各方面对接崇明国际生态岛建设规划,切实可行。12 月 16 日,市政府正式批复同意实施该规划。

2013 年 11 月 7 日,市长办公会议研究同意对海永乡总体规划作部分调整,将位于鸽笼港河西、原临江供销社海永收花部东侧绿化用地、粮站以及南通必达实业有限公司的国有土地使用权收回。同年 12 月,海永乡向市政府报告,鉴于历年围垦,全乡土地面积由原 8 平方公里增加到 13.9 平方公里,原规划已不符合实际,要求重新编修总体规划。2015 年 11 月 13—15 日,由农业部美丽乡村创建办公室、同济大学和市政府主办,乡政府和同济大学建筑与城市规划学院承办,举行"美丽乡村规划方案竞赛暨美丽乡村论坛活动",广泛征集海永乡总体规划设计方案。

第二节 镇区建设

一、设 施

1979 年,场部从小闸口饮水河东路北迁至鸽笼港桥西北侧,共建 10 间 7 路头瓦房。1980 年 1 月,永隆沙供销社开业,共建 7 路头平房 11 间,有百货、烟酒、副产品、生产资料门市及棉花收购部,同时,在供销社南侧建合作商店两间,同年建立农贸市场,初步形成小集镇。1989 年,投资修筑的东西大道从镇区穿过,使镇的面貌有所改观。1990 年初,镇区兴建路灯,西至张品山宅、东至丝织厂、北至黄双飞饭店、南至场部桥头,利用良种场建材厂线路接通亮灯。

1995 年,兴建农民街,共拆除旧房 120 间计 4035 平方米,兴建三层楼房 73 间,计 8557 平方米。另投资 12 万元,兴建棚顶集贸市场 1 个。同年镇区道路由泥路改为沙石路面。1998 年,沙石路面改造成柏油路面。2005 年,镇区地面全部铺成水泥路面,同时更新路灯,道路两侧种植树木花草,实现镇区的亮化绿化工程。2010 年,全面启动镇区景观改造工程,投入 80 万元完成鸽笼港河西岸绿化、亮化工程。2014 年,开展镇区环境综合治理工程,投入 600 多万元,围绕街道立面、道路绿化、亮化、镇区卫生、公厕改造、地下管道疏竣等基础建设进行全面整修,获评海门市镇区建设第二名。2015 年,镇区城建工程注重环境治理,兴建排污管网 1600 米,扩建垃圾收购点,实现垃圾集中送站。

图 3-2 1995 年建农民街 2015 年摄

二、管 理

20 世纪 80 年代,在镇区形成之初,环境卫生、镇容镇貌由乡工商行政管理部门、集市贸易服务所、派出所等有关部门协同管理。1995 年,兴建海永农民街,镇区人口不断增加,设施逐步完备,管理同时跟上。市场保洁由市场服务所聘用专人打扫,摊位设置、市场秩序管理由服务所负责。同年 8 月,开展镇区文明创建活动,改造公厕、落实公厕冲洗保洁制度,清除道路两侧杂草,进行市场秩序整顿,车辆停放有序,拆除市场东侧旧房及亭子,公共场所设有禁止吸烟、禁止乱丢果壳等标志。

2009年,成立环境卫生管理服务所(简称环卫所),有环卫工作人员6人。同年,镇区和居民居住小区实行垃圾集中清运,镇区共设垃圾桶50只,居民每户发存放垃圾的小桶2只,配备三轮垃圾清运车由专人上门收集垃圾,每天清运2次,并与崇明县环卫部门签约,将垃圾统一由崇明县环卫部门清运处理。2010年添置垃圾桶50只,有街道保洁员4人,绿化维护1人、河道排污人员4人,使街道保洁、镇区道路绿化管理、河道漂浮物、水草的清除等成为环境卫生管理的经常性工作。2014年,投入8.95万元购买电动垃圾清扫车1台,对镇区道路天天清扫。同年7月,成立海永乡城管中队,对集市贸易进行整治,路边摊贩全部进场、进店经营。2015年,对户外广告进行整治,规定凡搞户外广告、宣传画、宣传栏,都要做到广告底色和尺寸两个统一。是年,有环卫所工作人员17人,垃圾桶增加到300只,配备电动清洁车5辆,环卫工作成绩显著,海永乡获评南通市"环境优美乡村"荣誉称号。

图3-3　电动垃圾清扫车　　2014年摄

第三节　村、社区建设

一、公共设施

1977年9月,场部投资打深井、安装低压电设施项目,解决群众吃水和夜间照明问题。1984年增打深井一口,成功出水。1985年12月农场职工、村民吃上自来水。除永西村水压不足外,全乡告别吃咸水的历史。

图3-4　1985年建自来水塔　　2015年摄

20世纪90年代开始,乡投资建村级沙石晴雨路,至1993年共建晴雨路4000米。1995年,乡投资20多万元整修保养乡村道路。2004年,对农村自来水管道进行全面改造,投入资金90万元,改造水管总长61公里。2005年投入120万元,修筑沙南村中心路、永北村二道堤路,村级水泥路总长3.7公里,实现硬化道路村村通。2009年,完成农路入户一期工程,共长4.9公里,完成村级公路修筑7.5公里。2010年,为进一步方便农民出行,乡投入250万元建农路2.7公里,顺利开通临永汽渡。投入220万元用于农村饮水改造工程,确保农户安全饮用水。2014年下半年,从崇明天然气公司接通管道,海永居民用上天然气燃料。同年,投资120多万元在三厂路通往临永汽渡一线装上利用风力和太阳能发电的新型路灯116只。2015年,投入600万元,启动海永纳入崇明供水管网。

图3-5　太阳能风能发电路灯　2014年摄

二、住宅建设

20世纪70年代初,农场职工及迁移户住简易草房。1975年5月,广洪公社18大队渔民5户、24人迁移海永,财政出资建造简易房11间予以安置。1974—1976年,投入16.35万元,建插场知青宿舍300间。1976—1980年间,随着人民生活水平的提高,农户开始自建住房,一般都建5路头或者7路头瓦房。1983年,江志安、赵来桃、赵银桃、李武忠、曹庙清5户人家首批自建楼房。1984年,袁洪礼、顾庙忠、沈志敏等家庭兴建楼房。90年代开始,大批农户拆平房、建楼房,不断改善住宅条件,自来水、液化气、卫生设备一应俱全。1992年2月16日,场部转发乡建筑站《关于民用建房暂行规定》,要求按规划建房的建房户和承建单位均应到乡建筑站履行签订协议手续。协议对建房工资结算标准、技术要求、工伤保险、按审批红线施工等方面都作出规定。1996年,拆除旧房1200平方米,兴建住宅楼4500平方米。

2002年1月14日,经乡四届人大二次会议讨论通过对部分村住宅用地规划进行调整,沙南村4组至9组原定住宅区停建,只能在原宅基地翻建。6组、7组南埭南匡河以西住宅不再允许原地翻建。2006年11月26日"滨江小区"2幢安置楼竣工交房,东西场大队和县砖瓦厂80户拆迁农户乔迁新居。2007年1月,该大队另有70户拆迁户迁入新居。小区有线电视、宽带等现代电讯设施齐全,成为海永乡新农村建设示范点。12月,北京联想集团与海永乡签约建设"海永—联想新城"项目,总投资6亿元,建商品住宅楼20万平方米。2009年12月18日,联想新城工程举行开工奠基仪式,一期工程面积6.9万平方米,是海门单体规模最大、设计标准最高的安置小区。2010年10月,联想新城一期工程竣工,建成面积7.2万平方米,共有安置楼22幢,427户居民乔迁新居,享受现代化的全新生活。2015年,"滨江小区"二期安置楼竣工,共建11层小高层楼房6幢、572套,设有地下车库369个,建筑面积6.5万平方米。

图3-6　2010年10月建成联想小区　2015摄

第三章　水　利

第一节　堤防治坍

20世纪70年代初,由于农场刚围垦,堤岸不够坚固,少数堤岸高度偏低,堤防工程没有及时到位,致使大堤抗御自然灾害能力较差。1974年农历七月初一,13号台风从长江口登陆,狂风、暴雨、大潮一起上,造成全场大堤6次决口,潮没水深1.5米左右,对全场人民生产、生活造成重大损失。是年冬,县革委会在组织民工围垦造田的同时整修大堤,按标准把大堤加高到8米(以吴淞口为基准),顶宽4米,以提高抗御能力。

1977年开始,在永隆沙和海永沙新垦区沿江地段发生江坍,县政府立即采取措施进行保坍。1979年起,由县财政出资、保坍指挥部统一部署,对永隆沙沿江坍失地段实施沉排抛石保坍。1981年4月,县财政拨款75万元,对永北大队白港东550米、白港西750米、永西大队750米大堤实施退堤,堤高7.5米。同时,针对沿江坍势和深泓变化,开始筑丁坝治坍。至90年代初,筑丁坝工程基本结束,全场沿江共筑丁坝17座。

1986年7月,永西村沿江坍势仍然严重,根据县保坍指挥部要求,村民发扬不怕吃苦、连续作战的精神，终于农历七月初一汛期之前完成退堤筑岸任务。至1996年，全乡堤防培修、退堤挖土102万立方米，投入资金553.99万元，共沉排抛石、护坡石块10.76万立方米。2002年，基本完成江堤达标工程。至2015年，堤防保坍工程状况良好，基本达标。

图3－7 2002年建成江堤达标工程

2014年摄

1976—2002年若干年份永隆沙海门段护堤工程一览

表3－2

年份	丁坝（座）	护坡（米）	土方（立方米）	石方（立方米）	经费（万元）		
					国补	县筹	合计
1976	—	1000	25000	11166	—	35.29	35.29
1980	8	1700	1407	14543	—	56.00	56.00
1981	6	2050	—	23694	60.00	15.00	75.00
1982	—	977	—	9245	7.00	24.00	31.00
1983	—	675	—	5400	—	28.50	28.50
1984	—	1170	60600	—	—	15.00	15.00
1985	—	700	—	600	—	6.17	6.17
1986	3	—	30300	16700	32.34	77.00	109.34
1987	—	—	40160	—	—	8.00	8.00
1988	修3	680	3260	4624	22.00	10.00	32.00
1989	修2	336	940	5298	17.00	12.89	29.89
1990	—	500	—	6900	10.00	29.50	39.50
1992	—	312	2926	6428	10.00	42.27	52.27
1994	修4	290	100	1224	7.5	7.5	15.00
1995	—	236	—	850	5.00	5.00	10.00
1996	—	210	—	1000	6.00	5.92	11.92
1998	—	598	—	—	—	51.00	51.00
1999	—	—	—	—	—	18.18	18.18
2001	—	—	13000	30800	—	101.51	101.51
2002	—	—	—	—	—	61.32	61.32

说明：表中1999年、2002年空格系统计不全，并非无施工工程

第二节　河道开疏

一、二级河

鸽笼港河是贯穿崇明岛南北的二级河道，南起崇明长江南泓，北至长江北泓永隆沙。1977年10月，经与崇明县多次协商，崇明县出资15.2万元，海门县从悦来区6个公社调动民工8000人，平地开挖，把鸽笼港河从崇明长征农场场部向北延伸，途经海门县永隆沙良种场，流入长江北支。当年开挖竣工，动土38.4万立方米。开挖后的鸽笼港河全长18.5公里，其中流经永隆沙良种场2.3公里。2008年9—12月，海永乡在海门市水利部门支持配合下，动用8台（套）水力冲挖机组对鸽笼港河海门段进行疏浚，河道底宽15米，底高程1.5米，坡比1∶3，完成土方10.6万立方米。

图3－8　2008年综合治理后的鸽笼港河
2014年摄

2012年，对国农大桥以北河沿实施桩基挡土工程，共长400米。2015年，对国农桥以北东侧河沿和国农桥以南西侧河沿实施桩基挡土工程，共长500米左右。

二、三、四级河

20世纪70年代，经过8次围垦挖土，每条堤下形成匡河，这些匡河基本都是东西走向，因此又称横河。1980—1982年，开挖大小河10条，使农场境内沟河成网。1988年，境内有三级河白港河1条，四级河：永西村南、北匡河，永北横河，向华横河，沙南横河，东场南、北横河，东场竖河，西场南、北及中心横河，共11条。

1989年9月，疏浚西场北横河1.64公里，动土1.62万立方米，经费投入2.7万元。2001年，乡投入经费38万元，疏浚乡三、四级河道5条，总长3500米，土方5万立方米。2002年冬，疏浚沙南、永北两个村的匡河，总长6.2公里，完成土方4.7万立方米，超额完成工程计划。2004年，治理三级河1条，四级河1条，疏浚明沟15条，完成土方11万立方米。2012年，永北村疏浚河道29条，总长13.15公里，清淤土方6.89万立方米。2013年，沙南村疏浚河道43条，总长14.03公里，清淤土方6.45万立方米。2014年，实施水网整治工程，完成沙南村二轮沟河疏浚任务，共疏浚河道17条（段），总长7.7公里，清淤土方5.16万立方米，有效治理咸水倒灌问题。2015年，进一步对河道进行综合治理，提高河道引排水和自净能力。

附：

上海市崇明县水务局与江苏省海门市水利局、海永乡人民政府关于对鸽笼港河海永段进行综合整治及加强管理有关事项的备忘录

二〇〇八年三月二十八日

一

鸽笼港河海永段位于鸽笼港河北端，南起长征农场与海永乡交界处，北止鸽笼港北水闸，全长2.3公里。1977年，崇明县人民政府与海门县人民政府磋商，由崇明县出资疏浚鸽笼港河海永段，并在长江北支建造鸽笼港北闸，以改善该地区排涝泄洪的条件。两县商定：因河道开挖和建造水闸海永乡被占用的土地，作为补偿，从与海永乡邻近的崇明县合作垦区划拨100亩土地归属海永乡。1977年10月，鸽笼港河海永段疏浚工程和鸽笼港北水闸建设同时开工，两项工程均于1978年6月竣工。在实施鸽笼港河海永段过程中还在河道上建造了一座海永乡场部大桥。建造鸽笼港北水闸，并疏浚鸽笼港河海永段，对海门市海永乡、长征农场、崇明县港西、合作垦区

的排涝、土壤改良都发挥了重要作用。目前鸽笼港河海永段已运行30年,河床淤浅,河坡坍塌,严重影响了该区域的排涝和航运功能,经鉴定,海永乡场部大桥已属危桥,为确保行人安全和该区域经济可持续发展,鸽笼港河海永段、海永乡场部大桥亟需重新疏浚和改造。

二

鸽笼港河海永段地处海门市海永乡辖区,是贯穿海永乡南北的骨干河道,海永乡场部大桥又是连接海永乡东西部的交通枢纽,主要受益者是海永乡政府和当地人民群众。当然,鸽笼港河也是崇明县南北向骨干河道之一,鸽笼港河海永段是北支重要的排涝通道。本着"谁收益、谁负担"和"团结治水"的原则,崇明县人民政府与海门市人民政府在鸽笼港河海永段综合整治、海永乡场部大桥费用上达成了各自所承担的款项(参见附页),具体内容如下:

(一)崇明县承担鸽笼港河海永段疏浚工程经费;海门市海永乡承担鸽笼港河疏浚工程的前期工作经费(包括清障,提供排泥场、压占土地赔偿费等);疏浚工程由崇明县水务局组织实施。

(二)海永乡场部大桥改造重建工程,崇明县给予90万元定额补助,其余经费均由海门市海永乡承担,海永乡场部大桥拆除重建由海门市海永乡组织实施。

(三)鸽笼港河海永段综合整治中的防坍护坡、平台绿化等工程均由海门市海永乡出资建设。

三

为加强鸽笼港河海永段和海永乡场部大桥的长效管理,充分发挥两项水利工程的使用效益,崇明县水务局与海门市水利局、海永乡人民政府就各自的责权利作如下明确:

(一)鸽笼港河海永乡段综合整治后正式移交给海永乡人民政府,海永乡是鸽笼港河海永段管理的责任主体,负责该河段日常管理。包括河道及平台的保洁,严禁在河内设置渔泊、渔兜等阻水渔具,确保河道行洪航运安全;严禁在河道管理范围内搭建违章建筑,确保河道平台完整。

(二)鸽笼港河是崇明县南北向重要骨干河道,又是规划中的六级航道,海永乡在日常管理中应接受崇明县水务局的指导和监督。海永乡如需在鸽笼港河海永段(包括管理范围内)实施建设工程,均应事先与崇明县水务局及有关部门沟通联系,进行充分磋商和协调一致。

(三)海永乡场部大桥目前已由海门市海永乡负责拆除重建,重建后该桥正式归属给海永乡人民政府。今后的日常管理和维修养护及翻建改造等一切责权均由海永乡人民政府负责承担。

(四)海门市海永乡虽不属崇明县管辖,但我们同处一个海岛,同属一个水系,今后应加强友好合作,团结治水。未尽事宜,再行友好协商。

特此备忘

崇明县水务局(盖章)
洪德邻(签名)
海门市水利局(盖章)
马立新(签名)
海门市海永乡人民政府(盖章)
李勇(签名)
2008年3月28日

第三节　涵　闸

一、闸

东场引排水闸　位于东场引水河长江出口处。1969年冬围垦结束时建造,闸单口净宽1米,闸底高程-0.5米,闸堤宽4米,钢筋混泥土

图3-9　1969年建农场水闸　　2006年摄

结构。

永西白港引排水闸　位于永西白港河长江出口处，1975 年冬围垦结束建造，闸单口净宽 1.5 米，闸底高程 -0.5 米，闸顶高程 7.5 米，闸堤宽 4 米，钢筋混泥土结构。

鸽笼港北闸　位于鸽笼港河海永段长江出口处。1977 年 10 月至 1978 年 6 月，由崇明县出资兴建，投资 70.52 万元。闸单孔净宽 10 米，闸底高程 -0.5 米，闸顶高程 8.5 米，桥宽 5 米，钢筋混泥土结构，钢结构卧倒式平板闸门。1980 年，闸下游东北角岸墙外倾，平台防浪墙沉没，拆除重建。1981 年，闸下港口外沙内泓江岸崩坍剧烈。上海市水利局投资 50 万元，在港口两侧筑保坍丁坝各 3 条，闸下引河堤坡加做块石防护。1997 年，投资 21.6 万元加固闸外护坡。

图 3-10　1977—1978 年建鸽笼港北闸
2009 年摄

2002 年，投资 21.4 万元维修闸门。2006 年，投资 18 万元更新机房设备。2008 年，投资 15 万元统修闸外侧堤墙。2010 年 12 月，投资 3250 万元，鸽笼港北闸外迁 100 米重建。闸由崇明水利局管理。

二、涵　洞

1976 年，在永西北河兴建永西涵洞，宽 1.5 米、高 2 米、底高程 1 米、长度 15 米、堤顶高程 8 米。1977 年涵洞被潮水冲塌。

1982 年，在白港河兴建涵洞 1 座，宽 1.5 米、高 1.5 米、底高程 1 米、长度 18 米、堤顶高程 8 米。1994 年，在海永乡东西场大队东场横河兴建涵洞 1 座，宽 1 米、高 1.5 米、底高程 1.5 米、长度 15 米、堤顶高程 8 米。1996 年，在鸽笼港河东、西侧分别建 5 座涵洞，其中，位于东场横河、沙南横河、西场与沙南交界横河通向鸽笼港河的河口分别建有闸门的涵洞各 1 座，位于东场与沙南交界横河、西场横河通向鸽笼港河的河口分别建普通涵洞各 1 座。在永西、向华等村建内河涵洞 8 座，通江涵洞 3 座。1999 年，永西村白港河涵洞拆除重建，堤顶高程 9 米，长度、底高程不便。2009 年，为配套水渠硬质化工程的实施，建造大小涵洞多处。2015 年，在建设高标准农田水利中，新建内河涵洞 16 座。全乡所有涵洞状态完好，使用正常。

海永镇 2015 年拆坝建涵工程建设一览

表 3-3

所在河道名称	河道等级	涵洞位置	有筋涵管规格(厘米)
沙南 15 组横河	明沟	马志越宅前	直径 60
沙南 15 组竖河	明沟	马志越宅东	直径 60
白港河	三级河	向华集聚区东	直径 100
沙南 8 组竖河	明沟	河道南段	直径 60
白港河	三级河	绿岛·江湾城北	边长 200×200
沙南 6 组竖河	明沟	河道南端	直径 60
沙南 10 组竖河	明沟	河道南端	直径 60
沙南 1 组竖河	明沟	河道南端	直径 60
沙南启东交界河	明沟	河道南端	直径 80

续表

所在河道名称	河道等级	涵洞位置	有筋涵管规格(厘米)
西场1号竖河	四级河	河道北端	直径80
西场1号竖河	四级河	河道南端	直径80
西场2号竖河	四级河	河道南端	直径80
永北13组竖河	四级河	黄建平宅前	直径60
永北5组横河	四级河	成建平宅前	直径60
永北1组横河	四级河	陈利民宅前	直径60
永北3组横河	四级河	顾静芳宅后	直径60

第四节　农田水利

一、田间水系

20世纪70年代，良种场在组织围垦时，每条匡河之间开挖明沟，与匡河垂直相通，为形成良好的农田水系打下基础。至1982年，全场开挖明沟92条。每条明沟间距大多为50米左右。1989年因种植水稻所需，修筑田间水渠，在鸽笼港河东修筑总渠1000米左右，河西修筑总渠800米左右，每百米总渠之间修筑1条支渠，长度根据垅条宽度而定，从50米至600米不等。2001年8月，乡政府下发《关于实施海永乡水系改造规划》，应对暴雨、涝灾及长江咸潮影响农作物正常灌溉，用3年时间改造农田水系，建成涝能排、旱能灌的内进外排水利体系。2004年，疏浚明沟10条，动土2万立方米。2006年，投入50万元，疏浚东西场大队和永北村全部明沟，完成土方12万立方米。2007年始，投入210万元，其中上级补助135万元，乡自行配套75万元，修建硬质水渠8700米、泵站5座，提升全乡农田水利配套档次。2010年5月，投入250万元，为133.3公顷万顷良田建成农田露天微灌设施。2012年，修筑硬质排水渠道600多米。2015年，投入420万元，围绕中兴绿宝石、绿大花卉、绿品源农庄、玫瑰小镇四大核心区集中连片建设，兴建排灌泵站3座、泵房1座、涵洞15座、小沟级建筑物44座，硬质渠道2.3公里，水泥通道7.7公里，以及其他设施。9月23日，通过高标准农田建设市级验收。

图3-11　硬质渠道　　2012年摄

二、农田灌溉

建场初期，主要用肩挑手提，人力抗旱浇秧。1974年，农场种植薄荷15公顷，在头刀薄荷收割后，采用喷灌，促使二刀薄荷快速发芽生长。喷灌机与柴油机配套装在拖车上，在薄荷田里进行喷灌，其灌溉效力和质量都较好，通过一二次喷灌，薄荷生长速度加快。

1978年、1979年，进行棉花抗旱窨灌试验，共试验窨灌棉花地15公顷，当时试验效果较好，具有省水、调节地温、灌水方便、不误田间作业、便于机耕、提高产量等优点，后因故未能推广。

80年代，在干旱季节使用机械灌溉，主要用35匹、28匹拖拉机配套12寸水泵进行抽水，增加明沟水位或直接灌溉田块。1989年，实施“旱改水”，使用电力灌溉种植水稻。在鸽笼港河东、

图 3 - 12　2006 年修建提水站　　2015 年摄

河西各建 1 个泵站、2 只车口，每只车口有 2 台 14 寸立式水泵，灌溉面积 62.46 公顷。1996 年，投资兴建内河涵洞 13 个、提水闸 1 座，不断提高灌溉效力。2006 年，投资兴建水泵 5 座。2015 年，在高标准农田水利建设中，全镇建路下涵洞 15 个、排灌泵 2 座、提水泵站 1 座，灌溉水系畅通无阻。

第五节　防汛抗灾

一、防　汛

建场后，场部领导坚持把防汛工作作为大事来抓，每逢夏秋汛期，场部领导坚持轮流值班制。1989 年 5 月，建立农场防汛防旱领导组，制定防汛应急方案。1997 年 8 月，乡政府在汛期到来之前针对水利工程修复任务重、时间紧，发动群众狠抓进度，比市政府要求提前 5 天完成大堤修复任务，党委书记顾善忠受到市防汛指挥部通报表扬。2003 年 5 月 29 日，乡政府与市政府签订防汛工作责任状，明确防汛重点为 14 号至 30 号丁坝之间、新老白港涵洞、堤外渔场与大堤接壤处等，对险段必须巡查监视。全乡建立防汛班 38 个 1200 人、抢险班 61 个 1220 人、预备班 61 个 610 人，自储防汛抢险物资，其中编织袋 1.5 万只。2015 年 7 月，9 号台风“灿鸿”影响乡境，乡政府启动防台风应急预案，第一时间进入应急状态，组织人员撤离 30 人次，实行 24 小时值班，做到万无一失。

二、抗　灾

1974 年 8 月 18—20 日，13 号台风登陆长江口，由于全场大堤 6 处决口，造成特大潮灾，受淹平均水深 1.5 米。县委副书记倪汉明带领县有关部门领导和工作人员，在清晨四点半就赶到永隆沙良种场，和场部领导一起组织抢险抗灾。倪书记见灾情严重，命工作人员发射红色救灾信号弹 4 发，对外求助。上海市吴淞口海军某部知悉后，立即开出“300”“302”登陆艇两艘，参与抢险救灾。在县、场领导统一指挥下，由全场共产党员、共青团员、行管人员和青壮年组成一支强有力的抗灾队伍，投入抗灾斗争。大家冒着狂风暴雨，涉水奔向场员家中，把老人、儿童、病弱者携往高处，再用水泥船运往堤岸，把粮站和群众家中粮食、大型牲畜全部运往堤岸。即时，县委派“海运”3 号、6 号、19 号等多艘机船，把老人、儿童运往启东三和港，由四甲驻军派车接运至县第二招待所食宿。另有部分人员向崇明及海门青龙港疏散。在场每户留下 1 名青壮年，继续投入救灾排水。与大潮拼搏 1 个多星期，潮水渐渐退去，场部组织职工恢复生产，抗灾夺丰收。

1986 年 5 月下旬至 6 月上旬，全乡发生严重干旱，场部领导组织各村和农场大队居民进行抗旱保苗，用拖拉机配套 12 寸水泵对棉花和制种玉米地进行满灌。1997 年 8 月 19 日、20 日，受 11 号台风影响，全乡农作物受损严重，市政府补助 2 万元，帮助全乡恢复生产。2007 年 4 月 15 日，境内遭冰雹袭击，市政府补助 30 万元。2008 年 1 月 25—28 日，境内下暴雪，最大积雪深度 25 厘米左右，乡党委发动全民扫雪，清除道路、公共场所、市场棚顶和危房积雪，使公路畅通，行人安全，减少财产损失。

附：海永乡 2003 年防汛工作预案

海永乡位于崇明岛北边，东接启东农场，西至新村乡，全线堤长 6112 米，沿江全年受涨落潮流的冲刷，加上外沙里泓，水下地形变化频繁，鸽笼港闸东水深 - 6 米（吴淞基准），14 号—15 号丁坝之间滩面小（10—15 米）穿堤筑物（老白港涵闸)虽已封堵好,但仍有隐患。江堤达标工程虽已搞好,但鸽笼港港支堤尚未达标,海永乡乡小,防汛地段长,形势依然十分严峻。为此要认真学习贯彻"三个代表"重要思想,从维护社会稳定的高度充分认识做好今年防汛工作的重要性,实行行政首长负责制,切实履行防汛职责,制定如下防汛预案:

一、为保障海永经济的发展,做好今年的防汛工作意义十分重大,一定要立足防大汛、抗大灾、抢大险,把各种困难估计得多一点,准备工作做得充分一些,确保安全渡汛、万无一失,采取如下措施:

1. 做好防汛物资的准备,除市防汛办1999年调拨5000条编织袋、2000年调拨的土工布2300平方米外,自储编织袋1.58万条,保证防汛抢险的需要。

2. 险工险段、穿堤建筑物、堤外渔场与大堤的接壤处(新老白港涵闸和鸽东涵闸),在汛前、汛中、汛后加强巡查,严密监视突发性气候,发现隐患及时汇报,并作出处理。

3. 建立健全防汛组织机构,划段包干负责,做到责任明确,从主要领导到每个值班人员都有明确的分工,都有自己的岗位职责,并实行定岗定位,责任到人。

4. 做好堤防、涵闸的管护,及时对天洞、车槽的修补,确保水利工程处于完好的运行状态。

5. 抢险抗灾,汛情上通下达,统一领导,服从调度,统一指挥,政令畅通,严肃防汛纪律,把损失降低到最低限度。

6. 贯通全乡广播,发现险情讯息传递及时。

二、撤离

如遇台风、高潮、暴雨等突发性灾害天气,在不可抗御的情况下,科学决策、果断指挥,做好撤离工作,确保人民生命安全。

单　位	撤离点	对　　象	带班负责人
沙南村	沙南小窑顶场建材厂窑顶	1~5组、10组	张元兵
	沙南桥西桥坨	6~8组	姜凤迁
	长征大堤	11~15组	吴玉珍
东西场大队	运良厂房顶场部大桥东头	东场	顾金林
	场部大桥西头	西场	顾永平
永北村	二道堤	14~21组	陆美英
	永北小窑顶、二道堤	7~13组	姜龙美
	鸽笼闸桥西桥坨二道堤	1~6组	沈卫平
海砖厂	窑厂顶	厂工人	张志平
手帕厂	窑厂顶	厂工人	杜振明

第六节　水政管理

从建场开始,场部办公室设有水利员,负责管理水利工程,规划水利建设,指导水利事业。1986年7月21日,永隆沙良种场与县水利局签订协议,明确护堤工作交良种场管理。1988年11月20日,农场制定《海门县永隆沙良种场水利工程管理实施细则》,对场内河道、堤防、涵闸、车口、桥梁及小型农田水利工程的管理范围、管理办法、保护措施、奖罚制度等作出具体规定。1993年7月1日,成立乡水利管理站。1994年2月11日,乡政府下发《水利工程管理实施细则》,确保水利工程完好安全,充分发挥其作用。1995年10月,乡下发《关于一道堤防的坡面、青坎、水面、滩面统一管理使用通知》,对冬春水利建设进行检查评比。同时,征收水利工程维护管理费和水产养殖水费,合计收费近1.5万元。

2001年8月，县政府对乡镇疏浚河道实行补贴，其中乡级河每方土补贴1.5元，明沟每方土补贴1元钱，从而提高农村疏浚整治水系的积极性。2003年，按省水利厅规定，对乡自来水厂供应地下深井水执行取水许可证制度。2005年，乡疏浚河道补贴每方土提高到3.5元，村级沟河疏浚，每村补贴20万元。2015年，乡实施涵洞改造提档升级工程，拆坝建涵12座，拆除三级河土坝2条，清理河道网簖23处，同时结合高标准农田建设，兴建涵洞16座、排灌站3座，通过整合资源、统筹建设、综合治理，有效提高河道的引排能力，形成河畅水治的清水通道。

第四章 交通运输

第一节 交通设施

一、公 路

20世纪70年代初，永隆沙良种场只有1条东西走向、通往场部的泥路，长1.5公里，宽3米。1976年后，利用轮窑的砖屑铺路，逐步筑成晴雨路面。1982年7月、10月，经县委、县政府与崇明县2次协商，决定建造长征农场至北鸽笼港闸公路。1983年动工兴建，公路面宽3.5米，为三级晴雨公路，全长约2公里，路线走向为河东从长征农场至海门砖瓦厂堆泥场，河西从场部大桥向北至鸽笼港北闸，总造价4.5万元，其中崇明县出资1.5万元。1989年2月，修筑东西大道，东至启东交界、西至向华村，路宽4米，经费3.5万元，通过收取养路费解决，于10月1日通车。至1993年，全乡修筑村级晴雨路4公里。1995年11月11日，海门市副市长高顺昌、政协副主席张成俊和市黑色路面建设指挥部到海永，专题研究海长公路黑色路面建设，经协商由乡财政出资4万元，并负责建路前期准备，包括用地清障、提供施工人员食宿，市黑色路面指挥部负责施工。1996年上半年，全长2.5公里柏油公路建成通车。同年，乡自筹资金建乡级柏油路1.5公里。1997年，从海永小学至陆菊萍小店建成水泥路，全长近1公里，这是海永乡历史上第一条水泥马路，亦称白色路面。1999年，投入85万元，兴建柏油路和水泥路5.4公里。2000年，修筑海永学校至沙南村、永西村防汛通道1.3公里。2004年，投入120万元修筑4.7公里乡级公路。2005年10月，市财政出资1200万元，修筑海长公路，该路南接崇明县长青公路，北至海永乡政府、向东转弯与启东市启隆乡公路相通，全长2.7公里，是海永乡首条市级公路。路基底宽12米，面宽9米，两侧各1.5米路肩，桥梁与路面同宽，为建路拆迁民房33户。同年，乡投入120万元修筑沙南村中心路、永北村二道堤路，总长3.7公里，均为水泥路面，实现黑、白色路面村村通。2009年，投入398万元修建村级公路7.5公里，实现农村公路全覆盖，投入80万元完成水泥路入户工程，共长5公里，为全市首创、全省领先。

图3－13 修建前海长公路 2005年摄

2011年，投资300万元启动海西路拓宽工程。拓宽后，海西路宽12米，全长1.68公里。同时，启动永隆路永西段至永临汽渡的拓宽工程。2013年，永隆路全线通车，全乡形成永隆路、海长路、海西路一横两纵交通网络。2015年，全镇公路总长26.59公里，其中市、镇级公路9.38公里，村级公路17.21公里。

2015 年海永镇公路一览

表 3 -4

公路名称	级别	起止地点	路宽(米)	长度(公里)	路面材质
海长公路	市级	长征农场—启隆乡	9.00	2.70	沥青摊面
永隆路	镇级	国农大桥—永临汽渡	7.00 ~ 9.00	5.00	沥青摊面
海西路	镇级	绿岛·江湾城—永北村包场路	12.00	1.68	水泥
东场路	村级	东西场大队	6.00	0.60	水泥
园区路	村级	东西场大队	4.00	0.50	水泥
通江路	村级	东西场大队	4.00	0.50	水泥
场西路	村级	东西场大队	4.00	0.80	水泥
包场路	村级	永北村	4.00	2.10	水泥
通西路	村级	永北村	4.00	2.20	水泥
永西路	村级	永北村	4.50	0.46	水泥
悦来路	村级	沙南村	4.00	1.20	水泥
沙南南路	村级	沙南村	4.50	1.28	水泥
向华中心路	村级	沙南村	4.50	0.79	水泥
西场路	村级	东西场大队	4.50	0.90	水泥
场中路	村级	东西场大队	4.50	0.70	水泥
沙长路	村级	沙南村	4.50	1.40	水泥
沙中路	村级	沙南村	4.50	0.25	水泥
沙南西路	村级	沙南村	4.50	0.93	水泥
常东路	村级	沙南村	4.50	1.00	水泥
永西中心路	村级	永北村	4.50	1.60	水泥

二、桥　梁

建场初,全境无桥梁。随着农场扩垦,为方便交通运输,在横河上建 2 米宽的水泥桥 3 座。1977 年开挖鸽笼港河海门段后,建造鸽笼港河大桥,桥宽 5 米左右,钢筋混泥土结构,可通汽车。同年,建鸽笼港河沙南大桥,桥宽 3 米左右,是用水泥板搭建而成的简易行人桥,不能通汽车。2001 年,投入 20 万元重建鸽笼港河沙南大桥,桥宽 3 米,属农用桥。2009 年 6 月,投资 560 多万元重建鸽笼港河大桥,因由中国农业大学免费设计美化桥上栏杆及图像,故名国农桥。2010 年,在绿岛·江湾城房地产开工前,建造鸽笼港河绿岛大桥,桥宽 12 米,钢筋混泥土结构,造价 1100 万元,7 月底竣工通车。2015 年,兴建包场路桥、园区河桥、福美大桥、白港河桥 4 座。

三、渡　口

1969 年,永隆沙良种场围垦后,在场部北长江边设渡口。1977 年,鸽笼港河海永段疏通后,在鸽笼港北闸东侧建渡口码头。期间,在潮水小时轮渡机船靠不上码头,曾经以永西地段滩涂为码头靠岸。2008 年,在永西地段滩涂建渡口码头。2010 年 10 月 1 日,由陆维康私人投资建成汽渡码头,开通汽渡。

附:崇海两县为长征农场至北鸽笼港闸建造公路的座谈纪要

一九八二年七月份,崇明县副县长黄吉谦、水利局副局长沈志仁及工程管理股股长杨建周等同志、海门县县委副书记樊发祥、副县长陈九如、纪委副书记黄森、农委主任蔡竹林、农场书记施乐之、副场长朱学文、砖瓦厂书记袁洪礼等同志,在海门农场共同研究防汛工程。双方提到交通不便,对防汛抢险极为不利。为确保江堤安全和方便群众来往,一致认为长征农场至鸽笼港北闸公路非建不可。海门县委副书记樊发祥同志提出三点建议:海门砖瓦厂支持碎砖屑、农场出劳动力、崇明支持经济。崇明方面表示,路应该迅速做,资金回去集体研究。

会后,崇明方面作了讨论,同意支持路面材料,要海门做准备工作。海门方面组织人力进行了丈量,按二级公路要求试算了造价及用材,需碎砖四千吨,每吨6.50元,计2.6万元;碎砖运费0.68万元;土方平整0.25万元;石子1428吨,计2.5407万元;马路砂840吨,计1.26万元;三黄泥0.24万元。以上共计7.57万元。该项预算于九月初向崇明县水利局沈志仁副局长、郁文瑞股长汇报后,提出三级公路为宜,不使用石子,建一般晴雨公路,海门原则上表示同意。

在党的十二大精神鼓舞下,双方为尽早落实建公路,于十月十四日在海门农场崇海两县再一次商谈。海门方面参加座谈会的有黄森、蔡竹林、交通局长顾贷安,公路管理站负责同志、施乐之、朱学文、袁洪礼等同志;崇明方面参加座谈会的有沈志仁及计财股长郁文瑞、财政局顾友俭同志。双方一致同意按第一次座谈精神,决定建三级公路,土路基不少于八米,路面为三米半,预计造价4.5万元左右。路线走向,河东从长征交界处到海门砖瓦厂堆泥厂,全场约二公里;河西从场部桥向北到水闸,达到晴雨通车。崇明同意支付1.5万元,作建路一次性补贴。座谈决定公路由农场负责承建,要求今冬明春建造完毕。今后道路维修管理,也由农场负责落实。

本纪要协调人

崇明方面:沈志仁　郁文瑞

海门方面:朱学文　袁洪礼

一九八二年十月十五日

第二节　运　输

一、客　运

1970年至1989年,永隆沙良种场无公交车。居民外出都是通过轮渡过江后再乘坐公交车。1990年1月22日,召开南隆线通车论证会,与会单位有崇明县、启东县、海门县政府分管领导,和上海市长征农场、启东县农业良种繁育场、永隆沙良种场领导,与会者一致同意崇明县南门港至永隆沙的公共交通已具备条件,尽早通车。3月1日正式通车,这是公交客车第一次开进永隆沙良种场。2011年8月21日,海永乡至海门市汽车站正式开通公交班车,一条通过海永乡连接大江南北的交通网络基本形成。2015年,从海永镇至海门市汽车站每天往返5个班次,载客400人左右。

二、货　运

1975年,从厂洪公社18大队迁入渔民5户,因有航船运输基础,组织船只开展货运业务。1977年,交管站有3条机船,船号为“9102”“9103”“9104”。1978年,场部自造木船1艘,吨位为60吨,船号为“9101”,经营海洋捕捞和货运业务。县办砖瓦厂有机船5条,(其中120吨位机船3条)、卡车5辆,主要把烧砖用的煤炭运进来,生产的砖瓦运向上海。20世纪80年代,良种场交管站将1条木船出售他人,同时自制60吨位铁船1条,开展运输业务。90年代,社会货运车辆增多,逐步代替水上运输,交管站的铁船拍卖给私人。1996年,企业改制后,集体运输转为个体经营。1999年,全乡运输产值1406万元。2004年,运输产值1340万元。从2005年开始,乡内运输业均为个体分散经营,产值不便统计。

三、轮　渡

1970年,永隆沙居民出入靠乘坐机船由临江码头开往永隆沙码头,机船客位60人左右,每天2班。1971年,由临江码头经汤家,先到崇明合龙沙,再开到永隆沙码头。1975年6月25日,南通地区轮船公司通知,为方便三厂、青龙港知青,将临江至永隆沙客班航线延伸至青龙港,每月4日、14日、24日由永隆沙开往青龙港,5日、15日、25日由青龙港开往永隆沙,票价0.7元。三厂、青龙港知青上调后,临江航班不经青龙港,直开永隆沙。90年代始,海永乡居民顾鑫、张红刚等经营面包车带客轮渡,从崇明北沿公路向西,开往跃进农场北侧码头,乘汽渡开往青龙港,上岸后直送海门老汽车站。1999年,青龙港闭港后,面包车带客经绿华港(老鼠沙)汽渡至海门港直送市区。2010年9月,海永乡陆维康私人投资兴建的永临汽渡海永码头竣工,10月1日与市交通部门兴建的临江汽渡码头合作开通永临汽渡,从此所有车辆都由永临渡口轮渡过江。2015年,轮渡车辆40多万辆。

第三节　交通运输管理

建场初期,水陆交通运输由场部直接管理。1975年11月1日,建立永隆沙良种场交通运输管理站(简称交管站),管理全场范围内的交通运输事业。1989年3月,交管站由企业转为事业单位,主要负责来往途经场境船舶签关工作等职。同年,下发《关于加强水陆运输、搬运装卸管理的意见》,对经营证件、价格等方面作出统一规定。1990年8月10日,建立永隆沙良种场整顿运输市场领导组,对水陆运输、货运装卸、船舶签关等方面加强管理整顿,纠正查处违章现象,确保港口水陆运输安全。

1991年4月1日至5月1日,征收养路费和道路建设费,每年收取道路建设费标准:每辆手扶拖拉机100元,中拖550元,二吨以上汽车400元,轻骑20元,养路费均为250元。1992年开始,交通管理收费由场派出所代理。1996年,建海永乡交警中队,管理交通安全。2000年,撤销乡交警中队,交通管理、事故处理由乡派出所代理。从2005年始直至2015年,车辆管理、验证收费由市交管部门统一办理。乡派出所配合市管理交通安全,处理交通事故。

第五章　供电供水

第一节　供　电

20世纪70年代,场内无供电电源,点灯用火油、蜡烛。1976年,场棉纺厂购置135匹马力发电机组1台,进行自发电,解决生产用电。东场大队从棉纺厂线路延伸,解决农户用电。同年,县砖瓦厂购置发电机组,西场大队农户依靠砖瓦厂线路接出,解决照明用电。

1979年,通过协调,崇明县高压线路进入永隆沙,解决良种场生产、生活用电。全场安装100千伏变压器6台,砖瓦厂、棉纺厂、沙南、向华、永北、永西4个大队各1台,其中砖瓦厂、棉纺厂、沙南、永北大队用电由崇明庙镇变压站输出;向华、永西大队用电由崇明红星农场变压站输出。东场大队农户用电从棉纺厂变压器接出。西场大队农户用电从海门砖瓦厂接出。1980年,为印花厂、锻压件厂安装200千伏变压器各1台,便于企业生产所需。1987年,场建材厂安装200千伏变压器1台。1988年,永北村为改造农电线路,根据有关规定征收低压线路维修费,每度电收取0.02元,共收1.5万元,村自筹资金3万元,改造全村低压线路,较好解决农户用电电压低的问题。1989年,实行"旱改水"种植,东场、西场各增加100千伏变压器1台。1996年11月20日开始,乡电力服务站征收低电压线路维修管理费。2003至2004年,实施农网改造,安装160千伏变压器6台,100千伏变压器15台。2010年开始,全乡兴建的住宅小区按照每平方米60瓦计算用电安装变压器。2011年,乡投入1676万元,通过与崇明电力公司及有关部门沟通，在崇明长征变电站建35千伏变电所，2012年施工结束，投入使用。2013年，市政府研究同意，继续由市供电公司委托上海市崇明电力公司海永乡供电营业区直供到户，做到与上海电力客户同网、同价、同服务。在委托过程中，市供电公司、海永乡政府加强与崇明供电等部门的沟通，妥善处理有关问题。2015年，全镇用电总量1200万度左右，其中民用电800万度左右。

第二节 供 水

建场初，农场职工和居民饮用地表水，水质较咸，可谓“炒菜不用盐”。1977年，在场部打第一口深井，场部居民开始饮用深井水，但不久因井底滤网损坏，引起抛沙，停止使用。1980年，县砖瓦厂打深井1口，西场大队居民饮用水从该厂接出。1985年在场部北侧打第二口深井，深度为300米左右，水来自地下第三承压含水层下层水，咸度、矿物质等各项指标经多次测试，均符合国家规定要求。

1987年4月28日，场成立自来水厂，隶属水利站经营和管理自来水。1990年12月10日，自来水厂制定并贯彻执行供水管理规定，对供水时间、供水价格、交费方法、管道维修保护、用水量等方面作出具体规定。1994年10月，自来水管道通至永西村，实现全乡居民户户饮用自来水。2007年，投入220万元用于农村改水工程，确保饮水安全。2010年，在沙南村打第三口深井，水质、提水量都符合要求，并当年投入饮用。2012年，投入600万元完成崇明岛海永区域供水工程，全乡供水纳入崇明供水网，并将由饮用深井水变为饮用长江水。2015年，安装百吨水处理设备1台，有效提高供水质量。同年，完成滨江小区红线外供水管理工程建设和鸽笼港东路供水管网改造。全年出水45.5万吨、供水35万吨，收取水费60多万元。

第六章 邮电信息

第一节 邮 政

一、设 施

1975年10月，建永隆沙良种场邮电所，位于老场部路南，利用知青食堂用房二间、55平方米为营业部，邮电所由场部创办，隶属场部领导。邮运工具以自行车为主。1980年，随场部的迁移，邮电所搬迁到镇区供销社南侧，由农场投资兴建平房二间、70平方米作为营业用房。1995年，在旧镇改造期间，邮电所搬至场部门卫室营业。1997年，由邮电所职工集资25万元，兴建海永乡邮电所大楼，建筑面积200平方米，位于鸽笼港河大桥东端路北。至2015年未改变邮政设施设备。

图3-14 1997年职工集资建的邮电大楼
2006年摄

二、业 务

1975年，邮寄永隆沙农场的邮件由临江邮电所委托临江码头客运机船运至永隆沙码头，再由农场邮电所职工到码头接收并送出场内邮件。每班邮件有信件50多封，各种报刊杂志100多份和少量包件。邮件进所后，由邮递员用专用自行车当日分发投递到户。1980年后，邮路不变，机要邮件由临江邮电所委派专人送到永隆沙邮电所，再由邮递员专送收件人。信件每天40—50封，包件3—5件，报纸、杂志200份左右。1990年开始，永隆沙良种场往返邮件、包件由县邮电局分拣封发，通过临江邮电所转运。是年，订阅报纸增加到600多份，其中电视报400多份。1995年后，海永邮件由市局送到青龙港，委托开往农场的客车从青龙港接至海永。一度曾由江滨邮电所接转邮件。

1999年，海永客车停开，邮路改由启隆乡邮电所接转，再由启隆接转启东市局，由启东市局接转海门市局，并带回海永邮件，邮递时间增加2天。是年，报纸发行量每日600多份。

从2000年开始，在邮政业务上，由于手机普遍使用，信件来往减少，特快专递增加，普遍包件减少。2015年，信件8061件、包件736件、特快转送2177件、报纸7344份、杂志2484份。

2015年海永镇邮政业务一览

表3-5

月份	信件	包件	特快专递	报纸	杂志
1	636	58	165	7401	207
2	568	56	132	7254	207
3	652	75	182	7405	207
4	663	72	171	7254	207
5	638	22	170	7405	207
6	539	59	204	7254	207
7	772	59	205	7405	207
8	941	65	151	7405	207
9	588	65	149	7254	207
10	602	73	167	7405	207
11	732	72	230	7254	207
12	730	60	251	7405	207

第二节　电　　信

一、设　备

1970年，场部经与崇明电信部门协商，通过长征农场拉线，经沙南地段与场部办公室接通，设固定电话1部，经崇明与县内通话。1975年，设30门磁石交换机1台，用于场部与下属各单位通话，同时，设有人工电传机，用于传递四位数字电报。1980年，设有50门磁石交换机1台，话机由手摇改为圆盘拨号通话，但只通场内直达电路。

1987年5月21日，永隆沙与海门开通电路。1988年7月7日，永隆沙良种场与其他乡镇一样，长途电话进入全国自动电话网。1993年12月10日，海永乡投资101万元安装ZX—500型数字微波塔，实现交换程控化、传输数字化。1998年，海永电信与邮政分营，有电话装机容量1000门。2003年9月，市移动公司投入400多万元在海永建G网基站，结束海永全境手机漫游的状态，确保移动通讯畅通无阻。2004年8月，建成临江至海永的江底光纤电缆。建“小灵通”基站1个。2008年，全乡安装“小灵通”基站5个，实现“小灵通”信号全覆盖。2010年9月，电信营业厅迁至农商行东侧。至2015年，电信设施设备完好，畅通无阻。

图 3－15 1993 年 12 月建邮电微波塔
2015 年摄

二、业 务

1975 年，全场各企事业单位办公室装有电话机 15 部。由邮电所总机接转通话。同时，使用人工传递四位数字电报经营电报业务。1980 年，各企事业单位、各生产大队负责人家中都装有固定电话，全场共有用户 40 多户。1988 年后，随着开通直达电话，全场不少居民家中装上固定电话。至 1996 年，向华村、西场大队首先完成电话村达标工程。1997 年，全乡装有固定电话机 790 部，百人占有率 14.97%，实现“电话乡”。1998 年，全乡装机 815 部，百人占有率 16%。2005 年，电话普及率 75%。2010 年始，居民固定电话逐步减少，宽带用户逐步增加。2015 年，全镇有固定电话用户 450 户、电信公司宽带用户 960 户、移动公司宽带用户 150 户。

第三节 信息利用

20 世纪 70—80 年代，良种场信息传输缓慢，严重影响海永经济发展和居民生活的需要。1995 年，全乡使用调频广播，加快来自海门全市和全国各地的信息传输。2004 年 8 月，随着江底电缆的铺设，宽带互联网逐步进村入户。2005 年，乡党委、政府建立海永乡政府门户网站—“海永在线”，网站版面设计突出海永“投资环境”“区域优势”等栏目，宣传海永，招商引资。2006 年，乡国土管理、财政税收、统计年报等部门先后进入全市对口网络管理。2007 年“海永在线”举办第一期党委书记与网民交流会，网民对海永的发展定位、项目建设、新农村建设、实事工程等方面提出问题，党委书记张健一一作出答复。在短短 2 小时内，网站点击 1837 人次，留言 150 多条。同期，“海永在线”开通“乡长信箱”接收、登记、办理群众来信。2009 年 12 月，乡党委、政府充分利用门户网站平台，设置政务公开、工作通报、办事流程 3 大部分内容，有效地加强政府与民众的沟通，形成信息直报网络，基本做到天天有新信息、重要信息不过夜。

2010 年，乡财政投资建立全乡视频监控网络，形成乡境域内技防监控全覆盖，有效促进治安防患万无一失。至 2011 年，“海永在线”网站举办党委书记与网民交流会 30 期；“乡长信箱”收到群众来信 45 封，全部予以复信；开设《海永论坛》，共有注册用户 753 人，帖子总数 3500 多篇。2012 年 7 月，为使更多的外地朋友了解海永，引进更多的投资商，发挥网上办公的作用，海永乡先后开办广播电台“海永之声”“海永简报”，广泛利用信息为发展海永经济服务。2014 年清明节，海永学校 40 多名学生在乡文化活动中心阅览室，通过电脑网上祭奠革命先烈，接受革命传统教育。2015 年，乡财政投资建成无线网络全覆盖，使居民、游客免费上网，获得各种信息。

第四篇　经济发展

20世纪70年代，永隆沙良种场以繁育作物良种为主，经济发展滞后，结构单一。1978年以后，在党的十一届三中全会制定的一系列方针政策指引下，通过不断调整农业种植结构，摸索工业发展路子，推动第三产业发展，加强财务、税收、国土、工商、统计、审计以及安全生产等各项经济综合管理工作，全场由建场初期的连续亏损，逐步扭亏增盈。尤其通过农场实行“四定一奖，联产奖赔”，农村实行家庭联产承包经营责任制，工业、商贸企业实行经济体制改革以后，充分调动农场职工、农民和企业职工的生产积极性，不断提高经济效益。1989年，全场实现利润47.9万元，扭亏为盈。90年代，海永乡党委政府进一步深化改革，加强管理，使一、二、三产全面发展，经济效益不断增长，1999年，地区生产总值2123万元，三产增加值1044万元，财政收入573万元，农村人均纯收入3800元，银行储蓄余额1626万元。

进入21世纪，海永乡抓住接轨上海、共建崇明国际生态岛的机遇，彻底改变传统的农业耕作习惯，确定发展现代高端农业的新思路，全力引进项目农业、休闲农业，工业企业朝着扩大投资规模、发展规模生产，创造纳税大户的方向发展，第三产业紧紧围绕全乡经济建设和人民生产生活需要，发展商业、餐饮服务业、集市贸易。各经济综合管理部门以海永经济建设为中心，依法加强管理，确保海永经济健康发展。2008年，海永乡地区生产总值首次超亿元，入选“全国乡镇投资潜力500强”乡镇。2009年建立海永农村信用社，为全省填补唯一的无银行乡镇，同年，实施农业政策性保险。2010年，全乡人均财力超万元，首次跻身全市综合先进乡镇行列。2015年，全镇地区生产总值3.72亿元，财政收入5907.54万元，人均纯收入20820元，银行储蓄余额16131万元。

第一章　经济总貌

第一节　产业结构

20世纪70年代，永隆沙良种场产业结构单一，是以繁育作物良种为主的农业经济，工业生产处启蒙状态，只有为农业和居民生活服务的加工业，如轧花厂、窑厂、豆制品加工作坊等，第三产业只有供销社下伸店、集市贸易。1980年，总产值65.01万元，其中农业产值57.33万元，占88.19%，工业产值7.68万元，占11.81%。80年代中期，场内工业经济逐步发展，在产业中占比不断上升。1986年，总产值376万元，农副业产值163万元，占43.35%，工业产值213万元，占56.65%。1989年，总产值1063万元，农业生产值198万元，占18.63%，工业产值865万元，占81.37%。

90年代，市场经济的发展推动着海永乡的经济改革和市场搞活。全乡在继续搞好农业、发展工业的同时，交通运输业、饮食服务业等民营经济迅速发展。1996年，农业总产值1800万元，工业总产值2300万元，民营工业产值150万元，副业生产产值800万元。1999年，工业生产和第三产业发展较快，全年工业总产值2028万元、农业总产值880万元、运输业总产值1406万元，饮食服务生产值1044万元。

进入21世纪，海永乡一、二、三产占比发生重大变化，第三产业成为全乡的经济支柱。2002年，工业总产值4245万元，取得长足的进步。2005年，实现工农业总产值1.11亿元，其中工业产值9985万元，比上年增长25.38%，在全市三个文明建设表彰大会上首次受到嘉奖，被评为市年度“进步乡镇”、南通市“科技进步赶超先进乡镇”。2007年，农业总产值1979万元，工业总产值1.91亿元，工业产值是农业总产值的10倍。2009年，全乡一、二、三产业增加值分别为1226万元、7195万元、3315万元，结构占比分别为10.5%、61.3%、28.2%、。

从2011年开始，全乡逐步由传统农业转向高端农业，重点进行农业园区建设和高标准农业项目建设，实施万顷良田工程和土地流转工程，绿宝石精致农业园、绿大花卉、SS1538基地等农业项目加速向旅游景点、景区转型，积极探索“农业+互联网+文创+旅游”发展模式，实现产业转型、结构优化。2015年，全镇农业生产总值0.3亿元，工业生产总值3.58亿元，三产增加值2.74亿元。

第二节　地区生产总值

1970年建场后，场部立即组织生产，当年农工副业收入17.39万元。但由于良种场处于创业初期，生产过程中投入大，最终产值低下。进入20世纪80年代，全场工业生产逐步发展，在总产值中占比不断上升，其增加值随之增长。90年代，海永乡市场经济成熟，第三产业迅速发展。1995年，实现三产增加值519万元。1996年，实现工业增加值680万元，三产增加值650万元。1997年，海永地区生产总值近2000万元。1999年，地区生产总值2123万元，第三产业增加值1044万元，从业人员1095人。

从21世纪开始，运输业、餐饮业、服务业等第三产业进一步发展。2000年，地区生产总值2525万元，第一产业增加值660万元、第二产业增加值603万元、建筑业增加值44万元、第三产业增加值1218万元。2001年，地区生产总值2812万。2002年，工业生产有所发展，实现增加值1288万元，进而带动地区生产总值的增长，全乡实现地区生产总值5400万元。2006年，地区生产总值7970万元。2008年，地区生产总值1.1995亿元，首次超亿元，比上年增长18.5%。海永乡入选中国乡镇投资潜力500强，在全国4.08万个乡镇中排名498位。2010年，完成地区生产总值1.4亿元，比“十一五”计划之初增长近10倍，经济总量规模赶超全市兄弟乡镇。2013年，完成地区生产总值3.11亿元。2014年，完成地区生产总值3.39亿元。2015年，地区生产总值3.72亿元，比上年增长9.73%。

第三节　财政收入

1970年建场开始，良种场财政一直处于困难状态，头3年连续亏损，累计亏损20.8万元。1973年，盈利3.08万元，至1980年累计亏损78.39万元，依靠财政补贴过日子。1982年，全场盈利30万元，创历史最高水平。1984年，盈利21.1万元。1985年盈利4.76万元，累亏33.82万元。1989年盈利49.7万元，良种场终于转亏为盈。1995年，农工副生产全面增长，总产值1.766亿元，财政收入97万元。1997年，财政收入147.71万元，完成计划的108.67%。1998年，财政收入159.43万元，完成计划的104.88%。1999年，财政收入573万元。

进入21世纪，乡党委、政府注重改革、创新，抓住上海市建设生态崇明岛的良机，充分利用地域优势，不断调整经济结构，实现产业转型，在地区生产总值不断上升的同时，财政收入年年增长。2001年，财政收入201.9万元。2004年，财政收入1568万元，比2001年净增1366.1万元，人均财政收入3183元。2006年财政收入853.1万元。2009年财政收入3737.7万元，增幅居全市第一，人均财力达到全市一线乡镇水平。2010年财政收入6054.71万元，人均财力超万元，首次跻身于全市综合先进乡镇行列。2015年，实现财政收入5907.54万元，同比增长1.7%，地方一般预算收入3788.87万元，同比增长10.9%。

第四节 人均纯收入

20世纪70年代,由于刚建场不久,职工收入偏低,年人均收入只有数百元。80年代,随着良种场经济的发展,人均收入逐渐提高。1989年,农场职工人均年收入3000元。90年代,工业和第三产业的兴旺,提高海永居民的人均收入。1997年,人均纯收入农村3693元、农场4500元。1999年,全乡农村人均纯收入3777.5元,其中沙南村3750元、向华村3690元、永西村3710元、永北村3960元。

21世纪开始,乡农村经济全面发展,居民生活水平不断提高,人均纯收入逐年增加。2001年,农村经济总收入1895万元,人均纯收入4250万元,其中沙南村4217元、永北村4277元。2004年,农民人均纯收入超5000元。2006年,农民人均收入6325元。2008年,农民人均纯收入8011元,达到小康水平。其中沙南村8007元、永北村8015元。2010年,乡农村经济总收入3836万元,其中沙南1635万元、永北2201万元,人均纯收入突破万元,其中沙南10571元、永北10767元。2015年,农村居民人均纯收入20820元,被市政府评为“目标管理考核优秀单位”。

2001—2015年海永镇农村人均纯收入一览

表4-1 单位:元

年份	人均纯收入	其中	
		沙南村	永北村
2001	4250	4217	4277
2002	4400	4320	4470
2003	4751	4666	4823
2004	5058	5055	5051
2005	5536	5513	5556
2006	6325	6354	6276
2007	7214	7212	7316
2008	8011	8007	8015
2009	9291	9200	9365
2010	10679	10571	10767
2011	12263	12146	12380
2012	14588	13958	15218
2013	16920	16452	17388
2014	17419	16850	17988
2015	20820	20708	20912

第二章 农 业

第一节 种植业

1969年冬，良种场围垦结束，为改良土壤，全部深翻。1970年，春播棉花131公顷。1971年秋，种植蚕豆和绿肥。1972年春播棉花。1973年，有耕地174.26公顷，春播棉花131公顷、高粱20公顷、玉米6.6公顷、西瓜10公顷、黄豆2公顷、菜园4.66公顷。1974年，改为蚕豆间作绿肥，在蚕豆行空幅春播棉花124公顷，试种薄荷6.6公顷，杂交高粱13.5公顷等。1977年，良种场将纯棉花、纯玉米为主的种植茬口改为玉米夹种薄荷、玉米夹种黄赤豆两种茬口。1980年，粮食总产300多吨，皮棉总产48.7吨，亩产51公斤。1989年，实行"旱改水"，种植水稻62.4公顷，总产475吨，亩产507公斤。1990年，全场实行改制改茬，以良种为主，种植水稻86.6公顷。1993年，战胜多种自然灾害，获得种植业产值696万元的好收成。粮食总产1664吨，油料100吨，皮棉105吨，亩产80公斤，被评为县"棉花高产"三等奖，受到县政府表彰。1995年，种植业总产值927万元，粮食总产1411吨，油料333吨，皮棉88.85吨。1998年，采取西瓜套种棉花和西瓜地种晚稻，种植面积80公顷，亩产值1500元。1999年，因黄梅季节降雨成灾，全场种植的西瓜失收，场部采取补救措施，把西瓜地全部改种水稻，挽回灾害损失。东西场大队被市评为"中稻丰产方竞赛先进单位"。同年，诚招山东大棚生产能手，承包大棚生产2公顷，种植西瓜、蔬菜等。

图4－1 农场旱改水种植 1989年摄

2000年，加大种植业结构调整力度，发展设施农业，投入6万元扩种4.3公顷大棚蔬菜，亩收入6841元。2001年，投入7万元，新增大棚设施10公顷。2003年，随着农业产业化的发展，粮食生产面积缩小，总产下降，是年粮食总产量615吨，比上年下降41%。2005年，全乡粮食总产量622吨，棉花总产量151吨，油料总产量509吨。同年，成功申报省级"无公害粮油生产基地"，获省颁发的"无公害农产品产地"认定证书。注册"海隆"牌农副产品系列商标。2007年，成功申报省级无公害蔬菜生产基地，发展大棚蔬菜种植。沙南村甘蔗产业给200多户村民带来高效收入。2009年，进一步调整种植结构，永北、沙南村推广种植青毛豆、青玉米、青蚕豆、青豌豆"四青"作物，种植面积16.6公顷。2010年，粮食总产934吨，棉花总产174吨，油菜籽总产818吨。2015年，全镇粮食总产1472吨，棉花总产69吨，油菜籽总产617吨。

第二节 养殖业

1970年秋，建副业场，发展家禽饲养。1972年，饲养肉鸡、蛋鸡7000多羽。1974年，副业场集体养蚕15方左右，种桑4公顷，专职养蚕10多人，盈利万元以上。1975年，开塘繁育鱼苗。1977年，饲养猪、羊、肉鸡、蛋鸡、蛋鸭等，总产值8.06万元。1979年，建成机械化养殖场，饲养肉鸡、蛋鸡、蛋鸭25万羽。1983—1990年，开挖鱼塘21公顷，发包给个体承包户养殖。1992年，永北村8户农民自筹资金50万元，开挖蟹塘16个，养扣蟹和成蟹。1996年，养猪460头、羊2700只，家禽8600羽，有鱼塘72公顷，产淡水鱼200多吨、蟹2万公斤。1997年，有鱼塘32.5公顷，蟹池20公顷。1998年，全乡有百头以上养猪场4个，年出栏650头，年末圈存520头，饲养山羊2300只、家禽8500羽。建千羽鸡场1个，年销万羽以上。1999年，全乡水面养殖86.6公顷，占耕地面积的18.5%。

2001年4月24日，农业部、省农业厅和海门市政府确定海永乡为长江三角洲的山羊品种资源保护区域。2003—2005年，利用老塘、开挖新塘共33公顷，养殖南美白对虾，每公顷收益6万~7.5万元。2005年，生猪饲养量55头、羊2456只、家禽1.04万羽、水产品产量350吨。2006年11月2日，南通市星岛种猪有限公司开业，该种猪场位于永北村江堤外滩涂，占地8.67公顷。投入1500万元建成拥有900头基础母猪群的原种猪场，每年可上市1万头商品猪，选育合格种猪8000头，是海门最大的种猪场。2008年，生猪饲养量1.52万头、山羊饲养量4799只、家禽饲养量15.07万羽、水产品产量250吨。东西场大队职工赵银涛饲养瘦肉型商品猪，收益80万元，被评为南通市"劳动模范"。2010年，全乡生猪饲养量1.2万头、山羊饲养量3000只、家禽饲养量11万羽、水产品产量137吨。2014年6月11日，因建设万顷良田所需，市政府批复关停、撤离南通市星岛种猪有限公司，补偿损失。2015年，猪肉产量225吨、水产品产量115吨。

第三节　良种繁育

一、制种玉米

1974年，良种场接受县指定的玉米制种繁育任务，当年种植制种玉米0.66公顷。1975年，种植制种玉米70.5公顷，总产26.7万公斤，主要是繁育"烟三6号"和"烟三10号"自交系原种。1977年，良种场向全县调出制种玉米2.76万公斤，临江、万年、三阳、海洪、六匡、常乐、大新、厂洪、麒麟、平山、悦来11个公社59个生产大队到良种场调种。1978年，外围各新垦大队开始种植制种玉米，全场共种植239.73公顷，总产80.5万公斤，亩产225公斤。1982年，制种玉米总产23.72万公斤，亩产163公斤。1987年，制种玉米131.1公顷，总产34.9万公斤。1989年，制种玉米面积173.3公顷，其中农场50公顷、4个大队123.3公顷，总产量45.5万公斤。

1992年制种玉米70万公斤，最高亩产380公斤。1995年，向全市提供玉米良种50万公斤。1996—1998年，向全市提供良种玉米147.35万公斤。全市60%~70%的玉米种子由海永乡提供，部分调销启东等周边县市。1998年，"苏玉9号"良种玉米，实现亩产400公斤。1999年，制种玉米79.3公顷。2000年，停止制种玉米。

二、制种其他作物

1973年，制种高粱良种，种植面积20公顷，同年制种棉花良种。1974年制种高粱13.33公顷。1980年，收获良种蚕豆5000公斤，良种麦类2万公斤。1984年，制种蚕豆，亩产174.3公斤，名列南通市第一。1992年，制种良种小麦2.5万公斤、良种水稻2.5万公斤。是年，向全县和兄弟县市提供小麦、大麦、水稻、蚕豆良种共40万公斤。1995年，向南通市种子公司提供良种小麦5万公斤、良种水稻10万公斤。2000年，停止制种。

第四节　项目农业

一、项目拓展

21世纪初开始，乡党委、政府打破传统农业的框框，在农业产业化的基础上向项目农业发展。2003年12月27日，海永乡与上海特胜置业有限公司合作开发的"农民新城"项目正式签约。该项目占地53.33公顷，投资额4亿元。2004年12月2日，海门市政府与中国农业大学科技园建设发展中心签订"国农海永生态农业园"协议，开发用地总规划面积100公顷，其中农用地66.67公顷，建设用地33.33公顷，总投资2.5亿元，是一个集农业种植、科技推广、产业培训、休闲观光农业为一体的特色现代科技农业园，成为江苏省最大的单体农业项目。2006年6月2日，海永乡被市评为"项目农业建设先进单位"，获二等奖。

2007年4月15日，海门市政府与荷兰NITA集团签订绿大阿斯米尔农业产业园项目，该项目总投资3亿元，打造新农村建设的示范园区，使农民转化为产业工人，建设苗木基地，出口欧洲等地。

2010年，乡党委、政府从海永经济的实际出发，进一步定位探索发展项目农业新路子。是年，番茄农庄建成营业，项目占地30.27公顷，投资6000万元，成为一个生态高效农业示范园区。同年，江苏国农文化创意园一期工程智能温室建成。该园区占地66.53公顷，总投资近4亿元。天锦华生态庄园项目注册资金100万美元到位，该项目占地32.13公顷，注册资金共300万美元，是一个崇明岛上高品位的旅游度假项目。是年，海永乡评为市“项目农业先进乡镇”，获一等奖，奖金3万元。

2011年9月，在吉林省长春市召开中国创意农业国际合作和发展高层论坛，海永乡作为乡镇代表应邀出席，海永的创意农业在会上展示。同年，引进台湾中兴电工集团投资的绿宝石精致农业园项目，是海门市首个投资额超千万美元的现代农业项目。先期引进的绿岛开心农场、田园牧歌农业园进入全面建设阶段，其中田园牧歌项目被市评为优秀农业项目。是年，在“魅力城乡”网上，海永点击率破万次，“江苏农业网”多次报道海永走一条与传统农业绝不相同的高端休闲农业之路。

图4-2　海永乡出席中国创意农业国际合作与发展高层论坛　　2011年摄

2012年，海永绿大阿斯米尔农业产业园成功出口荷兰等西欧国家苗木40多万株，成为南通地区唯一的具有出口资质的花卉苗木生产基地。绿宝石精致农业园一期工程建设全面展开，建成钢管结构鸟巢景观大棚2只，果林、香草基地33.33公顷，二期工程所需的用地流转到位。番茄农庄建小木屋17幢、休闲阳光温室1座，引进中草药80多种，与上海第二军医大学合作研究中草药，该农庄被南通市评为“三星级”休闲农庄。澳大利亚蔚蓝集团投资1.2亿元在海永建设以玫瑰为主题的特色观光旅游园，亦称玫瑰小镇。该项目打造一个集农业生态旅游、有机农产品生产于一体的现代农业产业园。是年3月中旬，“休闲农业创新发展模式的推广”研究课题通过南通市农委专家组评审鉴定，获“南通市农业科技应用推广成果”三等奖。

2013年，绿宝石精致农业园种植各类芳香植物近47公顷，与上海交通大学国家级芳香植物研究中心合作，发展精油提炼业务。绿大阿斯米尔农业产业园参与制定活体花卉出口欧盟技术标准，全年出口各类苗木30万株。同年，赵一春、丁波等3人合伙办起绿品源农庄，向乡政府流转土地10公顷，种植苗木、果蔬2.66公顷，打造垂钓水系，内设农家乐，每批接待能力100余人。

2015年，绿宝石精致农业园有机精油观光工厂建成投产，建立芳香园基地66.67公顷，建成花卉展示大棚2个，在建成长三角地区有机精油提炼、展示、交易、认证平台目标上迈出一大步。绿大阿斯米尔农业产业园获评“南通市现代农业示范基地”，出口树状月季得到欧盟认证。2月23日，月季彩盒在市区欧尚、世纪联华等大型超市上架销售，广受消费者青睐。是年，海永现代农业园区获选“我喜爱的长三角休闲农业(农家乐)与乡村旅游景点”，番茄农庄获评全国三星级“休闲农业与乡村旅游星级企业”。

二、项目选介

番茄农庄　位于海永乡海长路北、启东市启隆乡西侧。于2009年4月由市新海番茄农庄有限公司投资建设，投资总额6000万元，项目建设共分3期完成。农庄占地面积30.2公顷，其中设施种植面积14.67公顷、观光面积15.53公顷，着力打造一个农业休闲观光旅游景区。

农庄内设40个特色区域，包括特色农产品

展销、垂钓采摘、生态养殖、中草药观赏、园林艺术、有机蔬菜,有机果园,香草园、闽南乡村文化、各国特色风情农庄等,形成一个有机农产品丰富,观赏性强,能提供游客吃住的农业旅游集聚区。园区内有玻璃温室大棚、葡萄长廊、菜园俱乐部、垂钓俱乐部,17 幢休闲小木屋分布园区内,链接各景区的小桥流水,让整个园区成为休闲观光的好地方。2015 年,农庄进入第三期工程建设阶段。是年,番茄农庄获评全国三星级“休闲农业与乡村旅游星级企业”。

图 4－3　番茄农庄休闲小木楼　2010 年摄

绿宝石精致农业园　2011 年建于海永乡农业集中区,项目用地范围四址为东至永北村农用地、南至包场路、西至白港农路、北至堤顶公路。由台湾中兴电工集团投资打造。项目引进台湾精致农业技术和管理经验,整体开发有机生态农业产品、生态休闲旅游、园林公园经营管理。项目总投资 1 亿美元,注册资金 1000 万美元。

园区按照整体规划、分期实施,预计使用农业用地共 140 公顷,2015 年已交地 113.33 公顷。全区分期开发,第一期 33.33 公顷地块,开发已初步成型。旅程设计自入园后前往鸟巢温室展示馆,游览周边花海,再进入精油观光工厂参观,漫步于梅子林带,享受休闲观光。其中温室展示馆设计 5 大主题园(薄荷主题园、玫瑰花主题园、薰衣草主题园、兰花主题园、香草植物工厂)。精油观光工厂引进世界高新技术—水蒸馏技术等,并与上海交大芳香植物研究中心合作,提取高质量的精油产品。逐步使海永以芳香种植与精油提取工艺为开发核心,把天然香氛“生产、生活、生命”三生哲学导入生产链,继而延伸芳疗教育、养生村、精油交易平台等层面。

第二期 A 区 33.33 公顷地块,大面积种植柠檬香草、迷迭香、艾草、水仙、开心鼠尾草、薄荷等芳香植物,以供观赏、提取精油、制造手工皂。并把分散的地块水塘串联起来,打造内河游憩景观带,形成绿色隧道。B 区 40 公顷地块,打造开心农场,通过租赁土地的方式,让人们在租用的土地上通过简易的耕作、浇水、锄草、收获、料理创作等亲身体会的农艺活动,紧密家人间的关系,放松人们的心情,达到体验生活,感受大自然,获得正能量的效果。

绿大阿斯米尔农业产业园　2007 年,由荷兰 NITA 集团投资兴建。以荷兰的世界花卉园艺小镇阿斯米尔为借鉴,全面高起点规划建设,通过拓展新农业、发挥新功能、倡导新文化、塑造新农民 4 个方向的综合努力,使之成为中国新农村建设的典范、都市型新农业的样板。

绿大阿斯米尔农业产业园分三期实施。一期开发 13.33 公顷苗木种植区,聘请上海市应用技术学院、南京林业大学、嵊州市木兰科新品研究所、南阳月季集团的教授与专家作技术指导,结合机械化生产、规模化生产和生态农业,种植 100 万枝新苗,引进国外品种,培养农民技术工;二期拓展用地 13.33 公顷,初步形成苗木生产规模,建立出口配套设施,组织产品出口创汇;三期形成经济连锁效益,试验推行台湾农业管理模式,大幅度提高农民收入标准,建立新型的高效农业管理模式。

2011 年 11 月,第一批苗木成功出口欧洲,成为江苏第一家拿到苗木出口证的企业。2012

图 4－4　绿大阿斯米尔首批花卉苗木出口欧洲　2011 年摄

年，媲美欧洲先进苗木栽培技术的机械化生产初具雏形，基地所有苗木栽种都通过半自动化机械操作，获省农林厅领导的高度重视。2015 年，获评“南通市现代农业示范基地”。

鸿泰乐颐农场 2013 年 12 月，由南通红磡农业有限公司投资建设，投资金额 800 万元，占地面积 10.6 公顷。农场以“健康、养生、休闲”为设计主题，集精致小户型、老年度假公寓、家庭别墅、城市活动主题馆、老年大学、一级甲等医院于一体，多方位满足老年人生活要求和子女孝亲需求。农场实行会员制，为会员提供自行耕作服务，在获取有机食材的同时，使会员通过适度的农业劳作，提高身体素质，愉悦身心。农场根据 24 节气不定期举办不同的文化旅游活动，为会员们提供交流活动的平台。农场已完成一期工程，建成 1 号楼会所，及 2、3、4 号高层住宅楼，搭建一个 2000 平方米的玻璃温室大棚，开展优质种苗培育、多肉植物、名贵花卉种植。

图 4－5　游客参观鸿泰乐颐农场　2015 年摄

农场的发展方向是休闲农业，拓展各种休闲旅游项目，如暖棚采摘、湖区散步、野营垂钓等，是一个集休闲农业、健身养老、旅游观赏、愉悦身心为一体的现代农业项目。

第五节　农业机械

20 世纪 70 年代，建场初期成立机耕队，配备－28 中型拖拉机 1 台，－35 中型拖拉机 2 台，配套三铧犁、重耙、轻耙各 1 台。后加强良种场机耕力量，购置－75 东方红履带式拖拉机 1 台。1982 年，建立永隆沙良种场农业机械管理站。1989 年，实行“旱改水”，为适应大面积种植水稻的需要，购置－50 型上海拖拉机 3 台，以及旋耕机、开沟机、播种机等配套农业机械。水稻收获前，购置桂林 2 号、3 号中型联合收割机 3 台，水稻从种植到收割做到机耕、机播、机收，全程实现机械化生产。

图 4－6　桂林 2 号 3 号收割机收割水稻
1989 年摄

1990 年，良种场沙南村试制成木制地膜覆盖器，经县农机总站和研究所重新研制定型，获得国家专利，并向全县推广，该机器比人工铺膜提高工效 10～15 倍。1993 年，乡成立农机管理站，加强对农业机械管理。1999 年，购置新疆 3 号联合收割机 1 台，以及碾米机等农机 3 台。90 年代末，在企业改制中，机耕作业由私人承包，成立私营机耕队。

从 21 世纪开始，由于经营管理改革的深入，土地流转，承包者经营，规模种植，播种、收割大多请安徽等外地专业公司耕作，原来的农业机械在改革中低价转卖。2011 年，沙南村村民张永发购置一套粮食烘干设备，对收购新粮进行及时烘干。2015 年，全镇农机站的手扶拖拉机及脱粒机等农机设备处于闲置待处理状态。

第六节　植树造林

20 世纪 70 年代，每次围垦结束时，场部组织职工、居民在堤岸内坡进行植树造林。同期，在场部大仓库北侧种植梨树 4.67 公顷。场部东南角岸北种梨树 4 公顷，产量较高，成为农场一大特产。1974 年，造林 4 公顷，种植果园 4

公顷。80 年代,良种场发动群众进行“四旁”(沟旁、路旁、宅旁、渠旁)绿化造林,全场居民在家前屋后种植桑树、楝树、水杉、冬青、白榆、刺槐、杨柳等防风、观赏、用材树木,每年植树 5000 株以上。同时,居民们还种上桃、梨、柿、枇杷、柑橘、葡萄、猕猴桃、银杏等果树,用于改善生活,多余部分上市销售,增加收入。90 年代,许多农户用自己的承包土地种植果园,主要有枇杷、桃子、葡萄等品种。向华村村民陈裕平、东西场大队职工王云高等成片种植葡萄园,由于品种优良、口味佳美,市场销路较好。永西村村民姜云清在承包田里种植水蜜桃数百棵,取得较好的经济收入。

21 世纪始,在建设“生态乡镇”和“美丽乡村”中,海永乡绿化事业不断发展。2004 年,种植意大利意杨 2 万株,完成堤顶经济绿化带 6 公里。2007 年,在集中整治城乡环境中,绿化面积 2.4 万平方米,完成海长路两旁绿化 4 公里,种植比较高档的紫薇香、桂花、香樟、树状月季树木。2008 年,海永乡获全市“绿化造林乡镇“一等奖,奖金 6 万元。2011 年,为创造海永生态大环境,投入 500 万元绿化造林 95.33 公顷。绿大阿斯米尔农业产业园,扩展种植苗木 13.33 公顷。2014 年 3 月 14 日,乡全体机关干部在海永大道两侧植树 500 余株。2015 年,在全镇道路两侧及沟河旁补种各类树木,绿化面积 1 万平方米,覆盖率 30% 以上。

图 4－7　机关干部植树造林　　2013 年摄

第三章　工　业

第一节　乡镇工业

20 世纪 70 年代初,良种场办起豆制品加工场,生产豆腐、茶干、粉丝等供应居民。1972 年,为解决场内职工建房所需砖瓦,兴建 80 吨小窑 1 座,年产砖头 5 万块左右、小瓦 100 万片。同期,场部建小型农机厂,内设铁铺,有 1 台简易车床,主要用于修理拖拉机和其他农机具。1973 年,建季节性轧花厂和小油厂,为收获期加工棉种和食油。后于 1976 年、1977 年之后关闭。

1976 年,由于通棉三厂职工子女插场较多,农场与该厂关系密切,场部利用这一有利因素,取得通棉三厂在设备和技术方面的支持,筹建永隆沙棉纺厂。年初筹建,年底投产,只但有 1 台细纱车,且是 1824 年英国产品,设备陈旧,效力低下,产品质量差。1979 年,自制 1 台细纱车,共有 800 纱锭,生产副支纱和代农加工棉纱,勉强维持生产。1979 年 12 月,建立纺织机械配件厂,有刨、压、开皮机械等设备,生产纺织机械传动皮带。

1983 年 3 月,县政府决定,地处永北大队的内蒙古驻沪办与悦来区联办的印花厂归农场经营。1984 年,该厂与中国东方贸易公司联办,更名为中国东方贸易公司第一丝绸印染厂。厂内印花台板由 2 条增至 4 条,并扩建厂房、购置定型机,但由于管理不善,企业虚盈实亏。1984 年 5 月,为安置永西村江坍失地农民,开办永隆沙丝纺织厂。县投资 10 万元,场自筹 13.4 万元,购置织机 24 台及其配套设施。投产 1 年多,略有盈余。后由江苏省吴江县盛泽镇益民纺织厂承包,生产涤平纺等产品,经营状况逐步改善,至 1990 年实现产值 265.5 万元、利润 25 万元。

1986 年,建立县永隆沙建材厂,兴办 30 门轮窑 1 座,固定资产近 100 万元,1987 年投入正常生产。开始,因缺乏管理经验,加上建材市场滑坡,企业处于微亏状态。直至 1990 年,企业改进工艺,提高生产效率,时产土坯从1.5万块提高到2万块。同时利用内燃煤渣减少煤耗,加强经营管理,终于扭亏为盈,实现利润8万元。

1987年7月,建立县永隆沙电器加工厂,经营自行车曲柄抛光,A型轴、B型轴渗碳加工,全厂有职工60人,产值11.34万元,利润1.09万元。1988年2月,更名为县永隆沙五金厂。1989年1月,崇明县自行车配件二厂全套零配件设备转让该厂,并新增立管、烘冲2个车间,形成自行车零部件加工一条龙生产。是年9月更名为县永隆沙自行车配件厂,全厂有职工100多人,年产A、B轴161万支,产值106.86万元,利润6.12万元。

1990年2月,原丝织厂划出部分厂房建县被单二厂,属场部管理,厂有1515型棉织机22台,主产被单、床单。同年,经县政府同意,建立上海市崇明运良锻压厂永隆沙分厂。1991年6月26日,永隆沙自行车配件厂与崇明新村锻造厂联营,建永隆沙分厂,后更名为永隆沙良种场锻压件厂,生产童车、曲柄、牙盘等。1992年,永隆沙丝织厂改为永隆沙良种场小学校办厂,更名为县化纤织造厂,新增织机84台和611型丝织机,由辽东人黄友联包,不久关闭。

1993年4月26日,江苏省政府批准建立南通市瀛海保健品有限公司,该公司生产出口洗浴保健品,是海永乡首个中外合资企业。是年,海永乡共有乡镇工业企业8个(其中中外合资企业1个),固定资产812万元,职工823人(其中技术人员8人),工业总产值2071万元,利润130万元。

1993年海永乡工业企业基本状况一览

表4-2 **单位:万元、人**

工厂名称	总产值	利润	职工	固定资产
永隆沙建材厂	237	63	180	134
永隆沙良种场锻压件厂	232	21	75	77
永隆沙铸钢厂	199	10	82	86
崇明运良锻造厂永隆沙分厂	335	—	50	151
永隆沙棉纺厂	418	12	176	152
县化纤织造厂	350	19	180	111
永隆沙电器加工厂	100	5	40	9
南通瀛海保健品有限公司	200	—	40	92
合　计	2071	130	823	812

1995年,海永乡永隆沙建材厂、棉纺厂被评为市"文明单位"。1997年,全乡工业产值1906万元,增加值771万元,税收146万元,技改投入550万元。1998年,运良锻造厂永隆沙分厂投入450万元,扩建生产流水线1条,为企业发展创造后劲。同时通过扩建更名为南通忠联精密锻造有限公司。3月30日,市政府批复,同意海永乡南通忠联精密锻造有限公司的增值税以1997年60万元为基数,1998—2000年,每年递增15%,超基数部分的35%由市财政返还给企业,所得税参照开发区政策按15%税率征收。同年,建材厂投入资金增添真空泵及平瓦生产线1条。

2000年,海永乡工业总产值2435万元,产品销售收入2363万元,利税总额126万元。2002年,海永乡在海门工业园区建海门市振和纱线厂,为福利企业,厂内安排部分具有一定生产能力的残疾人。2004年,引进投资200万元建立东亚铸件厂,生产铁铸件。2005年,建标准件厂,投资200万美元,生产标准件。同年,南通清华净水有限公司投入2000万元在海永建南通清华净水厂,占地0.86公顷,生产净水剂;南通峰盟机械公司落户海永,建厂房1万平方米。2006年,全乡工业产值1.29亿元,首次超亿元。

2007年,全乡实现工业产值1.84亿元,同比增长43.9%,应税销售1.3亿元,同比增长45.15%。2010年,南通忠联精密锻造有限公司纳税超500万元,获海门市铜牌企业奖,实现海永乡纳税大户奖牌企业零的突破。2012年,南通忠联精密锻造有限公司投入4820万元,引进“自由锻”项目,扩建标准厂房4000平方米,占地1.86公顷,投产后,增加应税销售8000万元。2015年,全镇工业企业从业人员672人,工业总产值3.58亿元,其中规模以上工业企业产值2.4亿元。

第二节　村办工业

良种场各新垦大队在迁入永隆沙初,以种植业为主,大队没有工业。1977年,新垦2大队建办小窑3座,总吨位350吨,其中常乐队建办1座120吨。1979年,永北大队干部向群众集资2万元,建办印花厂,开始在纸上印花,后发展为在布上印花。1983年,该厂划归农场办工业企业。1984年,沙南村建办五金厂,有冲床5台、抛光设备1套,主要生产螺丝螺帽。1985年4月,东场大队建办水泥制品厂,厂内有标准水泥预制场1个,长50米、宽20米,生产楼板、水泥桁料、水泥门窗等,年产楼板5000块、水泥桁料1000根,1989年转为良种场水泥制品厂。1985年10月9日,建办良种场沙南袜厂,有缝纫机20台、拷边车2台,生产袜子、线衫、线裤、内衣裤,1987年转为个私企业。1987年,永西村兴办皮筋厂、玩具厂。1988年5月,西场大队与悦来化工厂联办化工厂,生产医药材料中间体。1989年向华村建办制箱厂。1995年,沙南村建办水泥砌块砖厂,生产各种规格砌块砖,日产砌块砖1000块左右。2000年以后,由于村级经济力量薄弱,创办工业路子不广,村办工厂大多转为个私企业,或闭厂歇业。

第三节　个私工业

20世纪70年代,迁入永隆沙良种场的居民中,有些能工巧匠编制竹器、畚箕、扫帚卖给用户,木匠、竹匠等师傅为农户制作家具、修理工具用具,收取工本费。1978年,场部将能工巧匠组织起来办起小型铁木业社,为群众生产生活服务。

1979年,在党的改革开放方针政策的指引下,场内个私企业不断发展,永北村居民施正贤、顾永石、陈品高3人建办皮件厂,主要生产纺织机传动皮带,年产值8万元,利润2万元。1985年1月,沙南村张振斌等10人联合建办沙南塑料制品厂,生产各种规格的塑料袋、马夹袋,生产经营模式为分散生产、集中销售。1986年,向华村村民陈洪昌、陈洪华、徐锦伟3人合办小窑厂,主要生产当时农村住户所需小瓦和砖头,窑厂有2座小窑,职工36人,固定资产3.6万元,销售收入4.75万元。永北村村民陈学新投入1.67万元办沙发厂,年产单人沙发60对,销售崇明等地。1998年,在企业改制中,棉纺厂技术副厂长冯岐买下全厂资产后,和崇明人沈和平合办并线厂,生产45支、55支纱,年产值2500万元。2001—2015年,该厂承包给崇明的外地人,生产纱线、手帕、铸件等产品,年产值2500万元左右。

第四节　县驻境工业企业

一、海门县砖瓦厂

1976年,县纺织公司在永隆沙良种场西场大队投资兴建县砖瓦厂,占地面积20公顷,并建32门轮窑1座,当年招工投产,有工人150名,年产砖2000万块、小瓦2000万片、平瓦30万片。该厂采取二把火焙烧,产品质量、产量均为全县之首,连续多年被评为县“先进企业”。20世纪80年代,为适应生产和销售的需要,县砖瓦厂建立车船运输队,购置钢质运输船只5

条(总吨位500吨,其中120吨位机船3条),卡车5辆,用于从产地购进燃料,向上海等地销售产品。该厂船队是全县唯一获得砖瓦进沪许可证的运输船队。

1999年,在县办企业体制改革中,该厂承包给海永乡向华村村民黄小平、沈耀邦等4人经营。在厂工人实行计件工资、超额奖励。2003年,县砖瓦厂以202万元整体转让给浙江人陈仁丁经营。

二、海门县手帕二厂

1980年,在县砖瓦厂西厂区建立县手帕二厂,为海门手帕厂生产手帕坯布,厂房面积1800平方米,有织机144台,年产手帕坯布388万米。1993年,手帕二厂与上海市某纺织厂联营,更名为申海织布厂,扩建厂房2400平方米,有织机160台,工人300人,生产手帕坯布和人棉布,年产值3000多万元。1998年企业改制中,租赁给上海市某纺织厂经营,2003年改为股份制企业,全厂共有12股,实行董事会负责制;2006年因海永乡建"田园风光"小区,该厂停产拆迁。

三、海门县印花厂

1985年,在砖瓦厂西厂区南侧建县印花厂,代客加工丝绸印花布,厂内有60米印花台板4条,年产人棉、丝绸印花布360万米。1987年,扩展印花台板8条,有工人100人,代客加工和经营印花布,年产印花布1000万米,产值6000万元。1989年,为减少过江运输费用,该厂迁至临江镇。

四、鸽笼港建筑安装工程队

1985年,建县鸽笼港建筑安装工程队,有工人1000多人,年产值8000万元。后因技术力量薄弱、建筑市场滑坡,建筑工程业务减少,该工程队通过改制不复存在。

第五节　工业企业选介

一、海门市永隆沙棉纺厂

1976年,在永隆沙插场知识青年中,有很多是通棉三厂职工子女,场部领导利用这一有利条件,取得通棉三厂在棉纺设备、技术力量方面的支持,筹建棉纺厂,是年底建成投产。当时除并条车设备性能较好外,其余都是二三十年代的老设备,只有1台细纱机、400纱锭,勉强维持生产。1979年,厂里设法自制1台细纱机,从此,有2台机、800纱锭投入生产,主要生产副十支纱和代农加工棉纱。1984年,增加无纺布生产线2条,日产无纺布5000米。后因其规模较小,后道设备不够完善,无纺布生产设备并入三厂无纺布厂。1986年下半年,从上海东风农场棉纺厂借来细纱机、粗纱机、并条机等,组织扩大生产。1988年,购进新型细纱机2台、钢丝机4台,纱锭发展到3200锭,纺20支、21支棉纱,产值、利润大幅上升,成为良种场骨干企业,多次评为县"文明单位"和"重合同守信用"企业。1990年,该厂有固定资产140多万元,职工280多人,实现产值514万元,利润23万元。

1993年,该厂有职工176人,固定资产152万元,实现产值418万元,利润12万元。1995年,全厂有清花车1台、钢丝车6台、并条机2台、粗纱机2台、细纱机12台、筒子车1台、纱锭5000锭,年产值1000多万元。

1998年企业体制改革中,棉纺厂出售给厂内职工冯岐,更名为永隆沙并线厂,为私营企业。改制后,将厂里老设备更新改造,增添清花车3台、梳棉机18台、并条机12台、并线车8台、粗纱机6台、细纱机54台,厂内工人增至260人,生产45支和55支纱,年产值2500万元左右。

2001—2015年,该厂承包给崇明人经营,分成4个分厂,其中崇明制线厂年产值650多万元,崇明手帕厂年产值1000多万元,同舟铸件厂年产值150万元左右,荣裕制铜厂年产值700多万元,合计产值2500多万元。

二、海门市永隆沙建材厂

1986年，良种场投入近百万元，建30门轮窑1座，建立县永隆沙建材厂。1987年投入生产，因缺乏管理经验而无利润。1988年，该厂将成品和半成品的生产全部承包给外地人，厂部负责产品销售，仍未赚钱。1989年，建材市场滑坡，企业亏损十多万元。1990年，调整领导班子，加强经济核算，改革工艺，节约能源，成效显著。尤其是利用煤渣二次内燃，减少煤耗取得成功。通过改进制砖工艺，提高制砖时效，产量从时产1.5万块提高到2万块。当年扭亏为盈，实现利润8万元。1991年，该厂有制砖机2台，和小瓦机、望砖机等其他机电设备，生产“95砖”“85砖”“红平瓦”“红望砖”等产品，年产值100多万元。1993年，有固定资产134万元，职工180人，年产值237万元，利税63万元。

1994年10月，建材厂领导在抓好企业正常生产和经营管理外，集体承包崇明县合作副业场轮窑生产经营。1995年，2窑产砖5000万块，产值700万元，利润114万元。1997年，停止承包合作副业场轮窑。厂里增加平瓦生产线1条，年产平瓦30万片、砖2000万块，实现利润15万元。1998年，建材市场滑坡，企业出现亏损。

1999年4月，在企业体制改革中，该厂经招投标程序，由私人承包经营。承包后年产砖1800万块、平瓦40万块，产值350万元左右。2007年，因平瓦滞销而暂停生产。2015年，生产砖2000万块，产值550万元。

三、南通忠联精密锻造有限公司

1992年5月，经县政府同意，永隆沙良种场创办崇明县运良锻造厂永隆沙分厂，生产摩托车、汽车主配件。1993年，有固定资产151万元、职工250人，产值335万元。1996年，征用土地3.33公顷，投资1000万元扩建厂房，更名为南通忠联精密锻造有限公司。1997年，加强经营管理，产品适销对路，企业效益不断提高，全年上交增值税60万元。1998年，市政府进一步“放水养鱼”，支持企业发展，批复同意该厂的增值税以1997年为基数，1998—2000年每年递增15%，超基数部分的35%由市财政返还给企业，所得税参照开发区政策按15%税率交纳。

2005年，南通忠联精密锻造有限公司增值税额增至300万元，创海永历史最高水平，成为纳税大户。2007年，该公司在原址东侧扩征土地2公顷，投入4000万元建造生产铁道机车构屋框为主的机车锻件，产值达亿元。2010年，公司上交税收超300万元，获市政府“铜牌”奖，实现海永乡纳税大户企业零的突破。2011年，上海市运良集团为南通忠联精密锻造有限公司引进“自由锻”项目。2012年，南通忠联精密锻造有限公司投入4820万元扩建厂房4000平方米，占地面积1.87公顷，建设“自由锻”生产项目。项目投产后，产值达亿元，税金900多万元。2015年，该厂有工人134人，产值2.4亿元，增加值6028万元。

第六节　建筑业

20世纪70年代，在良种场移民中，有部分木匠、泥匠为农户建造住房，当地工匠基本上能胜任砌房技术。80年代，一些能工巧匠自行组织建筑班子，在当地或外出承包简单的建筑项目。1982年8月，建立县建筑安装工程联合公司永隆沙工程队，业务挂靠县建安公司，接受县公司的领导和指导。1984年4月11日，更名为县建筑安装工程公司二〇一工程队。是年，工程队有建筑工人300多人，施工地点主要在陕西、吉林等地。1988年10月7日，建立乡建筑管理站，按照规定加强建筑市场和施工队伍的管理，搞好个体建筑户的资格审查，同时对全场建筑人员给予技术培训和业务指导。1992年2月26日，场部发出通知，要求建房户和承建者均需到建筑管理站签订协议，对建房工资、结算标准、技术要求、工伤保险、按图施工等作出具体规定。同年8月，场部明确，建筑管理站应履行职能，同有关部门一起对场内集体、个体建筑户进行证照、合同、税务、质量、安全等方面的管理，对农村建房按上级批准面积定位放线进行监督检查，严禁超面积建房。90年代，海永建筑工程队主要在上海纺织第一医院、交大图书馆等上海工地施工。1998年,在山东济南市千佛山建住宅小区。

20世纪末,由于海永乡建筑工程队技术力量薄弱,承接工程难度大,不能适应高层次的建筑工程需要,工程队难于维持生计,逐步解散。2001年以后,海永乡的建筑工人大都自行寻找工地,外出打工,也有一部分自由结合,组成建造农村住宅的班子,全乡共有建筑班子5个。2002年,全乡建筑从业人员234人,建筑经济总收入140万元。2004年有建筑从业人员270人,建筑经济收入524万元。2010年,乡内建筑从业人员减少,所有在建项目施工人员来自外地。2015年,全镇建筑从业人员58人,建筑经济总收入250多万元。

第四章　商贸服务

第一节　商业网点发展

建场初期,境内无商业网点,居民生活所需的油、盐、酱、醋、糖等各种调味品,以及火柴、肥皂等生活用品由临江供销社过江设点供应。部分职工、居民有时涉水去崇明长征农场购买上海香烟和其他日用品。1976年7月,临江供销社在场部所在地砌简易平房2间,建立临江供销社永隆沙分店。1980年,场部迁至鸽笼港河西大桥北侧后,县供销合作联社组建永隆沙供销社,面向鸽笼港河建5路头平房9间280多平方米,作为供销社供应生活资料门市部。同时,临江合作商店建房2间,开设日杂副食品、糖烟酒门市。

20世纪80年代,在党的改革开放的方针政策指引下,良种场的商业网点不断发展,不少农民流转承包土地,弃农经商,在镇区鸽笼港河两岸建房开店,先后进镇的个体商户共30多家。如姜徐祥家具加工作坊,徐玉芳、施裕昌商店等都是80年代进镇经商的老商户。在农村,方便村民的个体商店先后建立,如向华村的陆菊萍小店,沙南村的张元兵小店,永西村的印忠祥小店,学校旁的茅秀芳小店,还有袁军飞办的西场商店等,都是办得比较成功的农村商店。1992年,永隆沙小学开办农场小学商店,经营学生用品。

1995年5月18日,乡党委政府联席会议决定,改造旧镇区,建设农民街,采取各种优惠措施,鼓励农民进镇开店。凡农民进镇经商办企业,减收或免收各项费用,保留进镇农户在农村的各项权益,免收子女入学、入托借读费等。在旧镇改造中,永隆沙供销社拆除旧房,建框架结构门市400平方米、仓库300平方米,合作商店建新门市90平方米。拆除沿鸽笼港河个体商户门面房30多户,计4035平方米。兴建朝河门面房73间,计8557平方米。至1998年,累计农民进镇经商80多户,从业人员240人,社会商品零售总额952万元。1999年,乡政府针对外地流动摊贩经常进镇设摊做生意的实际情况,因势利导把星期四定为海永镇市场商品物资交易日,允许各地客商在通江路设摊交易,参与出摊交易商家60多户,成交额50多万元。

2000年,海永乡供销社、合作商店、粮站等商贸流通企业全面进行体制改革,所有商业门店出售、出租给职工或社会个体经营。原供销社4名职工下岗后,其中2名职工开办"金叶""文峰"两大超市,2名职工经营农业生产资料,成为镇区经营大户。其他个私商业企业,亦都改变经营方式,大部分日用百货、副食品商店办成小型超市,便于顾客选购。2005年后,海永经济全面发展,推动居民消费水平的提高,促进商品市场购销两旺,整个通江路一条街,鸽笼港大桥东西两侧所有门店生意火爆。是年,全乡三产增加值1547万元。2010年,随着联想小区的建成,镇区商业门面向西延伸,新东方家居、爱玛电动车专卖店、海岛药房、兰军超市、新城联华超市相继开业,海永镇商业街更为繁华。2015年,全镇有大小商户150家左右,社会消费品零售额1.82亿元。

第二节　生活资料供应

20世纪70年代,受文化大革命的影响,日用百货、糖业烟酒、副食品货源不足,商品供应偏紧,如肥皂、食糖、火柴、火油等商品凭票供应,农场教师夜间点灯备课,增发火油票。1976 年下半年,临江供销社永隆沙分店建立后,销售日用百货、五金交电、糖烟酒、副食品等门类齐全,但商品仍不丰富,很多生活必需品采取凭证、限量供应。1983 年,食糖计划供应,中秋、春节供应量略有增加,平时供销社、合作商店都供应糖精,用于炒菜调味;棉布、民用线凭布票供应。1983 年,场内市场商品货源逐渐增多,供应放开,因居民生活水平的提高,对名牌商品需求量增加,供不应求,如沪产手表,"蝴蝶""蜜蜂"牌缝纫机,"永久""凤凰"牌自行车凭票或凭领导批条供应。同年,取消布票,棉纺针织品敞开供应。90 年代,洗衣机、电冰箱等家用电器进入普通居民家庭。彩色电视机凭票供应,摩托车、电动车热销,自行车逐渐滞销;洗衣粉、洗涤液热销,肥皂滞销;各类啤酒热销,海门老白酒滞销;汽水、鲜桔水等饮料十分热销。1992 年,食糖经营放开,全乡大小副食品商店均有食糖供应。以糖为原料的糖果、茶食糕点应有尽有,价格逐步上升。1995 年后,纺针织商品供应变化较大,乡村居民床上逐步用"三件套"(床单、被套、枕套),因此供销部门的被面子、被夹里布滞销。同时,由于居民购买现成服装逐渐增多,各种棉布、化纤织品面料滞销,至 90 年代末,海永供销社撤销布匹面料柜台;镇区除个别缝纫店以做带卖少量面料外无布供应。2000 年后,全乡有机动车、电动车经销店 4 家。年青居民家家都有电动车,很少有人骑自行车。

21 世纪初,药品放开经营,海永乡首家新凯药店开业,为居民购药带来方便。同期,烟花爆竹经营形成高峰,镇区有 7 家烟花爆竹销售店,浏阳河、喜庆烟花爆竹销售店等都是镇上较大销售商家。2006 年开始,围绕农民动迁居住小区为中心,住房装修形成高峰,装潢五金、油漆涂料、窗帘等商品销售转旺。2010 年,地处联想新城的爱玛电动车专卖商店、新东方家具店、荣庭家私店开业,为消费者提供新的电动车、家具选购场所。2015 年,金叶超市新门市开业,营业面积 250 平方米,经营品种 5000 多个,商品陈列面貌一新,连同联想新城"联华"、通江路"文峰"两家超市,成为全镇居民理想的购物中心。

第三节　生产资料供应

一、农业生产资料

建场初期,场部直接到县农资公司、化肥厂、磷肥厂购买化肥、农药,用于玉米、蚕豆、棉花等农作物施肥培管。1976 年 7 月,临江供销社永隆沙分店建立后,由分店生产资料门市部组织供应农药、化肥、农用薄膜、竹片等农业生产资料,每年计划供应化肥 2000 吨左右。1983 年,化肥敞开供应。1985 年,场部利用大仓库组织经营化肥,除满足农场使用外,供应崇明县各有关乡镇,年销量 400 吨以上。1989 年,永隆沙供销社对农药实行专营,并开展以卖带修农药械。1994 年,化肥货源偏紧,价格上扬,供销部门积极向外地购进货源,供应农户。同年,开展出租农药械,为农服务。

2000 年,通过体制改革,撤销供销社生产资料门市,化肥、农药转为个体经营。乡内村民陈洪劲、朱松华、江正贤 3 家经营化肥,兼营农用薄膜等,销售化肥 3000 吨左右,陈洪劲还专营农药和农药械,成为市营销大户,获市二等奖。2006—2015 年,由于土地逐渐流转经营,承包土地大户自行组织化肥和农药,乡内经销户销售量下降。2015 年,有个体化肥经销户 2 家,年销售量 1000 吨左右。

二、工业、建筑业生产资料

20 世纪 70 年代,场内以农业为主,对钢材、水泥、砂石等生产资料社会需求量很少,居民建房大多从内地购旧料做桁料、椽子,从崇明用柴调回砖瓦、石灰。1985 年,钢材、水泥等建筑材料逐步放开经营,永隆沙供销社和乡工业公司组织经营木材、杂木棍,供居民建房,或用于工业、副业生产。居民所需的黄砂、石子、水泥到崇明购买。1989 年,场部利用仓库经营水泥,年销售水泥 3000 吨左右。1990 年,居民黄海涛创办海涛建材公司,经营黄砂、石子等建筑材料,年销砂石万吨以上。1993 年,居民季建浩、徐锦旗分别在运良锻造厂和建材厂旁开设门店，经营砂石、水泥，年销售水泥近1000吨。1994年，县砖瓦厂利用仓库，由个人承包经营钢材和其他建筑装潢材料。在20、21世纪之交。随着农村居民生活水平提高，兴建楼房形成高峰，装潢装修材料销售转旺，镇区装潢材料门店不断增加。先后开办春海、宏康等建材门店。2011年，新东方家居兼营装潢材料和加工出售窗帘。2013年，佳磊建材市场开业。2015年，全镇有经营建材商户4家，卫生洁具、装潢材料商户8家，加工铝合金门窗商户4家，加工窗帘商户3家。

第四节　粮油贸易

一、收　购

1973年，成立永隆沙粮站，建门市部2间80平方米，经营粮油购销业务。1977年，收购粮食26万公斤。1980年，粮站建门市、仓库500多平方米，扩大粮油收购业务。1985年，粮食由统购改为合同定购，在完成合同定购任务后，允许个体户收购粮食。乡境东西场大队高锦达、沙南村张永发等个体户开始收购粮食。1987年，永隆沙粮站收购粮食20多万公斤。1989年，场部发文加强粮油收购市场管理，持证收购粮油，取缔无证收购，禁止货源外流。1994年，完成合同定购玉米2万公斤、油菜籽3万公斤。1995年，完成油菜籽定购任务1万公斤，其中向华村1630公斤、永北村2970公斤、永西村2260公斤、沙南村3140公斤。1997年，实行指导价收购，完成油菜籽收购2万公斤。2000年，海永粮站实施改制后，站内职工参与收购粮食，同年永北、沙南村集体组织收购油菜籽。

2001年，粮食、油料作物收购全面放开。2005年后，全乡农业经济结构不断调整，承包土地集中流转给大户经营，个体经营户粮油收购量明显下降。收购户张永发为确保收购粮食进仓质量，添置粮食烘干机1台。2006年6月16日，撤销海永乡粮站，其土地使用权及地上建筑物所有权都转让给乡政府。2015年，乡境除高锦达、陆建红、张永发3户收购粮食外，另有少数外地个体收购户走乡串户收购少量粮食。

图4-8　张永发收购的粮食待烘干
2015年摄

二、供　应

建场初，场内职工供应定销粮，农场全劳力男职工每月供应大米18公斤，女15公斤；机关行政人员、教师12~13公斤；儿童按照年岁供应3.5~10公斤。1972年之前，由临江公社粮站供应。1973年，由永隆沙粮站供应。1988年9月17日始，对1970年进场工作的在场正式职工由吃自产粮改为吃定销粮，全场37户84人享受这一待遇。1991年9月27日始，对吃统销价粮食和拿级别工资的农场职工、退休保养人员，在粮食提价后给予经济补偿，每人每月补助6元。1993年4月1日，粮油敞开供应，粮证、粮票停止使用。居民所需大米、面粉等粮食均有个体经销户供应。同时，场部利用仓库供应自产自销大米。永北、沙南等地村民利用崇明市场稻谷价格偏低贩运大米，他们从崇明乡村农户家中收购稻谷，在当地加工成大米，供应乡境居民，从中谋利。一度成为部分村民致富之路。

2000年开始，大米、食油成为全镇大小商店必备商品。至2015年，全镇所有超市均有大米、食油供应，大米经销户有10家以上。

第五节　农副产品购销

一、棉花收购

建场初期，农场生产的棉花直接卖给县棉麻公司。1976 年，临江供销社建永隆沙收花站收购棉花。1977 年，收购皮棉 57.8 吨。1987 年，国家对棉花实行"倒三七"比例加价收购，即对棉花收购总量的 30% 按国家牌价结算，70% 实行加价 30% 结算，是年收购皮棉 130 吨。1989 年，农场实行"旱改水"，减少棉花种植面积，收购量下降。1993 年收购皮棉 102 吨，1995 年收购皮棉 88.8 吨，1998 年收购 117 吨。1999 年，棉花收购价格放开，无证棉贩走乡串户收购，海永棉花严重外流，收购量下降。

2001 年，棉花放开经营，沙南村村民张永发、郭忠军、徐卫兵、袁根宝等开张收购棉花，年收购籽棉近 100 万公斤，他们不仅收购乡境棉农生产的棉花，还向周边崇明县的新村乡、长征农场等地农户收购。

2006 年始，境内棉田面积骤减，棉花收购量年年减少，2015 年，个体收购户仍在收购棉花，但货源甚少。

二、畜禽蛋、水产品购销

生猪　20 世纪 80 年代前，境内无人收购和销售生猪猪肉，场内职工吃肉由场部副业队和东西场大队自养自宰，猪肉分给每个职工家庭；生产队农户吃肉到崇明临近乡镇或农场购取，或由民间养猪户自宰出售，群众可买到猪肉。80 年代后期，生猪经营开放，沙南村村民陆小冲、陆宝元、沙正安、倪云泉等在镇区市场设摊卖肉，他们从境内收购生猪，自宰销售，每人日销猪肉 1 头左右。1995 年，海永旧镇改造后，市场兴旺。杨海宝、施卫新、王耀政等上市设摊，销售猪肉。1997 年，贯彻国务院文件精神，海永乡建立生猪定点屠宰场，所有个体猪肉经营户都必须将购进的生猪进行检疫检验，进屠宰场统一宰杀，确保销售肉品质量符合食品卫生要求。1998 年，全乡收购生猪 650 头。2010 年，海永生猪定点屠宰撤销，个体猪肉经营户由启东启隆乡定点屠宰场提供货源。2013 年，个体猪肉经销户杨柳在市场路南开办小杨肉店。2015 年，镇区市场有个体猪肉经销商 6 户，日销猪肉 5 头左右。

水产品及禽蛋　80 年代前，居民吃鱼和禽蛋基本都是自养自食，也有养殖户和长江捕捞渔民在路旁小店出售鱼虾。镇区农贸市场建立后，进镇经商农户施忠新、李广等经营水产品，兼营鸡鸭禽蛋。徐三狗、黄辉合伙经营家禽、鲜蛋、咸蛋及蔬菜。至 2015 年，忠新水产品销售店经营品种丰富，各种淡水鱼、海鱼、鸡蛋、鸭蛋都有销售，徐三狗、黄辉活杀家禽，销售鲜咸蛋类，生意兴旺。

三、废旧物资购销

1980 年永隆沙供销社成立后，设废品收购门市，收购旧铜旧铁、纸板箱、废报纸等废旧物资，个体收购户走乡串户收购废品卖给供销社。1996 年，废旧物资回收市场放开，个体收购户增多，废旧物资购销活跃，除供销社崔林刚和兴化县小朱外，永北村、沙南村及东西场大队村民龚红英、李广、蔡小永、黄双飞等 50 多户农户投入废品购销活动。他们与崇明全县各地五金机械厂、金属砌削材料厂联系承包收购废钢铁、铁屑、废铁渣业务，用拖拉机、电动车、汽车购回大量废钢铁，再用汽车、机船运销启东、海门、张家港等地铸钢厂和上海宝山钢铁厂，回收废钢铁一度成为当地农户致富的有效门路。2015 年，蔡小永等废品物资收购户仍然与崇明有关工厂保持废钢材收购承包业务关系。

第六节　餐饮服务业

一、餐　饮

1980 年，永隆沙集体商业在镇区通江路北头开办合作饭店，店虽小，生意红火。店里供应熟食、炒菜，接待吃饭喝酒顾客，这是永隆沙良种场最早的餐饮业。1985年，良种场招待所饭堂为到农场办事人员提供餐饮服务，锻压件厂饭堂对外开展餐饮服务。1993年，饮食业营业额6.3万元，增加值2.5万元。

1995年旧镇改造后，农民进镇办熟食店、点心店、饭店，如通江饭店、盈通饭店、康心熟食店等。同时，引进外地人在镇区兴办餐饮业，如安徽土菜馆、天津包子店和浙江人办的大饼油条店。2006年，居民赵建刚投资兴办金永缘大酒店，两层楼，建筑面积700平方米，有餐厅1个、包厢8只，可容纳200多人。规定经营期限，期满后产权归政府。2009年，普罗旺斯大酒店竣工开业，建筑面积2000平方米，有包厢6个，大厅能接待就餐宾客200人以上，是海永镇最大的酒家。2011年，番茄农庄招待所开业，该农庄招待所环境优美、装修别致，是休闲、餐饮、会客的好去处。2015年，全镇共有餐饮业10家，从业人员100多人。

图4-9 普罗旺斯大酒店 2010年摄

二、旅 馆

1985年，良种场建立招待所，共有床铺10多张，接待到农场和下属单位办事人员。20世纪90年代，在鸽笼港大桥东先后办起兰军旅馆、小杨旅馆等旅社。2009年，普罗旺斯大酒店兼营旅馆，有套间200多间，房间装潢雅致，别有风格，洗浴、有线电视等设备齐全。2010年，联想新城开办赛帅旅馆、鼎杰宾馆。2015年，全镇有证经营旅馆业7家，从业人员40多人。

三、其他服务业

20世纪80年代，镇区鸽笼港桥东开办海永照相馆，从黑白照拍摄逐步发展到拍摄彩照、婚庆照等业务。同期，镇区有理发业5家，自行车修理摊2个。90年代，随着海永经济的不断发展，各种服务行业应运而生，镇区海长路东侧开办金三角电焊修理店，为顾客修理机电车辆和承接各种电焊业务；通江路开办创艺金剪坊、芭莎造型美发店，为男士理发，为女士烫发、美发服务；联想电脑商店开展以卖带修电脑服务；海长南路开办沙南洗车场，为过往车辆洗刷美容服务。2006年，金永缘浴室开业，填补海永无浴室的空白。2010年，在联想新城门面兴办宏扬广告传媒公司，开展文印服务，经营文字光广告、名片、招牌、复印等各种文印广告业务。同年，开办徐达、赛帅2个家政服务业，为居民办理各种酒席，经济实惠，深受消费者欢迎。2011至2015年，以房屋中介为主的中介业兴起，全镇有天天中介、双琴中介、千家惠中介等中介所共10家左右。

第七节 集市贸易

1983年，在镇区鸽笼港桥西桥坨北建露天农贸市场，面对面设摊，供农民销售荤蔬菜和其他农副产品。1989年6月，建立集市贸易市场服务所，负责管理农贸市场。1990年4月，农场贸易货栈与集市贸易市场服务所合并。1995年12月，乡财政投入3万元，将市场铺成水泥路面，并在市场道路两旁安装路灯，改善市场环境。

1995年，旧镇改造后，乡投入12万元，在转角楼内侧建塑钢棚顶市场约300平方米，出售给居民黄礼辉、李广等8人经营。直至2010年9月，由乡政府收归集体经营。2011年4月，棚顶市场招标拍卖，由外乡人施舟洲以30.1万元中标买进后，转包给各类荤蔬菜商贩出摊经营。2013年，建立海门市城管大队海永城管中队，加强市场摊位、车辆停放等市场秩序管理。2015年，棚顶市场内有经营副食品、调味品门市6家，蔬菜、豆制品摊位5家，禽蛋、水产品摊位3家，猪肉摊位3家；转角楼外侧广场专供菜农和外地菜贩出摊销售各类荤蔬菜。

第五章　财税金融

第一节　财　　政

一、财政体制

1970年，永隆沙良种场主要职能为全县繁育各种农作物良种，是盈利全额上交、职工实行固定工资制的全民事业单位。对这一财政体制在职工中流传着“收多收少，全额上交；做多做少，工资不少；亏多亏少，全额报销。”这样几句话，足以说明财政体制的不足之处。1979年后，农场针对经营管理和财政体制上的弊病，采取事业单位企业化管理、自收自支的财政体制，制定指标考核、责任到人的奖赔制度，从而逐步使农场转亏为盈。1987年开始，实行职工工资与经济效益挂钩，农场经济效益不断上升。1988年，实现利润20.96万元。1990年开始，农场列入县财政单列单位，执行乡镇财政管理体制，农场行政人员工资由县财政拨款。

1993年7月1日，建立海永乡财政管理所，为股级全民事业单位，行使县财政赋予的各种财政制度的管理实施。1996年1月13日开始，按照市政府统一要求，乡财政实行“定收定支、收支挂钩、超收分成、短收自补”财政包干体制。1997年，实行“核定基数、收支挂钩、确定上解、超收分成、短收全赔、目标考核、超奖短赔”一定3年的财政体制。

2000年，实行“划定收入范围、核定支出基数、确定收入指标、调整分成办法、超收按比例分成、短收按比例赔补、年财政收入上台阶、持续高增幅、大增量给予奖励”的财政体制。2006年，实行“规定收入范围与项目、核定支出基数、确定收入指标与分成办法、增值税和消费税增量按比例分成、以上两税和地税增长率低于15%的全额赔补、财政收入上台阶、继续给予奖励”的财政体制。2008年，对乡有关税收留成作相应调整。至2015年，财政体制不变。

二、财政收支

财政收入　1970年，农场总收入17.39万元，其中农业13.5万元，工副业3.89万元，由于处在开局之年，费用较大，当年亏损5.03万元。1973年，盈利3.08万元。1974年，受13号台风和特大潮水淹没的影响，农业大幅度减产，总收入29.96万元，其中农业19.73万元、工副业10.23万元，农业产值比1973年下降50%，亏损22.94万元。1976年，全场亏损23.24万元。1978年，由于农业丰收，工业发展，农场总收入66.62万元，其中农业48.46万元，比上年增长45%；工副业18.16万元，比上年增长近1倍，盈亏相抵基本持平。1980年，总收入84.74万元，其中农业57.83万元、工副业27.41万元，盈利16.7万元，创建场后收入最高水平。1984年，盈利21.1万元。1989年，当年盈利57.8万元，全场转亏为盈，累计盈利49.7万元。

20世纪90年代，农场建乡后，乡党委政府进一步贯彻执行改革开放的方针政策，不断调整产业结构，财政收入逐步增长。1993年，财政收入75万元。1995年，财政收入97万元。1998年，财政收入159.43万元，完成计划的104.88%；基金收入15万元。

2000年，财政收入131.8万元，完成计划的99.25%。2002年，财政收入239.42万元，完成各项基金收入20.22万元。2006年，由于工业经济的发展，土地出让收入的增加，实现财政收入853.1万元，占预算的182.92%。其中预算外收入450.08万元，各项基金收入37.53万元。2009年，财政收入3137.7万元，增幅居全市第一。其中地方财政一般预算收入2496.52万元，同比增长154.77%。2010年，财政收入6054.71万元，占预算的172.99%，实现财政收入破5000万元大关，人均财力超万元。2014年，财政收入7273.85万元，占预算的145.45%，其中预算外收入1833.78万元，完成305.6%。2015年，财政收入5907.54万元，完成年初预算的118.15%。

财政支出　建场初期，由于固定资产投资多、人员工资支付负担重这两个因素，造成农场收支结算连续亏损。1970年，总支出22.42万元，亏损5.03万元。1971年，总支出37.61万元，亏损14.97万元。1977年，总支出71.12万元，亏损28.03万元，是建场后亏损最多的一年。1980年，总支出68.04万元，收支相抵，盈利16.70万元。80年代，农场加强经济核算，贯彻增产节约、量入为出，财政支出不断压缩，原有亏损金额逐年冲抵，至1989年彻底摘除亏损帽子。1997年，财政支出63.02万元。1998年，财政支出80.89万元，比上年增长28.36%。

2000年，财政支出96.74万元，比上年减少4.71%。2006年，财政支出735.24万元，其中预算内支出133.74万元，预算外支出601.5万元，收支基本平衡。2010年，财政支出4116.78万元，其中预算内支出3666.49万元，预算外支出450.29万元。当年支出赤字，动用上年结余弥补，实现收支基本平衡。2011年，财政支出5150.04万元，其中预算内支出4908.08万元，预算外支出241.96万元。预算内收支结余145.78万元，收支基本平衡。2013年，财政支出3432.98万元，其中预算内支出2600.54万元，预算外支出832.44万元。当年赤字994.37万元，动用上年结余弥补，收支基本平衡。2014年，财政支出17790.88万元，其中预算内支出16650.84万元，预算外支出1140.04万元，收支相抵，当年结余2139.71万元。2015年，财政支出4091.93万元，其中预算内支出3795.53万元，预算外支出296.4万元，收支相抵，当年结余1320.64万元，确保财政收支平衡。

三、财务管理

70年代，农场隶属县农业局，财务由农业局实行企业化管理，基本建设、固定资产投入、职工工资晋升等均由农业局审批，重大项目的投入，亏损的补贴报南通地区革委会。1977年，南通地区革委会批复，同意1977年的农场亏损指标维持1976年亏损23万元的水平。1978—1982年，农场实行“两级核算、分级管理、四定包干、联产奖赔”责任制。1983年，进一步完善经济责任制，并在乡办工业和其他企业推广经营承包责任制。

1990年，农场财政体制单列后，场部按照乡镇财务管理要求加强机关财务收支管理。1997年6月，乡政府对乡机关财务管理提出明确要求，强化财务计划理念，严格执行收支规定，统一开支标准，同时加强村经济合作社和乡办工业企业的财务管理，要求压缩非生产性开支，增加合理收入，对乡机关和各工厂企业、村、大队的财务收支制定实施细则。在实行收支两条线管理方面，要求年内实现两个百分之百，即所有预算外收入部门和单位百分百纳入财政管理，所有预算外收入百分之百存入财政专户。2003年，贯彻执行国家《政府采购法》，乡机关各部门凡使用财政性资金采购货物、实施工程和服务都列入政府采购范围，必须按照规定程序集中归属政府采购管理模式。2008年5月26日，建立海永乡财政管理所预算内专户，加强预算内资金科学化管理，规范预算内资金使用，预防挪用资金，健全会计账目管理。同年，机关行政事业单位制定完善各种财务支出规章制度，确保《政府采购法》的全面贯彻。2015年，加强和深化预算管理，在确保人员经费基本运行和重点项目建设的前提下，制定操作性强、切实可行的综合财政预算。将优先的资金用到关键的地方，确保预算内外收支平衡，当年财政结余1320.64万元。

1970—1980 年永隆沙良种场收支结算一览

表 4－3　　单位:万元

年份	总收入			总支出			收支结算			亏损中基建提转入
	合计	农业	工副业	合计	农业	工副业	总盈亏	农业	工副业	
1970	17.39	13.50	3.89	22.42	16.66	5.76	－5.03	－3.16	－1.87	5.08
1971	22.64	17.90	4.74	37.61	28.72	8.89	－14.97	－10.82	－4.15	13.15
1972	30.33	27.67	2.66	36.33	28.13	8.20	－6.00	－0.46	－5.54	—
1973	45.74	38.48	7.26	42.66	33.42	9.24	＋3.08	＋5.06	－1.98	—
1974	29.96	19.73	10.23	52.90	35.65	17.25	－22.94	－15.92	－7.02	—
1975	47.57	37.24	10.33	47.55	29.14	18.41	＋0.02	＋8.10	－8.08	—
1976	47.42	36.14	11.28	70.66	49.27	21.39	－23.24	－13.13	－10.11	—
1977	43.09	33.42	9.67	71.12	55.80	15.32	－28.03	－22.38	－5.65	3.00
1978	66.62	48.46	18.16	66.54	48.98	17.56	＋0.08	－0.52	＋0.60	—
1979	58.39	38.74	19.65	56.45	37.16	19.29	＋1.94	＋1.58	＋0.36	—
1980	84.74	57.33	27.41	68.04	44.34	23.70	＋16.70	＋12.99	＋3.71	—

2001—2015 年若干年份海门市海永镇(乡)预算收入一览

表 4－4　　单位:万元

年份	合计	两税收入①	包干内地方固定工商税	契税收入	乡预算外收入	耕地占用税收入
2001	181.37	126.17	30.84	—	—	24.36
2002	239.42	163.94	38.24	—	—	37.24
2004	315.52	253.60	61.92	—	—	—
2006	853.10	270.00	132.36	0.43	450.08	0.23
2009	3137.70	347.11	2217.44	305.35	190.70	77.10
2010	6054.71	350.32	4736.15	451.21	322.24	194.79
2011	3978.34	258.16	3179.79	363.15	177.24	—
2013	5650.31	386.58	3290.22	361.56	1611.95	—
2014	7273.85	410.04	4093.66	936.37	1833.78	—
2015	5907.54	460.88	4095.64	349.20	1001.82	—

注①:增值税、消费税

第二节　税　收

1983 年起,国家对国营企业实行利改税。农场由上缴利润改为缴纳税收。1987 年,农场实现税收 40 万元,轻纺工业免税 20 万元。1994 年,建立海永乡税务所。1995 年,对农场养殖业征收农业特产税,标准为粗养按每亩 40 元征收、精养按每亩 80 元征收。是年,实现特产税 7 万元。1998 年 3 月 30 日,市政府批复,同意海永乡南通忠联精密锻造有限公司的增值税在 1997 年 60 万元的基础上,1998—2000 年以每年递增 15% 为基数,超基数的 35% 由市财政返还给企业，所得税参照开发区政策按15%税率征收。由于乡办工业的发展，全乡税收相应增长，是年，实现税收132.53万元。2003年12月，市政府批复，同意海永乡以2000年为基数，从2004年起，3年内税收和基金增量的80%返还给乡财政。

2006年，两税（增值税、消费税）收入270万元，完成年初预算的68.35%，包干内地方固定工商税收入132.26万元，完成年初预算的144.03%，契税收入0.43万元，耕地占用税征收0.23万元。2007年，共征税收750万元，比2003年增6倍，国税、地税收入增幅均领先全市平均水平。2010年，"两税"收入350.32万元，完成年初预算的87.5%，包干内地方固定工商税收入4736.15万元，完成年初预算的189.45%，契税收入451.21万元，耕地占用税收入194.79万元。全乡出现3个纳税大户，其中南通兴和房产公司纳税超500万元，为全市"金牌"企业，南通忠联精密锻造有限公司、荣海置业房产公司纳税超300万元，为全市"铜牌"企业。2013年，"两税"收入386.58万元，完成年初预算的110%，包干内地方固定工商税收入3290.22万元，完成年初预算的90%，契税收入361.56万元。同年9月17日，市政府批复，海永乡从2014年起，税收（不含契税、耕地占用税）分成比例参照崇明县政策，实行市与乡镇按地方分成财力二八分成，支出按税收分成比例相应支出，执行时间与崇明县财政体制同步，执行至2016年。2014年，"两税"收入410.04万元，完成年初预算的102.34%。2015年，"两税"收入460.88万元，完成年初预算的115.22%，包干内地方固定工商税收入4095.64万元，完成年初预算的102.39%，契税收入349.2万元。

第三节　银　　行

建场初期，场内无金融单位，集体、居民个人存贷款到境外农业银行或农村信用社办理。1976年，中国人民银行海门支行设永隆沙服务组，办理存贷业务。1980年9月1日，改称中国农业银行海门支行永隆沙服务组。1986年，银行贷款余额156.43万元，压缩余额27.54万元，可用余额11.11万元。同年，建永隆沙良种场农村合作基金会。1988年10月31日，中国农业银行海门支行永隆沙服务组升格为营业所。1993年，银行年末储蓄余额670万元，比上年净增100万元，人均储蓄1300元。1995年，银行年末储蓄余额1200万元。1996年上半年，乡农村合作基金会吸储123万元。1999年6月26日晚6时，乡农村合作基金会根据全市统一要求封账，清产核资，资金总额116.4万元。10月，乡农村合作基金会清盘关闭。同年年末，银行储蓄余额1626万元，比1995年净增426万元，全乡人均储蓄3097元。2003年，撤销海门农行海永乡营业所，银行储蓄、存贷款业务转往启东市启隆乡农行营业所，从此连续5年多时间海永乡无金融网点。

2009年6月30日，建立海永乡农村信用合作社，填补全省唯一银行网点空白的乡镇。为此，乡政府发出《关于推进农村信用社金融网点有序运行》的通知，要求各村、各部门和企事业单位大力支持信用社开业。海永乡农村信用社的主要业务是办理对公、对私存款（储蓄），并代办农村新农保，代发职工工资、退休金。是年末，全乡存款余额1684万元，其中对公存款746万元，对私存款938万元。2011年，海永乡农村信用合作社更名为海门农村商业银行海永营业所。2013年，年末存款余额11280万元，其中对私存款10652万元，海永居民储蓄存款总额首次超亿元，人均存款2万元。2015年年末，存款余额17580万元，其中对公存款1449万元，对私存款16131万元，人均存款3万元，代办业务共1370余户。

图4-10　2009年6月建海永农商行
2015年摄

2009—2015 年海门农村商业银行海永支行存款余额一览

表 4－6　单位:万元

年份	对公存款	对私存款	存款总计
2009	746	938	1684
2010	2789	3129	5918
2011	4415	5223	9638
2012	2708	8150	10858
2013	628	10652	11280
2014	1659	13685	15344
2015	1449	16131	17580

第四节　保　　险

1984 年,中国人民保险公司海门支公司在永隆沙农行营业所内设保险代理处,办理保险业务。1991 年 1 月 21 日,办理村定职干部人身保险,全场 4 个行政村 12 名定职干部参保,保险金额 6 万元,交纳保费 240 元。3 月,农场 28 户居民办理家财保险,保险金额 80.19 万元,交纳保险费 818.4 元。10 月 22 日,办理独生子女平安保险。全乡 1 至 5 周岁独生子女每人一次性交纳保险费 40 元,参保儿童 296 人,其中永北村 85 人、沙南村 61 人、永西村 53 人、向华村 44 人、东西场大队 53 人,共交纳保费 11840 元。

2009 年,全乡开始办理农业政策性保险,主要对农户承包地种植作物和饲养家畜进行财政补贴性保险,降低农民经受自然灾害风险。由于乡政府重视、宣传措施有力、农户积极参保,当年办理农业政策性保险有“三麦”26.67 公顷、油菜 20 公顷、大棚 53.33 公顷、农用塑料薄膜覆盖面积 40 公顷,育肥猪 400 头。海永乡获市农业政策性保险“优秀组织奖”。2011 年春季,参保玉米 60 公顷、水稻 20 公顷、能繁母猪 1100 头,交纳保费计 2.14 万元。2012 年,农业政策性保险作物品种增多、面积增加,全乡交纳保费 2.69 万元。其中沙南村 1.45 万元,永北村 7502.3 元;参保全家福保险农户 583 户,交纳保费 2.92 万元,其中沙南村 1.45 万元,永北村 1465 元。2013 年,参保农业政策性保险作物面积 246.2 公顷,山羊 2054 只、能繁母猪 54 头,共交纳保费 2.36 万元,其中沙南村 1.63 万元,永北村 7301 元;参保全家福险共 471 户,交纳保费 2.36 万元,参保家财险共 310 户,交纳保费近 3.1 万元。2014 年,参保农业政策性险作物面积 140.88 公顷、山羊 1804 头、能繁母猪 55 头,共交纳保费 2.54 万元。参保全家福险共 507 户,交纳保费 2.54 万元,参保家财险共 505 户,交纳保费共 2.61 万元。2015 年,参保农业政策性险共交纳保费 3.8 万元,全家福险 847 户,交纳保费 4.24 万元,家财险共 530 户,交纳保费 2.69 万元;参保电动车第三责任险交纳保费 2500 元。

第六章　国土资源管理

第一节　管理机构

从 1970 年永隆沙良种场成立至 1984 年,农场土地由县农业局负责管理,农户建房用地需农业局审批。1985 年,永隆沙良种场建立土地管理委员会,管理场内土地规划使用。1986 年,农场建立土地管理办公室。1990 年,成立永隆沙良种场土地管理所。1994 年 12 月,建立海永乡土地管理所。2001 年 9 月,更名为乡国土资源所。2004 年 10 月,市设立国土资源执法监察大队,乡国土资源所为其派出机构。2015年,更名为海永镇国土资源所。

第二节 土地利用规划

1970年,永隆沙良种场围垦后,为便于耕作,由东北向西南20°方向,每隔100米开1条明沟,中间另开1条“丰产”沟,共开明沟15条,中心引水河1条,四周开匡河1条,以土填塞废港槽100多条,平整土地100公顷。1971年,在农场南、西两侧围垦后,以同样规划开挖明沟25条,平整后形成耕地53公顷。1974年冬至1975年春,筑堤1.12万米,围垦土地330.7公顷,均按规划开挖明沟和引排水河道。1976年,自海启交界至上海市长征农场筑堤2450米,围垦土地134.4公顷。

1992年,经市政府批准同意划拨永隆沙良种场东北角滩涂33.33公顷作水产养殖基地。1993年,市政府批准,划拨永西村围垦外滩土地23公顷,解决该村人多地少问题。同年,对海永乡境内的土地利用进行十年总体规划。1994年,经验收后,市政府批准海永乡土地利用总体规划。1998年,完成土地利用规划修编,形成《1997—2010年海永乡土地利用总体规划》,同时形成《海永乡土地整理和土地复垦开发规划》《海永乡耕地总量动态平衡研究》《海永乡基本农田保护区规划》《海永乡土地利用总规划实施办法》4个专题规划及其规划图。

2002年,围绕乡工业园区及农民建房用地,对乡土地利用总体规划进行局部调整,东西场大队调整建设用地10公顷,沙南村调整建设用地6公顷,永北村调整建设用地3.3公顷。2003年12月,上海市出台的崇明岛域总体规划纲要中指明,海永乡纳入崇明生态岛规划,定位建立园区和有机生态农业展示区,为此重新调整修编海永乡利用土地总体规划,2004年报海门市政府批准同意修编规划。2005年,将原规划卫生院建于海永学校东侧调整为建于海永大道西、三厂路北侧原居住用地内。海永学校东侧建拆迁安置楼(联想新城)。2006年3月,局部调整规划,减少工业用地,与崇明岛总体规划衔接。调整生产建设用地为居住用地8.25公顷。2008年5月,经市政府批准,调整新农村集居点土地19公顷、敬老院用地4公顷,调整垃圾场用地为污水处理厂。2010年12月,市政府批准,同意实施《海永乡总体规划(2010—2030年)》。2011年8月,市发改委批复,同意海永乡万顷良田工程拆迁安置楼项目划拨建设用地6.52公顷。2013年,市政府批准同意海永乡实施长江口北、西至崇明县、东至启东市交界江岸线整治,增加土地面积133.33公顷。同年,市政府同意对海永乡总体规划作局部调整,鸽笼港河西原海永供销社收花部东侧和南侧河道两边绿化用地改为商业用地。将收花部、粮站、南通必达企业有限公司的国有土地使用权收回。2015年,海永镇总面积909.77公顷,耕地478.66公顷。

第三节 地籍管理

1987年7月,开展非农业用地清理工作,对全民和大集体企事单位、乡村办企业单位非农业建设用地及农村居民住宅用地进行调查清理。1991年5月,清理违法占地,对未批先建、少批建多、超面积建房以及小屋、“三棚基”等乱搭乱建现象进行清理。1992年,全面清丈乡境居民宅基地,经登记核实后,发放农村居民宅基地使用证。1996年,市国土局指派测绘人员对海永乡土地进行全面测绘,调查全乡土地现状。2002年,核发国有土地使用证。2005年,清查全乡土地权属和利用现状,使之权属合法、界线清楚、地类准确、数据可靠、图文一致。2004年11月至2005年5月,进行二轮承包土地清丈核实。2005年9月开始,二轮承包土地经营权使用证换证。2006年11月,收回海永乡粮站国有划拨土地,交土地储备中心管理。2013年11月,二轮承包土地经营权确权登记开始。2014年,全面完成永北村、沙南村承包土地经营确权工作,初步建立土地收储、利用机制,完成原建材厂地段的土地收储工作,完成原海门市手帕二厂、乡供销社收花部的土地收储工作。2015年10月开始,实施确权登记发证,确权登记归档移交市档案局。

第四节　耕地保护

1986年1月，农场建立基本农田保护区工作规程，开展基本农田保护工作。1987年，全面完成非农业用地的检查清理。1988年4月，场部下发《关于加强土地管理的意见》，根据国家《土地管理法》和省实施办法，加强建房用地管理，保护基本农田。1990年5月，乡政府第一次设置基本农田保护区标志牌5块。1995年6月，完成基本农田保护区调整工作，保护面积占实际耕地面积94.5%。乡土管所踏田勘察全乡基本农田保护地块，检查核实发生变化的地块，摸清基本农田底细、基本农田编号、权属等一系列基本信息，输入全市信息编制电子台账。2005年，健全基本农田保护制度、耕地保护责任体系，开展基本农田“争先达标”活动和耕地保护“十佳”乡镇创建活动。2006年1月，海永乡被市评为“土地规范化管理合格乡镇”，沙南、永北村被市评为“农村土地规范化管理合格村”。2007年，乡与村、村与组、组与农户签订基本农田保护责任书1526份，签订率100%。2008年，全乡落实基本农田保护面积307公顷。2015年，市政府与乡政府、市长与乡长、市国土资源局与乡国土资源所分别签订耕地保护责任书，乡政府与村、组分别签订耕地保护责任书42份，耕地保护面积401.85公顷，被南通市评为耕地保护“十佳”乡镇。

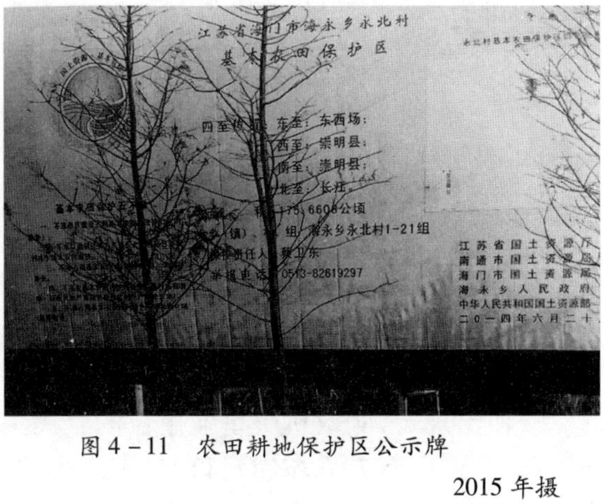

图4－11　农田耕地保护区公示牌

2015年摄

第五节　土地复垦

1969年冬至1970年春，永隆沙第一次围垦结束，良种场领导即时组织农场职工、临时工进行全面平整土地，共平整港槽100多条，增加耕地7公顷。1981年，农场把叠岸留下来的废沟坑、低洼地进行平整，增加耕地3公顷。1987年，永隆沙良种场建立土地复垦工作领导组，制定土地复垦复耕优惠政策，鼓励农户复垦土地，凡农民复垦增加的耕地5年内减免农业税。1990年，场部确定土地复垦的范围包括砖瓦厂挖废的岸底、退堤挖废的沟坑、遭印花厂污染的土地。是年，农场平整复垦土地2公顷。1991年，农场复垦闲散地、废弃地4公顷。1992年至1995年，复垦土地52.7公顷，用于水产养殖。1996年，永西村复垦土地12.5公顷，用于种植业。1995年至1997年12月，海永乡与市土管局签订土地复垦开发项目合同书，落实复垦任务，明确优惠政策，先后投资52万元，复垦面积6.26公顷。

2006年，复垦废旧鱼塘12.5公顷，用于番茄农庄开发项目。2012年开始，全乡把原复垦土地用于养殖业的废旧鱼塘全部复耕种植。2013年，复垦农村居民宅基地3.33公顷。2014年，复垦农村居民宅基地19.33公顷。2015年，全乡所有外围渔塘用地归还集体，复垦成为耕地。

第六节　万顷良田建设工程

2009年，根据市委、市政府的决定和要求，海永乡实施万顷良田建设工程。海永万顷良田区域是市万顷良田三大片区之一。同年12月18日，联想新城举行开工奠基仪式，为万顷良田区域内的拆迁户提供新居作准备。2010年，拆迁东西场大队、沙南村居民住户427户，同年12月搬进联想新城。2011年，海永万顷良田建设工程有耕地面积242.8公顷，非耕地面积90.53公顷，涉及承包经营权农户1216户3145人，其中16周岁以下305人，女16～45周岁、男16~50周岁1487人,女45~55周岁、男50~60周岁605人,女55、男60周岁以上748人。

2012年,全年集中流转土地113.33公顷。2013年,成片流转农业用地133公顷,复垦宅基地3.33公顷。2014年,拆迁复垦土地19.33公顷,完成永北村、沙南村承包土地农户确权工作,成片流转土地100公顷,初步建立土地收储、利用机制。完成原建材厂地块的土地收储工作。2015年8月5日,市政府同意海永万顷良田建设工程内拆迁复垦项目拨付2013年度生态补偿资金551万元。是年,海永万顷良田共流转农业用地349.67公顷,经省国土资源厅验收合格,万顷良田海永片区在全市万顷良田工程建设中率先完成验收。

第七节　居民建房用地管理

一、农村居民建房用地

1981年6月,根据县政府有关文件规定,良种场制定农村居民建房用地管理办法,不准在承包耕地、自留地上擅自建房,农村居民建房必需服从统一规划,提倡村民建楼房,宅基地确需占用耕地的,由建房户申请,生产队社员讨论通过,生产大队签署意见,报农场审查批准,县农委备案后方可建房。1983年,规定农户建房用地每人20平方米。1984年,农户建房用地放宽至每人22~25平方米,对二层以上建房的合并计算建房面积,楼房底层以上按10%计算面积,鳏寡孤独户、独生子女家庭增加10~12平方米。违反计划生育的人口不安排建房面积,农民的"三棚"基每户按30平方米为标准。1985年10月,对农民建房颁发宅基地使用证。1987年4月,农场下发《关于加强土地管理的意见》,根据国家《土地管理法》和省实施办法,进一步加强农村居民建房用地和宅基地、"三棚"基用地的管理。是年10月,对农民占用土地建房情况逐户清查,发现未经批准建房12户,占用土地0.5公顷;超标准建房28户,多占建房面积800平方米,场部对此均作适当处理。1990年1月,县土管部门将全年居民建房占用耕地指标下达农场,分解到村,经群众评议后,列出当年建房户名单,由农场汇总,报县土管部门批准,发放建房用地许可证。建房中交纳建房用地保证金,待建房竣工验收合格后办理土地使用权登记手续,退还保证金。

2002年8月,规定村民建房必须符合乡镇土地利用总体规划,每户村民在农村只有1处宅基地,其面积规定1~2人户为90平方米,3人户为115平方米,4人以及4人以上为135平方米。2005年3月,实施农民集中居住区建设,对尚未完成规划编制的村,除草房危房改造和受灾户建房外,暂停批建新房。2006年11月,滨江小区拆迁安置户由乡政府统一建房,当年有80户拆迁户搬入新居。2008年8月,全乡推行联户建房,建农民公寓房。2010年,乡政府结合万顷良田工程建设,建联想新城,一期工程结束,427户拆迁户搬入新居。2015年,对农村居民建房标准作出调整,1人户为63平方米,2~3人户为80.5平方米,4人户以上(含4人)为94.5平方米,宅基地占地面积楼房屋前屋后各以2.7米、两边山头各1米计算,平房屋前屋后、两边山头各以1米计算。新建住宅不安排"三棚"用地,必须采用室内厕所和三格式化粪池。是年,审核报批农村居民建房35户,批准32户,因不符合政策退回3户。

二、城镇居民建房用地

20世纪70年代,从全县有关公社迁入永隆沙良种场的城镇居民户,凡在农村务农的享受农村居民一样的建房面积。1981年7月,规定机关团体、学校及全民集体所有制企事业单位的干部职工,未经批准不得在附近生产队建房。1988年10月,因部分干部职工离家较远、又无公房安置,经所在地村民组、村民委员会同意,场部审核,县政府批准,可按每人17平方米享受建房面积。1989年11月,场部对干部建造私房作出规定,党政机关事业单位的全民集体干部,凡夫妻双方系城镇户口、且有公房的,不得新建、扩建私房。夫妻双方其配偶系农村户口,需在农村建房,由场部确定建房面积,报上级有关部门审批。2002年8月,对长期居住农村、且房屋破旧待修的城镇居民,为改善其住房条件,经村民会议或代表会议同意,参照村民建房用地规定给予解决宅基地。2004年10月,停止城镇居民在农村建房用地审批。2008年8月,贯彻市政府文件规定,禁止城镇居民在农村购置宅基地。

第八节　江域使用管理

1972年,永隆沙良种场外围6.5公里滩涂由县财政局管理,江面水域捕捞船只由农场运输管理部门负责管理。1978年底开始,对场内海洋捕捞户采取单船发证承包捕捞长江水产品。1988年,根据省、市政府及有关部门规定,对在江面捕捞鳗鱼苗、蟹苗的船只核发捕捞许可证,持证作业。对沿江滩岸边拦网捕捞的村民,由农场多种经营管理站管理,实行持证捕捞,服从统一安排定位,每隔30~50米设1条拦网,统一收费,统一收购鳗苗,解交县水产公司。为打击无证贩子收购鳗苗,农场派人在大堤上负责巡逻看管。1992年,经县政府批准,允许农民集体或个人围垦堤外滩涂,实行围垦有偿使用,发展养殖业和种植业。1993年,永北村村民陈新、袁连平围垦5.13公顷,挖塘养蟹,每年按养殖面积向市财政局上交租金。1994年,经批准,永西村村民张志平、唐启洪、姚伯劲围垦滩涂4公顷,用于发展种植业和养殖业。同年永北村朱小三、黄陈飞等村民联合组织围垦滩涂9.6公顷。1996年,永西村第4村民组部分村民集体围垦8.4公顷,种植小麦、水稻。以上围垦的所有滩涂、田块,乡政府均与有关村民签订用地合同,约定试用期10年,到期将用地归还所在村为集体所有。后考虑村民因受自然灾害的影响,未能获得好收成,延长试用期2年,在经营滩涂土地合同期内,免交一切费用。2010年10月,海永乡江堤外所有滩涂由市财政局芦荡办事处划归海永乡管理。至2015年,全乡所有民间有偿围垦滩涂土地全部收交集体,并复垦成为耕地面积。

第九节　土地出让

20世纪70~80年代,国家建设用地多为无偿划拨。1976年,农场西场大队无偿划拨土地20公顷,给县纺织公司建县砖瓦厂。1977年县粮食部门建永隆沙粮站、1980年县供销部门建永隆沙供销社、1980年建中国农行海门支行永隆沙服务组,其建设用地都是由农场无偿划拨。

1992年5月,农场与上海市崇明县运良锻造有限公司签订土地出让合同,出让土地3.3公顷,出让金100万元,建造南通忠联精密锻造有限公司。1993年,为建外资企业瀛海保健品有限公司,乡出租土地1.2公顷,租金20万元。2000年,乡办企业转制中,棉纺厂职工冯岐等购买并扩建该厂,乡政府出让工业用地2.5公顷。2003年12月,经省批准,南通兴和房地产有限公司投资兴建“海上·普罗旺斯”生态住宅园,征地8公顷,其中农用地7.32公顷、水利用地0.68公顷,交纳土地补偿金131.79万元、水利补偿金7.3万元、安置补助费65.88万元、青苗补偿金10.99万元,共计补偿215.99万元。2005年1月,市国土资源局根据市政府与中国农业大学签订的项目协议书,将海永乡出让工业用地3.4公顷给南通峰盟机械公司,出让金450万元。2006年4月,经省批准,江苏绿岛置业有限公司投资兴建绿岛·江湾城生态住宅园,征地5.73公顷,其中农用地5.16公顷、水利用地0.57公顷,交纳土地补偿金123.84万元、安置补助费75.4万元、青苗补偿金7.74万元,共计补偿206.98万元,同年6月,经省批准,江苏荣海置业有限公司投资兴建“半岛·托斯卡纳”生态住宅园,征地2.91公顷,交纳土地补偿金46.82万元、安置补助费29.9万元、青苗补偿金3.03万元,共计补偿79.75万元。翌年,荣海置业有限公司兴建“融科·托斯卡纳”别墅区,征地2.11公顷,交纳补偿金29.27万元。2008年7月,经市国土局挂牌出让,江苏省苏通房地产开发公司以每平方米1077元地价摘牌,接受出让位于海永乡沙南村4组土地10.96公顷,出让金1.18亿元,实现海永建设用地出让的历史性突破。2009年,经省批准,南通红磡房地产咨询有限公司投资兴建乐颐小镇,征地3.95公顷,交纳土地补偿金75.35万元、安置补助费48.1万元、青苗补偿金3.63万元,共计补偿127.08万元。

第十节 监察执法

1987年8月,农场对非农业用地进行检查清理,重点检查集镇附近村民组的建筑物是否有审批手续,拆除私搭乱建建筑。1989年6月,对村以上干部建房户进行检查,发现超面积建房2户,作出相应的处理。1991年5月5日,农场突击检查农户违章搭建小屋、“三棚”等现象,对违章现象当场下令整改。1999年11月,清理违法占地,清理范围是1992年宅基地清丈发证后新翻建扩建的房屋、“三棚”基,应拆未拆的原老屋,无批准手续和有批准手续而到期未续办的临时房用地。通过检查,下令整改,并把各户违章行为公示于众,接受群众监督。

2006年7月,建立村级土管员,基本农田保护员、信访信息员、土地监督员为一体的村民委员会土地管理责任制。2008年,对永北、沙南村、东西场大队实行土地管理责任制目标管理,年终二村一大队均获市、乡奖励。2010年至2015年,海门市国土资源局执法监察大队与海永镇国土资源所对全镇农田基本保护区、房地产开发用地每年逐项进行执法检察,未发现重大问题。

第七章 经济综合管理

第一节 统 计

一、专业统计

1972年开始,农场根据县统计部门要求上报月、季、年度报表5张120个指标,主要统计农场基本情况和经济指标完成情况,随后,工业、农业、商业等行业统计项目和报表逐步增加,1978年,工业统计有报表83张,指标198个。1979年,增报集体工业企业的财务指标和对外加工业产值。1982年,农村实行家庭联产承包责任制,以户为单位统计生产收入、消费支出,全乡有农户1188户,给统计工作带来一定难度。同年,增报全场社会总产值、固定资产投资和农村建房统计。1985年,农场建立简易的综合统计制度,为领导决策提供依据。农村有综合报表、农业产量报表和畜牧生产、私人投资、专业户基本情况、经济合作社等各种统计报表共15张、261个指标。1988年,基本建设统计报表增为12张。

20世纪90年代,随着改革开放方针政策的深入贯彻,统计制度随之改变。1993年,有年综合统计报表9张247个指标,统计全乡社会总产值、人均收入、综合消费,按不变价计算全乡内生产总值。1994年,乡工业统计报表减为6张、91个指标。1998年农业报表减为9张、522个指标,统计耕地面积、农林牧副渔总产值和产量、农业科技、农业商品化程度、外向农业等项。2000年始,劳动工资统计取消月报,保持季报和年报,内容相应简化,统计职工人数、劳动报酬等。物资统计为4张表、152个指标,主要统计企业能源购进、消耗、库存、用水消耗等。2002年,将国民生产总值改为地区生产总值进行统计。工业统计在上报主要经济指标的同时,增加非国有工业企业及个私工业企业的经济指标。2003年起,将原统计入第一产业的家庭工业划归第二产业。2005年始,人均地区生产总值调整为按常住人口计算。工业分为规模以上工业企业主要经济指标和规模以下工业企业主要经济指标进行统计。固定资产投资列出集体、私营、个体不同经济类型进行统计。2007年开始,进行乡房地产业统计,主要统计注册类型、隶属关系、资质等级、营业状况和财务情况。2010年至2015年,农业统计共11张报表、238个指标,主要统计农村基本情况、耕地面积、农产品产量、总产值、增加值、农业机械化、服务与经营效益等指标。商业统计改为国内贸易统计,主要统计社会消费品零售总额,分行业限额以上和限额以下批发、零售销售额,以及贸易服务业的经营财务状况,共13张报表;物资统计共9张报表、134个指标,主要统计规模以上企业 GDP 能耗、耗电能源品种、消费量、企业能源购进、消耗、库存、工业污染排放及处理利用情况等;固定资产投资主要统计全乡投资的完成情况,包括房地产开发投资,施工在建销售情况,共9张报表、309个指标;劳动工资主要统计农村劳力、农场职工人数、就业从业、工资报酬、退休养老保险等情况,共112个指标。据统计,2015年底,全乡有规模以上工业企业1个。销售产值2.4亿元,农业总产值6478万元,增加值4874万元,社会消费品零售额1.82亿元,固定资产投资完成3830万元。

二、人口与经济普查工作

人口普查 1981年7月,永隆沙良种场建立人口普查领导小组,筹备全国第三次人口普查工作。1982年7月1日零时定为全国第三次人口普查标准时点,普查内容为人口的姓名、性别、年龄、文化程度、婚姻及生育情况、职业人口、各民族人口、死亡与出生人口等,共19项。这次普查结果,全场共有1291户、人口4807人,汉族4806人、苗族1人、男性2541人、女性2266人,出生68人、死亡33人。1989年9月,农场成立人口普查领导组和办公室,抽调12名工作人员,筹备第四次全国人口普查。1990年3月至5月,全场4个村、1个大队、36个村民小组全部进行户口登记。每个村抽1个村民组先行登记试点,再把全场划为5个普查区、20个小区,配备指导员5人、普查员39人。6月,对普查人员进行业务培训。这次人口普查内容共21项,与第三次普查内容基本一样。普查登记时点定为1990年7月1日零时。普查结果,全场共有人口5327人,其中男性2731人、女性2596人。1999年6月,乡成立第五次全国人口普查领导组和办公室,指派4人专职组织协调工作,各村、大队抽调普查员12人,指导员5人。8月31日至9月29日,乡配备的人口普查工作人员集中到市人口普查办参加业务培训。这次人口普查采取全面调查与10%抽样调查相结合的方法进行,调查内容为姓名、性别、年龄及户口所在地、农业户口与非农业户口等共12项,普查时点为2000年11月1日零时进入现场登记为标准。这次人口普查,整改应落户而未办落户手续13人、应注销而未办注销手续户口21人。全场共有5069人,其中男性2582人、女性2487人,农业人口3128人、非农业人口1941人。2010年11月,进行第六次全国人口普查,这次人口普查标准时点为2010年11月1日零时,主要调查人口和住户的基本情况。普查结果:全乡人口总户2293户,总人数5229人,其中男性2664人、女性2565人,农业人口3254人、非农业人口1975人。

经济普查 1986年,永隆沙良种场组织参与全县第二次工业普查,以1985年年底为时点,普查内容为工业概况、工业企业数、工业产值、产品产量、原材料、燃料、能源消耗和动力、财务成本、劳动工资、设备生产能力等,共14项800多个指标,全场涉及的工业企业有棉纺厂、丝织厂等乡办厂,职工人数300多人,工厂产值近200万元。1995年,参与全市第三次工业普查,以1995年年底为普查时点,普查内容共14项。全场普查对象共8个乡办工业企业。

1996年,参与全国第一次农业普查,以1996年12月31日为标准时点,普查内容为全乡范围内农业生产经营单位、农村住户、乡镇企业、行政村的基本情况,共38个调查项目、687个指标。全乡组织40多人参与普查工作。2004年,参与全国统一进行的经济普查,以2004年12月31日为普查时点,普查内容为普查法人单位、就业人员、财务情况,生产经营、生产能力、原材料、能源消耗及科技活动等情况,普查对象为从事二、三产业的全部法人单位和个体经营户。2006年,参与全国第二次农业普查,以2006年12月31日为标准时点,普查对象为境内农村住户、城镇住户、农业生产经营户、经营单位、村民委员会,普查内容包括农业生产条件、生产经营活动、农村土地利用、农村劳动力及就业、农业基础设施、农村服务、农村居民生活以及村委会、社区环境等情况。全乡60多人参与普查。2013年6月,海永乡成立经济普查领导组,实施第三次全国经济普查,以2013年12月31日为普查时点,普查内容为全乡经营单位的基本属性、从业人员、财务情况、生产经营情况、生产能力、原材料、能源和主要资源消耗、科技活动情况等,全乡50多人参与普查。

三、抽样调查

1982 年,按照随机抽样调查方法,全场每个生产大队抽 1 个生产队(点),每点 5 块农田实割实测,取样推算全场产量。1984 年,实行以生产队为单位,抽取农户实割实收的调查方法测算生产队产量。1985 年,在全场 4 个村建立 8 个农业产量调查点,对 40 个农户的田块进行抽样实割实测,计算粮食产量;在向华村 5 个调查点抽样测算棉花产量。1988 年开始,粮食产量以抽样推断数为法定上报数。为确保抽样测产的准确性,抽样点每 5 年轮换 1 次。1993 年,农业产量测算按各村总户数的 10% 抽样,并按长势的好、中、差各三分之一农户进行抽样调查,确保抽样调查的正确性。1997 年,农业产量测算按村总户数 5% 抽样调查。2000 年至 2008 年,全乡确定抽样调查点 15 个,每两年轮换 1 次抽样点。2010 年至 2015 年,每个村抽样点设 3 ~ 5 个,在作物成熟期进行实地测产。

第二节　审　计

20 世纪 70 年代,良种场对下属单位经常进行内部审计,通过审计对企业经营管理中出现的问题,及时加以解决。1982 年 5—9 月,农场先后对副业场、仪表厂等单位进行财务审计,查账追职,发现账目收支不平,有关人员受到处分。1989 年,对农村合作经济组织进行审计,及时处理沙南村集体联办小窑出现的严重贪污问题。1991 年开始,场部农经站对农村集体经济进行审计。1992 年,农经站配备审计人员 2 名,审计集体经济单位 4 个,审计项目 8 个,审计金额 6.95 万元,发现违纪金额 1.95 万元。1995 年至 1996 年,审计村级财务,主要审计收入是否真实、支出是否规范、手续是否齐全,通过审计发现村级财务存在提留收入不到位、费用支出手续不清、控制不严等问题。1997 年,审计乡办企业 4 个,发现违纪单位 1 个,浪费、损失资金 6 万元,受党纪处分 1 人,追回资金 1.6 万元。1998 年,对村进行财务收支审计、农民负担审计、干部责任审计、离职审计。发现违纪单位 1 个,审计资金 20.24 万元,违纪金额 1.5 万元。

2001 年,进行集体经济财务审计,审计金额 7.3 万元。2002 年,被审计基层单位 7 个,合计审计金额 56.75 万元,作出审计报告共 7 件。2003 年,被审计单位 2 个,审计金额 43 万元。2004 年,对 2 个村的一事一议筹资项目进行审计,并将审计结果公布于众。2005 年,被审计单位 2 个,审计项目 5 个,金额 101 万元。2010 年,被审计单位 2 个,通过审计发现违纪单位 1 个,违纪金额 40.67 万元。年终审计项目 5 个,形成审计报告 5 份,其中干部责任审计 2 份、一事一议筹资项目审计 2 份、其他审计 1 份。2013 年,乡配备专职审计 2 人,被审计单位 2 个,审计金额 841.08 万元,未发现违纪现象。2015 年,被审计单位 2 个,审计金额 324.67 万元,年终集体经济组织审计项目 4 个,形成审计报告 4 份,均未发生违规违纪现象。

第三节　工商行政管理

一、管理机构

1977 年,海门、崇明两县工商行政管理局联合成立驻永隆沙检查站,办公地点设在长征农场 29 连。检查站成立后,联合办理查处工商违规违法案件,维护当地正常的市场秩序。1984 年 2 月,永隆沙农场的工商行政管理工作由临江工商行政管理所兼管。1985 年,划归悦来区工商所管理。1986 年 12 月,农场建立工商经济合同审批制度,凡集体经济合同统一由场部工业公司签订,万元以上合同必须经县工商部门公证处签证。1987 年,永隆沙工商行政管理工作划归三阳工商所。1990 年至 2015 年,海永工商行政管理工作归属三厂工商所,乡政府指定人员代理工商行政管理工作。

二、管理工作

1983 年,建立农贸市场,随之组织人员加强集贸市场的管理,确保市场摊位、场地卫生等整洁有序，并在市场设置公平秤，以检查销售者短斤少两行为。1995年，规范整顿粮油市场，为10户个体粮油经营者办理经营许可证，取缔无证经营。2000年，乡建立生猪定点屠宰场1个，所有经营生猪猪肉“小刀户”，须凭检疫证进场宰杀生猪，肉品经检验后上市销售，未经检疫检验的猪肉不允许上市销售。同年，配合市烟草专卖局对卷烟经营户检查假烟和无证销售香烟现象；配合市工商部门检查个体农资经营户，查假农药、劣质化肥，整顿农业生产资料供应秩序，取缔无证经营。2005年始，一批房产、旅游、休闲、养老产业及高科技研发项目落户海永，为使入驻项目正常发展，乡政府与市有关职能部门对开发商进行国家《广告法》培训宣传，举办培训班3期，发放宣传资料500余份。办理注册“海隆”牌农副产品系列商标。2007年始，先后培育和申报南通忠联精密锻造有限公司生产的“坚固”牌机械配件、南通华清净水材料有限公司生产的“华清”牌净水处理产品注册商标，以及“星岛”牌种猪、“交博”牌蛋品等商标。2010年，净增个体工商户16家，净增私营企业11家，合计注册资金4759万元。2014年，撤换更新农民街70多家门面招牌、广告。

2015年，全镇办理农工副业注册商标8个，创建重合同守信用企业8家。

第四节　安全生产管理

一、安全宣传

1980年5月起，农场开展安全月活动，企业制定安全生产岗位责任制，和职工安全公约。1990年，通过召开会议、观看录像、收听广播等形式开展安全生产宣传。同年，有44人参加县安全工作培训班，其中企业中层干部8人，班组长25人，特殊工种人员11人。

2001年，乡重点对80余名建筑工人进行建筑施工安全教育培训，同年，组织乡村事故处置演练活动，并制作大幅宣传标语5条，发放安全生产宣传资料300多份，宣传安全防患措施。2004年，乡召开安全生产会议3次，张贴安全标语、图片200余幅，播放录像2次，50多名企业负责人收视。2005年，举办安全生产、家庭防火、防雷击、安全使用电器咨询活动，接待咨询人员100多名。同年8月，开展劳动安全保护知识竞赛和安全生产法律知识竞赛，100多人参赛。2008年，全乡有250多名职工观看以安全生产为专题的电视节目。2012年，利用广播宣传秋季防火知识，对家用电器、液化气灶具使用、保养知识进行宣传教育，重点普及老人、小孩的防火知识。2013年6月，开展学生暑假安全知识教育，220名中小学生观看安全教育宣传图片。2014年7月，印发小学生暑期安全注意事项，教育小学生牢记火警、匪警、急救中心电话号码，严禁到河边、池塘边、高压电线路装置区私自玩耍，不用湿手触摸电器。8月5日，利用广播宣传防火知识，宣传油锅、煤气罐道、电器线路着火的预防和自救方法。2015年，开展保障安全生产月主题活动，挂宣传横幅5条，贴宣传标语100多条，发放宣传资料500多份，组织村民组长以上干部观看安全图片展览。

二、安全管理

20世纪90年代前，良种场由副场长分管安全工作，各企事业单位都有1名副职领导担任安全管理员，负责本单位消防安全工作。1995年，乡建立安全生产领导组，把企业安全工作列入全年奖赔合同百分考核内容之一。2000年，提高安全生产在奖赔合同百分考核中的比例，发生重大事故扣除分管安全生产负责人的奖金。2007年，落实行政首长和企业法人代表安全生产责任制，乡政府与部门、企业、村、大队、私营建筑企业签订安全生产责任状。是年12月，乡建立以乡长为组长，分管副乡长为副组长的春节安全生产监督管理工作领导组。加强交通运输超载超速行驶和车辆混装易爆物品、危险易燃物品的监督管理。2009年12月，乡政府印发《安全生产事故隐患排查治理长效机制实施方案》。督促各部门、各单位加强排查和治理事故隐患。2011年10月，制定全乡清剿火患战役工作实施方案，清剿范围和重点是小单位、“三合一”场所（住宿与生产、仓储、经营设施混合）、人员密集场所及高层地下建筑。组织机构由乡长任组长，人大主席任副组长，村、大队、居委会、派出所、社会事业服务所、乡服务中心、学校、卫生院、广电站、用电站等单位组成安全生产领导组，下设办公室。2012年7月，推行消防安全网络化管理实施方案，构建乡、行政村和大队社区、村民组（社区独楼院）三级网络，各级网络明确责任分工和工作任务。

图 4 – 12　海永乡清剿火患战役推进会
2011 年摄

2015 年初，全镇签订安全生产责任状 24 份，与经销烟花爆竹单位签订安全销售使用责任书 6 份。

三、应急预案

1993 年 7 月，乡政府制定防汛抗洪应急预案，对防汛抗洪抢险突击队伍组成、后备人选、防汛抗灾物资、村民撤离疏散及善后安排等方面都作明确预案。2002 年，乡编制重大事故发生应急处理预案，确定预防第一、自救为主、统一指挥、分工负责、协调作战的原则，组织人员在事故发生第一时间进行抢救，减少事故损失。是年12 月，预案正式实施。2004 年，根据《化学危险品管理条例》要求，乡制定重大化学危险品事故急救预案。2009 年，制定公共突发事件应急救援预案，对抗洪抢险、地震、民间闹事等重大事故应急救援组织机构、救援流程、急救措施、善后处理都作出规定。2014 年 4 月，乡机关干部、村、社区、企业单位干部开展消防安全知识培训和消防器材演练，现场操作干粉灭火器扑灭明火。5 月 14 日，乡幼儿园全体师生在消防安全工作人员的组织指挥下，进行消防预案演练，当师生们听到警报声后有序快速到卫生间拿湿毛巾捂住自己口鼻，学生跟着老师到操场集合，整个疏散时间只用 1 分钟。2015 年 2 月，乡进一步修订完善安全生产事故应急预案，分为总则、组织机构职责、运行机构、应急措施、宣传培训与演练、监督检查与奖惩 6 个方面，并即付诸实施。

图 4 – 13　幼儿园师生开展消防演练
2014 年摄

四、重大事故

1987 年 8 月，西场大队居民张某家盖楼房，由于施工队起重杆倾倒，打在一建筑工人头部，当场死亡。1990 年 11 月 4 日，东西场大队职工黄某在乡棉纺厂上班，右手腕不慎被清棉机过桥齿轮压碎而断离，无法接上，经查为操作不当而致，经有关部门评定为伤残 5 级。2008 年，在联想新城基建施工中，有一建筑工人在脚手架上行走，不慎踏空摔下地，当场死亡。2013 年 8 月 13日，沙南村居民倪某在家中洗澡时使用电扇，因线路老化，不慎触电身亡。同年 10 月初，东西场大队范某儿子结婚，在乡金永缘饭店举行婚宴。沙南村杨某等几位好友到“普罗旺斯”东方礼炮烟花爆竹店购回数发礼花弹。回到酒店后，将买来的礼花弹放在专用铁管里燃放,点燃约2分钟仍不见燃放,当杨某前去低头观察时,点燃的礼花弹突然爆炸,杨某未能避开,当场炸得面目全非,即送上海医院,医治无效而死亡。究其原因,所买礼花弹是东方礼花店老板私藏违禁产品,老板又未到现场指导点放。加之杨某不按注意事项点放礼花产品,接近观察未燃哑炮,造成身亡恶果。

第八章　经济体制改革

第一节　农场经济体制改革

建场初期,场部直接管理一线生产,一本账核算,大伙笼耕作,职工的积极性得不到充分发挥,生产效力低下。1973年3月开始,场部采取划定耕作区,分为场、队两级管理。全场共有男女全、半劳力217人,划为2个耕作区,成立农业生产队,对队实行"四定一奖",一定土地,每个劳动力种地0.3公顷;二定农本,每亩棉花成本21元,玉米18元,"三麦"10元,蚕、豌豆8元;三定产值指标,皮棉单产47.5～57.5公斤、产值111～131元,玉米夹种黄豆亩产300公斤,产值66元,麦、蚕(豌)豆185公斤,产值28元;四定报酬,凡产量产值达标,每个劳力月工资20元;超产部分奖给职工50%。1978—1982年,实行"两级核算、分级管理、四定包干、联产奖赔"责任制。1983年,场对农业生产队在统一种植计划、统一上交产品的前提下,实行"五定一奖赔"责任制,即定面积、定产量产值、定农本、定工资、定利润。超利部分上交60%,联产按劳分配40%,减利适当赔偿,最高不超过工资的20%。职工工资结算的办法是预付月工资80%,余下20%作为产量工资,联产浮动。农场副业队实行专业承包,利润分成责任制。1988年10月7日,场部对自谋职业、吃自产粮的农场职工每人划给口粮田,但只能种植制种玉米,不准种影响制种的其他玉米品种。承包农场土地的农工不上交承包款;在工厂等单位工作、吃自产粮的农工由所在工作单位向农业大队上交承包款。单位不再发给个人粮油差价补贴。1989年,承包土地的农场职工不交承包款,只交纳退休统筹金,其本人工资、国家规定的各项补贴、福利等,均在自己的收入中解决。对自谋职业的农工要按规定上交退休统筹金,工资、福利、医药费自理,对不按时交纳统筹金的罚滞纳金,不交者予以除名。

1991年9月7日,场党委决定划田承包。当时根据部分回场农工要求承包耕地的实际情况,对原承包经营的耕地作适当调整,凡符合条件的回场职工划给承包耕地。每人划田0.33公顷,要求所有划到承包耕地的农场职工一定要自己耕种,不准转包他人。并规定每年9月20日前凡需承包耕地的正式农工必须及时申报,经场部批准后才能划田承包。职工划田后,剩余耕地由农业大队集体经营耕种,如需出租转包必须事先报场部批准。1995年9月20日,场部发出通知,对耕地划给对象与划给耕地数量进行调整,从关闭企业下岗的正式农工划给承包耕地0.33公顷,原已承包0.33公顷耕地现进场的农工保留0.33公顷耕地,现从事建筑、运输和个体工商业的农工保留承包耕地0.2公顷,夫妇双方均在工厂务工的农工照顾划给耕地0.2公顷,对原划给承包耕地而出现抛荒、转包的一律收交集体,未转正式农工、自行离厂或被除名出厂者,视为自谋职业,不再划给耕地。同时,调整统筹金,凡承包耕地者年底如不交统筹金,一律予以除名处理,不再享受职工待遇。1996年,农场经营机制向种田能手倾斜,全场组建家庭农场13家,把农场原以生产大队为核算单位改为以家庭农场为核算单位,定额实物上交。农机具拍卖给农机人员,采取农机有偿服务,确保农场集体收入。1999年,调整承包款,以0.2公顷承包地为基础,家庭承包户凡承包0.2公顷的收取承包款900元;承包0.4公顷以上上交稻谷150公斤、麦子50公斤,稳定承包大户,鼓励承包耕地。2005年,进一步调整农场职工承包耕地,凡农场正式农工,每人划田0.13公顷、补贴700元,剩余耕地50多公顷由东西场大队集体经营。2008年,剩余土地由安徽省农民租赁耕种。2015年,农工承包耕地补贴增加到1100元。

第二节 家庭联产承包责任制

1976年，场内永北、永西、沙南、向华4个生产大队的36个生产队先后对劳动管理实行小段包干，五定到组（定劳动力、定生产任务、定农活质量、定工分报酬、定完成时间），责任到人。1979年，推行联产到组、到户和大包干等多种形式的农业生产责任制。1981年春，全场大多生产队实行联产到劳，部分生产队实行小段包干，少数生产队实行联产到组、或大包干形式的生产责任制。1982年秋季，所有生产队实行联产承包责任制。

1983年，永隆沙良种场所属农村生产队都实行家庭联产承包责任制。各生产队把集体耕地统一发包给农户经营，根据农民意愿，采取按家庭人口和劳动力相结合的办法划田承包。1984年，贯彻中共中央1号文件，宣布土地承包期为15年，并发放土地使用证。1988年，采用"人划口粮田，劳划经济田"的办法，调整承包土地田块，形成"两田分开，区域种植，合理轮作，规模服务"承包经营格局。各农户增加对承包土地投入，有效避免土地抛荒，"刮地皮"经营的短期行为。

20世纪90年代初，永北、沙南等村农户因外出打工或做生意，采取农户之间自行流转承包地。1997年，二轮承包期开始，期限为30年，对农户承包地、宅基地全面清丈，建立土地档案、签订承包合同，换发经营权证书。2009年8月20日，建立乡农村土地流转交易市场办公室，加强承包土地流转经营的管理。2010年，乡万顷良田建设工程启动，在万顷良田片区内的农民承包土地逐步成片流转。2013年，成片流转农业用地133公顷。2014年，完成永北村、沙南村农民承包土地流转后的确权工作。流转土地63公顷。2015年，全镇流转承包地62.53公顷，累计承包土地流转后确权农户1216户。

第三节 乡办工业体制改革

1983年，农场办工业企业开始推行多种形式的经济责任制。1987年4月，制定工业企业经济责任制，对工业企业进行考核，考核内容有产值、利润、销售、资产回收、历年应收款、积压产品销售、资金周转等，共82项指标。实行百分考核，凡总得分70分以下，行政干部与工人报酬同等；71～80分，其正职领导报酬系数为1.2；81～89分，正职报酬系数为1.3；90～95分正职报酬系数为1.4；96～97分，正职报酬系数为1.5；98～100分，正职报酬系数为1.8；101分以上正职报酬为工人平均工资的2倍。1988年3月，对管理好、利润高、贡献大的工厂企业正职领导实行岗位津贴，副职领导享受正职的80%。同时，根据利润实绩，按比例提取厂长基金。1989年11月，场部发出《关于深化改革，完善经济责任制的意见》，要求各工厂企业继续实行分配工效挂钩，推行厂长、经理负责制，干部实行经济责任制百分考核，财会人员实行技术、业务双百分考核，对亏损企业实行干部免职、降职制度。由于工厂企业经济责任制的不断深化，推动经济效益的提高，1988—1990年，全场工业企业实现利润分别为20.96万元、19.05万元、23.15万元。

20世纪90年代，海永乡工业企业进一步深化经济体制改革。1994年，乡政府狠抓全乡较大企业的体制改革，对200万元以上产值的工厂厂长、经理专门制定经济责任制和考核办法。同年4月19日，锻压件厂、建材厂召开职工代表大会，成立董事会、监事会、通过章程，成为股份制企业。其中锻压件厂股东34人、67股，建材厂股东50人、67股。1996年3月27日，在市改制工作会议期间，市委书记、市改制工作指挥部总指挥宋飞与海永乡签发企业改制责任状。4月26日，乡政府下发《关于企业改制工作实施意见》，明确全乡工厂企业改制工作分两批进行、第一批企业为建材厂、棉纺厂、锻压件厂3个单位，其余企业为第二批。7月底，全乡工厂企业改制基本结束，建材厂、棉纺厂、锻压件厂、农机经营部、永隆电器厂等企业都成为股份制和股份合作制企业，工厂基本股权为每股5000元，经营者持股多于一般工人，企业大多用拖欠职工的工资和集资款作股权，量化到每个职工。锻压件厂、建材厂在原有基础上增量扩股，完善股份制。海永农机经营部改制为股份合作制企业，有股金3万元，每股1000元，共30股。永隆电器厂改制为股份合作制企业，股金12万元，每股1000元，共120股由3个股东购买。1999年4月，建材厂招标承包，总标的26万元，其中20万元作竞标，6万元为税额，规定合同签订时交现金5万元，由季建浩中标承包经营。2000年以后，乡内所有工厂企业均为个体、民营企业，无集体所有制企业。

第四节 商贸行业体制改革

1976年，永隆沙供销社建立之初，下设生活资料供应门市部（包括百货、五交化、纺针织、副食品等柜组）、生产资料部、废品收购部、收花部，经营管理上采取指标考核、年总评定奖金。1980年，推行以考核利润为重点，以完成纯销售、费用、资金周转天数、经营品种为考核内容的经营责任制。1982年2月，推行基本工资加提成工资的工资模式，将职工基本工资的80%作为固定工资，20%作为浮动工资，根据利润完成情况和考核评分决定每个职工的应得工资。

1983年，永隆沙供销社实行"定额包干、超额分成"的经营责任制模式，凡完成销售、利润、费用等下达指标，按工资额12%提取奖金，超额部分按超额的多少采取对半或四六分成。集体商店亦开始模仿供销社做法，搞定额包干、超额分成。1986年开始，供销社内部划小核算单位，实施经济效益与职工工资挂钩。打破吃"大锅饭"。1988年下半年起，供销社领导和中层干部、柜组长实行风险抵押金制度，每人拿出一定数量风险抵押金上岗，为企业经营承担风险。1993年，供销社实行考核各柜组、经营部、收购部的综合经济效益百元毛利含量工资和百元销售含量工资。把职工工资与经济效益挂钩。1995年，海永合作商店在旧镇改造中出售给居民程卫琴经营盐业批发。

1996年，供销社扩大各条线经营自主权，实行定额承包。1999年，农贸市场出售给居民黄礼辉、李广等人经营。同年，供销社实行抽资租赁经营，全社分为生产资料、收花部、日杂百货、纺针织、副食5个部门进行抽资租赁、自主经营。2000年，海永粮站实施改革，站内职工个人参与粮食收购，与个体户竞争。2004年，供销社职工与单位解除劳动合同，自交养老保险、医疗保险。全社有职工21人，其中向单位租用门面继续从事商业5人、离社自谋职业15人、办理内退1人。原供销社营业用房出售3间，共132平方米，其余出租，每间租金2700元。市供销社部门在原职工中返聘1人，留守处理相关事务。2006年5月16日，撤销海永乡粮站，粮站土地使用权和资产转让给乡政府。2010年9月，乡政府收回农贸市场、由环卫所经营。2011年4月，农贸市场招标拍卖，买主施华以31万元成交买进，继续组织集市贸易。至2015年，海永农贸市场仍由施华经营，全年农贸市场成交额2000多万元。

第五篇　开放开发

海永镇对外开放开发起步虽迟，但速度较快。20世纪90年代，海永建乡后，注重宣传海永地域、生态优势，吸引国内外客商投资落户。2003年，成立乡招商办公室，开展招商引资活动。2005年始，海永乡融入崇明国际生态岛建设体系，脱离传统农业，走"高端农业＋互联网＋文创＋旅游"为一体的现代农业之路，立志把海永乡建成崇明岛上"后花园"、海门市"生态第一乡"。全乡通过对外宣传招商、请客上门招商、组团外出招商先后引进房地产开发项目、文创农业项目、旅游开发项目等共20多个，拆迁居民住宅和部分公房，为项目开发腾出建设用地。2006年开始，生态农业园、住宅园、旅游景点建设项目陆续进场施工。2009年，全乡开发房地产62万平方米，销售面积占竣工面积的94%，销售量占整个崇明房产市场的四分之一，入库税收1808.08万元。2010年，全乡"农业项目八花争艳，房产项目九楼并进"，旅游开发相应发展，与崇明签约合作，构成生态旅游循环带。至2015年，全镇共拆迁近千户，开发房产近百万平方米，建设休闲观光农业景点10多个。是年，海永镇被农业部认定为"乡村休闲示范乡镇"。

第一章　招商引资

第一节　招商活动

一、对外宣传招商

20世纪90年代，良种场建乡后，注重宣传对外招商。利用各种形式宣传海永投资环境，突出宣传地域优势、生态优势，以吸引投资商落户海永。2003年5月，乡镇府成立招商办公室，不断对外发布招商信息。2004年3月26日，中国综合开发研究院城市经营研究中心主任李津逵到海永考察，为海永题词："这片有着独特个性的土地，正面对千年等一回的机遇。"乡政府将题词内容在政府大门口和海长公路转弯处立牌对外宣传。2006年，在海长公路海永与崇明交界处制作牌坊，其横幅内容为"江苏海永伴您共塑宝岛辉煌""浪漫江洲、花香海永"。2005年，建立海永乡政府门户网站，对外宣传海永经济发展、投资环境优势。2008年，在中国农业大学国际会议中心召开中国海永国际产业园对接会，来自以色列、法国、韩国、西班牙等8个国家驻华使馆参赞、农务官员参加会议，听取海永招商信息发布。同年12月20日，国务院发展研究中心课题组和海门市政府在海永联合举办"中国海永城乡一体化暨农村发展论坛"，由国务院发展研究中心中国发展观察课题组组长卫建民带队，国务院研究室副主任李炳坤及农业部、旅游局、商务部、中国农行等部门领导和专家出席论坛，并在会上

图5－1　举办中国海永城乡一体化暨农村发展论坛　　2008年摄

发表高见。2009年，海永乡建立全市第一家乡镇规划展示中心，集中展示海永乡改革开放近景和远景发展规划，接待到海永考察的投资商。同年，《半月谈》、新华社《每日电讯》等国家级媒体对海永的发展作专题报道。2010年，《南通日报》《海门日报》发表宣传海永改革开放成果的文章40多篇，上海财经频道、“温州在线”报道海永招商引资信息。

2011年9月17日，中国东盟创意农业国际合作与发展高层论坛在吉林省长春市召开，受主办方邀请，海永乡作为乡镇代表参加论坛。同时在论坛展区展出海永创意农业图片，宣传海永改革开放成果和优越的投资环境。2013年2月19日，《海门日报》“党委书记2013话发展”栏目报道乡党委书记王帆谈新年发展，宣传海永招商引资的宏伟规划和发展前景，增强海永的知名度。2015年1月16日，乡长俞军走进政府网站“在线访谈”演播室，介绍海永乡继续依托崇明岛，融入大上海，紧扣经济建设和社会发展两大主线，推进美丽乡村建设，创建全国美丽乡村示范区。7月16日，在海永乡召开第一届海峡两岸农业文创论坛，论坛由海门市政府和台湾云村科技大学设计学院共同主办，海永乡政府与江苏伊犁实业公司承办，通过这次论坛的召开，进一步宣传海永这块风水宝地发展文化创意农业的光辉前景。

二、请客上门招商

2003年，通过开展各种招商活动，把投资商请到海永，考察投资环境，洽谈投资意向，全年接待投资客商286批次215家公司企业，其中有10多家达成投资合作意向。2004年7月，海永与中国农业大学及相关单位签订“海永现代生态农业示范园地”投资意向协议。期间，中国农大副校长李世盛四下海永，带领专家教授实地考察，果断决定在海永注册组建江苏国农置业有限公司，这是海永招商引资的良好开端。2006年12月28日，通过北京盈科律师事务所主任梅向荣联系搭桥，请来北京联想集团，投资建造“海永—联想新农村”及配套“博朗生态农业园”。投资6亿元建20万平方米商业住宅；生态农业园项目投入800万元，租赁农业用地66.67公顷，2007年底办结注册。2007年，通过安徽省芜湖人（荷兰籍）戴军引荐，荷兰NITA集团投资兴建“绿大阿斯米尔农业产业园”项目。2012年8月16日，澳大利亚蔚蓝建设集团董事长朱志勇一行到海永考察，与乡政府就“海永蔚蓝玫瑰小镇项目”的用地、资金和配套等一系列问题进行协商，达成一致意见。10月6日，世界华人华侨精英联合会董事长施大伟一行到海永考察“生态农业高科技产业园”和“一河两街”景观项目。2013年11月11日，清华大学副教授周榕博士，中国综合开发研究院城市经营研究中心主任李津逵，广州同天设计公司党小勇、张彤等专程考察海永，为海永策划乡村综合体项目，助推海永提档升级。2014年3月2日，国家“千人计划”专家罗隽博士在中国建筑技术集团董事长沈峰英陪同下到海永乡考察。2015年4月22日，在市政府会展中心召开海永乡“SS1538文创农业园”项目评审会，请各方专家评审项目。该项目投资7亿元，占地面积102.55公顷。评审专家一致认为，该项目围绕现代农业加文化创意，是一个集美丽乡村建设和农业休闲观光为一体的优质项目，符合海永“农业+互联网+文创+旅游”发展的新模式。

三、组团外出招商

2012年5月11—14日，乡党委书记王帆携乡招商引资人员赴广州、佛山、深圳、上海等地招商。期间，在海门市召开的现代物流和高端制造业深圳招商会上，海永与深圳勤丰园实业有限公司签订合作意向书。2013年8月3日，海永乡组团出席在上海举行的“2013江苏海门国防投资环境推介会”，会上与永泰红磡养老产业投资集团签订投资合作协议，涉及总投资额10亿，成为推介会签约单体投资规模最大的项目。2014年9月28日，海永乡在同济大学举办“生态崇明，活力海永”为主题的招商推介会，30多位高端企业家应邀出席，并对投资海永产生浓郁的兴趣。2015年9月19日，乡党委书记王帆带领党委、政府领导一行到上海美国环球能源实业有限公司中国区总部，参加“光伏高效生态农业示范园”项目对接洽谈会，通过洽谈达成合作意向。

第二节　引进项目

20 世纪 70—80 年代，农场在招商引资方面是一个薄弱环节。90 年代开始逐步启动，引进内资和外资项目。1993 年 4 月，海永农工商实业公司与美国冯氏园艺公司、香港建成贸易行达成协议，经省政府批准，创办南通瀛海保健品有限公司，这是海永乡第一家中外合资企业。1998 年，引进崇明运良锻压厂建海永分厂，逐步发展成为全乡工业产值、纳税大户。

2003 年 12 月 27 日，海永乡与上海特胜置业有限公司合作开发的“农民新城”项目正式签约。项目占地 53.33 公顷，总投入 4 亿元，是全乡有史以来最大的引进项目。2005 年 4 月，中国农业大学和海门市政府签订协议，江苏最大单体农业项目“国农—海永生态农业园”正式落户海永，项目占地 100 公顷，总投资 2.5 亿元，是一个集农业种植、高科技推广、产业培训、休闲观光农业为一体的特色现代化科技农业园。2006

图 5－2　中国农业大学投资海永　2005 年摄

年，全乡招商引资取得重大突破，一、二、三产业 7 个项目同时启动，总投资 1.54 亿元和 200 万美元。南通兴和房产有限公司投资开发的“海上普罗旺斯”住宅园首期项目开工。2007 年 12 月，北京联想集团与海永乡成功签约，建设“海永联想新农村”及其配套的博朗生态农业园项目。其中，“联想新农村”项目总投资 6 亿元，住宅楼 20 万平方米；生态农业园项目投资 800 万美元，租赁农业园地 66.67 公顷。2009 年 12 月 18 日，海永“联想新农村”工程举行奠基仪式，一期建筑面积 6.9 万平方米，是海门市范围单体规模最大、建设标准较高的安置小区。2010 年，全乡引进的 8 个农业项目进入全面建设阶段，9 幢高层商住楼即将竣工，可谓“农业项目八花争艳，房产项目九楼并进”。2011 年，台湾中兴电工集团投资的“绿宝石精致农业科技园”进入正式开发阶段，这是海门市首个投资超亿美元的外向农业项目，项目开工吸引海峡两岸的高度关注，海基会董事长江丙坤等台湾著名的六大理事会长专门发出贺信。2012 年，与陕西省长润集团签订协议，按国家 AAAA 级景区标准建设，打造崇明岛上“夜崇明”。2013 年，全年签约项目 9 个，超亿元项目 4 个，其中“美丽中国 · 空间(建筑)设计产业园”注册资本 3000 万元，打造中国新型城镇化设计产业集聚平台，建设独具中国文化价值的建筑设计产业基地。2015 年，引进“SS1538 文创农业园”项目，一期工程 34.53 公顷完成基础配套建设。是年，全乡累计引进农业项目 10 个、房产开发项目 8 个、其他项目 8 个。

图 5－3　绿宝石农业科技院奠基开工仪式
2011 年摄

第三节　对外经贸

自良种场建乡后，通过招商活动，不断引进境外包括港澳台地区在内的外资企业。1993 年 4 月，经省政府批准，与美国冯氏园艺、小香港建成贸易行合资创办南通瀛海保健品有限公司，注册资本 35 万美元，其中海永农工商实业公司出资 24.5 万美元，占 70%。美国冯氏园艺公司、香港建成贸易行各出资5.25万美元，占30%。公司以丝瓜络为原料，生产和销售卫生保健品。

2005年，全乡实际利用外资2000万美元，首次完成市政府年初下达的利用外资考核指标。2006年，台湾香花草养生园落户海永，占地面积20.1公顷，注册资金300万美元，到账100万美元。2007年，实际利用外资402万美元。2010年，利用外资250万美元，注册外资到账207.5万美元。2011年，绿大阿斯米尔花卉苗木基地成功实现花卉苗木出口荷兰，共30万枝，成为南通地区唯一具有出口资质的苗木基地。同年，台湾中兴电工集团投资超千万美元的绿宝石精致农业科技园项目正式开发，2012年，实现注册外资400万美元，到账300万美元。2013年，海永绿大花卉主动参与制定活体花卉出口欧盟技术标准，全年出口苗木30万枝。是年，注册外资8000万美元，到账530万美元。2015年，注册外资1000万美元，到账外资501万美元。

图5-4　精致包装好的绿大花卉苗木待出口欧洲　2011年摄

第二章　房产开发

第一节　拆　迁

从2005年开始，海永房地产开发正式启动，居民旧房拆迁势在必行。是年，为改观原海门手帕二厂、砖瓦厂区域环境面貌，有利于中国农业大学投资的田园风光房产项目的开发，拆迁居民住户128户，以及二层集体公房。年底前，14公顷建设用地住户拆迁完毕。拆迁后建滨江小区一期工程。2006年，东西场大队1队拆迁居民住宅50户左右，为开发融科·托斯卡纳庄园提供地基。同年11月26日，滨江小区一期工程竣工，第一批居民拆迁户80户乔迁新居。同年，东西场大队150多户居民获拆迁补偿金1300多万元，沙南村710人次获补偿金635万元。

2008—2010年，为万顷良田建设工程和房产开发的需要，先后拆迁东西场大队2、3队，永北村20组、21组，沙南村鸽笼港河西沙南南埭等地居民住宅共427，同时建联想新城。2010年11月，联想新城竣工，拆迁居民搬进新居，享受农村城镇化的居民生活。2013年，拆迁永北村16至19组居民共113户，宅基地复垦后纳入万顷良田工程，居民迁至联想新城。2014—2015年，为扩大万顷良田工程，拆迁永北村12至16组居民住宅和沙南村7至9组居民住宅共281户，迁至滨江小区二期住宅楼。

第二节　房产建设

2005年，乡党委决定海永乡发展房地产业，以房地产业的发展融入崇明，接轨上海。2006年初，南通兴和房产有限公司在海永乡与上海长征农场交界地段投资建设“海上·普罗旺斯”生态住宅园。是年底，5000平方米生态住宅建造封顶，5000平方米小高层完成打桩。该项目汇聚度假公寓、滨水商业主题广场、露天游泳池、游艇码头等休闲度假设施，成为海门市品牌楼盘。2008年，“海上·普罗旺斯”“半岛·托斯卡纳”“国农田园风光”3家生态住宅园区13万平方米房产全面开工，并在年内竣工10万平方米，销售稳中有升。2009年，海永乡商住楼开发面积计62万平方米，开工在建15万平方米。“海上·普罗旺斯”与“半岛·托斯卡纳”房产的多层、小高层楼房，国农田园风光一期69幢别墅年底全部交房。“海上·普罗旺斯”12层酒店公寓、半岛·托斯卡纳18层半岛酒店、绿岛江湾城一期7.5万平方米高层公寓全面开工。联想新城6.9万平方米集聚安置小区启动施工。在建楼盘中，销售面积占竣工面积的 94%，全年房地产项目入库地税 1808.08 万元，占乡全部地税的 81.54%。海永房产销售量占整个崇明市场的四分之一。

图 5－5 半岛 · 托斯卡纳 18 层半岛酒店 2015 年摄

2010 年，南通兴和房产的“海上 · 普罗旺斯”建成面积 8.6 万平方米和江苏荣海置业开发的“半岛 · 托斯卡纳”生态住宅楼全部销售完毕。是年 12 月，绿岛 · 江湾城项目一期工程 7.5 万平方米开工，其中 3 幢崇明岛地标性建筑 33 层高的公寓试桩。2012 年，绿岛 · 江湾城生态住宅楼建筑面积 4.2 万平方米、国农 · 蓝湖湾 5 万平方米房屋开发项目全面开工。总投资 1.5 亿元的“36 度阳光假日酒店”建筑面积 4.7 万平方米完成报批并开工。全乡新开工房产开发面积 27 万平方米，当年销售房产 1.55 万平方米，为乡提供税收 1822 万元。2013 年，建立永泰 · 红磡养生养老产业园，注册资本 5000 万元，建成后成为上海地区养生养老样板社区。同年，“36 度 · 阳光假日酒店”21 幢功能建筑基建完毕，进入装修阶段。2015 年，新开工房地产面积 5.6 万平方米，新竣工面积 8 万平方米。

图 5－6 蓝湖湾全景 2015 年摄

2006—2015 年海(乡)永镇房产项目一览

表 5－1

项目名称	投资主体	投资金额(亿元)	占地面积(公顷)	建筑面积(万平方米)
海上 · 普罗旺斯	上海兴和房地产有限公司	3.00	8.00	9.60
国农 · 田园风光	江苏国农置业有限公司	5.00	14.10	17.80
半岛 · 托斯卡纳	江苏荣海置业有限公司	1.50	3.10	3.62
融科 · 托斯卡纳庄园	联想集团南通融科房地产开发有限公司	9.50	9.53	11.50
绿岛 · 江湾城	江苏绿岛置业有限公司	7.50	10.93	23.68
联想新村	海永乡人民政府	1.60	7.33	7.20
乐颐小镇	南通红磡房地产咨询有限公司	—	7.00	9.90
蓝湖湾	江苏国农置业有限公司	—	14.10	17.00

第三章　旅游业开发

第一节　开发活动

2004年7月，中国农业大学投资兴建的“江苏国农—海永生态园”项目落户海永，这是一个集生态、休闲农业和观赏、旅游为一体的现代农业项目，这个项目的引进给开发海永旅游业打开思路。2005年，海永乡党委、政府在经济发展目标定位时确定，充分利用崇明生态岛优势，抓住机遇，融合上海，把海永建设成为海门在崇明岛上的“后花园”，成为上海人乃至全国各地人们观光、旅游的好去处。2010年11月26日，海永乡与崇明县签订旅游合作协议，与崇明森林公园、前卫生态村构筑生态旅游循环带。2011年2月12日，农业部、国家旅游局发出通知，认定海永乡现代农业产业园为“全国休闲农业与乡村旅游示范点”。同年，乡投资80万元，完成鸽笼港河海永段两岸绿化、亮化工程，海永进一步凸显江南水乡、田园风光的独特风情。2013年1月4日，成立乡旅游办公室。6月30日，成立海永国际生态休闲岛旅游度假区建设推进小组。11月9日，《海永乡休闲观光农业发展规划》通过省农会、省休闲观光农业协会专家论证，这是全省首家休闲观光农业发展规划通过论证的乡镇，11月20日，农业部办公厅正式发布，海永乡为全国“美丽乡村创建试点”乡村。

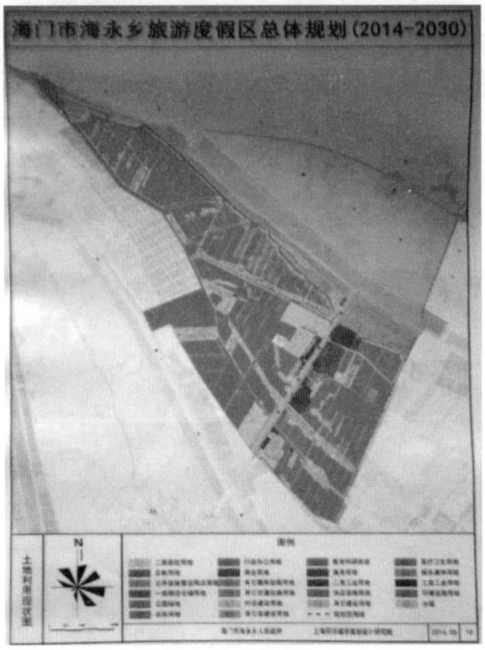

图5－7　2014—2030旅游度假区总体规划图　2014年摄

2014年1月20日，中国青年旅行社控股股份有限公司副董事长尹幸福、总经理卢军考察海永，对海永开发旅游业提出许多宝贵意见。6月，荷兰IVTA设计集团总裁戴军一行考察海永，就如何整合资源，发展旅游业进行深入调研，提出合理化建议。7月4日，乡召开旅游发展座谈会，研究如何打响“浪漫江洲、花香海永”旅游品牌，南通市、海门市旅游局领导参加会议，并就如何进一步做好海永旅游业开发工作发表意见。9月19日，在上海国际发展中心召开的2014年度长三角休闲农业与乡村旅游博览会上，海永乡是江苏省仅有的三家推介单位之一，乡长俞军以“浪漫江洲、花香海永”为题，重点介绍海永乡如何以玫瑰花、夜崇明、江湖湾为特色打造独具魅力的花香小镇。11月29日，南通市旅游局评审确定海永乡为南通市级“旅游度假区”。2015年7月25日，广州天造集团旅游开发事业部总经理黄超力在南通市委办公室副秘书长徐兴村引荐下，到海永就投资打造樱花园进行考察。11月11日，农业部认定海永乡为“乡村休闲示范乡镇”，全国306个乡镇获第五批“一村一品示范乡镇”，南通市仅海永1家。是年，长三角农业与乡村旅游博览会组委会推荐海永乡为休闲农业（农

图5－8　海永参加长三角休闲农业与乡村旅游博览会　2014年摄

家乐)景点,长三角地区被推荐的共 30 家,南通市仅此 1 家。

第二节　景点建设

2007 年,荷兰 IVAT 建设集团投资兴建绿大阿斯米尔花卉苗木基地,占地面积共 33.33 公顷,主要花卉苗木有月季、木槿、连翘等,特别是运用国内顶尖技术培育的树状月季,很有观赏价值。该基地是江苏省首家获得苗木自营出口权的基地,运销荷兰、德国等欧洲国家,2010 年开始每年出口苗木 30 万枝以上。

2009 年 4 月,市新海番茄农庄有限公司投资兴建番茄农庄,投资额 6000 万元,占地 30.2 公顷,内设 40 个特色庄园,由精致农业、花卉种植、中草药培育、原生态水产、有机果园、香草园等组成,是一个有机农产品丰富、观赏性强、具有农家乐特色的创意农业旅游景点。

2011 年,台湾中兴电工集团总投资 1 千万美元兴建绿宝石精致农业园。园内已建成 2 个硕大的鸟巢式智能温室,很有观赏价值。引进台湾精致农作物,以芬芳植物为原料提炼精油,工艺先进,价值可观。继而延伸芳疗教育、养生、精油交易,成为长三角地区最大的精油交易市场。

2012 年,澳大利亚蔚蓝建设集团投资兴建玫瑰小镇,占地 66.6 公顷,种植玫瑰花 20 多公顷,以玫瑰文化为核心,建成玫瑰婚典礼堂、鲜花小屋、浪漫庄园、玫瑰艺术工作室等旅游景观,同时开发玫瑰精油、玫瑰香皂等衍生产品,成为生产和观光相结合的旅游园区。

2013 年 12 月 17 日,南通永泰红磡养生产业集团投资兴建鸿泰 · 乐颐小镇项目开工,项目以健康、养生、休闲为设计主题,有老年度假公寓、家庭型别墅、城市活动主题馆、老年大学、一级甲等医院,多方位满足老年群体生活需求。项目一期工程建设 1 号楼会所及 2 ~ 4 号高层住宅楼基本完成,2000 平方米温室大棚已种植各种有机蔬菜。

2015 年 4 月 22 日,在市会展中心召开海永乡“SS1538”文创农业园项目评审会,该项目投资 7 亿元,占地面积 105.55 公顷。到会专家、领导一致认为,这是一个集创意农业、休闲观赏为一体的高端优质项目。

图 5 – 9　乐颐小镇家庭型别墅　2015 年摄

第六篇　党政社团

中共海永镇党组织建于1971年4月，由中共永隆沙良种场支部委员会逐步发展为场党总支、场党委。1992年底建乡后，更名为中共海永乡委员会。2015年，撤乡建镇后，更名为中共海永镇委员会，下辖党支部10个，有党员202人。

在党的十一届三中全会以来的方针政策指引下，海永镇党委领导全镇人民在围垦造田、改造自然、改造社会中不断采取一系列重要决策，取得一个个丰硕成果。期间，党的组织建设、宣传教育、纪检监察、农村工作、统一战线等各部门都做大量工作，共青团、妇联、工会等社会团体充分发挥了党的助手作用。

海永建乡后，在乡党委的正确领导下，乡人大、人民政府以及公安、人武等政权机构依法行使职权。先后召开6届人民代表大会，人民代表参与讨论重大事宜和实事工程决议，乡人民政府按照人大的决议付诸实施，推动海永的各项建设事业向前发展，海永的物质、精神两个文明建设发生深刻变化，进入全市镇和园区的先进行列。

第一章　中国共产党海永镇组织

第一节　镇党委机构沿革

1971年4月5日，经中共海门县委批准，建立中共永隆沙良种场党支部，隶属县农业局党组领导。1979年5月15日，建立中共永隆沙良种场总支委员会，隶属中共海门县委直接领导，下辖党支部14个。1990年9月5日，建立中共永隆沙良种场委员会。1992年12月2日，建立中共海永乡委员会，属中共海门县委领导下的乡级基层党委，内设党委办公室、组织、宣传、农村工作、统战、纪检等工作机构。2015年撤乡建镇后，建立中共海永镇委员会，内设党委工作机构基本不变，下辖党支部10个。

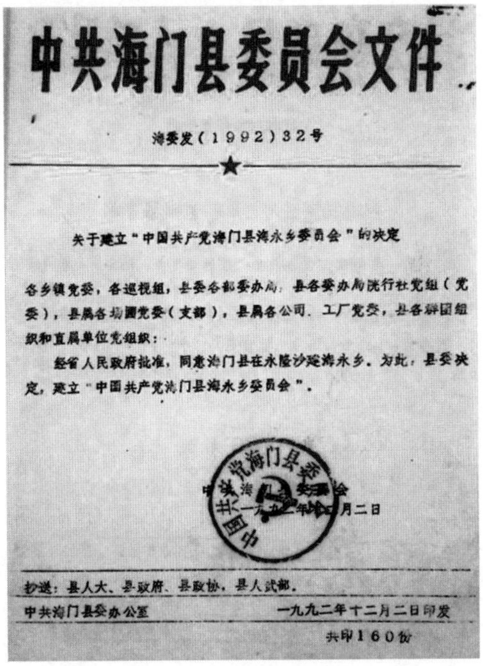

中共海门县委员会文件

海委发（1992）32号

关于建立"中国共产党海门县海永乡委员会"的决定

各乡镇党委，各巡视组，县委各部委办局，县各委办局银行社党组（党委），县属各场圃党委（支部），县属各公司、工厂党委，县各群团组织和直属单位党组织：

经省人民政府批准，同意海门县在永隆沙建海永乡。为此，县委决定，建立"中国共产党海门县海永乡委员会"。

一九九二年十二月二日

抄送：县人大、县政府、县政协，县人武部。

中共海门县委办公室　一九九二年十二月二日印发

共印160份

图6－1　1992年12月建立海永乡委员会批复

第二节　党员大会、代表大会

一、党员大会

1971 年 4 月 15 日，召开党员大会，建立中共海门县永隆沙良种场党支部。党支部委员由张建勤、朱拯国、杨建林 3 人组成，张建勤任党支部书记。

1979 年 5 月 15 日，召开党员大会，成立中共海门县永隆沙良种场总支委员会，施乐之任党总支书记，张家仁、陆尚礼、陈国丰任副书记。

1990 年 9 月 5 日，举行中共永隆沙良种场第一次全体党员大会。应到党员 156 人，出席 155 人。会议听取并审议中共永隆沙良种场党总支书记叶鹰作《加强党的领导，不断深入改革，为开创我场两个文明建设新局面而努力奋斗》的报告，通过相应的决议。大会选举产生中共永隆沙良种场第二届委员会委员 5 人，叶鹰任永隆沙良种场党委书记、顾善忠任党委副书记，会议还选举产生出席中共海门县第九届代表大会代表 2 人。

二、代表大会

1993 年 10 月 28 日，举行中共海门县海永乡第三次代表大会①，应到代表 60 人，出席 60 人，列席代表 4 人。会议听取并审议上届党委书记顾善忠作《认真贯彻党的十四大精神，为加快发展海永经济而努力奋斗》的报告，并通过相应决议。会议选举产生中共海永乡第三届委员会委员 7 人，顾善忠任党委书记、蔡学新任党委副书记。

1995 年 11 月 27 日，举行中共海永乡第四次代表大会。应到代表 40 人，出席 39 人，列席代表 8 人。会议听取并审议上届党委书记顾善忠作的工作报告，并通过相应决议。会议选举产生中共海永乡第四届委员会委员 5 人，顾善忠任党委书记、蔡学新任党委副书记，会议选举产生中共海永乡纪律检查委员会委员（简称纪委）3 人，顾善忠任纪委书记、杨建林任纪委副书记。同时，会议还选举产生出席中共海门市第十届代表大会代表 2 人。

2001 年 1 月 28 日，举行中共海永乡第五次代表大会。应到代表 60 人，出席 60 人，列席代表 6 人，会议听取并审议上届党委书记陶兰春作《抓住机遇，实事求是，为深入发展海永经济而奋斗》的工作报告，纪委书记汤华西作纪委工作报告，并通过相应决议。大会选举产生中共海永乡第五届委员会委员 7 人，陶兰春任党委书记，张健、邱鹏生任党委副书记。选举产生中共海永乡纪律检查委员会委员 3 人，胡兵任纪委书记。同时，还选举产生出席中共海门市第十一届代表大会代表 2 人。

2006 年 4 月 14 日，举行中共海永乡第六次代表大会。应到代表 60 人，出席 59 人，列席代表 6 人。会议听取并审议上届党委书记张健作《凝聚民心民志，科学和谐发展，为打造海门生态第一乡而努力奋斗》的工作报告，纪委书记陆金

图 6－2　中共海永乡第六次代表大会
2006 年摄

---

① 根据县委批复，良种场从 1979 年 5 月 15 日召开党员大会为第一届，由此算起，把这次党代表大会列为第三届。

田作纪委工作报告，并通过相应的决议。选举产生中共海永乡第六届委员会委员5人，张健任党委书记，丁城、陆金田任党委副书记。会议选举产生中共海永乡纪律检查委员会委员3人，陆金田任纪委书记。同时，会议还选举产生出席中共海门市第十二届代表大会代表2人。

2011年3月21日，举行中共海永乡第七次代表大会。应到代表60人，出席60人，列席代表4人。会议听取并审议上届党委书记张健作《乘风破浪，再铸辉煌，为建设幸福而又充满魅力的新海永不懈努力》的报告，纪委书记王永伟作纪委工作报告，并通过相应决议。会议选举产生中共海永乡第七届委员会委员7人，张健任党委书记，彭皓、俞军任党委副书记。选举产生第五届纪律检查委员会委员5人，俞军任纪检委书记。会议还选举产生出席中共海门市第十三届代表大会代表2人。

1971—2015年中共海永镇（场、乡）委员会（支部、总支）历任领导班子名录

表6-1

组织名称	职　务	姓　名	籍　贯	任职时间
中共永隆沙良种场支部	书　记	张建勤	江苏海门	1971.4.15—1976.4.5
	书　记	陆松云	江苏启东	1976.4.5—1979.3.4
	副书记	张建勤	江苏海门	1976.4.5—1977.4
	副书记	江曾峰	江苏海门	1976.4.5—1979.5
	副书记	施志良	上海崇明	1976.4.5—1979.5
	委　员	朱拯国	江苏海门	1971.4.15—1976.4.5
	委　员	杨建林	江苏海门	1971.4.15—1976.4.5
第一届中共永隆沙良种场总支委员会	书　记	施乐之	江苏海门	1979.5.15—1986.12.12
	书　记	叶　鹰	江苏海门	1986.12.12—1990.9.5
	副书记	陆尚礼	江苏海门	1979.5.15—1983.11.15
	副书记	张家仁	江苏海门	1979.5.15—1983.11.15
	副书记	陈国丰	上海崇明	1979.5.15—1987.10
	副书记	张品山	江苏海门	1984.8—1988.10
	副书记	叶守斌	江苏海门	1985.7—1987.9
	委　员	施志良	上海崇明	1979.5.15—1983.11.15
	委　员	薛玉辉	福建	1982.8.17—1990.9.5
	委　员	杨建林	江苏海门	1982.8.17—1990.9.5
	委　员	李素琴	江苏海门	1982.8.17—1990.9.5
中共永隆沙良种场第二届委员会	书　记	叶　鹰	江苏海门	1990.9.5—1992.12
	书　记	顾善忠	江苏海门	1992.12—1993.10.28
	副书记	顾善忠	江苏海门	1990.9.5—1992.12
	副书记	蔡学新	江苏海门	1992.12—1993.10.28
	委　员	杨建林	江苏海门	1990.9.5—1993.10.28
	委　员	李素琴	江苏海门	1990.9.5—1993.10.28
	委　员	陈国丰	上海崇明	1990.9.5—1993.10.28

续表

组织名称	职　务	姓　名	籍　贯	任职时间
中共海永乡第三届委员会	书　记	顾善忠	江苏海门	1993.10.28—1995.11.27
	副书记	蔡学新	江苏海门	1993.10.28—1995.11.27
	委　员	张品山	江苏海门	1993.10.28—1995.11.27
	委　员	杨建林	江苏海门	1993.10.28—1995.11.27
	委　员	李一飞	江苏海门	1993.10.28—1995.11.27
	委　员	陆志平	江苏海门	1993.10.28—1995.11.27
	委　员	汤伟韬	江苏海门	1993.10.28—1995.11.27
中共海永乡第四届委员会	书　记	顾善忠	江苏海门	1995.11.27—1997.11.19
	书　记	陶兰春	江苏海门	1999.12.19—2001.11.27
	副书记	张品山	江苏海门	1995.11.27—1999.12.19
	副书记	蔡学新	江苏海门	1995.11.27—1996.3
	副书记	张品山	江苏海门	1997.11.19—1998.10.30（主持全面工作）
	副书记	汤华西	江苏海门	1998.2.26—
	副书记	陶兰春	江苏海门	1998.10.30—1999.12.19（主持全面工作）
	副书记	胡　兵	江苏海门	1999.12—2001.11.27
	委　员	杨建林	江苏海门	1995.11.27—1999.12.19
	委　员	汤伟韬	江苏海门	1995.11.27—1999.12.19
	委　员	顾锦玉	江苏海门	1995.11.27—1999.12.19
	书　记	陶兰春	江苏海门	1999.12.19—2001.11.27
中共海永乡第五届委员会	书　记	陶兰春	江苏海门	2001.11.27—2003.3.27
	书　记	张　健	江苏海门	2003.3.28—2006.3.28
	副书记	张　健	江苏海门	2001.10.15—2003.3.27
	副书记	邱鹏生	江苏海门	2001.11.27—2006.3.04
	副书记	丁　城	江苏海门	2003.2.27—2006.3.28
	副书记	陆金田	江苏海门	2003.12.21—2006.3.28
	委　员	黄红伟	江苏海门	1999.12.19—2006.3.28
	委　员	王永伟	江苏海门	1999.12.19—2006.3.28
	委　员	顾锦玉	江苏海门	1999.12.19—2006.3.28
中共海永乡第六届委员会	书　记	张　健	江苏海门	2006.3.28—2011.3.21
	副书记	丁　城	江苏海门	2006.3.28—2006.12.28
	副书记	陆金田	江苏海门	2006.3.28—2006.5.30
	副书记	王永伟	江苏海门	2006.8.24—2010.2.6
	副书记	李　勇	江苏海门	2006.12.28—2010.2.6

续表

组织名称	职　务	姓　名	籍　贯	任职时间
中共海永乡第六届委员会	副书记	徐　赟	江苏海门	2010.2.6—2011.3.21
	委　员	邱鹏生	江苏海门	2006.3.28—2011.3.21
	委　员	俞　军	江苏海门	2010.3.28—2011.3.21
中共海永乡第七届委员会	书　记	张　健	江苏海门	2011.3.21—2011.12.19
	书　记	王　帆	江苏徐州	2011.12.19—2015.8
	书　记	徐秋华	江苏海门	2015.8—至今
	副书记	徐　赟	江苏海门	2011.3.21—2013.4
	副书记	俞　军	江苏海门	2011.3.21—至今
	副书记	彭　皓	江苏南京	2013.4—2014.2.5
	副书记	黄　华	江苏海门	2014.5—至今
	委　员	陆美英	江苏海门	2011.3.21—至今
	委　员	奚东浩	江苏海门	2011.3.21—2014.2.5
	委　员	黄海华	江苏海门	2011.3.21—2014.2.5
	委　员	曹卫忠	江苏海门	2012.2.6—2014.2.5
	委　员	徐　勇	江苏海门	2014.2.5—至今
	委　员	顾宏图	江苏海门	2012.12.16—至今
	委　员	杜　琴	江苏海门	2014.2—至今
	委　员	金宴峰	江苏海门	2014.2—至今

第三节　重要决策

一、组织围垦造田

永隆沙良种场建场后,党支部在抓紧发展农场生产的同时,继续组织围垦造田。1970 年冬至 1973 年冬,发动农场职工,招收场外民工,组织农场围垦。四年中,共动土 31.4 万立方米,筑堤 11189 米,围垦面积 262 公顷。1977 年,发动悦来垦区村民进行扩垦,动土 2.3 万立方米,筑堤 400 米,围堤面积 26 公顷。

20 世纪 90 年代,乡党委发动村民有偿扩垦。1993 年,乡党委研究决定围垦农场东北角与启东交界处,经县政府同意,围垦面积 25.9 公顷,围垦后开塘养鱼,由个体承包经营。1993 年至 1996 年,发动村民自费围垦土地共 25.33 公顷,围垦土地由围垦村民承包经营,十年后土地归还集体。2013 年 1 月,乡党委申报市政府,实施长江口北支海永段岸线整治工程,经批准围垦达标堤外滩涂 109 公顷。2015 年,围垦工程基本结束。

二、调整种植结构

农场围垦初期,为改良土壤,场党支部决定种植蚕豆和绿肥,以草还田。1974 年,根据县委和县政府要求,党支部决定种植结构以制种培育良种为主。1977 年,制种玉米收获 2.76 万公斤,为全县 11 个公社 59 个生产大队提供玉米良种。1978 年,扩大制种玉米面积,各新垦大队开始制种玉米,全场制种玉米 239.73 公顷,总产 80.5 万公斤。1989 年,实行“旱改水”,种植水稻 62.4 公顷,获得单产 507 公斤、总产 475 吨的好收成。1990 年,全面实行改制改茬。继续发展培育良种。1996—

1998年,向全市各地提供良种玉米147.35万公斤,占所需玉米种子的60%~70%。1998年,实施棉花与西瓜套种,亩产值1500元以上。

图6-3 1989年"旱改水"获得单产507公斤 1989年摄

三、经济体制改革

建场初期,由于大伙笼耕作,效益低下。1973年3月,场党支部决定划分耕作区,实行"四定一奖"。1978年至1982年,实行场、队"两级核算、分级管理、四定包干、联产奖赔"责任制,农场经济效益逐步上升,扭亏增盈。1983年,场党总支根据县委的要求,决定外围所有生产大队全面实行家庭联产承包经营责任制。1984年,贯彻县委转发的中共中央1号文件,完善家庭联产承包经营责任制,确定土地承包期为15年。1987年,场党总支制定下发工业企业经济责任制文件和考核办法,对工业企业实行指标考核,根据考核结果确定厂正副领导、中层干部和职工报酬系数。

1991年9月7日,场党委决定农场职工划田承包。1995年9月20日,乡党委决定调整农工划田承包耕地。对关闭企业下岗的农工划给承包耕地,对原划给承包耕地因外出务工而抛荒或自行转包他人的土地一律收交农场。1994年,乡党委决定,对200万元以上产值的工厂厂长、经理专门制定经济责任制。同年4月,在锻压件厂、建材厂先行召开职工代表大会,成立董事会、监事会,建立股份制企业。1996年4月26日,由乡政府下发《关于企业改制工作的实施意见》,乡工业企业、流通企业全面推行股份制或股份合作制。1997年8月,贯彻市委《关于做好延长农村集体土地承包期工作的意见》,确定二期承包30年,并签订承包合同,换发经营权证书。1998年5月,贯彻市委《关于进一步深化和完善企业改制的意见》的文件精神,乡办工业企业通过招投标转为民营企业。至2000年,全乡通过转制,工业、商贸企业均为民营个私企业,无集体所有制企业。

四、建设生态乡镇

海永镇地处崇明岛北沿,2003年上海市决定创建崇明国际生态岛,这是推动海永生态建设的最佳时机。2004年,在上海市《崇明岛屿总体规划》中,把海永纳入"崇北分区"的功能定位。按照这一定位,乡党委抓紧完成《海门市海永乡总体规划(2004—2020)》,经乡人大会议通过,并得到市政府批准。这个规划从生态文明的高度,为海永乡未来建设确定了科学的可持续发展的路子。2007年,乡党委决定,融入崇明生态体系,打造海门市生态第一乡。2008年5月,建立海门市创建生态乡领导组,进一步推进生态建设,重点从农村环境、水环境、道路环境三个方面着手开展工作,落实措施,真抓实干。2010年9月,经省级考核,一次性通过国家级生态乡镇验收,被环境保护部评为"全国环境优美乡镇"。

2011年7月20日,市政府成立海永生态科技创业园筹建领导组,专门领导和推进海永生态乡的发展进程。乡党委决定,投入1700多万元,实施鸽笼港河绿岛地段景观改造工程、联想新城明沟石爻工程、小区绿化工程以及全乡园林种植工程,多方面改观海永生态大环境。2014年,海永获批"国家美丽乡村创建示范点",使海永生态文明建设迈入国家层面。2015年11月中旬,海永乡政府与同济大学建筑与城市规划学院联合承办海永美丽乡村创建规划方案竞赛暨美丽乡村论坛,博采院校名家为谋划海永建成美丽的生态镇所发表的高见。镇党委综合专家意见,坚持立足生态岛、融入大上海的发展思路,着力进行园区、景区、城区建设,努力打造和创建全国美丽乡村示范区、省级旅游度假区。

五、发展高端农业

21 世纪初，乡党委打破传统农业的框框，向开发高端农业转化，谋划高附加值发展农业经济。2003 年 12 月，与上海特胜置业有限公司合作开发的“农民新城”项目正式签约。2004 年 12 月，与中国农业大学签订“国农海永生态农业园”协议，开发用地 100 公顷，是一个集农业种植、科技推广、产业培训、休闲观光为一体的特色现代科技农业园，成为江苏省最大的单体农业项目。2006 年，海永乡被市评为“项目农业建设先进单位”。

2007 年 4 月，与荷兰 NITA 集团签订绿大阿斯米尔花卉项目，投入 3 亿元打造新农村建设的示范园区，建成苗木基地，苗木出口欧洲。2009 年 4 月，市新海番茄农庄有限公司投资 6000 万元兴建海永乡番茄农庄，打造休闲农业旅游景点。2010 年，江苏·国农文化创意园项目投资 4 亿元，占地 66.53 公顷。是年，海永乡获市“项目农业一等奖”。

2011 年，台湾中兴电工集团投资的绿宝石精致农业科技园项目，投资超千万美元。是年，在“魅力城乡”栏目上，海永点击率破万次，江苏农业网多次报道海永走一条与传统农业绝不相同的高端休闲农业之路。2015 年 3 月，经省国土厅验收，海永乡率先完成海门万顷良田片区工程，成片流转农业用地 347.67 公顷。

六、开发房地产业

2005 年，乡党委决定，开发房地产业，融入崇明，接轨上海。2006 年，中国农业大学投资的田园风光房产项目、南通兴和房产有限公司投资的“海上·普罗旺斯”生态住宅园项目、融科·托斯卡纳庄园项目等均在年初开工，其中“海上·普罗旺斯”生态住宅园成为海门市品牌楼盘。2009 年，在建楼盘中，销售面积占竣工面积的 94%。全年房地产项目入库税收达 1808.08 万元，占全乡地税收入的 81.54%，房产销售量占整个崇明市场的四分之一，房地产开发成为全乡财政收入的支柱产业。至 2015 年，全镇共有房地产开发公司 8 家，投资 32.1 亿元，建商品房 85.18 万平方米。

七、开发旅游业

2005 年，乡党委充分利用建设崇明生态岛、融入大上海的机遇，根据文创农业的思路，得出以文创农业 + 观赏 + 旅游的路子，决定把海永建设成为海门在崇明岛上的“后花园”。同年 10 月，中国农业大学投资兴建国农·海永生态园，集生态、休闲、观赏、旅游为一体。2010 年 11 月，海永乡与崇明县签订旅游协议，与崇明森林公园、前卫生态村构筑生态旅游循环带。2011 年 2 月，农业部、国家旅游局发出通知，认定海永乡为“全国休闲农业与乡村旅游示范点”。2013 年 11 月 9 日，《海永乡休闲观光农业发展规划》通过省农会、省休闲观光农业协会专家论证。同年 11 月 20 日，农业部办公厅正式发布，海永乡为全国“美丽乡村创建试点”乡村。2015 年 11 月 11 日，农业部认定海永镇为“乡村休闲示范乡镇”，南通市仅此 1 家。

八、精神文明建设

1982 年，良种场党总支转发县委文件，开展第一个文明礼貌月活动，推动全场精神文明建设。1983 年，开展“五讲四美三热爱”竞赛活动，通过活动提高人民群众思想觉悟和道德观念。1990 年，党委发出通知，要求各村、大队、企事业单位制定创建文明单位规划和创建工作责任制。1992 年，场党委成立创建精神文明领导组，制定文明单位验收标准。同时，按照县委统一部署，开展社会主义思想教育和评星定级活动。1995 年，乡党委决定，实施文明创建工程，改变镇容镇貌。1999 年，全乡进行“崇尚科学，破除封建迷信”教育活动，清除小庙菩萨，销毁迷信书籍。

2000 年，在党内外进行“三个代表”重要思想教育，党委要求机关事业单位工作人员公开发表自己的承诺格言作为座右铭，服务接待提倡使用礼貌用语。2005 年 3 月，开展保持共产党员先进性教育，全乡党员干部通过分批教育、检查对照，提高党员的自身素质。2008 年 3 月，结合学雷锋活动，建立志愿者队伍，开展志愿者服务活动。2012 年 2 月，海永乡被评为南通市“文明乡镇”。

2014 年 2 月，开展党的群众路线实践教育活动。全乡 11 个党支部、197 名党员参加学习，主要通过学习习近平总书记系列讲话，按照习近平总书记提出的“照镜子、正衣冠，洗洗澡、治治病”的要求和党员的标准，联系对照，找出差距，制定整改措施，做到清正廉洁，全心全意为人民服务。2015 年 3 月，党委开展新常态、新形象、新发展为主题的教育活动，激发党员干部和人民群众积极投入建设海永生态乡镇的革命热情，为海永镇尽快融入崇明国际生态岛而共同奋斗。

第四节　组织建设

一、党支部

1971 年 4 月 5 日，成立中共永隆沙良种场支部，这是农场第一个党支部。1976 年 3 月，建立悦来垦区、三厂垦区、四甲垦区党支部。1979 年 5 月，建立农场 1 大队、2 大队、场直工副业、场部党支部 4 个，同时，建供销社党支部和三厂垦区大队、悦来垦区大队、四甲垦区大队、临江垦区向华大队党支部。1980 年 9 月建银行信用社党支部。12 月，悦来、三厂、四甲三个垦区党支部分别更名为永北大队、沙南大队、永西大队党支部。是年，全场共有党支部 10 个。1983 年 11 月，建立棉纺厂、丝织厂、建筑站、交管运输站党支部。1987 年 1 月，银行与供销社支部合并建银行供销社党支部。11 月，建立建材厂党支部。1988 年 1 月，建立学校党支部。3 月，建立五金厂党支部。1989 年 1 月，建立集市贸易、建筑站党支部。永北、永西、沙南、向华大队党支部更名为村党支部。1990 年，全场有永北村、永西村、沙南村、向华村、东西场大队、棉纺厂、丝织厂、建材厂、五金厂、集市贸易、建运、银行（信用社）、学校、场直共 14 个党支部。1991 年 1 月，建立建运贸易、被单二厂党支部。11 月，建立新村锻压件厂永隆沙分厂党支部。同年，场党委决定，建立党支部书记例会制度，时间为每月 5 日。第一次例会，学习中组部关于《党内政治生活若干准则》。1992 年，全乡共有党支部 14 个。1994 年 9 月，由于东西场大队分开，撤销东西场大队党支部，建立东场大队党支部、西场大队党支部。1995 年 1 月建立铸钢厂党支部。1999 年 1 月，由于东场大队和西场大队合并，建立东西大队党支部，撤销东场、西场大队党支部。是年永北村党支部被市委评为先进党支部。永西村、东西场大队、学校 3 个支部评为乡先进支部。2000 年 1 月，建立派出所党支部和并线厂党支部。是年底，共有党支部 14 个。同年，东西场大队党支部评为市“先进党支部”。唐善祥评为市“优秀党务工作者”。

2001 年 4 月，向华村与沙南村合并，建立沙南村党支部，永西村与永北村合并，建立永北村党支部。2002 年 8 月，建立乡老干部党支部。2004 年，全乡有党支部 11 个。2005 年 9 月，建乡工业企业联合党支部。俞军被评为市优秀党务工作者。2006 年 6 月，东西场大队党支部评为市先进党支部。2010 年，全乡有党支部 9 个。2013 年 11 月，建立联想新村社区党支部。2015 年，全镇有永北村、沙南村、联想新城、东西场大队、海永学校、建运贸易、工业企业联合、派出所、老干部、镇机关党支部 10 个。

中共海永镇（乡、良种场）党委下属支部负责人名录

表 6－2

支部名称	职　务	姓　名	籍　贯	任职时间
永隆沙良种场支部	书　记	张建勤	江苏海门	1971.4.5—1976.4.5
	书　记	陆松云	江苏启东	1976.4.5—1979.4
	副书记	张建勤	江苏海门	1976.4—1977.4
	副书记	江曾峰	江苏海门	1976.4—1979.4
	副书记	施志良	上海崇明	1976.4—1979.5

续表

支部名称	职　务	姓　名	籍　贯	任职时间
良种场机关支部	书　记	陈国丰	上海崇明	1979.5—1984.6
	书　记	张品山	江苏海门	1984.7—1988.1
	书　记	薛玉辉	福建	1988.2—1991.1
乡机关支部	书　记	顾善忠	江苏海门	1991.2—1992.12
	书　记	杨建林	江苏海门	1992.12—1997.6
	书　记	顾锦玉	江苏海门	1997.6—1999.1
	书　记	胡　兵	江苏海门	1999.2—2001.1
	书　记	邱鹏生	江苏海门	2001.1.27—2004.12
	书　记	陆金田	江苏海门	2005.1—2006.4.4
	书　记	邱鹏生	江苏海门	2006.4—2010.4
	书　记	俞　军	江苏海门	2010.5—2014.6.3
	书　记	黄　华	江苏海门	2014.6—2015.12
东场大队(农场1大队)支部	书　记	顾锦玉	江苏海门	1979.5—1983.11
	书　记	江志安	江苏海门	1983.4—1985.6
	书　记	杨建林	江苏海门	1985.6—1988.1
西场大队(农场2大队)支部	书　记	李素琴	江苏海门	1979.5—1980.11
	书　记	黄云辉	江苏海门	1980.12—1984.7
	书　记	李素琴	江苏海门	1984.7—1988.1
东西场大队支部	书　记	张品山	江苏海门	1988.2—1993.2
	书　记	江志安	江苏海门	1993.3—1994.9.22
东场大队支部	书　记	江志安	江苏海门	1994.9.22—1999.4
西场大队支部	书　记	秦　平	江苏海门	1994.9.22—1999.4
东西场大队支部	书　记	江志安	江苏海门	1999.4—2012.12
	书　记	姜凤迁	江苏海门	2012.12—2015.12
	副书记	黄　英	江苏海门	2006.1.6—2008.2.22
	副书记	顾永平	江苏海门	2006.1.6—2006.9.12
	副书记	黄海华	江苏海门	2007.4.8—2008.2.22
	副书记	姜凤迁	江苏海门	2008.2.22—2012.12
联想新城支部	书　记	刘　杰	江苏海门	2013.11.26—2015.1
	书　记	姜凤迁(兼)	江苏海门	2015.1—2015.12
悦来垦区支部	支部负责人	沈祝兵	江苏海门	1976.3—1976.12
	支部负责人	邢志清	江苏海门	1977.1—1979.4
悦来垦区大队支部	书　记	邢志清	江苏海门	1979.4—1980.11

续表

支部名称	职　务	姓　名	籍　贯	任职时间
永北村(大队)支部	书　记	顾菊章	江苏海门	1980.12—1988.3.5
	书　记	顾静芳	江苏海门	1988.3.5—1990.2.8
	书　记	黄　雄	江苏海门	1990.2.8—1997.12
	书　记	顾静芳	江苏海门	1998.1—1998.12
	书　记	杨　健	江苏海门	1999.1—1999.12
	书　记	顾静芳	江苏海门	2001.1—2001.4.2
	书　记	陆美英	江苏海门	2001.4.2—2008.2.22
	书　记	黄　英	江苏海门	2008.2.22—2010.4.28
	书　记	陆美英	江苏海门	2010.4.28—2015.1.20
	书　记	李　操	江苏海门	2015.1.20—2015.12.4
	书　记	蔡卫东	江苏海门	2015.12.4—2015.12.31
	副书记	郁志清	江苏海门	1989.12.7—1990.2.8
	副书记	朱兴昌	江苏海门	1997.1—1999.1
	副书记	蔡卫东	江苏海门	2000.5.9—2000.12
	副书记	沈卫华	江苏海门	2000.8.17—2003.5.24
	副书记	姜凤迁	江苏海门	2002.5.29—2008.2.22
	副书记	蔡卫东	江苏海门	2009.2.7—2015.12.4
	副书记	任海健	江苏海门	2013.5.3—2013.11.26
四甲垦区支部	支部负责人	倪宝林	江苏海门	1976.3—1979.5
四甲垦区大队党支部	书　记	倪宝林	江苏海门	1979.5—1980.11
永西村(大队)支部	书　记	倪宝林	江苏海门	1980.12—1990.12
	书　记	印祖达	江苏海门	1991.1—1992.12
	书　记	张惠方	江苏海门	1993.1—1995.10
	书　记	印忠祥	江苏海门	1995.10—1998.6
	书　记	陆美英	江苏海门	1998.7—2001.4.2
	副书记	印忠祥	江苏海门	1999.1—2001.4.2
临江垦区向华大队支部	支部负责人	陈念群	江苏海门	1979.5—1980.11
向华村(大队)支部	书　记	朱亚新	江苏海门	1980.12—1989.8.25
	书　记	陈文平	江苏海门	1989.8.25—1995.8
	书　记	徐玉琴	江苏海门	1995.8—1998.12
	书　记	高长春	江苏海门	1998.12—1999.4
	副书记	姜凤迁	江苏海门	1999.1—2001.1
三厂垦区支部	支部负责人	陈利嘉	江苏海门	1976.3—1976.12
	支部负责人	陆祖康	江苏海门	1976.12—1979.4
三厂垦区大队支部	书　记	陆祖康	江苏海门	1979.5—1980.11

续表

支部名称	职　务	姓　名	籍　贯	任职时间
沙南村(大队)支部	书　记	陆善仁	江苏海门	1980.12—1983.10
	书　记	张元兵	江苏海门	1983.11—1985.12
	书　记	唐善祥	江苏海门	1986.1—1990.12
	书　记	沙体汉	江苏海门	1991.1—1994.12
	书　记	陈品成	江苏海门	1995.1—1998.1
	书　记	黄　雄	江苏海门	1998.1—1998.12
	书　记	张元兵	江苏海门	1999.1—2003.11
	书　记	沈卫平	江苏海门	2004.5—2005.2.26
	书　记	陈　轶	江苏海门	2005.2.26—2008.1.6
	书　记	吴玉珍	江苏海门	2008.1.6—2010.8
	书　记	唐　军	江苏海门	2010.8—2015.12
	副书记	杨　兵	江苏海门	1993.5—1993.12
	副书记	沈卫平	江苏海门	2003.4.11—2004.5
	副书记	杨　平	江苏海门	2004.4.5—2005.7
	副书记	吴玉珍	江苏海门	2004.4.5—2008.1.6
	副书记	范　兵	江苏海门	2011.1—2015.12
场直工副业支部	书　记	陆尚礼	江苏海门	1979.5—1983.10
供销社支部	负责人	施元章	江苏海门	1979.5—1984.3.11
	副书记	朱善新	江苏海门	1984.3.11—1987.1
银行信用社支部	负责人	陈佳禄	江苏海门	1980.9—1986.12
棉纺厂支部	书　记	顾锦玉	江苏海门	1983.11—1994.12
	书　记	沙体汉	江苏海门	1994.12—2000.8.17
丝织厂支部	书　记	陆善成	江苏海门	1983.11—1986.1
	书　记	沈志敏	江苏海门	1986.1—1988.2
	书　记	顾善忠	江苏海门	1988.2—1990.2
	书　记	顾静芳	江苏海门	1990.2—1991.1
交管运输站支部	书　记	姚沛天	江苏海门	1983.11—1989.1
银行供销社支部	书　记	陈雪昌	江苏海门	1987.1—2000.12
建材厂支部	书　记	郁志新	江苏海门	1987.11.4—1989.10
	书　记	朱亚兴	江苏海门	1989.10—1997.1
	书　记	唐善祥	江苏海门	1997.1—1999.12
	书　记	俞东华	江苏海门	2001.1—2005.9.13
学校支部	书　记	徐锦新	江苏海门	1988.1—1999.1
	书　记	余寿亮	江西弋阳	1999.1—2015.12

续表

支部名称	职　务	姓　名	籍　贯	任职时间
五金厂支部	书　记	顾菊章	江苏海门	1988.3.5—1995.1
	书　记	袁根宝	江苏海门	1995.1—2000.8.17
	书　记	陈文平	江苏海门	2000.8.17—2005.9.13
建筑站支部	书　记	江志安	江苏海门	1989.1—1993.2
	书　记	袁汉聪	江苏海门	1989.1—1993.2
被单厂支部	书　记	顾静芳	江苏海门	1991.1—1992.12
建运贸易支部	书　记	袁根宝	江苏海门	1991.2—1994.12
	书　记	陈　铁	江苏海门	2003.4.11—2005.2.26
	书　记	沈卫平	江苏海门	2005.2.26—2008.1
	书　记	顾锦恒	江苏海门	2008.1—2015.12
	副书记	袁汉聪	江苏海门	1993.1—2003.4.11
	副书记	姜凤迁	江苏海门	2008.2.22—
并线厂支部	书　记	袁根宝	江苏海门	2000.8.17—2005.9.23
	副书记	朱正芳	江苏海门	1998.7—2000.8.17
派出所支部	政治指导员	胡海兵	江苏海门	2001.1—2001.4
	书　记	倪国新	江苏海门	2001.4—2013.11.26
	书　记	江志峰	江苏海门	2013.11.26—2015.12
老干部支部	书　记	陈国丰	上海崇明	2003.1—2010.4.28
	书　记	张品山	江苏海门	2010.4.28—2015.12
工业企业联合支部	书　记	陈文平	江苏海门	2005.9.23—2010.4.28
	书　记	黄　英	江苏海门	2010.4.28—2015.12

说明:农场东、西场大队党支部历经2次拆并

二、党员队伍

1970年,全场有中共党员3人。1973年,三厂、包场、王浩等地移民中迁入党员8人。1976年,悦来、四甲、三厂垦区移民中迁入党员75人。1980年,有党员134人。1984—1990年,发展新党员16人,全场共有党员165人。党员的文化程度有所提高,党员中本科2人,中专6人,高中27人。同年,通过民主评议党员,评出优秀党员12人、合格142人、基本合格9人。1991年4月,全场评出优秀党员12人,叶鹰评为县"优秀党员",1993年,发展新党员8人,培养入党积极分子9人。1995年,共有党员176人,其中正式党员173人、预备党员3人,年终评出优秀党员20人。1999年,全乡评出优秀党员17人,陆美英被评为市"优秀党员"。1999年,实施发展党员公示制、测评制。2000年,共有党员185人,其中大学本科生18人,约占10%。35岁以下的年轻党员38人,占20%以上。同年,沈志敏被评为南通市"优秀党员"。2001年,完善党员发展的三级培养(党支部、党小组、介绍人)、二级预审(党支部、党小组)、分层把关、责任追究的工作机制。2005年,全乡有党员193人,共有35岁以下的年轻党员48人,大学本科以上文化23人,发展非公有制企业党员1人,陆美英、黄海华评为市"优秀党员"。2008年,培养发展党员工作坚持重抓重推,优中选优。吸收入党积极分子参

与党员承诺活动。2015 年，有党员 202 人，其中男 163 人，女 39 人；本科文化 65 人，中专、高中文化 48 人、初中以下文化 89 人。党员中无文盲。

1970—2015 年若干年份海永镇（场、乡）党员状况一览

表 6-3

年份	总数	性别		文化程度						年龄					
		男	女	本科	中专	高中	初中	小学	文盲	25 岁以下	26-35 岁	36-45 岁	46-55 岁	56-60 岁	60 岁以上
1970	3	3	—	—	—	1	2	—	—	—	2	1	—	—	—
1975	20	18	2	—	1	1	7	7	4	1	8	11	—	—	—
1980	124	113	11	1	3	3	33	73	11	4	33	32	27	21	7
1985	151	138	13	1	4	18	37	77	14	9	28	47	30	18	19
1990	165	151	14	2	6	27	45	72	13	11	31	42	29	25	27
1995	176	159	17	6	10	34	52	68	6	6	28	40	50	17	35
2000	185	162	23	18	11	37	62	52	5	10	28	36	48	15	48
2005	193	166	27	23	14	44	63	46	3	12	36	42	42	15	46
2010	197	159	38	35	13	48	62	38	1	15	50	44	41	14	33
2015	202	163	39	65	9	39	55	34	—	27	17	32	32	48	46

第五节　纪检监察

一、组织机构

1977 年，永隆沙良种场建立党支部后，分工 1 名委员抓党的纪律检查工作。1979 年，建立党总支，分工 1 名副书记抓纪律检查和行政监察工作。1990 年，建立中共永隆沙良种场党委后，设专职纪检干部。1995 年 11 月 27 日，在中共海永乡第二次党代会上，选举产生中共海永乡纪律检查委员会，设委员 3 人，书记、副书记各 1 人。乡行政监察室与纪检委合署办公。2011 年 3 月 21 日，在中共海永乡第七次党代会上选举产生纪律检查委员会委员 5 人，书记 1 人。

二、廉政建设

建场初年，农场党员人数不多，主要通过党支部组织生活进行廉政自律的学习教育。1977 年 5 月 2 日至 10 日，进行整党整风，场部全体领导干部、共产党员、团支部委员、各连指导员、工副业组长、垦区领导参加整党学习，利用“小字报”开展面对面提意见，互相帮助，共同提高思想觉悟。1980 年，《党内政治生活若干准则》发布后，场党总支对党员干部开展党风党纪教育，先后开展学准则见行动，与党中央保持高度一致教育；坚持党的领导，反对资产阶级自由化的教育。1989 年 8 月 21 日，场党总支发文，对党员干部建房、亲属安排工作、借用公款、机关购物拿回扣等方面作出规定。1991 年 3 月，通过学习廉政建设文件，建立党员与农村群众的联系户。组织助耕队，确定工作责任区。1993 年 10 月 28 日，在乡第三次党代会上，通过关于加强党风廉政建设的决议。1994 年 4 月 25 日，组织全体党员观看县纪委下发的录像“权与钱—当代土皇帝禹作敏”。

1999 年 3 月 5 日，建立乡党委民主生活会制度，乡党委委员、副乡级以上领导干部都参加民主生活会，与会成员学习中纪委党风廉政建设文件，对照文件开展批评与自我批评，检点廉洁自律状况。2000 年 3 月，乡党委制定《党员干部廉

洁从政若干规定》,共12条。建立反腐败工作责任制,明确乡机关反腐工作具体内容、分管领导、责任人。2001年2月,制定《党员干部廉洁从政若干规定》共11条,特别对用公款招待吃喝,参加高消费娱乐活动,禁止黄、赌、毒,严肃财经纪律,领导干部个人重大事项的请示申报等方面都作出严格规定。2005年,乡党委发文贯彻落实党风廉政建设责任制和全乡反腐工作部署,把党风廉政建设落到实处。2006年,乡党委进行自律、自主、自省、自警、自励教育,构筑拒腐防变防线,要求乡机关每个党员干部堂堂正正做人,清清白白做官,勤勤恳恳办事。是年3月,海永乡纪检委被评为市纪检监察工作先进单位。2010年9月13日,党委对海永乡工程项目进行监督管理,凡投资50万元以上的公有资金建设项目,在筹建之前将根据投标方案,报乡工程项目监审组审核。2011年,乡纪检委组织"廉政讲堂"学习活动10次,观看廉政警示教育片2次,乡党委领导上党风廉政教育课4次。同年,对公务接待实施定地点、定标准、定陪同人数规章,并执行市纪检委制定的工作日午间禁酒的规定。对用公有资金建设项目和其他有关8个项目由乡工程项目监审组进行审核,涉及金额241.96万元,通过审核节约资金近70万元。至2015年,镇纪检委共处理群众举报23件,立案4件,2名党员受开除党籍处分。镇联想社区成功创建成为市廉政文化建设示范点,发放《海永效能督查简报》83期,通报批评集体3次,个人41次。

1995—2015年中共海永镇(乡)纪律检查委员会正副书记一览表

表6-4

职　务	姓　名	籍　贯	任职时间
书　记	顾善忠	江苏海门	1995.11.27—1998.1.27
书　记	汤华西	江苏海门	1999.1.8—2001.1.27
书　记	胡　兵	江苏海门	2001.1.27—2001.11.27
书　记	邱鹏生	江苏海门	2001.11.27—2006.3.4
书　记	陆金田	江苏海门	2006.3.4—2006.8.24
书　记	王永伟	江苏海门	2006.8.24—2010.2.6
书　记	俞　军	江苏海门	2010.2.6—2012.12.16
书　记	顾宏图	江苏海门	2012.12.16—2015.12.30
副书记	杨建林	江苏海门	1995.11.27—1998.1.27
副书记	顾锦玉	江苏海门	1998.1.27—2001.1.27
副书记	俞　军	江苏海门	2003.3.31—2006.8.24

第六节　宣传教育

20世纪70年代初,场党支部组织党员干部和农场职工开展批判林彪反革命罪行。1976年10月,发动群众愤怒声讨江青反革命集团罪行。1977—1980年,教育党员、干部、群众坚持党的基本路线,把工作重点转移到经济建设上来。1984年,在党内开展学习中共中央《关于整党的决定》和《关于经济体制改革的决定》,学习社会主义初级阶段基本理论,争做新时期合格党员。在群众中开展有理想、有道德、有文化、有纪律"四有"教育,开展文明礼貌活动。

1991年2月22日,恢复农场党校,更名为中共永隆沙良种场委员会党校,以党校为阵地进行党员干部教育和群众性的政治思想教育。1991年11月26日至1992年3月5日,进行社会主义思想教育,教育共分宣传发动、教育整顿、评定星级、制度建设、总结验收5个阶段,农场全体职工和永北、永西、沙南、向华4个村全体村民参加教育活动。1994年8月,乡党校办班,学习具有中国特色的社会主义理论和社会主义市场经济两项内容，全乡党支部书记、副书记、支委和乡办厂领导干部参加学习。1995 年 6 月，党内开展学习党的“十四大”通过的新党章和学习孔繁森事迹活动。1999 年 8 月，乡党委中心组学习《论共产党员的修养》，以增强中心组党员的党性。2000 年 6 月至 8 月，举办 4 期致富思源、富而思进教育活动，全乡机关干部和村、企事业干部参加学习，学习“三个代表”重要思想，和省宣传部有关文件，并组织“我为海永发展做什么，怎样做”大讨论，通过学习各村党支部制定的发展规划和推进全村经济发展的具体措施。2005 年 3 月，开展保持共产党员先进性教育活动，找出问题，当即解决问题，或纳入整改计划。2011 年，

图 6－4　共产党员先进性教育　2005 年摄

围绕“做靓海门南大门、建设海永宜居城、打造生态产业园”主题，开展群众性的政治思想教育。配置电脑、投影仪等硬件设备，请外地专家、投资客商董事长、总经理向乡党委学习中心组讲授经济管理、新农村开发建设等方面的理论和实践知识。对外宣传方面，接待市以上媒体记者 70 多人次，《新民晚报》《解放日报》《江苏法制报》等报刊杂志报道海永的文章信息 172 篇次，其中《海门日报》34 篇、海门市政府网站信息报道 131 篇。2014 年 2 月开始，开展党的群众路线教育实践活动，全乡 11 个党支部 197 名党员参加学习，以“为民、务实、清廉”为主题，按照“照镜子、正衣冠、洗洗澡、治治病”的要求，从严从实开展教育活动。乡领导干部深入基层调查研究，做到走村不漏户、户户见干部，共走访村民 300 多户。学习十八大、十八届三中全会文件，习近平总书记系列讲话，身边的先进典型，开展“为了谁，依靠谁，我是谁”的大讨论，贯彻整风精神，开展批评与自我批评，坚持即知即改，提高教育实效，锁定重点问题，制定规章制度，赋予实际行动。2015 年 3 月至 5 月底，开展新常态、新形象、新发展主题教育活动，解决全乡党员干部队伍中存在的工作作风不实，思想作风不正等问题，引领大家在发展现代化高端农业、创造旅游环境、建设生态之乡、加强社会治理、兴办民生实事等方面树立新思维，开创新局面。

第七节　农村工作

一、经营管理

1970 年建场后，由场部领导分工，直接管理农副业生产，根据县下达的种植、养殖计划指标实施生产经营。1971 年，为便于管理，全场分组经营。1974 年，场内编成 6 个连队，实行准军事化管理。1978 年，实行“二级核算、定额包干、联产奖赔”。各新垦大队与原区委脱钩，实行以场带队。生产队劳动管理实行小段包干，五定到组，即定劳力、定任务、定质量、定工分、定时间，由生产队队长、会计验收记分。

20 世纪 80 年代初，场部对农场职工实行指标考核，贯彻奖赔制度。外围生产队逐步推行联产承包责任制。1982 年 9 月，所有生产队实行联产承包责任制。1983 年，实行家庭联产承包经营责任制，生产队集体耕地统一发包给农户经营。种植、养殖计划逐步开放，农民自主经营。1984 年，延长土地承包期为 15 年。发放土地使用证。1988 年，调整承包田块，采取人划口粮田、劳划经济田，两田分开。1993 年 3 月 15 日，乡建立农业经营管理办公室，负责全乡农业经营管理。实行村账乡记、村款乡管模式。1994 年，允许农户采取出租、转让等形式进行土地承包经营权的流转。1995 年 5 月，乡建立土地使用权的流转机制，遵循增人不增地，减人不减地，和明确所有权、稳定承包权、搞活使用权的原则，进行承包土地流转。1997 年 9 月，明确二轮土地承包期为 30 年，并对农户的承包地、宅基地全面清丈，建立档案，签订承包合同，建立承包清册，发

放二轮承包土地使用证。2000 年 1 月，实行农村财务电算化管理。

2002 年 8 月，乡建立土地流转领导小组，下设土地流转信息服务站。是年，土地流转 19 公顷，占承包土地的 6%。2003 年至 2005 年，流转土地 109 公顷。2011 年，乡建农村流转土地交易市场，设置土地流转电子显示屏，村建信息管理网络，专门为农户流转土地服务，全年流转土地 53 公顷，签订流转合同 359 份。2012 年，在沙南村进行承包土地确权试点工作，通过确权登记，新增流转土地 46.8 公顷。同年，建立专业股份合作社 6 家，入社农户 1100 多户。2013 年，全面开展农村土地承包确权登记工作，乡政府发出《致广大农民朋友的一封信》，宣传确权登记的相关政策，使确权工作顺利开展。2015 年，沙南、永北 2 村承包土地确权登记工作结束，资料全部归档。永北村社区股份制合作社试点通过南通市农办鉴定认可。同年，镇政府建立承包土地流转交易领导组，推进土地流转交易，全年农户流转土地 62.53 公顷。

二、产业化经营

1984 年，农场成立多种经营服务公司，各村成立多种经营服务站，收购油菜、蚕豆、小麦、稻子等粮油产品，运销上海、福建等地。1996 年，合同定购青毛豆、大板蚕豆等品种运销上海。同年 5 月，乡引进南通星岛种猪场，组建养猪专业合作社，有 9 户养猪大户入股。2004 年，建立农副产品收购站 4 个，从业人员 250 余人，全乡有万元以上营销大户 5 户，销售农产品 80 多万元。

2010 年，全乡对外签订农产品销售合同 13 份，实现销售收入 141 万元，创建农产品产销合作经济组织 1 个。2011 年，创建合作经济组织 2 个，签订农产品产销合同 10 份，实现销售收入 300 多万元。2012 年，签订产销合同 10 份，销售收入 256 万元。2013 年至 2015 年，共签订产销合同 26 份，实现农产品销售收入 780 万元。

三、扶贫开发

1989 年，永西村被确定为贫困村，由县级机关派员驻村，扶贫帮困。1992 年，实施富民兴村工程，乡抽调 2 名优秀干部蹲点，专职扶贫。1996 年，乡实施富民兴村二期工程，至 2001 年共扶持贫困户 171 户，减免农业税和义务、积累工计 2 万多元。2001 年 5 月，调整充实扶贫人员，对全乡 42 户缺资金、缺技术、缺项目而无法脱贫致富的特困户进行突击帮扶，责任到人，当年脱贫率 60%。2002 年 6 月，对贫困家庭的学生进行帮扶。市妇联、国税局等单位资助贫困学生 7 名，乡派出所、卫生院、建材厂、农业服务公司、东西场大队等单位资助贫困学生 11 名。2004 年至 2005 年，开展百户扶贫工程，有关挂钩单位资助现金 1.3 万元，实物 0.1 万元。2012 年，对全乡 186 户、275 人贫困人口建档立卡，通过政策性扶贫措施，年终脱贫 90 户、118 人。2013 年，全乡扶贫对象 109 户，其中市级机关和市级企事业单位帮扶 38 户、乡机关企事业单位帮扶 71 户。2014 年，南通市审计局为 18 户困难群众每户送上扶贫资金 1200 元，南通第三建筑安装公司送上现金 3.6 万元，为 4 户困难群众解决开发脱贫资金；市政府“12345”服务热线捐资捐物折合 1.8 万元、市政府拨款 4.4 万元为贫困户解决扶贫启动资金。2015 年，经市、镇政府机关、企事业单位与贫困户本身的共同努力，全镇 109 户贫困户中，脱贫 106 户，脱贫率 98%。

四、控减农民负担

1975 年，农业税率从 10% 下降到 9%，人均年收入低于 50 元的生产队减免农业税。1983 年，农户负担的集体提留占净收入 7%。1987 年，农村重建农民负担制度，将按农民承包地数量负担义务工改为按全员劳动力负担，减轻纯农户义务工负担。1992 年，贯彻国务院《农民承担费用和劳动管理条例》，农民缴纳的村提留、乡统筹费不得超过上年农民人均收入的 5%。1993 年，开展农民负担执法大检查，清理农村乱收费、乱摊派、乱罚款，全乡农民减负 3 万多元。1997 年，农民负担由原人均收入的 3.5% 降到 1.98%。1999 年始，农民负担一定 3 年不变，发放农民负担监督卡 1408 份。2000 年，全乡享受义务工、积累工、农业税减免的贫困户、特困户、净农户共 350 多户，减免金额 4 万多元。是年 11

月，建立涉农收费公示制度。

2001年，农村进行税费改革，一是取消乡统筹费，取消农村教育事业费附加，取消计划生育、优抚、民兵训练、修建道路等收费，取消向农民征收的行政事业性经费和基金；二是取消农村教育集资等涉及农民的政府性集资；三是取消屠宰税；四是逐步取消劳动积累工和义务工（简称“两工”），当年每个劳动力负担“两工”20个工日，以资代劳折收代金不超过70元。同年，各村开始实行“一事一议”筹资办法，全乡筹资人均不超过25元，每个劳动力负担不超过5个工。2003年，每个劳动力负担“两工”16个工日。以资代劳折收代金不超过50元。2005年，取消农业税征收，取消“两工”，全年减少农民负担10万元，人均减负33元。2007年，村“一事一议”筹资实行项目化管理，事毕专项审计，公布于众，全年实现涉农负担零上访。2008年，村“一事一议”每个劳力筹资50元，筹劳40元。2006年至2008年，乡政府及时对接上级有关部门，争得项目农业扶持资金，共发放涉农补贴资金95.15万元。2014年，村“一事一议”筹资筹劳均为40元，政府对农户实行农资综合性补贴，每亩补贴83元。2015年，农资综合补贴每亩113元，全年补贴合计67万元。

五、社会化服务

1977年，永隆沙良种场以及外围生产大队制种玉米200多公顷，场部技术人员组织农户集中培训技术，在去杂去雄阶段，技术人员下乡指导，发放技术资料1000多份。1983年，实行家庭联产承包责任制以后，每逢农时季节，农户急需农药化肥，供销社拆零供应，送货下乡。1986年，各村组织专业队进行植保治虫，全场新增机动弥雾喷雾机10台，聘请1名技术师傅专职修理保养。1990年，各村建综合服务站，为农户提供机耕、排灌、脱粒、种子等农机、农资服务。是年，各级服务站有地膜覆盖机20多台，条播机2台，机动弥雾喷雾机30多台，中型拖拉机3台，玉米脱粒机10台，喷灌机械10套，机灌动力200千瓦，联合收割机3台。1995年，为农户代办滩涂开发用地手续，围垦养蟹，投入资金160万元。1996年，乡开展农民创业技能和劳动就业培训，为农户寻找创业路子。

2000年，乡组建农民一站式服务窗口，为农村合作经济组织和农户提供承包地流转经营、信息咨询等方面服务。2003年，乡供销社、合作商业等供应部门自办或与村、农村经纪人联办农业服务站3个，为农民销售农副产品服务。2005年，各村建立社区服务中心，为社区居民的生产、生活服务。2010年，开展农经“一站式”窗口服务，办理劳务输出345人，培训劳务输出人员210人，建立劳动档案172人，办理承包地流转39.53公顷，为农产品销售签订产销合同13份，实现销售收入141万元；办理农产品政策性保险面积273.33公顷。2011年至2015年，共组织劳务输出1441人次，培训劳务人员1244人，建立劳动档案1068份；签订承包地流转合同1648份，流转承包地211.53公顷，签订农产品产销合同46份，实现销售收入1336万元，集体资产经营盈利52.27万元，办理农产品政策性保险面积123.8公顷，创建合作经济组织12个。

第八节 统一战线

海永建乡后，党委设统战委员，调查全乡海外侨胞、港澳台同胞及其在海永的眷属，调查非党工商界人士、无党派知识分子、宗教界人士，以及少数民族分布情况，弄清境域内统战对象队伍状况，按照党的方针和市统战部门的要求做好统战工作。海永在国外的侨胞、港澳台同胞共有5人，其中侨胞2人、港胞2人、台胞1人；基督教信徒100多人，少数民族11个、28人，无党派知识分子20多人（中级职称以上）。1995年开始，逢“国庆”“中秋”“春节”等重大节日，乡党委和政府分别召开各界统战对象座谈会，通过座谈沟通情况，联络感情，征求意见、建言献策，并帮助他们解决一些生活实际问题。1997年，台胞唐嵩回海永探亲，乡政府领导热情接待，向台胞介绍家乡经济建设的发展和人民生活的提高情况，希望他能为家乡建设做贡献。

进入21世纪，乡党委注重统战工作为海永经济建设服务，加强与社会工商界党外人士、私企老板联系沟通、合作共事。2008 年，乡政府对在海永投资创业的房地产老板陆友荣、李三瑞、梅向荣颁发“特别贡献奖”，表彰他们为建设海永经济，增加财政收入取得优异成绩，激励投资商为海永两个文明建设做出更大贡献。2011 年，乡党委全年 4 次专题研究统战工作，各基层党支部有 1 名委员任统战工作联络员。同年 5 月 29 日，乡统战、宣传等部门组织宣传活动，宣传党的对台政策，民族宗教政策。9 月 22 日，举行海永乡侨联小组座谈会，10 名侨眷应邀参加，市侨联主席、党组书记参加会议。2013—2015 年，海永乡党委、政府在发展高端农业和房地产业建设中，充分发挥无党派知识分子的智囊团作用，多次召开建设海永“美丽乡村”设计方案论坛，广泛吸收各方面的建言献策。经常与非公有制经济老总沟通联系，请他们为海永招商引资牵线搭桥，吸引客商投资海永。

图 6－5 台胞高嵩（中间）回乡探亲

1997 年摄

第二章 政 权

第一节 海永镇人民代表大会

第一届人民代表大会第一次会议 1993 年 5 月 4—5 日，举行海永乡第一届人民代表大会第一次会议，应到代表 44 人，出席 43 人，列席代表 34 人。会议听取并审议通过蔡学新作的政府工作报告、顾善忠作乡人大主席团工作报告，以及 1992 年财政预算执行情况和 1993 年财政预算（草案）的报告。会议选举产生乡人大副主席 1 人，乡人民政府乡长 1 人、副乡长 2 人。选举产生出席县人民代表大会代表 3 人。

第二届人民代表大会第一次会议 1996 年 3 月，举行海永乡第二届人民代表大会第一次会议。应到代表 44 人，出席 43 人，列席 36 人。会议听取并审议顾善忠作政府工作报告、杨建林作人大主席团工作报告，以及 1995 年财政预算执行情况和 1996 年财政预算（草案）的报告。会议选举产生乡人大副主席 1 人、乡人民政府乡长 1 人，副乡长 3 人。选举产生出席市人民大会代表 3 人。

第三届人民代表大会第一次会议 1999 年 1 月 14—15 日，举行海永乡第三届人民代表大会第一次会议，应到代表 44 人，出席 43 人，列席 35 人。会议听取并审议通过陶兰春作的政府工作报告、汤华西作的乡人大主席团工作报告，以及 1998 年财政预算执行情况和 1999 年财政预算（草案）的报告。会议选举产生乡人大主席 1 人，乡人民政府乡长 1 人、副乡长 2 人，会议还选举产生出席市人民代表大会代表 3 人。

第四届人民代表大会第一次会议 2002 年 1 月 15—16 日，举行海永乡第四届人民代表大会第一次会议，应到代表 44 人，出席 43 人，列席 36 人。会议听取并审议通过张健作的政府工作报告、张品山作的乡人大主席团工作报告，以及 2001 年财政预算执行情况和 2002 年财政预算（草案）的报告，会议选举产生乡人大副主席 1 人，海永乡人民政府乡长 1 人、副乡长 1 人，选举产生出席市人民代表大会代表 3 人。

第五届人民代表大会第一次会议 2007 年 12 月 28—29 日，举行海永乡第五届人民代表大会第一次会议，应到代表 44 人，出席 43 人，列席 36 人。会议听取并审议通过李勇作的政府工作报告、邱鹏生作的乡人大主席团工作报告，以及 2006 年财政预算执行情况和 2007 年财政预算（草案）的报告，会议选举产生乡人大主席 1 人，海永乡人民政府乡长 1 人、副乡长 1 人。选举产生出席市人民代表大会代表3人。

第六届人民代表大会第一次会议　2012年3月7日,举行第六届人民代表大会第一次会议。应到代表44人,出席43人,列席40人。会议听取并审议通过徐賨作的政府工作报告、邱鹏生作的乡人大主席团工作报告,以及2011年财政预算执行情况和2012年财政预算(草案)的报告,会议选举产生人大主席1人、副主席1人,乡长1人、副乡长2人。选举产生出席市人民代表大会代表3人。

1979—1993年永隆沙良种场行政领导一览表

表6-5

姓　名	籍　贯	职　务	任职时间
施乐之	江苏海门	场　长	1979.5.15—1987.1.7
陈国丰	上海崇明	副场长	1983.4.10—1987.1.7
施志良	上海崇明	副场长	1982.4.19—1986.5
陈范祖	江苏南通	副场长	1984.8—1987.1.7
叶　鹰	江苏海门	场　长	1987.1.7—1992.10
顾善忠	江苏海门	副场长	1987.1.7—1993.5.4
陈国丰	上海崇明	副场长	1987.1.7—1993.3.2
蔡学新	江苏海门	场　长	1992.10—1993.5.4
陈范祖	江苏南通	副场长	1987.8—1988.8
胡　兵	江苏海门	场长助理	1992.10—1993.5.4
陈胜忠	江苏海门	场长助理	1985.7—1987.9

1993—2015年海永乡人大、政府领导一览表

表6-6

届　次	职　务	姓　名	籍　贯	任职时间
第一届人代会(1993.5—1996.3)	人大副主席	顾善忠	江苏海门	1993.5.4—1996.3
	乡　长	蔡学新	江苏海门	1993.5.4—1996.3
	副乡长	张品山	江苏海门	1993.5.4—1996.3
	乡长助理	周士新	江苏海门	1993.4—1996.3
第二届人代会(1996.3—1999.1)	人大副主席	杨建林	江苏海门	1996.3—1998.10.30
	人大副主席	汤华西	江苏海门	1998.10.30—1999.1.8
	乡　长	顾善忠	江苏海门	1996.3—1997.10
	乡　长	张品山	江苏海门	1997.11—1998.10
	乡　长	陶兰春	江苏海门	1998.10—1999.1.8
	副乡长	张品山	江苏海门	1996.3—1997.10
	副乡长	胡　兵	江苏海门	1996.3—1999.1
	副乡长	韩亚生	江苏海门	1996.3—1999.1

续表

届　次	职　务	姓　名	籍　贯	任职时间
第三届人代会（1999.1—2002.1）	人大主席	张品山	江苏海门	1999.1.14—2001.1.27
	人大副主席	胡　兵	江苏海门	2000.11.15—2001.10
	人大副主席	邱鹏生	江苏海门	2001.10—2002.1.15
	乡　长	陶兰春	江苏海门	1999.1.14—2002.1.15
	副乡长	胡　兵	江苏海门	1999.1.14—2001.1.15
	副乡长	韩亚生	江苏海门	1999.1.14—2002.1.15
第四届人代会（2002.1—2007.12）	人大副主席	邱鹏生	江苏海门	2002.1.15—2007.12.28
	乡　长	张　健	江苏海门	2002.1.15—2003.3
	乡　长	丁　城	江苏海门	2003.3—2007.1.25
	乡　长	李　勇	江苏海门	2007.1.25—2007.12.28
	副乡长	王永伟	江苏海门	2002.1.15—2007.1.25
	乡长助理	施卫东	江苏海门	2002.3.12—2007.1.25
	副乡长	陆金田	江苏海门	2005.12—2006.3.4
	副乡长	俞　军	江苏海门	2007.1.25—2007.12.28
第五届人代会（2007.12—2012.3）	人大主席	邱鹏生	江苏海门	2007.12.28—2012.3.6
	乡　长	李　勇	江苏海门	2007.12.28—2010.2.26
	乡　长	徐　赟	江苏海门	2010.2.26—2012.3.6
	副乡长	俞　军	江苏海门	2007.12.28—2012.3.6
	副乡长	黄海华	江苏海门	2010.2.26—2012.3.6
	副乡长	曹卫忠	江苏海门	2010.2.26—2012.3.6
	乡长助理	王志兵	江苏海门	
第六届人代会（2012.3—　）	人大主席	邱鹏生	江苏海门	2012.3.7—2014.2.5
	人大主席	王　帆	江苏徐州	2014.2.5—2015.12.11
	人大主席	徐秋华	江苏海门	2015.12.11—
	人大副主席	陆美英	江苏海门	2014.2.5—
	乡　长	徐　赟	江苏海门	2012.3.7—2013.7.9
	乡　长	彭　浩	江苏海门	2013.7.9—2014.2.5
	乡　长	俞　军	江苏海门	2014.2.5—2015.12.30
	副乡长	黄海华	江苏海门	2012.3.7—2014.2.5
	副乡长	曹卫忠	江苏海门	2012.3.7—2014.2.5
	副乡长	庞道义	江苏滨海	2013.7.9—
	副乡长	徐　勇	江苏海门	2014.2.5—

第二节　海永镇人民政府

1970年3月至1979年4月，国营永隆沙良种场实行企业化管理，内设机构有场部办公室、财务室、上山下乡办公室、治保室、工业办公室、交通管理站、人武部等科室。1979年5月，场对悦来、四甲、三厂新垦大队，以及向华大队实行以场带队管理，代理政府职能，场部内设机构逐步增加。

1992年12月，成立海门县海永乡人民政府，与永隆沙良种场为两块牌子，一套班子。乡政府按照乡的建制设政府各职能机构。1996年，政府机关精简行政人员编制，核定海永乡机关编制为24人，内设党政办、财政办、社会事务办、农业经济办等办公室，把原职能机构编入各办公室。2001年11月，通过机构改革，乡政府直属全民事业单位由原13个改为8个，精简38.4%。2008年2月，为提高政府机关工作效能，乡党委、政府机关各部门工作人员组成6大指挥组行使职能，即督查推进指挥组、路桥河水建设指挥组、安全生产指挥组、拆迁安置指挥组、信息化建设指挥组、项目推进服务指挥组。2011年1月，乡政府设政府办公室、财经办公室、政法综治办公室、社会事务办公室、经济发展办公室、农业服务中心、企业服务中心、建设服务中心、城建环卫管理所等机构，原各职能机构归属办公室和服务中心。2015年11月30日，撤乡建镇，建立海永镇人民政府，内设机构不变。

1993—2015年海永镇(乡)人民政府机构一览表

表6－7

时　间	机构类别	机构名称
1993—1995年	工作部门	乡政府办公室、秘书室、财政所、统计、审计、乡科协、计生办、民政办、司法所、成教中心、劳动社会保障所、环卫所、人武部、安监办、文化站、农经站
	事业机构	水利站、农业技术推广站、多种经营管理站、兽医站、农机管理站、法律服务所
	市垂直部门	税务所(国、地税)、土管所、派出所
1996—2000年	工作部门	乡政府办公室、秘书室、财政所、统计、审计、乡科协、计生办、民政办、司法所、成教中心、劳动社会保障所、环保所、人武部、安监办、文化站、农经站、信访、综合治理
	事业机构	水利站、农业技术推广站、多种经营管理站、交管站、兽医站、法律服务所、企业管理服务站、渔政站、农机管理站、建管站、计划生育服务站
	市垂直部门	税务所(国、地税)、土管所、派出所、广电站、用电站
2001—2005年	工作部门	乡政府办公室、秘书室、财政所、乡科协、计生办、民政办、司法所、成教中心、劳动社会保障所、人武部、安监办、文化站、农经站、统计、审计、信访办、综合治理办、环境保护、城建监察中队、村镇规划办、招商办、旅游办、环卫所
	事业机构	水利站、农业技术推广站、多种经营管理站、渔政站、交管站、兽医站、农机管理站、企业管理服务站、建管站、计划生育服务站、残联法律服务所、运输站、生猪办、三产办、外向型经济、民营经济
	市垂直部门	税务所(国、地税)、土管所、派出所、广电站、用电站
2006—2010年	工作部门	乡政府办公室、秘书室、财政所、统计、审计、科协、计生办、民政办、司法所、劳动社会保障、环保办、人武部、安监、文化站、农经站、信访、综合治理、成教中心、规划办、招商接待办
	事业机构	水利站、农技站、兽医站、渔政站、生猪办、农机站、运输站、城建环卫管理所、企管站、建筑管理站、民营经济、三产服务、外向型经济、残联、城建监察中队
	市垂直部门	税务所(国、地税)土管所、派出所、广电站、用电站

续表

时　间	机构类别	机构名称
2011—2015 年	工作部门	政府办公室、秘书室、财政所、统计站、审计、科协、计生办、文化站、成教、民政双拥办、公共资源交易中心、民政办、司法所、劳动社会保障所、人武部、安监办、农经站、环保办、三产办、外向型经济办、民营经济办、规划办、城建监察中队、综治办、信访维稳办、旅游办、工业经济办、残联
	事业机构	水利站、农机站、兽医站、建筑管理站、招商办、城管中队、环卫所、610 办、绿化办、防洪抗旱办、农村经济服务中心、企业管理站、老龄办、农路办
	市垂直部门	税务所(国、地税)、土管所、派出所、广电站、用电站

第三节　政务纪要

一、第一届人民代表大会期间

农业　1993 年，战胜多种自然灾害，实现农业总产值 769.5 万元，粮食总产 1664 吨，油料 100 吨，皮棉 105 吨，亩产皮棉 80 公斤，名列全县第一。养殖业迅速发展，农民纷纷开挖承包鱼塘，乡出资 80 万元围垦东北角外滩 25.93 公顷，作为养鱼养蟹基地发包个体经营。1995 年，农业总产值 927 万元，粮食总产 1411 吨，油料 333 吨，皮棉 88.85 吨。

工业　1993 年，全乡工业总产值 2176 万元，固定资产投入 812 万元，税收 133 万元。同年 4 月，南通市瀛海康乐股份有限公司投产，这是海永乡首家中外合资企业。是年，全乡共有乡办企业 8 个，职工 819 人。1995 年，永隆沙棉纺厂纱锭发展到 5000 锭，有各种机车 24 台，年产值 1000 多万元，成为全乡骨干企业。永隆沙建材厂集体承包崇明县合作副业场轮窑生产经营，两窑产砖 5000 万块，产值 700 万元，利润 114 万元。

基础设施　1993 年，修筑村级晴雨路 4 公里。同年 4 月，乡投资 50 万元，与崇明接网开通 120 门程控电话。1995 年，乡投资 101 万元安装数字微波塔，实现微波通讯程控化，传输数字化。同年，进行旧镇改造，拆除旧房 120 间，计 4035 平方米，兴建街道门面房 73 间 8557 平方米，投入 12 万元建造塑钢棚顶市场 300 平方米。

社会事业　随着经济的发展，海永教育事业不断前进。1993 年，学龄儿童入学率 100%，小学双科合格率 92%，初中升高中(技校)24 人，其中普中 8 人、技校 2 人、职高 12 人。1995 年，投资 45 万元兴建中小学教学楼各 1 幢，共 1200 多平方米。1993—1995 年，添置彩电、录像机等各种教学设备计 155 万元，投入 8.9 万元搬迁幼儿园，投入 8 万元为 70% 农户装上调频广播。

二、第二届人民代表大会期间

农业　1996 年，围垦永西村外滩，增加耕地 8.4 公顷。粮食获得丰收，总产 1600 多吨，皮棉总产 67.5 吨，良种培育有较大发展，制种玉米 51.5 万公斤。1997 年，农业总产值 577 万元，粮食总产 1563 吨，油料 15.6 吨，制种玉米 146.6 公顷，总产 74 万公斤。兴修农田水利动土 4.02 万立方米。1998 年，改革耕作制度，实行棉花与西瓜套种，获得亩产值 1500 元的好收成。1996—1998 年，向全市各乡镇提供制种玉米 147.35 万公斤，约占全市所用玉米种子的 60% ~70%。

工业　1996 年，产值 2300 万元，增加值 680 万元，税收 128 万元。引进上海运良锻造厂在乡境建分厂，出让土地 3.3 公顷。1997 年，产值 1906 万元，增加值 775 万元，税收 146 万元，技改投入 550 万元。1998 年，运良锻造厂投入 450 万元扩建生产流水线 1 条，为发展生产创造后劲。同年，乡政府提出申请报告，经市政府同意，该厂获得超核定税收基数的 35% 由市财政返还企业的优惠政策。永隆沙棉纺厂通过企业体制改革，出售给厂内职工冯岐，更名为永隆沙并线厂。

基础设施　全乡交通状况逐步改善，1996

年建成黑色路面4.5公里、乡级公路1.5公里。同年，邮电设施不断发展，建成向华村、东西场大队2个电话村。1997年，建乡邮电所大楼200平方米；全乡有固定电话机790部，百人占有率14.97%，实现电话乡。1998年，全乡有固定电话815部，百人占有率16%。同年，完成永西村地段江堤块石护坡工程、完成永北村低压线路改造。

三、第三届人民代表大会期间

农业　1999年，总产值880万元，粮食总产量1193吨，制种玉米79.3公顷。是年，因梅雨季节降水成灾，全乡西瓜失收，乡政府决定，将西瓜地改种水稻，喜获丰收，东西场大队被评为市中稻丰产方竞赛先进单位。2000年，总产值820万元，增加值660万元，粮食总产1159吨，瓜果产量128吨，淡水养殖有较大发展，养殖面积86.8公顷，占耕地面积18.5%，水产品产量达400多吨。大棚生产逐步发展，全年扩大蔬菜大棚4.5公顷，亩均产值6841元。2001年，总产值885万元，粮食总产量979吨。加大种植业、养殖业结构调整，新增大棚生产10公顷，建设千头高架养羊场、千头养猪场。是年冬，大搞水利建设，确保抗御自然灾害的能力，研究出台海永乡水利改造三年规划，当年投入水利经费38万元，疏浚乡级河道5条，总长3500米，挖土5万立方米。

工业　1999年，总产值2028万元，比上年增长26.8%，增加值550万元，技改投入170万元。2000年，总产值2435万元，增加值647万元，利税126万元。2001年，总产值3655万元，产品销售收入3520万元，技改投入250万元，完成技改项目3个。

基础设施　1999年，完成黑色路面工程7.1公里。2000—2001年，拓宽乡、村两级道路23公里，修筑晴公路3.5公里，完成江堤达标工程6500米。广播喇叭实现村村通。

商贸服务业　1999年，商贸、服务、运输等第三产业迅速发展，全年三产增加值1044万元，农村运输产值1406万元，集贸市场成交额300万元。同年，建立小商品流动市场，引进大批外地小商品、纺针织品商户，每逢周四在农民街设摊经营，改变海永市场商品少、价格高的局面。2000年，三产增加值1218万元，运输业产值775万元，集贸市场成交额350万元。2001年，三产增加值1335万元，运输生产值820万元。集贸市场成交额近400万元。

社会事业　1999年，经南通市教委批准，海永中心小学为南通师范海永教改实验小学、南通师范社会实践基地。合作医疗参保率12%，参加社会保险2234人。2000年，乡政府和市教育局共同出资76万元，建中小学教学实验楼1350平方米，于12月底竣工启用。同年，全场420名农工中参加社会保险283人，156名退休职工按月领取退休金，平均退休金236元。2001年，合作医疗制度全面推开，全乡合作医疗参保率99.4%，为400名农场职工办理养老保险，全乡参加社会保险2118人。投入80万元，兴建中小学教学楼各1幢。

四、第四届人民代表大会期间

农业　2002年，通过种植结构调整，设施农业蓬勃发展，经济作物形成规模，全乡大中棚种植面积33.3多公顷，经济作物340公顷。实现农业总产值898万元。淡水养殖走出低谷，水产品产量430吨。乡投资30万元加快农田水利建设，兴建提水闸3座，疏浚匡河总长6.2公里。2003年，粮食总产615吨，水果产量176吨，淡水产品产量400吨。2004年，高效农业全面启动，品牌特色基本形成，全年设施栽培面积40多公顷。“四青”作物带、沙南的甘蔗作物带不断发展，亩产收入在3000元以上的作物有200多公顷。通过省级农产品验收，获评无公害基地。项目农业开端良好，与上海特胜置业、中国农业大学签订集农业种植、高新技术推广、产业培训、休闲观光为一体的农业项目，并注册运行。2005年，农林牧副渔业总产值1066万元，粮食总产622吨，棉花总产151吨，油料总产549吨，水产品总产量350吨，水果总产196吨。项目农业不断推进，签约引进“国农—海永生态农业园”项目，该项目占地100公顷，总投资2.5亿元，是江苏最大单体农业项目。2006年，粮食总产775吨，油料564吨，棉花149吨，蔬菜1179吨，水果

214吨。同年12月,南通星岛种猪有限公司落户海永,选育种猪8000头,年上市商品猪上万头。

工业　2002年,总产值4245万元,增加值1288万元,利税137.6万元,创造历史新高。通过深化改革、强化管理、盘活资金、降本增效,企业发展后劲增加。2003年,年产值突破5000万元,利税170万元。2005年,总产值近亿元,增加值4434万元,利税794万元。南通忠联精密锻造有限公司完成增值税300万元,成为纳税大户。2006年,工业生产总值1.28亿元,首次超亿元大关,增加值5478万元,建筑业施工产值3826万元。

基础设施　2002年,经市政府与上海市电力部门联系沟通,于11月份启动电网改造工程,年底竣工,耗资600多万元。2003年8月,市移动公司投入200万元建基站,手机用户告别"漫游"历史。2004年底,重修村级公路10公里,拓宽海长公路2.6公里,实行二次改水,完成鸽笼港河西埋排自来水总管2770米。投入1400万元,完成农村电网改造。同年5月,《海永乡总体规划(2004—2020)》通过南通市规划局评审;9月2日海永乡第四届人大四次会议审议通过,海门市政府批准同意。2005年,按市级公路标准建成海长公路。同时,完成海永大道和镇区5公里路段亮化、绿化建设,修筑沙南村中心路、永北村二道堤路水泥路面,总长3.7公里,实现硬质路面村村通。2006年,完成沙南村二次水改三期工程。同年7月,开通临江至海永车客渡码头。同年,投入2000万元,全面改造海永乡出入通道。

房地产业　2006年,南通兴和房地产公司投资建设"海上·普罗旺斯"生态住宅园。年末,首期5000平方米生态多层住宅楼封顶,另有5000平方米小高层打桩作业。与中国农业大学"国农海永生态园"项目配套的"滨江小区"第一批安置房竣工,11月26日80户拆迁户搬进新居。沙南村、东西场大队拆迁户补偿发放到位。

社会事业　2003年3月,乡卫生院实行竞标转制,天补医院主治医师施健以52万元中标,转制后更名为海永医院。7月,整合教育资源,实施中小学合并,成立海永学校。2004年12月,永隆沙良种场由事业单位改为企业单位,541名职工纳入企业养老保险,214名退休职工享受企业养老保险待遇,人均每月增加养老金300元。同年,改造农村危房27户,计12.52万元;扶贫37户,脱贫100%,年人均收入超1500元。

五、第五届人民代表大会期间

农业　受市场经济发展的利益驱动,农业生产结构不断调整,产量、产值随之变化,2007年农林牧副业总产值1979万元,增加值710万元,粮食总产619吨,棉花总产168吨,油料总产502吨,蔬菜产量1762吨,水果产量425吨,水产品产量250吨。2008年,油料产量877吨,比上年增长74.7%,水果产量1125吨,比上年增长144%。粮食总产503吨,比上年下降23%。2009年,实施万顷良田工程。2010年,随着承包土地流转经营,大片土地进行规模种植,产量产值明显上升,农林牧副渔业总产值2342万元,粮食总产934吨,棉花174吨,油料818吨,蔬菜1140吨,水果1410吨,生猪饲养量1.2万头,家禽饲养量11万羽。项目农业发展迅猛,番茄农庄成为南通市高效农业示范区,蒙古风情园注册500万美元,江苏国农创意园投资近4亿元。

农田水利建设不断提高配套档次,逐步实现硬质化。2007—2011年,投入水利建设资金210万元,争取到省市级补助资金135万元,先后修筑硬质水渠8700米,泵站5座、涵闸2座。投入250万元,建成万顷良田工程区33.3公顷农田露天微灌设施。2010年10月,江堤外所有滩涂由财政局芦荡办事处划归海永乡管理。

工业　2007年,实现工业总产值1.84亿元,比上年增长43.92%,应税销售1.3亿元,增长45.15%,注册外资1050万美元,实际到账外资402万美元。同年,南通忠联精密锻造有限公司与乡政府签订协议,在原厂址东侧租地2公顷,投入4000万元,建造铁道机车车间,生产机车锻件。乡建材厂租赁给个体经营。2009年,实现工业总产值3.12亿元,规模以上企业销售收入2.43亿元,实现利用外资246万美元。2010年,南通忠联精密锻造有限公司纳税超500万元,获市铜牌企业奖,实现全乡纳税大户奖牌企业零的突破。2011年，上海运良集团投资近5000万元，在南通忠联精密锻造有限公司引入“自由锻”项目，年底竣工投产。

旅游服务业　2007年，三产增加值2127万元。2009年，普罗旺斯大酒店开业。2010年11月，与崇明签订旅游合作协议，与崇明森林公园、前卫村构筑生态旅游循环带。2011年，番茄农庄开业。同年2月12日，农业部、国家旅游局认定海永乡为“全国休闲农业与乡村旅游示范点”。

基础设施　从2007年始，投入90万元，用3年时间完成自来水二次水改工程。2008年，投资500多万元，重建鸽笼港河大桥，命名为国农大桥。2009年，修筑村级公路7.5公里，完成水泥路入户5公里，成为全市首个硬质路通到农户家门口的乡镇。2010年，建造绿岛大桥，造价1100万元；完成鸽笼港北闸外迁重建工程，造价3250万元。同年10月1日，汽渡码头开通运行。2011年，启动拓宽海永大道和三厂路永西段至渡口工程。

生态环境　2007年，决定利用上海市创建崇明生态岛的机遇，创建海门市生态第一乡。投入250万元，集中整治全乡脏、乱、差109个点，植树绿化2.4万平方米，改善全乡生态环境。2008年，经与崇明环保部门沟通，将海永生活垃圾纳入崇明集中处理系统。2010年，总投入1600万元，完成鸽笼港河海永段综合治理，建成海永污水处理厂。9月，一次性通过“国家级生态乡镇”的省级验收。2011年，投入500万元，植树绿化面积95.3公顷，改造全乡生态大环境。同年7月20日，市成立海永生态科技创业园筹建领导组，推动生态乡创建的进程。

房地产业　2007年12月，与北京联想集团签约。建设高品位联想新村商住楼，总投资6亿元，建房面积20万平方米。2008年，“海上·普罗旺斯”“半岛·托斯卡纳”“国农·田园风光”3家生态住宅园13万平方米全线开工，年内竣工10万平方米。销售稳中有升。截至2009年底，房地产开发面积62万平方米，开工在建15万平方米，销售面积占开工面积的81%，占竣工面积的94%。全年入库地税1808.08万元，占全乡入库税的81.54%，商品房销售量占崇明房地产市场的四分之一。2010年，房产项目9楼并进，竣工、在建面积超过30万平方米，其中“海上·普罗旺斯”“半岛·托斯卡纳”2家房产销售完毕。联想新城22幢拆迁安置房竣工，427户居民乔迁新居。2011年，“绿岛·江湾城”“融科·托斯卡纳”“国农·田园风光”二期工程全面开工。

社会事业　2007年1月，出资380万元为农场235名退休职工办理城镇职工二类医保。6月，建成滨江小区全民健身点。2008年8月，为农场在职职工279人办理城镇二类医保。乡财政共为职工出资医保费用500多万元。11月，为全乡农民参加新型农村合作医疗保险金额埋单，共4141人，交纳新型农村医疗保险费20万元。2011年，投入160万元建联想新城多功能服务中心。出资53万元为全乡4455人办理新型农村合作医疗保险。海永医院由政府回购，恢复海永乡卫生院。2008—2011年，乡财政投入民生实事工程累计2.7亿元，其中2011年投入7500万元。海永学校翻建工程投入1700多万元。

财政金融　2007年，财政收入1053.54万元，获市综合考核进位奖。2008年，财政收入1816万元，增幅90.62%，入选中国乡镇投资潜力500强，在全国4.08万个乡镇中排名498位。2009年6月30日，建立海永乡农村信用社，为全省填补唯一的金融网点空白乡镇。年末，存款余额1684万元。同年，办理农业政策性保险，减少农民经受自然灾害风险。2010年，财政收入6054万元，首次破5000万元大关，乡人均财力超万元。出现3个纳税大户，其中南通兴和房产公司纳税超500万元，获市金牌企业，南通忠联精密锻造有限公司、江苏荣海置房产公司纳税超300万元，为市铜牌企业；2011年，全乡银行存款9638万元，其中居民储蓄存款5223万元，人均存款1万元。春季农业政策性保险交费2.14万元。

六、第六届人民代表大会期间

农业　积极探索具有海永特色的农业发展新路子，由以粮棉生产为主的传统农业逐步转变为休闲观光农业。2012年3月，“休闲农业创新发展模式的推广”研究课题经南通市农委专家评审，获三等奖。番茄农庄被评为“三星级休闲农庄”。2013 年，继续推进万顷良田工程，成片流转农业用地 133 公顷。绿宝石精致农业园与上海交通大学合作，发展精油提炼业务，种植芳香植物近 47 公顷。绿大花卉母本园出口各类苗木 30 万株。2014 年，承包土地流转面积 100 公顷，全乡粮食总产 1568 吨，棉花总产 89 吨，油料总产 656 吨，蔬菜总产 1302 吨，水产品总产 112 吨。同年，绿宝石有机精油厂基本建成，种植芳香植物园 66.6 公顷。2015 年，完成市重点农业园区和高标准农田两大农业基础项目建设，农业发展基础条件持续改善。3 月，万顷良田工程经省国土厅验收合格。全年流转农业用地 349.66 公顷。启动新一轮江滩围垦工程。全年粮食总产 1472 吨，棉花总产 69 吨，油料总产 617 吨，蔬菜总产 1268 吨，水产品总产 115 吨。

工业 2012 年，南通忠联精密锻造有限公司扩展“自由锻”项目，兴建厂房 4000 平方米，占地面积 1.87 公顷，是一个年产值达亿元，税金 900 多万元的生产项目。2014 年，工业总产值 3.38 亿元。其中，南通忠联精密锻造有限公司产值 2.65 亿元，占 78.5%。2015 年，工业总产值 3.58 亿元，其中南通忠联精密锻造有限公司产值 2.4 亿元，占 67%。绿宝石精致农业园有机精油观光工厂建成投产。

旅游服务业 2012 年，三产服务业增加值 5610 万元，与多个新兴产业达成投资协议，陕西长润集团规划沿鸽笼港河海永段，按国家 AAAA 级景区标准建造崇明岛上“夜崇明”；澳大利亚蔚蓝集团投资 1.2 亿元，建以玫瑰为主题的特色观光园区—玫瑰小镇；澳大利亚建筑集团注册资金 1000 万美元，打造集农业生态旅游、有机农产品生产于一体的现代农业产业园。2013 年，海永乡获评“全国休闲农业与乡村旅游示范点”，市政府为此发放奖金 50 万元。2015 年，全力打造“浪漫江洲，花香海永”，海永纳入崇明旅游导览图。SS1538 基地、绿宝石精致农业园、绿大花卉、玫瑰小镇、番茄农庄等农业创意园向旅游景点（区）转型，逐步迈向“农业 + 互联网 + 文创 + 旅游”的发展模式。

基础设施 2012 年，完成海永供水纳入崇明供水管网工程，正式使用 35 千伏海永变电所供电，完成三厂路拓宽改造工程及海永大道二期工程。2013 年，完成天然气主管网铺设工程，并实现供气。启动无线网络全覆盖。2015 年，完成污水管网扩面、泵站改造两大工程。

生态环境 2012 年，疏浚河道 32 条，清除河中水草 9 万立方米，投入 200 万元完成西场引水河景观改造工程，全面推进村庄环境整治。2013 年，成立农产品质量安全监督所，对各类农产品进行检测，确保安全食用。同年，获批“全国美丽乡村”创建点，荣获南通市环境长效管理达标乡镇。永北村通过省级三星级康居村创建验收。全乡实施绿化造林 20 公顷。2014 年 6 月，关停并拆除南通星岛种猪有限公司和交博养鸡场，清除污染源。同年，荣获“中国最佳生态休闲旅游目的地”和“我喜爱的长三角休闲农业（农家乐）与乡村旅游景点”称号，永北村成功创建三星级康居村，获评省“最具魅力休闲乡村”。2015 年，沙南村通过省级卫生村验收。

房地产业 2012 年，新开工商住楼 7 万平方米，当年销售 1.55 万平方米，完成税收 1822 万元。2013 年，新开工 13 万平方米，竣工 7 万平方米。2014 年 12 月，鸿泰乐颐小镇养老产业园开工建设，使海永房产业向养老产业服务转型。2015 年，开工房地产面积 5.6 万平方米，竣工约 8 万平方米，产销状况稳中又升。万顷良田工程中拆迁农户安置基本结束。

社会事业 2012 年，海永学校教学综合大楼竣工，投入 50 万元翻新重建海永幼儿园，达到省级幼儿园标准。乡财政第五年全额出资为全乡居民交纳新型农村合作医疗保险，实现大病医保全覆盖，农场职工由二类医保转为一类医保。在联想新城建成多功能文体活动中心。2013 年，召开首届海永乡农民运动会，130 名农民运动员参赛。同年 12 月，海永乡被评为省卫生乡村。2014 年，乡卫生院、敬老院开工兴建。同年 11 月，市召开十六届农民运动会，海永乡代表队获拔河比赛冠军、负重比赛亚军、自行车慢行比赛第 4 名。2015 年，医院、敬老院主体工程完工，海永学校创建南通市级数字化校园顺利通过验收。连续 6 年由镇财政出资为居民交纳新型农村合作医疗保险，推荐劳动就业 400 多人。

财政金融 2012年,全乡存款1.09亿元,首次超亿元,其中储蓄存款8150万元、对公存款2708万元。2013年,财政收入5650.83万元,支出3432.98万元,银行存款1.13亿元,其中储蓄存款1.07亿元,人均储蓄2万元。2014年,财政收入7273.85万元,创历史最高水平。银行存款1.53亿元,其中储蓄存款1.37亿元。2015年,财政收入5907万元,占预算的118.5%,银行存款1.76亿元,其中储蓄存款1.61亿元,人均储蓄近3万元。

第三章 社会团体

第一节 工 会

一、组 织

1990年,建立永隆沙良种场机关工会工作委员会。同年11月,建立永隆沙良种场小学工会。1993年,撤销永隆沙良种场工会工作委员会,建立海永乡机关工会工作委员会,配备工会工作专职干部。2000年,市工会体制调整,撤销海永乡机关工会工作委员会,组建海永乡工会委员会。乡工会于每年5、6月间作为组建基层工会突击月,抓好25人以上非公有制企业的基层工会组建工作。至2015年,全乡有基层工会17个,工会小组22个、共有工会会员1650余人,职工入会率98%。

二、主要活动

1993年,海永乡建乡机关工会工作委员会以后,在工厂企业中开展"八五奉献杯"立功竞赛活动,比经济效益、产品质量、节能降耗等,评选技术能手。1994年,锻压件厂、建材厂、棉纺厂等企业召开职工大会,建立职代会,实施民主管理企业。1997年,东西场大队职工赵银涛成功培育瘦肉型猪,年获利润80多万元,被评为南通市劳动模范。2000年,组织扶助困难职工,乡工会牵头与农场困难职工家庭结对帮扶。2005年始,每年对50余名基层工会干部进行培训,学习法律和有关政策,交流工作经验。2010年,乡工会通过与各民营企业充分协商,完善劳资关系,各企业单位都能自觉与受聘录用职工签订劳动用工合同,明确工资福利待遇。是年,全乡有4家民营企业与职工签约合同。同年,乡工会开展"春送工作岗位、夏送清凉、秋送助学、冬送温暖"系列活动,为全乡15名困难职工安排工作,通过与崇明职校联系,为27户困难家庭的子女解决免费上学,共免去学习费用10.8余万元。

2010—2015年,乡工会组织上街宣传劳动合同法4次,发放宣传资料400多份,接待处理劳资纠纷5起,解决拖欠工资50多万元。组织职工开展体育比赛和趣味活动10多场次。南通忠联精密锻造有限公司、市并线厂等企业先后举办劳动竞赛3次,岗位练兵操作比赛3次。至2015年,全乡共有市劳动模范5名,南通市劳动模范2名。

图6-6 工会开展体育活动 2013年摄

第二节 共青团

一、组 织

1974年4月2日,建立永隆沙良种场共青团支部,选举产生团支部委员6人,陈国丰任团支部书记。1976年6月22日,成立永隆沙良种场共青团总支部委员会,陈国丰任团总支书记,李章荣任副书记,下辖团支部6个。1990年12月

20日，召开共青团永隆沙良种场第一次代表大会，选举产生团委委员5人，汤伟韬任团委副书记。

1997年3月20日，召开共青团海永乡第二次代表大会，选举产生团委委员5人，张洪飞任团委副书记。2001年9月28日，召开共青团海永乡第三次代表大会，选举产生团委委员5人，王永伟任团委书记，潘秋梅任团委副书记。2007年6月25日，召开共青团海永乡第四次代表大会，选举产生团委委员5人，潘秋梅任团委副书记。2011年9月28日，召开共青团海永乡第五次代表大会，选举产生团委委员5人，俞军任团委书记，潘秋梅任团委副书记。2015年11月30日，海永撤乡建镇，共青团海永乡委员会更名为共青团海永镇委员会，团委下辖团支部8个，共有团员150人。

二、主要活动

建场初期，农场共青团支部成立以插场知青为骨干的新长征突击队，参与农场围垦造田，开荒种地，涌现多名新长征突击手。1983年，成立"学雷锋，送温暖"小组，参加慰问军烈属和老弱病残者活动。3月，参加义务植树活动，植树近万株。1986年冬至1987年3月，全场服务行业团员青年参加全县开展"青春献'七五'、服务创最佳"竞赛，不断改善服务态度，提高服务质量。1992年至1998年期间，乡团委多次组织共青团员和青年骨干捐款资助希望工程、云南灾区和陕西长武县等贫困落后地区。

2001年，组织团员青年参加以"崇尚科学，反对迷信，抵制邪教"为内容的主题活动，揭露邪教的反动本质。2003年，团员青年志愿者积极投入抗"非典"工作，受到市委、市政府的表彰。2005年6月27日，成立海永乡青少年维权站，贯彻实施《中华人民共和国未成年人保护法》。2006年11月16日，建立海永乡青年突击队，共有队员25人组成，专门为解决乡境内遇到的急、难、险等重大事件服务。2010年3月5日，组织团员青年开展学雷锋活动，在校学生中开展"今天你学雷锋了吗?"系列活动；机关企事业单位以"志愿者同行，树海永文明新风"为主题，开展免

图6－7　海永乡共青团第五次代表大会

2011年摄

费义诊、理发、修补皮鞋、法律咨询活动，发放各类资料200多份。从此，这项活动年年开展，形成习惯。同年"五四"青年节开展"海永大发展，我们在行动"主题交流活动，交博鸡场赞助开展"交博杯魅力海永"摄影作品赛颁奖活动。2011年5月4日，组织乡教育系统、青农线、青工线、金融系统等12个单位，开展"创新争优，增强信念，展示风采，纪念'五四'运动92周年"活动，乡团委撰写致全乡青年一封信，通过活动鼓励团员青年共同为海永的发展争做贡献。7月，邀请市青年艺术团作"明月约海永，生态律和谐"的专场文艺演出。是年，全乡注册志愿者参加科普宣传、献爱心活动、人道救助、农技指导等活动人均2次以上。2013年3月，乡团委与司法、文化部门联合开展学雷锋活动，免费为群众义诊83人次，修理6人，理发21人，法律咨询46人，金融咨询23人，发放多种资料1000多份。10月29日，沙南村青年施洪亮在省团委、省青联举办

图6－8　学雷锋，开展志愿者服务活动

2014年摄

的“我们身边的好青年”评选活动中，荣获“最图自强好青年”称号。2014 年 3 月，组织乡首届青年足球赛，共有 6 个队参赛，比赛结果：宏扬传媒队冠军，乡村明星队亚军，海永学校队第三名。12 月，建立乡预防青少年违法犯罪领导组，村建工作小组，制定乡（村）预防青少年违法犯罪工作联席会议制度。2015 年 10 月，组织篝火晚会，通过活动增强团组织的凝聚力。同年，参加市团委组织的知识竞赛，获二等奖。

第三节　少年先锋队

20 世纪 70 年代，良种场由于学校条件差，学生人数少，少先队组织不健全，活动不正常。80 年代，学校规模逐渐扩大，学生增多，由复式班变成单轨班，以班为单位建立少先队中队。1988 年 9 月，永隆沙良种场小学建少先队中队 6 个，有少先队员近 300 人，聘请大队辅导员 1 名，开展少先队活动。1991 年，少先队开展“学赖宁，遵队章，做五星级少先队员”活动。同年，派少先队代表出席县第二次少年先锋队代表大会。1993 年，海永乡小学有中队 12 个，少先队员 300 多人，大队辅导员 1 人，中队辅导员 12 人。1997 年，在少先队中开展“手拉手，书包交朋友”活动，捐赠书包 40 多只，赠给灾区少先队员。1998 年，开展“我们眼中的改革开放”小记者采访活动，培养少年儿童热爱祖国，关心国家大事。

2003 年，海永乡中小学合并为九年一贯制学校，全校有少先队 14 个中队，350 多名少先队员。2006 年，在少年队中开展“一元钱爱心捐献”活动，用于资助贫困学生。2007 年，海永学校少先队员开展“我自护我平安，共创和谐校园”主题活动，教育儿童确保平安无事故。2008 年，在少先队中开展捐资捐物，支援四川汶川地震灾区人民，共捐资 1200 多元。2012 年，由于学校生源减少，全校只有 8 个少先队中队，216 名少先队员。2015 年，有少先队员 254 人。开展“一元钱捐款”活动，共捐资 500 多元。

图 6－9　少先队员开展一元捐献活动

2015 年摄

第四节　妇女联合会

一、组　织

1972 年始至 1992 年，永隆沙良种场设妇女主任 1 名，在党支部（总支）领导下负责妇女工作。

1993 年 10 月 10 日，召开海永乡第一次妇女代表大会，出席代表 34 人，大会选举产生海永乡妇女联合会（简称妇联）委员 5 人，李素琴任妇联主席，顾静芳任副主席。选举产生出席县妇女代表大会代表 2 人。同时各村设妇委会。1998 年 10 月 14 日，召开乡第二次妇女代表大会，出席代表 30 人，大会选举产生执委会委员 5 人，顾静芳任妇联主席。选举产生出席市妇女代表大会代表 2 人。2003 年 11 月 26 日，召开乡第三次妇女代表大会，出席代表 21 人，选举产生执委会 6 人，黄红伟任妇联主席。选举产生出席市妇女代表大会代表 2 人。2008 年 10 月 12 日，召开乡第四次妇女代表大会，出席代表 21 人，特邀代表 4 人，选举产生执委会委员 5 人，黄红伟任妇联主席，选举产生出席市妇女代表大会代表 2 人。2013 年 9 月 30 日，召开乡第五次妇女代表大会，出席代表 27 人，选举产生执委会委员 5 人，黄红伟任妇联主席，选举产生出席市妇女代表大会代表 2 人。

图6－10 海永乡第五次妇女代表大会 2013年摄

二、主要活动

建场初期，动员妇女积极创业，建设家园。1978年，组织30名农村妇女投入庭园经济建设，种水果树等经济作物。1985年，农场成立家庭教育领导小组，举办家长学校，讲授育儿知识，有100多名妇女听取育儿知识讲座，同时举办知识问答竞赛2次。1987年，发动妇女参加"一教四普及"活动，即思想政治教育，普及科技知识，普及科学育儿知识，普及计生保健知识，普及法律知识，提高妇女自身素质。1999年，开展巾帼建功和巾帼文明岗位活动，1人被评为市先进个人。2000年，新修订的婚姻法颁布，乡妇联举办婚姻法法律知识竞赛，30名妇女参加。

2002年开始，连续4年开展评选"三八红旗手"活动，永北村支部书记陆美英被评为市优秀女干部、"三八红旗手"。2003年，组织妇女开展"双学双优"活动，2名妇女被评为市先进个人。2004年2月，建立妇女法律接待日制度，接待妇女法律咨询8件。2005年，处理家庭暴力投诉案2件，举办法律知识讲座2次。2006年，海永乡派出所建立家庭暴力投诉站，维护妇女合法权益。2008年，建立婚姻家庭调解制度，永北村林敏被评为市金牌"老舅妈"。2010年5月，开展"十佳好婆媳""平安家庭""绿色家庭"评选活动，评出"好婆媳"1名"平安家庭"1户。8月，组织基层女干部参加市提升基层女干部参政素质培训班，组织家庭参加市"让平安走进千家万户"知识竞赛，组建妇女维权站，司法所葛唯丽被评为市"优秀维权"先进个人。2011年3月，开展创建平安家庭示范户活动，全乡有6户家庭被评为示范户。5月27日，南通市妇联领导顾美娟到海永主讲"用心滋养幸福家教知识"，100多名家长听取讲座。2012年10月，举办"维护丧偶妇女婚姻自由权的法律知识"讲座，全乡30多名丧偶妇女听取讲座。2013年"三八"妇女节，乡妇联与乡团委联合组织妇女趣味运动会，有跳绳、呼啦圈、穿针引线、自行车慢行等比赛项目，50多名妇女参加。3月12日，组织女干部、巾帼志愿者在番茄农庄参加植树，共种植水杉树300多株。7月15日，成教中心校长蔡丽娟作"关爱留守儿童"专题讲座，30余人听取讲课。2014年3月6日，乡妇联邀请幼儿园学生的妈妈、奶奶到幼儿园，与孩子们一起共庆"三八"妇女节。12月4日，组织农村妇女骨干进行电脑上网技能培训，20多名村妇女干部参加培训。2015年6月1日，市妇联慰问海永学校2名困难学生。12月，南通市妇联慰问乡境困难女性6名，每人给予慰问金500元。是年，镇妇联组织妇女观看全国"寻访最美家庭"开幕式，鼓励妇女创建最美家庭，2户家庭获"最美家庭"征文三等奖。

图6－11 关爱留守儿童专题讲座 2013年摄

第五节 残疾人联合会

一、组 织

1991年9月，召开县第一次残疾人代表大会，永隆沙良种场出席代表1人。1993年，组建乡残疾人联合会(简称残联)。1996年，成立乡残疾人工作协调小组，由乡民政、卫生、教育等各有关部门组成，主要是关心协调海永乡残疾人的工作、学习、生活、福利等方面的事宜。1999年5月，建立乡残疾人劳动就业服务所，为有劳动能力的残疾人就业安置服务。2001年3月，乡残联换届选举，组建新一届乡残疾人联合会。2007年5月，永北村、沙南村、东西场大队建立残疾人协会，并配备联络员。2008年，乡残疾人联合会更名为海永乡残疾人工作委员会。2013年2月8日，乡残疾人工作委员会换届选举，成立海永乡残联理事会，理事长张平。

二、主要活动

就业安置　1992年，把永隆沙良种场小学校办丝织厂办成福利厂，安置残疾人20余名在厂就业。2000年开始，陆续安置残疾人就业共15人，安排的工种有门卫、办商店、管理安息堂等。另外，对5名残疾人一次性补助就业经费2000元，为2名残疾人学驾驶员一次性补贴经费各1000元，为2名上大学的残疾人每人补贴1000元。2014年，全乡作残疾人就业情况调查，调查对象是16周岁至59周岁的男性和16周岁至50周岁的女性残疾人，通过调查，全面了解全乡残疾人就业情况，便于做好安置工作。

扶残助残　1990年开始，对全乡白内障盲人进行免费手术。2001年开始，实施“四助一给”助残工程，即助行、助听、助学、助明和向精神病人免费给药。至2015年，为1名脚部残疾者免费安装假肢，为2名精神病患者免费给药，为肢障患者免费赠送轮椅20把，拐杖50多根，腋拐5副，为耳聋患者赠送助听器2台。共做白内障免费手术25例，脱盲率100%，脱残率85%。

送温暖活动　2010年始，全乡为残疾人送温暖蔚然成风，共为15名残疾者捐赠电风扇、收音机、彩色电视机等家用电器，为瓷娃娃病患者送上电脑。每逢春节，乡政府为每位特困残疾人送去慰问品和慰问金300元。2015年，全镇有持证残疾人143人，乡财政出资为他们办理医疗保险。有49人办理无固定收入重残补助，5人办理低保户中的重残补助，3人办理护理补助，105人办理残疾人保险，使全乡所有残疾人生活得到保障。

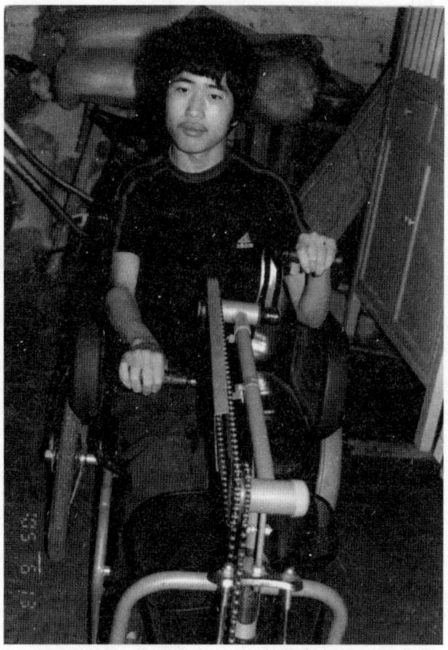

图6-12　为肢障患者赠送轮椅
2015年摄

第六节　关心下一代工作委员会

一、组　织

2004年6月，建立海永乡关心下一代工作委员会(简称关工委)，设委员4人，乡党委副书记丁成兼任关工委主任，组织委员俞军兼任副主任，原良种场领导干部陈国丰任常务副主任。2009年，乡党委副书记王永伟兼任关工会主任，组织委员奚东浩兼任副主任。2011年5月，乡党委副书记俞军兼任关工委主任，原乡大主席张品山任常务副主任。2014年12月，乡党委副书记黄华兼任关工委主任，原人大主席邱鹏生任常务副主任。

各村、居委会、东西场大队均建基层关工委，设委员5人，由党支部副书记兼任主任，大学生“村官”或聘请在职教师任副主任，并在五老(老干部、老教师、老党员、老战士、老模范)成员中选1名事业心强、有奉献精神的老同志担任常务副主任，共同讨论规划关心下一代工作。

二、主要活动

2004年，乡关工委建立以后，主要工作是利用“七一”“八一”“十一”等节日，组织在校学生召开纪念会、报告会，请解放前参加革命工作的老干部、老党员作报告，讲自己的亲身经历，进行革命传统教育，培养下一代发扬艰苦奋斗、勇于拼搏的光荣传统。2008年7月，开展“迎奥运，颂改革，建美好海永”的主题教育，举办奥运图片展，有150多名学生观看。8月15日，组织学生参加支援四川汶川抗震救灾活动，有250多名学生募捐，共捐款1200余元。2009年10月26日重阳节，有20多名学生参加为孤寡老人送温暖活动，分4个小组向老人送上慰问品，冬季棉衣，帮助老人洗衣服，搞卫生。

图6－13 学生慰问烈士家属，帮助剥玉米

2013年摄

2010年7月，组织青少年学生20余人，到革命烈士王陈家慰问烈士父母，送去慰问品，帮助烈士父母干农活，听烈士母亲讲述烈士生前的故事。2011年7月17日，组织中共党史知识演讲比赛，各村派8名学生参加比赛，通过这一活动，使学生进一步了解党的历史，接受革命传统教育，坚定共产主义信念。2011年暑期，乡关工委组织学生参加书画比赛，共分毛笔字、钢笔字、素描、色彩画4个比赛项目，参赛人数40多名。

2012年5月，乡财政出资购买22台电脑，成立电子阅览室，供青少年正常上网。避免未成年学生参与营业性网吧活动。6月29日，市青少

图6－14 关工委开展党的知识竞赛

2011年摄

年学生暑期法制教育首课在海永学校开讲，邀请市法制教育报告团成员、原政法委副书记周振祥作未成年人保护法知识讲座，240余名学生听了讲座，讲座内容丰富，以案说法，生动精彩，引起参听青少年的强烈感叹和深思。在此基础上，乡关工委举办“争当学法守法好少年”征文活动，收到稿件40多篇，评出一等奖1名，二等奖3名，三等奖6名，张贴在文化活动中心宣传窗。8月20日，由关工委印忠旗老师带领初中学生50余人，学习最美富二代周江疆英雄事迹。2013年6月30日，关工委邀请市老科协理事、老校长顾定斐作“结合中国梦，我的梦，度过有意义暑期”讲座，观看“立复兴志，圆中国梦”图片展。共有200多名学生参加活动。7月25日，纪念毛泽东主席题词“向雷锋同志学习”50周年。30多名学生走向街头宣传雷锋精神，发放宣传资料100多份，同时走向野外，义务清扫道路杂草垃圾。

2014年3月25日，南通市关工委主任曹能新一行考察检查海永乡的关工委工作，察看电子阅览室、校外辅导站，以及乡关工委活动的台账资料，听取海门市、海永乡两级关工委工作的汇报，认为海门市及海永乡的关工委工作卓有成效，对关爱青少年成长的一些做法加以肯定。同年清明节，40多名学生参加网上祭奠英烈活动，在网上为烈士献花、鞠躬、留言，以表示对革命烈士的哀思。7—8月，关工委组织学生开展“三爱

一践行”①主题活动，先后请海门党校副校长徐志新作电视讲座；乡党校老师张礼平作“践行核心价值观，文明礼仪我先行”讲座；海门少年法庭庭长李育平作“做学法懂法守法的好少年”电视讲座，200 多名学生听了讲座。2015 年寒假期间，乡关工委组织 40 多名学生参加春节制窗花，写春联，收集民间习俗、故事活动，有利于学生获得课外知识，健康成长。同年 4 月 3 日，海永学校特邀全国关工委委员李宝星教授为学生、家长作题为“家校携手，共育英才”专题报告，全校学生和家长 400 多人听取报告。7 月，开展纪念抗日战争和反法西斯战争胜利 70 周年征文活动，选评 15 篇文章参加演讲比赛，15 名学生举办自写、自画、自编手抄报，通过活动增强学生爱国热情和民族自豪感。

图 6－15　南通市关工委主任曹能新考察海永　2014 年摄

第七节　个私协会

1991 年，成立永隆沙良种场个体劳动者协会（简称个体劳协）。农场个体劳协建立后，对全场个体工商户进行《经济合同法》《城乡个体工商户管理暂行条例》及税收政策、法律法规等宣传教育，受教育面 90% 以上。同时，协会参与协调个体工商户所发生合同纠纷和其他矛盾，为个体工商户排忧解难。2003 年，乡个体劳协更名为个体私营劳动者协会（简称个私协会）。全乡有个体工商户 60 多家、私营企业 5 家。同年，开展创建乡个私劳协达标建设。2004 年，乡个私协会经市工商部门验收达标。

图 6－16　永隆沙农场个体劳协第一次代表大会　1991 年摄

2009 年，全乡新增个体工商户 20 家、私营有限公司 15 家，市外引进民间注册资金 2000 万元。2010 年，个私协会为个体和私营工商户做好银企对接，开展融资工作。3 月，组织个体工商户开展学雷锋、做好事活动，发动个体户为群众免费理发，修理自行车、喷雾器，百姓接受个体户免费服务 50 多人次。2015 年，个私协会为工商户、私营企业办理、变更执照 25 户，公司注册 16 家，其中科技创意园项目 8 家，到账外资 500 多万美元，为个私企业融资 2000 多万元，8 家个私企业被评为个私经营示范户。

① 三爱一践行：爱学习、爱劳动、爱祖国、践行中国梦。

第四章 社会治安

第一节 公 安

一、机 构

20世纪70年代，永隆沙良种场设治保室，配备治保主任1人，专职抓全场治安保卫工作。1985年1月，建永隆沙良种场派出所，地址场部东侧，共有警力4人，其中在编民警1人、合同民警3人，所长陈惠新。1990年5月，购置大功率警棍2支，摩托车1辆，增加综合治理材料员2人。1992年，有民警5人，指导员胡海斌。1995年，建海永乡交警中队，与派出所合署办公。1996年，投资57万元，建办公宿舍楼850平方米。2000年，撤销海永乡交警中队建制。2001年5月，倪国新任海永乡派出所所长。2013年11月，由江志峰接任海永乡派出所所长。2015年，海永镇派出所有民警5人。

二、刑事、治安

建场之初，治安工作十分严峻，特别是小偷小摸屡有发生。1976年4、5月间，农场周某、季某流窜作案，被收容审查。1977年4月19日，悦来垦区劳改释放犯季某因小偷小摸被收容审查。同年6月，农场召开党支部委员扩大会，专题研究处理帮教对象8人。1983年12月16日，沙南村6组杨某某、蔡某、蔡某某流氓团伙，强奸病妇，诱骗强奸病女，与有夫之妇鬼混，情节特别严重被判刑，其中杨某某、蔡某判死刑，蔡某某判无期徒刑。1984年9月，沙南村季某犯贪污罪，被判有期徒刑1年。同年，永西村陶某因犯强奸罪，被判有期徒刑8年。

1992年，共破刑事案件16起，追缴脏物赃款计1.73万元。受理治安案件28起，查处26起，追缴赃物赃款计2541.14元。查禁赌博22次，抓获流入辖区犯罪分子19人，调处结案民事纠纷23起，参与夜间巡逻检查293夜。1997年，受理各类报警183起，其中刑事案件2起，查处1起。治安案件90起，查处86起，查处率95.6%。2002年6月，崇、启、海区域警务协作会议在海永乡召开，崇、启、海三地联手抓社会治安，做到标本兼治，海永乡境域治安形势逐步好转，经市综合治理办公室考核，海永为“五无”① 乡镇。2005年始，海永房地产业兴起，拆迁安置工作给社会带来强力反响，派出所的治安工作紧紧围绕维护居民权益，确保拆迁安置顺利进行，做了大量维稳工作。

至2007年，海永乡连续7年无重大刑事案件发生，被市评为平安创建先进集体。2010年，乡财政先后投资120万元，建立一套视频监控设施，从乡主干道到镇区，从学校到企业形成覆盖全乡每个角落的全方位、多层次技防网络。5月1日至10月31日，上海世博会期间，海永治安工作的重点是确保世博会万无一失。乡政府组织30多名治安骨干实行24小时巡逻，对车站、码头、渡船进行安保检查。同年，与各房地产开发公司签订责任状，做到不拖欠农民工工资，确保境域社会安定。对全乡600多名外来人口加强教育，做到底数清、情况明，办证面对面、不留死角，对可疑人员发函与其户籍所在地公安部门取得联系，搞清其面目，对有劣迹人员及时进行帮教。2011年，每季度走访乡内刑满释放人员、社区矫正对象，全乡9名刑释人员、6名社区矫正人员无一重新犯罪。全年处理交通违章109人次、交通事故55起。对全乡村（居）、学校、企业实现技防视频监控，特别对“海上·普罗旺斯”“半岛·托斯卡纳”等小区全方位布防监控，形成重点区域技防设施全覆盖，确保居民生活安全。2015年，乡棉纺厂门口发生1起车祸死亡事故，受害方情绪十分激烈，经多方协调，由保险公司索赔40多万元，厂部和肇事者各拿出部分钱，该事故得到圆满处理，避免了矛盾激化。

---

① 五无：无邪教组织、无地下六合彩、无地痞恶霸、无黄赌毒、无吸毒贩人员、无偷、盗、抢。

第二节　司　法

一、法制宣传

1993 年，海永建乡后成立司法所，行使全乡法制宣传、普法教育、民事调解等职能。1994 年，乡派员参加市举办的各种普法教育培训班，培训骨干 100 多人次，再由乡司法所分期分批培训宣传员，普及法制宣传。主要宣传贯彻《宪法》《未成年人保护法》和《妇女权益保护法》。1997 年 1 月，开展百日学法活动，发放普法教育群众读本 200 多册、干部读本 50 册，在机关、学校、企事业单位作法制教育报告，受教育学生、职工 600 多人次。1996 年至 2000 年，开展第三个五年全民普法教育，宣传《宪法》《刑法》《行政诉讼法》《合同法》等多种法律法规，请市法制教育报告团作法制报告，编演法制文艺节目，宣传有关法律知识。2003 年 6 月，海永学校聘请派出所所长担任中小学兼职法制副校长，专门为青少年上法制宣传课，进行普法教育。同年，开展“四五”普法教育，学习《宪法》《预防少成年人犯罪法》《收养法》《劳动法》《环保法》《行政诉讼法》《继承法》等，发放法制宣传资料 1000 多份，设村、社区法制宣传员，组织机关干部法律知识考试，举办法律知识讲座，利用多种形式宣传有关法律。2006 年至 2008 年，实施“五五”普法教育。重点学习《宪法》《劳动合同法》《道路交通安全法》《治安管理处罚法》《国家公务员法》《律师法》《消费者权益保护法》等。2010 年，抓各级领导干部、机关公务员、社会青少年、企业营管人员、乡境外来人员法制教育，对各级领导干部实行积分制考核，包括专业学历分、教育培训分、法治实践分、学法成果分。2011 年，乡司法所增配司法干警，增强法制宣传力量，充分发挥司法所职能作用。2015 年，全年开展大型普法活动 12 次，发放普法、反邪教环保袋 500 只，发放各种法律宣传手册 1000 册。

图 6－17　学校请市法制报告团作法制报告
2003 年摄

二、民事调解

1993 年乡司法所建立后，民事调解是其工作的主要内容。1997 年，经司法所调解民事纠纷共 24 起，成功率 100%。2001 年 4 月，乡政府将重大疑难纠纷调解中心更名为司法调解中心。同年 8 月，结合村级换届选举，建立村级民调组织，形成乡、村、组三级调解组织网络。2006 年，建立人民大调解组织网络、通讯网络和矛盾纠纷预警制。乡司法所、派出所、妇联、团委、综治办等各部门，和村、组联合组成大调解机制，确保矛盾纠纷解决于萌芽状态。2010 年，调解各类民事矛盾纠纷 49 起，成功率 98%。2011 年 3 月，司法所和有关单位在市场设摊位，开展法律咨询活动，宣传《公证法》《物权法》《信访条例》《法律援助条例》等法律法规。5 月 21 日，建立海永乡婚姻家庭纠纷人民调解委员会领导小组，各村、社区、直属单位设调解员 2 名。2015 年，组建覆盖全镇的网络化调解队伍，成功处理拆迁安置、农村建房、土地流转等矛盾近 300 件，化解信访积案 25 件，化解民事纠纷 111 件，承办“12345”政府公共服务热线 182 件，有效巩固和发展海永为全国“无讼乡”的成果。

第三节　综合治理

一、综治组织

1982 年，农场综治工作由治保主任负责。1988 年，农场建立联防队，加强全场安全保卫工作。1991 年 3 月，场党委下发《关于贯彻县综合治理会议的意见》，建立综合治理领导网络，农场建综合治理领导组，村、厂建治保调解委员会，村民小组、工厂车间建治保调解小组，“五老”参与帮教重点人口，全乡上下建立健全安全防范制度，开展达标百分考核。1996 年 5 月，充实领导组、办公室人员，确定党政一把手为第一责任人。1997 年，乡设综治助理，村建治安巡逻队。2002 年 3 月，调整乡综治领导组，充实依法治乡、严打整治、处理邪教工作、禁毒扫黄打假、对预防青少年犯罪工作等 5 个专项领导组的力量，使综合治理工作真正落到实处。2005 年，乡成立社区矫正工作领导组，组长邱鹏生。2010 年，建立由党委领导、综治组织、司法部门以及各有关部门共同参与的社会矛盾纠纷大调解网络体系，尽力把矛盾化解在萌芽状态。2011 年，成立社会管理创新工作领导小组和办公室，创新社会管理模式，提高综治效力。2015 年，镇综治办有工作人员 3 人、联防队成员 3 人。

二、综治工作

20 世纪 80 年代开始，农场根据上级要求抓社会治安综合治理工作，主要治理赌博、封建迷信、小偷小摸和社会其他丑恶现象。1990 年，乡联防队进行夜间巡逻值班，为派出所破案和社会治安提供线索，或直接抓逮小偷小摸。1993 年 8 月，成立清除邪教领导小组，查清乡境信仰邪教人员。永西村发现信奉邪教 1 人，由村党支部书记负责帮教。1996 年，制定全年综合治理工作计划，确定综合治理基础工作，实行专项整治，做好民事纠纷调解，强化外来人口管理，开展法制宣传教育等重点工作。1997 年，开展平安创建活动，利用拉横幅，出板报，贴标语等多种形式进行宣传发动。2002 年 6 月，海永乡被南通市综治委评为安全文明乡。2003 年，乡党委制定关于“服务两个率先，建设平安海永”的实施意见，努力创建平安医院、平安学校、平安村（居）、平安企业、平安市场，被市评为平安海门创建先进集体。2004 年，乡党委下发《关于创建平安家庭活动的实施意见》，宣传讲述平安家庭的标准，号召全乡居民家庭积极投入创建活动。2005 年 11 月，海永乡获评南通市社会治安安全乡镇。2007 年，乡党委下发《关于 2007 年综合治理和平安海永创建工作的要点》，部署全年综治工作，通过全乡干群努力，平安创建卓有成效，连续 7 年实现无重大刑事案件。海永乡又一次被评为市平安创建先进乡镇。司法所副所长金安峰被评为人民满意的政法干警。2010 年，海永乡党员干部和群众对维护社会稳定、创建平安和谐海永形成共识，首次实现零上访、零诉讼，是南通市唯一的无诉讼乡镇。2011 年，在居民拆迁安置中发生很多矛盾和纠纷，为确保拆迁安置工作顺利进行，乡大调解中心配合拆迁办做了大量工作，取得喜人的效果。10 月 16 日，《人民法院报》记者专程到海永采访，肯定全乡调解成果，认为这是真正的社会创新管理，是个名副其实的无诉讼乡镇。2012 年，南通忠联精密锻造有限公司获评海门市“平安企业”。2015 年，海永镇综治工作实现“八个没有发生”，即没有发生刑事案件、没有发生治安灾害性事件、没有发生群众集访事件、没有发生邪教事件、没有发生民事转刑事案件、没有发生黑恶势力、没有发生吸毒贩毒、没有发生容留卖淫等，成为零案发乡镇。

三、依法治乡

1996 年，根据市政府统一部署，海永乡逐步实行依法治村，推行村务公开、村财务公开。2001 年 4 月 18 日，印发《海永乡依法治乡工作目标责任分解表》，把组织领导、宣传教育、依法治理的各项任务落实到有关部门的责任人。10 月，制定《2001—2005 年依法治乡规划》。2006 年 9 月 4 日，印发《法治海永建设纲要》（2006—2010），纲要总要求：合法行政，合理行政、程序正当、高效便民、诚实守法、权责统一。同时，成立依法行政、建设法治政府领导组，组长丁成，副组长邱鹏生。同年，永北村被市依法治市领导组命名为“民主法治示范村”。2010年，乡党委政府进一步完善依法决策机制，抓决策前法律咨询论证，决策中票决制、决策后责任追究制度，建立健全村、大队、企事业单位科学民主的行政决策机制。推动政务公开，组织全乡副科级以上干部参加公务员法律知识考试，增长法律知识，提高依法行政能力。2014年2月，海永乡沙南村被市依法治市领导组命名为“民主法治示范村”，5月荣获江苏省“民主法治示范村”称号。2015年，做好平安法治乡镇创建，迎接南通市级复审。

第五章　军　事

第一节　人民武装部

1970年至1978年，永隆沙良种场未建人民武装部，征兵和民兵工作由场党支部领导，民兵营长负责日常工作。1979年，建立永隆沙良种场人民武装部，配备部长1名，聘用人武部干事1名。1993年，永隆沙良种场人民武装部更名为海永乡人民武装部。2015年，海永撤乡建镇，海永乡人民武装部更名为海永镇人民武装部。

1970—2015年海永镇(场、乡)人民武装部负责人一览表

表6-8

职　务	姓　名	籍　贯	任职时间
负责人	杨建林	海　门	1970.1—1979.10
部　长	樊发春	海　门	1979.10—1984.5
干　事(聘用)	邢汉曦	海　门	1984.5—1987.5
部　长	陆志平	海　门	1987.5—1994.5
副部长	方振环	海　门	1994.5—1996.6
部　长	杨建林	海　门	1996.6—1999.1
干　事 副部长 部　长	奚东浩	海　门	1999.1—2014.2
部　长	徐　勇	海　门	2014.2—2015.12

说明：表中部长空缺年份由副部长或干事主持工作

第二节　义务兵役

永隆沙良种场征兵工作从1973年开始，在场党支部领导下，由农场民兵营长具体组织实施，在“一人参军，全家光荣”思想指导下，应征青年踊跃报名参军。永隆沙良种场的征兵任务每年2~3个名额。1982年，全县招收飞行员，西场大队应届高中毕业生钱锐成为永隆沙良种场第一个被录取的“招飞”对象。1985年，为确保兵员身体素质，全场采取村把应征对象病史调查初检关，场把初检合格送检关，提高向县送检合格率。1989年，根据省市政府文件精神，制定拒绝或逃避兵役登记的处罚规定，对违反规定者给予必要的处罚。从20世纪90年代开始，海永乡应征对象的文化素质逐年提高，乡人武部及时对全乡高中以上文化程度的应征青年做好调查摸底，掌握数量和分布情况，便于有的放矢提高兵员素质。1998年，对应征对象政治审查坚持以村、乡审批相结合，严格执行“四个不征”，即单独外出打工经商者查不清现实表现的不征、迁入户口不满一年的不征、无固定居住地点的不征、有疑点难于查清的不征。

2000年8月，根据体检要求，乡调整高中毕业以上文化程度的应征青年视力初检标准。其中大专以上应届毕业生、适龄青年视力降低0.1视标，向提高应征对象文化素质方面倾斜。2007年，海永乡被市政府和市人武部评为征兵先进单位。2008年，调整义务兵征集时间，由每年第四季度改为第三季度征集。是年，海永乡被评为市征兵工作先进乡镇。2010年，乡人武部根据上级规定，把大专毕业生应征年龄放宽到23周岁，大学本科以上应征年龄放宽到24周岁。对大学应届毕业生开展精准征集。创全乡征兵文化程度新高。2012年，按照上级要求，乡人武部对应征对象的政治审查更为严格，应征公民的党、团籍规定必须具备以中共中央组织部、共青团中央制发的入党入团志愿书为准，职业技能以国家颁发的资格证书为准，文化程度以学校颁发的毕业证书为准。2014年，征兵政审中，对散布政治性言论，撰写、编著、发表有政治错误的文章、著作，或与黑社会、国外境外政治复杂人员关系密切，政治上可疑的应征青年作为重点审查对象。

第三节 预备役

1980年，农场进行预备役人员登记，登记对象主要是全场符合条件的退伍军人。1984年5月，规定士兵预备役年龄为18～35周岁。士兵预备役分为一、二两类，基干民兵为一类预备役，普通民兵为二类预备役，全乡共建预备役1个营、2个连。

2004年，乡人武部对1994年后登记服预备役的退伍军人重新核实统计，规范登记方法，重点抓好各军种专业技术兵种退伍士兵预备役登记。2008年，海永乡共有基干民兵80人，其中30人组建预备役部队独立应急排。是年1月，组织预备役部队学习《江苏省民兵预备役工作条例》和民兵知识，3月19日，海永乡30名预备役民兵参加全市民兵整组点验。

2015年，全镇预备役工作着重掌握各类主要目标、水系交通状况、战事方案，以及任务所需兵力；摸清可编兵力底数，包括10年内退伍军人，35周岁以下的专业军事对口人员；摸清辖区内适编单位底数、科技资源底数；准确掌握区域内高新技术产业、高精尖人才、装备质量数量，逐一核对适编专业、可征装备等信息，实现新型民兵分队支援部队比重10%以上。

第四节 民 兵

一、组织装备

1975年，良种场组建民兵营，设1个武装民兵排。1977年9月，有基干民兵1349人，建10个民兵连、38个民兵排，武装民兵72人，武器配备有步枪、教练手榴弹。1981年，根据县人武部关于民兵组织调整组建范围的要求，将原有武装民兵、基干民兵、普通民兵合编为基干民兵、普通民兵两种。1982年，建有弹药库2间，将武装民兵个人保管的武器弹药集中保管。1983年，弹药库有步枪24支，冲锋枪12支，子弹1500发，教练手榴弹20颗。1988年开始，通过民兵整组，将基干民兵组织逐步由农村编组转向工厂企业编组。是年，农场组建1个民兵应急分队，便于应付突发事件。1989年，采取基干民兵集中编组与分散编组相结合的形式，确保基干民兵队伍实力。1992年，经县人武部批准，农场调整基干民兵营领导班子，乡人武部长任营长，场党委书记任教导员。1995年，随着市场经济的发展变化，针对民兵的流向多、流量大，在原籍率低，对民兵组织进行大幅度调整。1998年，原配备乡基干民兵的武器装备交市弹药库统一保管。至此，海永乡保管民兵武器弹药20年安全无事故。

2003年，为贯彻新时期军事战略方针，充分利用流进人才和技术资源优势，抓好民兵工程技术维修等专业队伍建设。2008年,乡民兵整组着重巩固和提升应急作战能力,调整布局,优化结构。是年3月,海永乡30名民兵接受市民兵整组点验。2009年,民兵整组中,乡建立应急维稳队伍1个排,共有基干民兵30人。进入市军兵种部队岗位编入海军1人。2010年,全乡民兵通过整组合成一个应急救援分队,为社会发生难、险、重的事件服务。2013年3月,乡人武部召开村支部书记、民兵营长会议,要求各村、大队联系在外基干民兵归队,参加市点验活动。2015年,全乡将基干民兵组成3个专职分队,进一步发挥基干民兵的应有作用。

二、军事训练

1973—1975年,根据县人武部的要求,农场集训民兵干部88人次,训练民兵800余人次。1976—1978年,训练武装民兵72人,其中步枪手60人,机械手12人。1981年,因农村普遍推行生产责任制,民兵训练由全日制训练改分批分期训练,抓住农闲季节训练,做到劳武结合两不误。1984年,把农场东北角原西瓜组江边堤岸为射击场,学校操场为训练场,确保武装民兵的科目训练。同年,全场72名武装民兵到县东兴乡新垦村民兵训练基地参加县人武部组织的训练,合格率95%。1985年1月,农场派出5名武装民兵与悦来区其他乡组成悦来区代表队,参加全县民兵训练大比武活动,进行射击、投弹等项目比赛,获得第二名。

20世纪90年代,每年确保完成50名基干民兵训练任务,训练合格率96%以上,训练对象以民兵干部、专业分队和应急分队为主。2002年,为充分发挥女民兵在家率高、文化素质高等特点,乡组织1个女武装民兵班,进行军事训练。2006年,市人武部为提高反“台独”应急作战能力,组织全市民兵骨干训练,参加实弹射击,乡派出民兵代表30人参加市组织的民兵训练和点验活动。2009年,乡派出基干民兵蒋丰全、施建刚参加市民兵应急分队比武选拔,获得较好成绩。2014年,乡派出基干民兵王黎秋参加市举办的“四会”民兵教练员训练培训班学习,乡人武部干部、民兵干部参加市组织的军事训练。2015年,乡人武部组织民兵干部和应急分队民兵共38人,进行军事科目训练,参加市组织的点验活动。

三、政治教育

1976年底至1978年,组织民兵揭批江青反革命集团罪行,清除“左”的影响,开展学雷锋活动,提高民兵政治素质。1979年,组织民兵学习中共中央十一届三中全会文件,使民兵明确自己的职责,全力投入经济建设。1983—1986年,开展共产主义理想和爱国主义教育。1993—1996年,以学习《邓小平文选》为主体,在民兵中开展建设具有中国特色社会主义理论教育。1997年,在香港回归祖国之际和庆祝中国人民解放军建军70周年纪念活动中,对全乡民兵进行爱国主义教育,和民兵的任务、职责教育。1999—2003年,贯彻江泽民总书记“三个代表”重要思想,教育民兵甘为祖国的现代化建设做出自己应有的贡献。2008年,乡人武部组织民兵骨干50多人,以网络讲座的形式进行形势任务教育。2011年,在民兵骨干中宣传学习实践科学发展观的理论,开展创先争优活动。2013年,学习贯彻党的“十八大”会议精神,在民兵中开展平时听党召唤、战时听党指挥的思想教育,坚决与以习近平总书记为首的党中央保持高度一致。2015年,开展“学习习近平总书记提出的强军目标,争做新时期的革命军人”为主题的教育活动,提高民兵为强国强军做贡献的自觉性。

第五节　国防教育

20世纪70年代,永隆沙良种场党支部针对农场地处长江口,战备工作十分重要的特点,在民兵和群众中开展国防教育和战备形势教育。1986年,场部在职工和村民中进行加强国防观念教育。1990年,海永初中政治课教育增设国防知识内容,作为学生必修课。1997年,相合香港回归祖国,开展国防教育和爱国主义教育。1994年,贯彻中共中央《爱国主义教育实施纲要》，在民兵预备役人员中进行国防教育。1998年，贯彻《海门市国防教育工作意见》，乡人武部在基干民兵和应征适龄青年中开展学习《中华人民共和国国防法》《中华人民共和国兵役法》活动，提高基干民兵、适龄青年热爱祖国、保卫祖国的思想觉悟。

2000年开始，海永中小学以《国防教育读本》为基本教材，开设国防教育课，基本做到国防教育教师、教材、课时三落实。2010年，乡人武部把爱国主义教育和国防教育贯穿于民兵整组工作始终，讲述国防建设的重大意义，阐述国防建设对社会主义现代化建设的重要作用，使参训民兵认识到，搞好民兵整组是加强国防建设的重要组成部分。2015年，民兵整组中，围绕党中央提出的强军建设目标，进行国防教育，增强民兵的爱国意识。

第七篇　科教文卫

建场初期，场内职工和外围居民文化程度低，科技人才少，医疗条件差，文化生活枯燥，社会道德观念薄弱。随着改革开放方针政策的深入贯彻，经济的发展，推动着海永科技、教育、文化、卫生等各项社会事业的发展和公民道德水平的提高。20世纪80～90年代，特别是海永建乡后，党和政府十分重视社会各项事业的发展，调动科技人员的积极性，以制种玉米为主培育良种，为全县各地和周边地区提供玉米、棉花、水稻、小麦、蚕豆等优良种子。学校由民办转为公办，普及小学初中教育，更新改造校舍，增添教育设备；兴建乡卫生院，增添医疗设备，做好卫生防疫、卫生监督、妇幼老年保健工作；不断改造完善广播、电视设施设备，开展群众性文艺体育活动，增进居民身心健康；以创建文明单位、文明岗位为内容的文明创建活动蓬勃开展，公民道德素质不断提高。

进入21世纪，海永经济建设走上向高端农业发展的新兴之路，从而推动社会事业的迅速发展，农业科技项目多次获奖，海永学校现代化教学楼落成使用，海永卫生院按一级甲等医院标准兴建的新大楼投入使用，镇文化活动中心设施齐全，文艺演出活动频繁，体育运动赛事连续不断，2014年在市农民运动会上获拔河冠军，2015年海永学校足球队获市初中组比赛冠军。精神文明建设获得丰硕成果，文明新风典型层出不穷。

第一章　科学技术

第一节　机构队伍

1970年建场时，永隆沙被定位以棉花良种繁育为主，命名为良种场。1976年，良种场内成立科研组，并建考种室，及时调进大中专院校毕业生陈范祖、罗君佳、吴一统、陈警钟等农业专业技术人员，专门为作物制种服务。

1981年3月，确定陈范祖为以工代技人员职称。从80年代后期到90年代，农业技术人才分别被评为高中级农艺师、经济师等。1993年7月，建立海永乡农业技术推广站。8月，建海永乡科学技术协会。随后，建立多种技术服务站。2001年，乡农业技术推广站与多种技术服务站合并，成立农业技术服务站。2002年，建立海永乡农技站经营部。2003年，西场大队顾洪被评为市优秀科技人才。2007年1月，通过海门市人事局审核，海永乡认定一批农民技术人才，其中，沙南村张生时为作物栽培助理农艺师，东西场大队陆新芳为助理农艺师，永北村倪仲为水产养殖助理工程师，东西场大队江振贤为营销助理经济师、陶杰为农产品营销助理经济师，沙南村钱卫华为农艺技术员、陈洪为农副产品营销经济员，永北村林敏为农艺技术员、陈效冲为水产养殖技术人员。2010年，乡成立科普领导小组，村成立专业技术协会。2015年，全镇有科技人员66人，其中工程类5人，农艺畜牧类10人，医药类9人，教育类28人，财会类5人，经济类4人，其他5人。

第二节 技术推广

一、农业科技

制种玉米试验 1975年,根据南通市农业部门要求,良种场开始参与建国后第二次推广杂交玉米试验。1977年,大面积制种玉米,配置"烟三6号""烟三10号"和烟单系列杂交种共3种自杂交繁殖。1978年,制种玉米进行杂交配制试验,配制烟单系列杂交种母本海7×南55单交种,长势旺盛,植株高大,父本傲海43长势弱,植株矮小,调整株行距的配置和合理密植,调整花期相遇,试种成功,同年还对优良品种"小金黄"玉米进行套袋培育自交系的尝试。由于农场制种玉米技术卓有成效,省农林厅把永隆沙良种场称为永隆沙玉米制种场。是年,全场共制种玉米239.73公顷,总产80.5万公斤。1981年,经南通市、海门县农业部门考察鉴定,永隆沙良种场制种玉米科研成果获南通市政府"科学技术进步奖""高产玉米三等奖",西场大队农民张允林用父本玉米不占行技术,提高制种玉米产量,被评为海门县"劳动模范"。

改良蚕豆试验 1978年,根据县农业局的要求,对"启豆1号"蚕豆进行提纯复壮。农场建立株行、株系、原种三圃进行良种繁育。开展大粒蚕豆育种,采取系统选育、杂交、辐射、轮选等方式进行选育,其中选育品系"82—6"号蚕豆粒大产量高,被评为县科研成果二等奖。1985年9月,农场繁育"启豆2号"增产16.92%,在南通市系试19个品种中,名列第一。经1983—1985两个年度的选育试验,南通市共参评7个品种,永隆沙良种场的代号"82—6"蚕豆获全市第一。

棉花培育良种 1970年,根据县委要求,永隆沙良种场定为棉花良种繁育场,为全县各地提供优良棉花种籽。1972年至1975年共为全县提供棉种5万公斤。1998年,调整棉花种植模式,增加复种指数,改纯棉花为棉花与西瓜夹种,并试行棉花不打木枝技术。夹种面积80公顷,获得平均亩产值1500元的好收成。1999年南通新垦工贸有限公司(通棉三厂)与海永乡合作,建立彩色棉花试种基地。请南通农科所副所长、高级农艺师、副研究员韩世杰为顾问,由7名研究人员组成研究小组。从国内外引进两大系列10个品种彩棉种子,当年试种5.33公顷,一次性获得成功,共产皮棉3800公斤,织成针织内衣1000余件,产品打入国内外市场,后因其色泽等问题未能延续。

图7-1 美国科技人员(左起2,3)在彩棉田里 1998年摄

其他作物培育 1973年,培育良种高粱,种植面积20公顷。1974年,种植良种高粱13.33公顷。1980年,收获小麦、大麦、元麦良种2万公斤。1992年,收获小麦良种2.5万公斤、水稻良种2.5万公斤,向全县及周边县市提供各种作物良种40万公斤。1997年,全市开展农业创新科技示范园竞赛活动,海永乡东西场大队建成百亩中稻丰产方。1999年,东西场大队被市评为中稻科技丰产方竞赛先进单位。2000年后,农场调整农业经济结构,作物良种培育暂停。

2012年12月,海永乡申报的"休闲农业新模式"项目,通过南通市农委专家组评审鉴定,获南通市农业创新三等奖。2013年,海永在休闲农业新创项目中,引进新品"树状月季花的栽培与推广"项目,被海门市科技局立为海门科技计划项目,项目责任人胡天颖被评为"农村青年致富带头人"。2014年,胡天颖获2012—2013年度江苏省农业丰收奖二等奖。

二、工业科技

1990年,沙南村村民在地膜覆盖培植作物的实践中,研究制作木制地膜覆盖器,后经县农机管理站和农机研究所研制定型，不断加以推广，终于获得成功，获国家专利产品。1993 年，永隆沙建材厂利用锅炉煤渣全代煤炭超内燃黏土烧砖新技术，由县科委组织专家鉴定后，再经南通市技术监督局砖瓦质量检验站测试，各项指标达到国家先进水平。2012 年，海永乡南通市星岛种猪有限公司大型沼气发电项目，既解决环境污染问题，又解决企业生产、生活用电，获得市科技二等奖。

附录：苏玉 3 号制种技术研究初报

海门县永隆沙良种场 陈范祖

苏玉 3 号是江苏省农科院用 21087 自交系做母本，旅华 112 自交系做父本，配制玉米新品种。1987 年 4 月经江苏省农作物品种审定委员会审定通过，是适合我省春播玉米地区推广种植的新品种。

苏玉 3 号表现为高产、稳定、适应性好。在南通市 1985 年区域试验中，平均亩产 407.15 公斤，比对照苏玉 1 号和苏玉 6 号分别增产 29.0% 和 35.6%，在 6 个参试品种中名列第一。为了适应大面积推广，积累苏玉 3 号的制种经验，本年度对苏玉 3 号的高产技术进行了初步探讨。

制种试验地设在独立隔离区中，黏壤土、有机质含量中等，P2O59PPM，PH8. 前茬为休闲地，采用 1∶33 米组合，大行距 1.20 米，小行距 0.13 米。父母本比 1∶4，亲本种子由江苏省农科院粮所提供。

试验设计

1. 叶龄生育动态观察：

设直播、地膜 2 个处理，分别观察父母本叶片生育动态，幼穗分化与可见叶，展开叶间的同伸关系，探讨最佳错期播种指标和生育过程中花期相遇的叶龄指标及合理施肥的叶龄指标。

2. 母本密度试验

同一行距，分设株距 0.13、0.17、0.20、0.23、0.27 米五个处理。母本密度分别为每亩 6000、4800、4000、3430、3000 株。小区面积 16.7 平方米，重复 4 次。

3. 母本不同行位的产量比较：

试验为东西行向，在父母本比 1∶4 的 4 行母本中，按距父本的母本行位向南向北顺设 1、2、3、4 行，不进行人工辅助授粉，每行为一个小区，面积 16.7 平方米，重复 5 次，分小区计产，研究不同行位的产量差异，以探讨最佳行比。

4. 深讨地膜增产效益，为统计方便，地膜设 3 个处理，设直播对照，小区面积 16.7 平方米，重复 4 次，共 16 个小区。

5. 带叶去雄试验：

按穗位以上留 1 叶、2 叶、3 叶、4 叶、5 叶的试验，观察带叶去雄对苏玉 3 号制种产量及种子千粒重的影响，探讨集中去雄的可能性，小区面积 16.7 平方米，重复 4 次。

结果与分析

1. 亲本生育期和叶片生长动态：

母本于 4 月 16 日播种，4 月 27 日出苗，7 月 4 日抽穗，7 月 11 日吐丝。父本 4 月 27 日播种，5 月 10 日出苗，7 月 6 日抽穗，7 月 13 日扬花。父母本花期相遇良好。

亲本总叶片数，母本平均 20.9 叶，父本平均 17.6 叶，母本比父本多 3.3 叶。父母本叶片的增长，均呈一条斜率相同的直线。到雌穗性器官成熟期，可见叶日增长速率减缓，直线的斜率减小。

2. 可见叶、展开叶和幼穗分化的同伸关系：

母本 5 月 30 日可见叶 11～12，展开叶 7，见展叶差 4～5，雄穗生长雄伸长；6 月 12 日，可见叶 16～17，展开叶 11，见展叶差 5～6，雌穗生长雄开始伸长；6 月 15 日，可见叶 18，展开叶 12，见展叶差 6，雌穗开始小穗分化；6 月 22 日，可见叶 20，展开叶 14，见展叶差 6，雌穗小花开始分化；6 月 30 日，可见叶 22，展开叶 18，见展叶 4，雌穗性器官成熟。

父本 5 月 30 可见叶 8～9，展开叶 5，见展叶差 3～4，雌穗生长雄伸长；6 月 7 日，可见叶 11，展开叶 7，见展叶 4，雄穗小穗分化；6 月 15 日，可见叶 14～15，展开叶 9，见展叶差 5～6，雄穗小花分化。6 月 24 日，可见叶 17，展开叶 11，见展叶差 6，雌穗性器官成熟。（表一）

叶龄和幼穗分化同伸表

表一

日期	21087				穗分化阶段		日期	旅华112				穗分化阶段	
	叶龄指标	展开叶	可见叶	见展叶差	雄穗	雌穗		叶龄指标	展开叶	可见叶	见展叶差	雄穗	雌穗
5/30	31.8	7	11~12	4~5	生长雄伸长		5/30	27.8	5	8~9	3~4	生长雄伸长	
6/5	40.1	9	14	5	小分化		6/7	38.9	7	11	4	小穗分化	
6/12	50.0	11	16~17	5~6	小花分化	生长雄伸长	6/15	50.0	9	14~15	5~6	小花分化	生长雄伸长
6/15	54.5	12	18	6		小穗分化	6/20	55.6	10	16	6		小穗分化
6/22	63.6	14	20	6	性器官成熟	小花分化	6/24	61.1	11	17	6	性器官成熟	小花分化
6/30	81.1	18	22	4		性器官成熟	6/30	77.8	14	18	4		性器官成熟

3. 制种母本适宜密度

在本试验行距1.33米的条件下，在0.13~0.27米株距的区间，5个密度处理，随着株距的增加，产量显著增加，处理间差异达极显著水平。农艺性状随着株距的增加而改善。（表二、三）

母本不同株距试验产量结果

表二　　单位：千克

处理	重点				小区总产	小区平均	折亩产kg/亩	较0.13m增产%	LSR	
	1	2	3	4					0.05	0.01
0.27m	6.31	5.41	5.47	5.26	22.45	5.61	224.4	44.59	a	A
0.23m	5.43	5.37	4.47	5.07	20.34	5.08	203.2	30.93	ab	AB
0.20m	4.73	4.97	4.03	4.94	18.67	4.67	186.8	20.36	b	BC
0.17m	4.53	3.90	2.89	4.81	16.13	4.03	161.2	3.87	c	C
0.13m	4.22	3.62	3.20	4.47	15.51	3.88	155.2		c	C

母本不同株距农艺性状比较

表三　　单位：厘米

项目 处理	株高	穗位	茎粗	穗长	秃顶	穗行数	行粒数	穗粗	轴粗
0.27	206.9	112.8	2.91	13.8	1.1	13.4	22.6	3.82	2.32
0.23	198.2	112.0	2.86	12.2	1.2	13.1	21.9	3.79	2.29
0.20	197.1	111.6	2.51	11.9	2.0	13.0	17.0	3.69	2.18
0.17	195.6	105.3	2.48	11.6	1.3	12.8	16.5	3.55	2.21
0.13	191.8	102.8	2.33	10.9	1.3	12.9	15.6	3.63	2.20

由于母本株型松散，长势旺盛，株高200厘米左右，叶片宽大，播种密度不宜过大。从试验结果看。以株距0.23~0.27米为宜。

4. 父母本的最佳配比：

从母本不同行位的产量试验结果，第1、2、4行均比第3行增产，其中1行比第3行增产23.91%，达极显著水平，第2、4行比第3行分别增产18.72%和18.24%，达极显著水平。这是由于母本比父本高，叶片宽大，长势旺盛，影响母本花丝授粉的结果。

5. 地膜在苏玉3号制种上的应用效果：

地膜制种8个处理，分别比对照(直播)增产15.84%～27.53%，平均20.09%，达极显著水平。(表四)

地膜增产试验产量结果表

表四　　单位：千克

项目 处理	重复				小区合计	小区平均	折亩产 kg/亩	比对照增产 kg	比对照增产%
	1	2	3	4					
地膜1	5.35	5.35	4.39	4.53	19.62	4.91	196.4	42.4**	27.53
地膜2	4.67	4.39	4.39	4.53	17.98	4.50	180.0	20.6**	16.88
地膜3	4.67	4.97	3.84	4.39	17.84	4.46	178.4	24.4**	15.84
ck	4.58	4.07	2.93	3.81	15.39	3.85	154.0		

t0.05 = 14.6千克　t0.01 = 20.8千克

地膜玉米由于地温较高，发育较早，从出苗开始，生育期，叶片数一直明显早于、多于对照。生育期的提早，能有效地抗御后期恶劣的气候条件和自然灾害，是有效的增产措施。(表五)

地膜与直播制种生育期对照表

表五

处理	品种	播种月/日	出苗月/日	抽雄月/日	吐丝月/日	扬花月/日	播种至出苗(天)	出苗至抽雄(天)	抽雄至吐丝(天)	抽雄至扬花(天)
地膜	21087 旅华112	4/16 4/27	4/23 5/7	7/1 7/2	7/6	 7/7	7 10	69 56	5	 5
直播	21087 旅华112	4/16 4/27	4/27 5/10	7/4 7/6	7/11	 7/13	11 13	68 57	7	 7

地膜增产，主要表现在株高增加，穗行数和每行数增加，千粒重增加。今年由于灌浆后期遭受7号台风影响，地膜制种生育期早、灌浆期早，千粒重明显高于对照。(表六)

地膜与直播制种农艺性状比较

表六

项目 处理	穗长(厘米)	秃顶(厘米)	穗行数	行粒数	穗粗(厘米)	轴粗(厘米)	千粒重(克)
地膜	11.6	1.3	12.8	16.5	3.55	2.21	270.0
直播	11.6	2.0	11.8	12.9	3.48	2.16	250.0

6. 带叶去雄试验结果：

穗位以上留 1 叶的，千粒重仅 217.5k，为对照（留 5 叶）的 81.77%，留 2、3、4 叶的，千粒重是 265k、270k，分别为对照 266k 的 99.62%、101.50%、101.50%，和对照无显著差异。说明集中去雄带去 1～2 叶，不但不会影响光合作用及有机物质的积累，相反会因集中去雄，减少了雄穗对光合产物及水分的消耗，有利玉米穗部性状的改善。但带叶不能太多，超过三叶，则会明显影响粒重和产量。

结论

根据上述实验结果，苏玉 3 号玉米的制种应注意如下：

1. 父母本必须错期播种，母本出苗为父本的播种适期。

2. 父母本行比 1∶3 为宜。母本密度应控制在每亩 3000～3500 株之间。

3. 父母本可见叶差，拔节前应控制在 2.5～3 之间，拔节后控制在 3～4 之间。超过这个幅度，应及时进行调正。

4. 根据见展叶差与幼穗发育的同伸关系，在见展叶差 3～3.5 时施拔节肥，5～6 时是施穗肥的最佳时期。

5. 地膜在制种上有推广前途，推广地膜制种，要注意足培播种，防治好地下害虫和搞好化学除草。

6. 为减少去雄次数，保证去雄质量，可以带叶去雄，但不要超过 3 叶。

1988 年 8 月

第三节　科普活动

从 1993 年 8 月成立乡科协后，每年开展科普活动，进行农业、多种经营、计划生育、医疗卫生、妇幼保健、破除封建迷信等方面的讲座、图片展览、收看录像，举办宣传橱窗、画廊等，受教育群众近万人次。1999 年，参与全市举办的全国第 11 届科普宣传周活动，放映科普录像 3 次，收看群众 2000 多人次。2002 年，建立海永乡科普示范市创建活动领导小组，推动全乡科普教育活动。2004 年，建成科普示范村 1 个、示范户 10 户、乡农民技术学校 1 所。2006 年，海永乡被南通市评为科技进步先进乡镇。

2010 年，重点抓好科普兴农富民工程。乡建 10 米长的科普画廊 1 个、综合配套科普活动室 2 个、科普图书室 1 个。同年 5 月 15 日至 21 日，举办全国第 22 届科普宣传周活动，拉横幅 5 条，更新宣传橱窗，宣传低碳生活、节能减排和环境保护等知识，乡科协与医院、环保、城建等部门在集市设摊，组织咨询、义诊活动，发放科技宣传资料 500 余份。10 月，在社区服务中心安装 LED 显示屏，随时播放科技信息。2011 年 5 月 15 日至 21 日，全国第 23 届科普宣传周活动期间，整理发放地震灾害科普手册、海啸与核辐射小常识、市民环保手册、健康生活知识等各种科普资料 300 余册，并利用联想新城 LED 屏幕滚动播出有关知识。同年 8 月，乡科协配合环保部门举行广场科普宣传咨询活动，发放各种宣传资料。

2012 年 5 月 19 日，在全国第 24 届科普宣传周活动期间，海门市科协领导带队到海永乡，进行以保护环境，建设美好海门为主题的科普文艺演出，观众 200 多人。20 日，宣传食品安全知识，订阅有关食品安全知识图书 100 册，挂图 4 套，分别送到农家书屋和学校图书室。2013 年 3 月，乡科协邀请海门市中医院妇产科主任尹启萍讲授妇科健康知识，100 多名妇女听了讲座。2014 年 5 月 26 日，在开展全国第 26 届科普宣传周活动期间，邀请市老科协副会长吴佳虹为全乡老年人作健康知识讲座，主要内容涉及合理饮食，适当运动，戒烟限酒，心理平衡四个方面。27 日，海永学校 70 多名学生到南通市华清净水材

图 7－2　妇女健康知识讲座　　2013 年摄

料有限公司参观，公司技术人员为学生们做净水科学实验。2015年，全国第27届科普宣传周活动期间，乡科协组织系列科普教育活动，5月18日，邀请SS1538项目台湾专家在联想社区举办“现代化农业与互联网融合发展”的讲座，100多名干部群众听了讲座。19日，在海永学校举办以“绿色环保，幸福生活”为主题的科普宣传画展。25日，在联想社区进行科普文艺演出，并现场发放各种科普宣传资料200多份。同年，开展科普创新创优活动，组织群众现场参观绿宝石精致农业园花卉苗木和芳香植物的种植，培育及深度加工过程，建立试验田，动手实际操作，激发对科学知识的热爱和能动作用。

第四节　科技培训

1978年6月，永隆沙良种场举办薄荷蒸馏技术培训，40多人参培。1983—1988年，场部派员参加县总工会、劳动局、农业局举办的应用技术培训，先后参加企业管理培训，农作物培管、菌种栽培技术培训，待业青年驾驶汽车、木工、油漆工、家电维修培训，共培训人员70余人；参加现代工程管理、专利知识培训班学习共5人。1990年，参加县各部门培训班，共10期50余人。1991年至2000年，参加市(县)举办的应用技术培训共50多期，培训技术骨干200余人。

2001年，参加市农学会举办的“绿色证书”培训班共10人，参加统计学和统计人员技术培训5人。乡科协为培训技术开展服务项目5个。2005年，参加市级培训人员共30余人，其中培训农业技术人员5人。2007—2008年，参加市举办的农村党员干部青年科技培训班2期10人。组织各类实用技术和高效农业项目讲座5场次，200余人听了讲座。2010年，乡农技站、农经站、科协等部门邀请市农业部门专家、技术人员组织讲座4次，讲授种植业、养殖业和经营管理专业知识及实用技术，听取讲座的农民600多人次。2012年，邀请人社局到海永乡进行园艺工中级职称培训，参培人员120多人次。2013年，邀请南通农学院、市人社局专家老师到海永作讲座，培训园艺保养人员3场次，参培人员140人次。2014—2015年，培训泥工、家政、保洁工共6次，参培人员350余人次。

图7-3　农业科技培训　2010年摄

第五节　科技扶贫

1986年始，根据上级部门要求，扶贫工作由原来的资金、物资扶贫发展为科技开发扶贫。1987年，农村开展评选科技致富示范户活动，全场评出科技示范户3户。同年，农场组织80多人听取全县致富能手、青年技术干部作的科技致富报告；组织观看科技录像，不少农村贫困户学到科技致富的经验。至1990年，全场发展包括种植、养殖业等科技扶贫户42户，脱贫38户，脱贫率90%。1996年开始，乡政府每年派出科技人员深入农村，上门向贫困户传授养殖幼蟹和成蟹技术，发放养殖资料上千份。至2000年，全乡70多户贫困户逐渐脱贫致富。

1998年起，在推广棉花营养钵制坯技术和地膜覆盖技术中，乡政府对贫困户每年免费发放地膜10吨，制坯器150只左右，使贫困户能坚持引用先进的植种技术获得棉花丰收。2005年，乡农业科技人员坚持送科技下乡，为贫困户服务。全乡组织8名科技人员与贫困户结对帮扶，帮助贫困户通过科学种植养殖，勤劳致富。2007年，在致富示范户评选中，全乡评出35个科技致富示范户。2010—2015年，每年组织有劳动能力的贫困纯农户参加乡科协举办的农业创新培训，逐步提高贫困户科技致富的能力，积极开展科技创业，科技致富。先后举办科技致富培训班25期，培训人员1500多人次，110户纯农户脱贫致富,脱贫率85%。

第六节　学术交流

一、交流活动

20世纪70年代,永隆沙良种场以培育农作物良种为主,经常参加南通市、海门县科技部门组织的农业科技学术交流活动,交流棉花、玉米、蚕豆、水稻、小麦等多种农作物的科学试验与成果。80年代,改良大粒种蚕豆取得成功,多次参加南通市农委召开的科研评比会议,发表论文,交流经验。高级农艺师陈范祖撰写的《蚕豆提纯复壮几个理论问题的探讨》《蚕豆自然异变率的研究及应用》《大粒种蚕豆育种理论的探讨》三篇论文在全国蚕豆科学研讨会上发表,其中《蚕豆自然异变率的研究及应用》一文被编入大会论文集汇编,获南通市优秀论文四等奖,《大粒种蚕豆育种理论的探讨》一文在全国《种子》杂志上发表。

80年代末,教学学术交流活动在海永中小学校中不断开展,1988年,小学高级语文教师王雪祥撰写《处处留心皆文章》一文在县《写作园地》刊物上发表。1999年,王雪祥撰写《让学生跳出求同思维的圈子》一文荣获湖南省徐特立教育研究所"耕耘杯"中小学教师征文大赛论文优秀奖。2001年9月,海永乡小学进行"田园教育"开课报告,研究提升情境教育方法,中央教科所所长朱小蔓博士,江苏省教科所所长成尚荣、情境教育专家李吉林应邀参加。

2010年10月,乡农艺师胡天颖撰写《高效设施农业茬口安排技术》论文在《金阳光新农村》丛书上发表。2012年10月,胡天颖撰写的《双胞山药高产高效栽培技术》在江苏科技出版社有关刊物上发表,《发展休闲农业三步棋》一文发表在《江苏农村经济》刊物。2013年,海永学校教师在多种报刊杂志上发表论文16篇,获奖4篇,教师江宇红撰写的《小学数学学习兴趣的培养》一文获得首届全国素质教育教研成果一等奖。2015年,发表农业技术研讨、教学研讨等方面的论文12篇,获奖3篇。

二、论文选辑

大粒种蚕豆育种理论的探讨

陈范祖

蚕豆在我国栽培面积大,历史悠久、营养丰富,蛋白质含量高。在豆科作物中仅次于大豆。国外誉为蛋白质新的潜在亲源。

蚕豆根瘤多,固氮能力强,对恢复地力起重要作用。且成本低,花工少,深受群众欢迎。但国内外市场对蚕豆品质有新的要求。小粒种品质差,不适应市场需要,价格下跌。因此,选育大粒优质、高产稳产、抗逆性强的新品种,成为当前蚕豆育种的重要任务。

我场从1979年起搞启豆1号蚕豆的提纯复壮,开始了系统选育工作。1982年起,又采用杂交、辐射手段育种。到目前为止,基本形成了蚕豆育种体系。

通过几年来大粒蚕豆新品种选育的实践,现对蚕豆育种目标、手段、方法等问题作一些理论上的探讨。

一、蚕豆的育种目标,应根据

市场需要和综合性状全面考虑

蚕豆是粮、菜、饲、肥四用作物,商品化趋势加强。因此,蚕豆育种就要根据蚕豆不同的使用目的,进行多方向、多目标育种。应培育不同成熟期和不同籽粒大小,并分别具有高产稳产、品质好、抗逆性强、自花结实性好、适应性广、抗倒伏、不易裂荚等特性的材料。

1. 丰产性育种

蚕豆每个分枝一般有十个花节,每个花节有5—7朵小花,由于蚕豆的无限生长,导致花期与花后顶部营养体继续存在,从而引起生殖与营养器官的竞争,因而成荚率很低。脱落率在90%以上。蚕豆结荚率和荚粒数成反相关,不同的亲本结荚率和荚粒数有显著的不同。因此,采用结荚率高而每荚粒数少的亲本(顶优势较弱)杂交。通过杂交后代的基因互补作用,选到顶培优势弱,加价率高而荚粒数又多,籽粒发育好的蚕豆新品种,是有可能的。

2. 品质育种

(1)高蛋白质蚕豆育种,蚕豆蛋白质含量和种子重量之间存在着正相关。白皮种又相对高于青皮种,和其他豆科作物不同,蚕豆的蛋白质含量与产量几乎没有相关性,这在育种上就有可能增加蛋白质的含量,同时又不影响丰产性,育成蛋白质含量超过40%而亩产量并不明显降低。

(2)无单宁蚕豆育种,无单宁基因是简单隐形基因,无单宁品种幼苗茎几乎无红色素,花瓣是全白色的。有单宁种子的种皮颜色,随放置时间延长而加深,在暗藏六个月后,根据种皮的颜色很容易区分有单宁和无单宁种子。

蚕豆中的单宁,是家禽生长的一种主要抑制因素。培育无单宁品种,将为蚕豆作为家禽蛋白质饲料源开辟新途径。

(3)大粒育种

大粒蚕豆蛋白质含量相对高一些,随着蚕豆商品生产的发展,普遍要求阔薄大粒型的蚕豆品种。而现种植的启豆1号,百粒重仅80~90克。其他生产用种百粒重也不过百克左右。

从统计分析看,粒重与构成产量的其他因素成反相荚。生产上大粒型品种的产量往往比小粒型品种低,表明粒重是一个限制因素。单纯考虑较粒重标准,容易造成单株总荚数、结荚率、荚粒数的下降,不易达到大粒又高产的目的。

但粒重的遗传力显著大于荚粒数、每分枝荚数、每分枝粒数的遗传力。因此,在坚持荚粒数、每分枝荚数、每分枝粒数的选择标准不变的前提下,连续、定向地选择大粒型变异,将大粒基因累积、渐加,是能够选育出大粒高产新品种的。

由于粒重是高产的一个限制因素。因此,大粒蚕豆育种,不是粒重越大越好。从当前市场来看,选择百粒重在120克左右为宜。在选择外贸、加工特殊需要的超大粒品种时,可适当放低丰产指标,选百粒重超过150~200克的新品种。选择无单宁蚕豆品种时,主要作为家禽的蛋白质源。对粒重的要求应该放低。

二、蚕豆育种手段的探讨

蚕豆是常异花授粉作物,又具有异花授粉作物的特点。据测定异交率在11%~40%之间。因此,蚕豆的育种既可以采用自花授粉作物的系统选育、杂交育种的办法,也可以采用异花授粉作物的育种方法,也有人认为,蚕豆异交率高,比常异花授粉作物如棉花的异交率5%~10%要高出几倍。因此,采用常规育种方法,变异大,不稳定。有人采用网室法,隔绝虫源,在网室里进行株行、株系选择,又因它自交率在50%以上,又不宜采用异花授粉作物的方法。

就本场几年来的育种实践,拟对采用的几种育种手段,作一点评述。

1. 系统选育

目前参加省市区试的所有品种,几乎都是系育品种。

2. 杂交育种

3. 辐射育种

4. 轮回选择育种

轮回选择育种又称为群体改良育种。对杂交第二代选择进行组合比较试验,根据产量兼顾品质挑选最佳组合。对最佳组合根据育种目标,选择株高一致,农艺性状整齐,开花结荚集中的一定数量的单株,经室内考种,决选50%~60%的单株种株行,进行田间考察及生育期、抗逆性的鉴定。当选的株行下年混播,再选单株,完成一个轮回。一般通过二到三个轮回,完成一个育种周期。

轮回育种,既有杂交育种基因重组,创造变异多的优点,又可相对减少异交率高对育种的影响,因此是蚕豆较理想的育种手段之一。

三、蚕豆杂交育种方法的探讨

1. 降低异交率

试验田行距可结合间套作,不宜少于1.33米。不同组合的株行,要分区种植,尽可能减少蚕豆不同品系间的异交。蚕豆育种区不能放蜂,花期前要做好对蓟马等小型昆虫的喷药防治,降低昆虫传粉异交。这是蚕豆育种必须注意的问题。

2. 亲本的选择

蚕豆不易培育基因型纯系。即使培育成纯系后,杂交后代也不可能不受到异花授粉的影响。因此,一般选择表现型一致,相对稳定的材料作杂交亲本。

表型变异双亲要互补,杂交后代虽有超亲现象,但为了提高选择的机率,在双亲中,必须分别具有预期的各项指标,而且其中要有一个综合丰产型蚕豆新品种,起码要有一个超过预期粒重的大粒亲本,另外再配一个综合丰产性状好的亲本,但粒重也不能太低。还要注意构成产量的其他因素也要互补,如一亲本结荚率高,另一亲本荚粒数就要多。地缘上也要互补,为保证选育品种适应本地的生态坏境,杂交亲本中一定要有一个适应本地区生态环境的本地品种。

3. F1 代的选择

杂交亲本虽农艺性状基本一致,但是多种基因型组成的相似表现型的杂合群体。因此,F1代必然出现许多重组的基因型。从农艺性状的表现来看,会出现许多表现型类型。

相对 1984 年杂交的 22 个组合 181 个 F1 代单株的考种结果看,株高、荚粒数、百粒重、每分枝荚数、每分枝粒数五项遗传力较大的数量性状,其变异系数在 10 ~ 30 之间,其余分枝数、单株荚数、单株粒数、单株双荚数、单株产量五项遗传力小的数量性状,其变异系数在 35 ~ 70 之间。

遗传力大的五项数量性状。变现较高的负超亲性,特别是株高、百粒重、荚粒数三项的负超亲最显著。遗传力小的五项数量性状,表现了较大的正超亲性,实际上这是 F1 代杂交优势的表现。

由于 F1 代分离的显著性,超过双亲区间的平均高达 61. 76% ~66. 19% 。成正态分布,说明蚕豆的杂交 F0 代,实际相当于自花授粉作物的 F1 代,进行了基因重组。F1 代相当于自花授粉作物的 F2 代,出现了明显的分离现象。因此,蚕豆 F1 代的选择是非常必要的。

F1 代株,除田间分组合,单株编号进行考察外,全部收获,分株考种,按育种目标,综合考虑五项数量性状以及田间抗性表现决选。但当选率应较高,对可留可不留的多留一些,不要轻易淘汰。

4. F2 代以后的选择

对 F1 代当选的单株,分组合、株行种植,田间进行优良组合评比。F2 代继续进行分离(相当于自花授粉作物 F2、F3 代),根据育种目标,应重点在优良组合的优良株行中选择单株,适当照顾一般组合,经室内考种后,根据综合指标进行决选。当选的优良单株下年度再按组合、株行次序编号,种 F3 代株行。

由于蚕豆异交率高,对 F3 代株行的选择,要根据株行田间表现,室内考种、产量结果及籽粒性状等综合考虑,以高产、优质、抗逆、大粒、一致性为选择指标,分株行当选,F4 代进行株系比较试验。

四、蚕豆育种选择指标的探讨

1983 年,笔者提出百粒重、百荚重、每荚粒数、株高、每分枝荚数、每分枝粒数为蚕豆育种数量性状的选择指标。丰产性的选择应以每分枝结荚率高、每荚粒数多为选择前提,再选择粒重大的单株。并指出粒重与构成单株产量的其他因素成反相关,粒重对丰产性是一个限制因素。但粒重的遗传力大于其他因素,因此有可能选出丰产性好的大粒型品种。

育种的选择指标,还应从形态指标与品质指标的相关性,进行品质育种。以提高粒重来提高蛋白质含量。选用皮色不变红的白粒系,以降低当选品种可凝聚单宁的含量。用白花蚕豆作杂交亲本,杂交后代中可选择具有丰产性的白花后代,以降低种皮中的单宁含量。还应注意田间表现和产量的相关性,记载田间抗逆性表现的优劣,作为淘汰和选择的重要依据。

注:《大粒种蚕豆育种理论的探讨》一文作者陈范祖,系永隆沙良种场高级农艺师,本文曾在 1987 年全国蚕豆科学研讨会上发表,同年刊载于《种子》杂志第 2 期。

仿写是提高作文能力的好方式

海门市海永学校　王雪祥

宋代教育家朱熹说过:“古人作文作诗,多是模仿前人而作之,盖学之既久,自然成熟。”我们知道,凡被学某种技术、技能总离不开模仿,学习写作自然不能例外。仿写是一种以范文为“模型”,以读带写的训练。实践证明,它作为作文教学的一种手段是行之有效的,比其他训练方法更容易被儿童所接受。因此,仿写是学习心理上的需要,是提高作文能力的好方式。

那么,怎样引导学生仿写呢?

第一,读写结合,仿有所依。小学语文课文

中有许多值得借鉴的“模型”，只要引导得当，就可以达到以读促写，相互渗透，读以致用的目的。如学了《趵突泉》之后，要求写一处景物；学了《冬眠》之后要求学生写一种动物，写出它的生活习性。这种模仿内容的训练，逐步解决了“没啥可写”的问题，使他们的作文“言之有物”。又如学了《记金华的双龙洞》之后，要求学生有条理地写一次参观访问活动。总之，我们在阅读中，只要经常有意识地按照“仿”的要求对范文的表现方法、结构特点、语言等加以恰当的引导，定能使学生的思维能力和表达能力同步发展。

第二，明确重点，多层递进。仿写要明确各年级各单元的训练重点，必须由单项到多项，由部分到整体多层次递进。如小学语言基础训练中，要求写动物的共有6次，前5次都是段的训练，在这些仿写训练中，我们应当在弄清楚本单元具体任务后，按各篇课文的特点进行不同角度，不同侧面，不同内容的多项“模仿”。最后从部件“仿造”到整体“组装”。写篇大作文。由于学生在前5次的“模仿”性练笔中，学习了知识，掌握了方法，形成了能力，所以这次大作文只要提出要求，其余的均由学生去大胆地想，放手地作。这样的作文就不是单纯的“模仿”，而是“模仿”之后的“独创”了，这样描绘出的动物才既有形似又有神似。

第三，善用范文，启迪思路。供学生“模仿”参照的范文较多，最常用、数量最多的是课文，特别是《读写例话》中提到的例文较宜学生仿作。另外是报刊杂志上的好文章，也常常是教师和学生乐于选择的仿写对象。再则是教师的“下水文”和学生的优秀作文，这类范文贴近学生实际，易被采纳接受。当然，不是所有的名篇佳作都可以作为学生仿写的范文。教育心理学表明：学生模仿只能在已有的知识基础上进行。因此，选择范文要按学生的写作实际水平进行取舍，这样仿写才能拓宽思路，不拘一格，走出仿的“圈套”，去表达自己的真情实感。

第四，举一反三，由仿到写。仿写的训练是利用求同思维，引导学生写作入门。小学生初学作文，开始只能像初练毛笔字那样描红、仿影，而后形成自己的手法风格。仿是手段，创是目的。因此，为达到创新目的，要善于引导学生摆脱范文的束缚，运用求异思维，从模仿为“举一”，以独创为“反三”，用自己的语言写出与范文“似曾见过又不相识”的文章来，这才是仿写的真正目的。

注：《仿写是提高作文能力的好方式》一文作者王雪祥，系海永学校小学高级教师，本文发表于《江西教育》1999年第5期。

发展休闲观光农业三步棋

江苏省海门市海永乡农业服务中心　胡天颖

海永乡是海门市在崇明岛上的一块“飞地”，面积仅9平方公里，耕地面积6328亩，下辖两个行政村和一个农场大队，人口5000余人，人均耕地面积不足1.5亩。自2009年起，大力发展休闲观光农业，新建休闲观光农业园6个，其中投资超千万的2个，超亿元的1个，成功吸引了大批游客。2011年2月，海永乡被评为“全国休闲观光农业与乡村旅游示范点”。

“三个同步”发展

海永乡休闲观光园区建设坚持走可持续发展之路，做到了与现代农业园区建设的同步发展，与特色品牌农产品培育同步发展，与乡村建设的整体规划同步发展。

海永乡结合现代农业园区建设，组织各方力量，多层次，全方位加大投入。3年中，海永乡人民政府先后投入8000万元，园区业主共计投入2亿多元人民币，共同打造休闲观光品牌。与此同时，根据海门市人民政府出台的相关政策，对休闲观光农业园区建设进行了“优先”措施。一是项目优先安排。对一些规模大、生态优、科技含量高的项目优先向休闲观光农业园区及周围安排。2010年，海门市政府把一个万顷良田工程项目安排在海永乡，并与海永“绿宝石”精致农业科技生态园的具体开发结合起来。二是环境整治，沟河疏浚优先安排。几年来，海门市每年都安排一定规模的沟河疏浚及环境整治项目，都把这类项目首先放在园区内。目前，各个园区内都达到沟河清洁、环境优美的标准。2012年，海门市把园区所在地的永北村列入申报省三星级康居村建设行列。三是结合现代农业园区的技术培训,加强休闲观光农业的技术指导。先后邀请了中国农业大学、南通及海门市农业系统有关专家为园区培训了休闲观光农业整体建设、农业三品的培育、休闲农业的管理等内容,受训人员达1000人次。同时,又组织有关园区管理者前往浙江、上海、苏州等地参加学习。

观光休闲农业是现代农业的一个主要组成部分。其显著的特点为:一是属于农业的范畴,二是有特色的农产品。根据这个思路,近年来,在发展观光休闲农业过程中,海永把培育特色农产品品牌作为观光休闲农业的一个重要组成部分,并不断做大做强特色农产品的产业链。先后在海永观光休闲农业景点内形成了特色礼品西瓜1500亩,青皮无公害甘蔗500亩,优质四青作物1000亩,1000多亩特色水产品养殖基地和200亩优质果品种植园。此外,先后注册了星岛牌猪肉,交博牌鸡蛋,海隆牌特色水产品,海隆牌西瓜等特色农产品商标8个,其中已认定无公害农产品14个,绿色食品1个,农业三品面积占比占达85%。星岛牌猪肉成功打入上海世博会,进入麦德龙、乐购等大型超市,占据了上海八分之一的市场份额。交博牌鸡蛋已进入上海联华超市,成为品牌农产品。在观光休闲农业的整体发展中,坚持把品牌农业的培育纳入观光休闲农业园区的整体建设中,每个园区都有一个特色品牌农产品。特色农产品的培育和发展,不仅增加了观光休闲农业园区建设的内涵,并且加速了园区建设的可持续性发展。

休闲观光农业的建设根据中国农大为海永制定的《海永乡整体规划(2010—2030)》同步发展与实施,在每个观光休闲农业景点的建设过程中,坚持规划先行,在取得论证的基础上再分批实施,从而确保了每个景点的科技性和特色性,避免了与海永整体发展相冲突或背离的情况,也减少了低水平的类同和盲目投资。

多元投入建设

在建设休闲观光园区中形成了政府主导组织发展,高校积极参与发展,企业立体投入发展等多元投入发展的新机制。

早在2004年初,海永乡与中国农业大学开始了现代农业发展方面的合作和开发。2008年,中国农业大学与海门市政府正式达成协议,在海永乡筹建中国农业大学智能观光温室,迈开了海永乡与中国农大共同发展建设观光休闲农业园区的步伐。2010年,正式邀请中国农业大学为海永乡制定了《海永乡现代农业发展规划》和《海永乡观光休闲农业发展规划》,明确了以"书写田园之美、跃动生态之韵"为核心的发展理念,提出以精致农业、观光农业、休闲农业为主要发展方向,逐步打造成最富有时代特色的新型观光休闲农业园区。

除此之外,荷兰NITA集团、台湾中兴集团等知名品牌纷纷关注海永、落户海永,共同打造海永品牌。2008年,绿大花卉阿斯米尔农业新天地在海永组建,总裁德籍华人秦小明先生亲赴欧洲考察,历时3个月,带回了欧洲先进的苗木机械化栽培技术,通过三年的沉淀,厚积薄发,在2011年底成功出口欧洲20万株苗木,打开了通往世界花卉苗木市场的大门,这在江苏也尚属首次。来自宝岛台湾的上海市公司中兴电工看重海永的地理优势与投资环境,在不足10平方公里的土地上大笔投入,引入台湾精致农业技术,大力发展农业深度旅游和农业精品建设,透过新科技研发及新经营模式,将具有地方特色、高附加值的农产品,发展成为投资价值高、市场发展潜力广的精品农产品。在联想集团投资的"融科·托斯卡纳"千亩庄园里,配备了田园采摘区、农田观光区、高科技农业展示区,还在农田、果园间开辟小片实验田,可组织多项游客参与的农耕及采摘活动。这些都为海永的休闲观光农业注入了现代科技气息与外向元素。

与房产项目互动

海永乡将房地产发展作为海永基础产业之一,同时配套了相应的观光休闲农业项目来带动全乡的发展。

海上普罗旺斯的建成让原本杂乱的鸽笼港河成为一道亮丽的风景线,河道两边各具特色的园林小区成为人们观光休闲的好去处。融科·托斯卡纳庄园在打造庄园情境的异域风情、低碳生活的同时还配备了一个占地约60万平方米的休闲生态农业园区，园区以绿色、有机循环为核心理念，园区由上海农科院根据气候配比115种国内外果蔬，并实现每季循环成熟果蔬约30余种；园区外围是各种果树形成的庄园林墙，整个庄园还配备孩童果蔬认知区、畜牧放养区、自主耕作区等。中国农大开发的田园风光临河而建，在做好小区建设的同时，对流经小区的鸽笼港河进行了景观改造，建起了漂亮的栏杆，栽种了鲜艳的花卉，将一条不起眼的河流变成了充满生机和活力的“母亲河”。绿岛·江湾城在打造上海崇明县第一高楼的同时，正全力建设我乡第一个现实版的开心生态农庄。农庄以生态休闲为主，果园、菜园分布其中。绿树环绕，小桥流水。在江湾城项目鸽笼港河畔，农庄不仅建设了极具古典风味的亲水平台，还配备了私人码头、游艇画舫等，使整个农庄弥漫着浓浓的江南水乡风情，彰显着现代时尚气息。

正是通过房产项目来反哺于休闲观光农业，培育和形成新的生态休闲农业景点，而休闲观光农业的发展，吸引了更多游客前来旅游，又促进了房产业开发的这种形式，休闲观光农业也得到了大步发展的机会，农民从中受益匪浅。

注：《发展休闲观光农业三步棋》一文作者胡天颖，系海永乡农业服务中心主任、高级农经师、农艺师，本文发表于2012年10月《江苏农村经济》第328期。

浅谈小学数学学习兴趣的培育

海门市海永学校　江宇红

如果我们教师在每节课中都注意激发、培养学生的学习兴趣，那么学生的学习过程就形成了“引起兴趣——探索知识——获得知识”的良性循环，从而提高教学质量。

兴趣是最好的老师，是调动学生积极思维、探索知识的内在动力，当学生对学习数学产生了浓厚的兴趣时，就能全神贯注地积极思维。一旦产生了兴趣，学习就不再是一种负担，而是一种乐趣。这就需要教师在每节课中设法激发学生的学习兴趣，做到以“趣”激学，从而发展思维能力，提高学生的素质。

一、创设问题情境，培养学生兴趣

小学生往往不喜欢做那些机械的事情，对枯燥乏味的数学教学内容更是有厌倦情绪，他们更喜欢的是有情趣的问题，有挑战性的问题。教师要根据小学生年龄特征，组织生动有趣、引人入胜的教学内容，把握时机，因材施教，采用暗示启发诱导，寓提示启发于问题之中，再通过教师的点拨、引导和学生的讨论，充分调动和发挥每个同学的积极性和创造性，使他们的思维活跃起来。激发他们的思维兴趣与灵感，加深理解，拓宽知识的应用范围。

如教师在讲授“能被3整除的数的特征”时，向学生宣称：“只要同学们随便说出一个数，我不用计算就能马上说出它能否被3整除。”出于强烈的好奇心，学生个个都抢着说出较大的数，力求难住老师，当老师都准确、迅速地判断出来后，学生们都惊讶了，强烈的好奇心化成了求知欲，迫切想了解其中的奥秘，教师就在学生产生浓厚兴趣、急于探索问题的情境中开始了新授，效果可想而知。

二、创设操作情境，培养学习兴趣

动手操作的过程是多种感官参与活动的过程，以动作促思维，能直接刺激大脑进行积极的思考，不仅能使学生加深理解，通过亲身的实践，还能直接感受到探索发现的快乐。

我在教学“圆的特征”时，首先让学生自学教材认识圆各部分的名称，然后让学生动手，用圆规画，在圆内画几条半径、直径；要求学生想一想，可以画几条直径、半径；再量一量所有的半径和直径的长度，与同桌议一议：你从中发现了什么？这样学生都能说出在同一圆中半径、直径的特征及它们的关系。接着教师再追问：“圆的位置、大小各是由什么决定的?”待学生弄清后，要求学生画半径3厘米的圆，再剪下来对折，想一想发现了什么。通过操作，学生认清了圆是轴对称图形这一特征。学生在画画、量量、剪剪、折折、议议中获取了知识，尝到成功的乐趣。这样由“动”生“趣”，使学生感到“易学”“会学”“想学”。

三、创设故事情境，培养学习兴趣

爱听故事是学生的天性，因此结合数学内容讲故事能推动学生的学习活动，引起学生兴趣，还可以丰富学生生活，获得美和娱乐的享受。

如教师在讲“商不变性质”时设了这样故事：同学们想听有关王母娘娘祝寿的故事吗？“想！”教室里响起了雷鸣般的掌声。话说王母娘娘生日那天，场面可壮观了，天庭中的大小官员都参加了宴会。孙悟空一听，甭提多高兴啦，当他听到把6个桃子分给3个大小官员时，脸一下子“由晴转阴”，聪明的王母娘娘看出了他的心事，接着说把60个桃子分给30个官员，老孙一听“60个桃子”，微微一笑，低声说这还差不多，当他听到“把600个桃子分给300个官员时”，哈哈大笑起来，嘴里不住地说：“够意思够意思”，随着故事的引入，一组算式也板书在黑板上：6÷3、60÷30、600÷300。好，故事讲完了，咱们来看看到底每个官员分了几个桃子……过分聪明机灵的孙行者上当了，原来每个官员仍是2个桃子，王母娘娘是利用什么哄住老孙呢？待学了这节课后，大家自然会知道，于是转入新授内容。

四、创设言语情境、培养学习兴趣

教数学的教师的语言应当严谨，具有较强的逻辑性。应该根据小学生的年龄特点，采用生动而富有感染力的语言，促使学生把自己的行为指向学习活动。一个生动的故事，一个恰当的比喻，一则富有哲理的笑话，一个精巧的提问，一次故意的失言等，都会给学生留下美好的、难忘的印象。

五、创设生活情境，培养学习兴趣

生活中的实际问题，学生看得见、摸得着，有的还亲身经历过。所以，当教师结合教学内容，提出这些问题时，他们都跃跃欲试，显现出高度的参与热情。例如：数学应用题“相遇问题”时，可先让两名学生在讲台前从两侧以不同的速度相向而行，走到相遇而止。通过观察讨论，让学生理解“两地”“同时”“相向”“相遇”的含义，并能直观感觉到：当两人同时从两地相向地走到相遇时，两人所走的路程总和就是两地间的路程，这样就为学习新授铺平了道路。学生在应用所学知识解决实际问题的过程中，体会到数学知识的巨大作用，体会到生活离不开数学，从而对数学产生浓厚的兴趣。

托尔斯泰说过：“成功的教学所需要的不是强制，而是激发学生的兴趣。”如果我们教师在每节课中都注意激发、培养学生的学习兴趣，那么学生的学习过程就形成了“引起兴趣—探索知识—获得知识的良性循环，”“要我学”就变成了“我要学”，从而提高教学质量。

注：《浅读小学数学学习兴趣的培养》一文作者江宇红系海永学校数学教师，获2013年首届全国素质教育成果一等奖。

让“错误”在小学数学教学中绽放精彩

海门市海永学校　袁红健

教学中，经常会遇到学生出现错误，教师先要正确对待学生的错误，要宽容学生的错误，接受学生的错误，再进行针对性的错误原因分析，还要善于利用并开发学生的错误资源，适时恰当地引导，激发学生的心理矛盾和问题意识，让学生自主意识到自己的错误所在，找准错误的原因，避免犯类似的错误，从而让错误变得美丽，让教学更加精彩。

教学过程就是学生认识世界、自我发展的过程，是知识从不懂到懂、能力由弱变强，自身的人格品质逐渐发展和完善的过程。错误是伴随着学生一起成长的，其实，学生说错话、做错事、写错题是经常有的，也是很正常的。

一、对待学生错误的误区

1. 有些老师对所谓的“标准答案”过分期待，追求的是“对答如流”，“天衣无缝”，总是想尽一切办法，不让学生出一点差错，不敢暴露学生的错误。

2. 有些老师觉得个别学生的错误，如果用宝贵的教学时间来处理，对于其他学生来说，就是浪费时间，便亲自“上阵”，把答案“双手奉上”。

3. 有些老师对错误“马上制止”或“立即纠正”，用“你错了”堵住学生的嘴，接连不断地追问他，从而得到“标准答案”。

4. 有些老师对错误“一笔带过”，甚至“置之不理”，仍按预设的路线进行教学，更别说去寻找、利用、开发这些错误资源。

以上种种情形，学生没有经过拨“乱”反

"正"阶段,不经历实践的过程,导致浪费了不少有价值的动态资源,也丢失了许多教学的"亮点",教师也无法获取教学中的真实信息,很多问题都隐藏到了课后,根本不能达到防止以后再犯类似错误的目的。

二、分析学生错误的原因

1. 基础知识掌握不扎实

有些学生对基本概念的内涵和外延不明确,对基本公式的推导不理解,对基本的计算技能掌握不扎实,对重要的规律和方法记忆不深刻,从而产生错误。如求圆锥的体积时只算底面积乘高,而忘记除以3。

2. 理解能力发展不完善

小学生的理解力受到语文知识水平的制约,语言能力发展没有完善、理解不能够透彻,从而产生数学错误。例如:如果甲比乙多1/4,那么乙比甲少几分之几?由于受理解能力的限制,有的学生无法准确理解题目意思,仅凭表面文字想当然地直接写答案1/4,而没有考虑到单位"1"是不同的。

3. 新旧知识相互干扰

小学生的思维力薄弱,当新旧知识类似时,学习后面的知识时,常会受前面的知识干扰,学生因混淆不清而导致错误。如:计算(25×15)×4容易做成(25×4)×(15×4),这受到了乘法分配律的干扰;计算25×(4+3)时,有的学生又受乘法结合律的影响,往往做成25×4+3。

4. 年龄特征和身心发展的影响

(1)注意力不集中。小学生对抽象的数字和运算符号、单调的练习形式、脱离实际的教学情境等容易感到厌倦,注意力不稳定、不集中、不持久、易分散,对事物的观察缺乏整体性,导致顾此失彼、丢三落四。如把"-"看成"+",把"+"和"×"搞错,或抄错数字等马虎现象。

(2)感知不全。小学生感知事物时,常常是很笼统、不详细、孤立的,常常看不出事物间的联系与区别。如"增加到"错误理解为"增强了"。

(3)思维定势。小学生的思维特点是容易"定势",经常受"负迁移"影响,往往会先入为主,束缚思维。如在解决问题的练习中,条件的单位名称是"千克",而问题的单位是"吨",由于思维定势,因单位没有换算导致出错。

5. 非智力因素的影响

(1)习惯不良,态度不端正。读题不专心、看题不完整、审题不认真、思维不深刻、列式不思考、计算不细心、不用草稿纸、不画线段图、书写马虎以及检查不仔细或依赖家长检验、学生间相互核对答案甚至从不检验等。

(2)信心不足,意志不坚强。遇到新型的题目或碰到问题时,缺乏克服困难的信心和意志,产生了烦躁、畏难等情绪。

三、错误资源的有效利用

数学家波利亚说过:"错误中往往孕育着比正确更丰富的发现和创造因素,发现的方法就是试错的方法。"当学生错误时,我们绝对不能训斥学生和挖苦学生,应使学生在议错和改错的行动中,感知蕴含的道理,掌握学习方法,发展思维品质,实现知识创造。让学生对错误资源做出科学分析和有效评判,变错误资源为促进学生发展的素材,从错误中体会成功,实现学生的全面发展。正如人们常说"垃圾是放错了地方的宝贝",假如每位老师都用这种态度对待学生错误,那么教学过程将是什么样的境界呢?

1. 善待错误,发展思维

因为受小学生认知水平的制约,发生偏差或失误是必定会有的,老师应理解并宽容出了错的学生,要以人为本,要从学生的视角进行换位思考,要善待学生的错误并主动呈现有价值的错误资源,及时把握并有效利用好这些原生态的课程资源,凭借学生已有的知识和技能,进行集体找错、识错、议错和改错活动,在纠错中进行比较和判断,思考与讨论甚至争论,深化学生对学习内容的认识,发展学生思维。正如著名教育家卡尔威特所说,宽容地、理性地看待孩子的一切,包括错误。

例如:在学习了小数的基本性质后,70.0,700,0.070,70.80,0.780,这些数中哪些0可以去掉?我让几个学生到前面板演,有的把小数点后面的0全都去掉了,有的把700中的两个0都去掉了。有同学认为:"把0.070中十分位和千分位上的0都去掉了,变成了0.7,这个数变大了。"还有同学认为:"把700中的0去掉了,我也觉得不对。"我说:"你能说说你的理由吗?"那个学生举例:"妈妈原来有700元,去掉两个0变成了7元,妈妈不同意的。"话音刚落,同学们都笑了起来,我说:"对呀! 那太不合算了。"通过巧妙设置陷阱,巩固和理解了小数的基本性质,明白了"末尾"和"后面"的区别,学生也兴趣盎然。

让学生坦诚自己的想法,陈述错误的理由,在错误后反思,在反思后再探究,在探究中质疑,在质疑时再思考,耐心地倾听学生的见解,不随便否定他们的结论,答错了允许学生重新答,答得不连贯可以思考周全后再答,或相互补充回答,有不同的想法时允许相互间争论。学生在宽松、和谐的氛围中学习,没有因答错题被老师责罚的忧虑,也没有被同学嘲笑的不快,没有了种种心理负担,思维就活跃,敢于正视错误,勇于挑战挫折,乐于战胜困难,敢说、敢做、敢问,大胆地探索和创新,这样的课堂才是真实有效果的,精彩有看头的,吸引有魅力的。既有效地预防了学生可能的错误,防患未然,又发展了学生思维,提高了他们解决实际问题的能力。

2. 预设错误,引发深思

英国心理学家贝恩布里奇说:"错误人皆有之,作为教师不利用是不可原谅的。"老师平时认真钻研学科资源,有的关键错误或困难地方,老师凭借教学经验是预料得到的,老师要巧妙设置合适的陷阱,引诱学生犯下典型错误,然后进行将错就错的针对性练习,让他们自然而然上一回当,当他们陶醉在成功的喜悦中,然后引导学生从正、反不同角度修正错误,辩析明理,使他们从错误情形中猛地醒来,从而吸取经验教训,常常会有"吃一堑,长一智"的良效。

如有道习题"一支钢笔是30元,比圆珠笔的3倍多6元,圆珠笔是多少元?"学生列出的算式有:①$30\times3+6$;②$30\times3-6$;③$(30+6)\div3$;④$(30-6)\div3$;⑤$30\div3+6$;⑥$30\div3-6$……究竟哪些算式对那些错? 学生通过合作讨论学习,结合画线段图,写出数量关系式,说明解题思路后,学生得到了正确结果。这时,我再顺水推舟:"如果是另外的算式,请你当回小老师,你会改编这道应用题吗?"一石激起千层浪,在我的激励和诱导下,同学们的思维瞬间活跃了,大家都跃跃欲试,争着发表自己的想法。这样的错误在教学前是可以预料到的,将错就错,巧用错误,一题多用,举一反三,既丰富了知识面,形成了网络,知道了相互间异同点,又拓展了学习思路,发展了求异思维,达成了变废为宝、点石成金的良效。这里,老师没有喋喋不休的细碎讲解,学生也没有苦不堪言的题海战术,教学也更加真实、有效,还充分展现了数学之美!

教师要充分发挥学生的主题作用,了解学生的实际情况,对学生的情况做到心中有数,采用针对性的教学措施和方法,充分预设并有效利用错误资源,促使学生会学。当然,老师诱导的错误应是有意识的,有针对性的,难度也是适宜的,如果设置的陷阱脱离了学生现有的思维生长点,要求过高,难度过大,学生掉下去,老师扶着也站不起来,或经常掉入陷阱,学生就体验不到成功的喜悦,就会影响了学习数学的信心。

3. 故意出错,引起质疑

建构主义认为,学生对错误的纠正和理解不能期望单纯依靠正面的示范和反复练习就能达到,主要是一个"自我否定"的过程,并以学生主体内在的"观念冲突"为主要前提。有时老师会在容易错的地方故意出现差错,诱使学生不小心步入"歧途",从而引发思维的碰撞,使他们产生发自内心的纠错欲望,对自己的原有认知进行反思,引起质疑,从反思中诱发学生灵感,从错误中吸取经验教训,从失败中找出原因分析,让学生有一种"柳暗花明又一村"的惊喜,有效调节了课堂氛围,让数学学习更加具有诱惑。

在学习圆锥体积的推导公式时,让学生分小组进行实验:往空心圆锥里装满细沙,再倒入空圆柱里,思考多少次才能装满。小组内合作探究,相互交流圆柱和圆锥的体积关系。答案却百花齐放,有学生说:"二次正好装满,那么圆锥的体积是圆柱的二分之一。"有的说:"我们觉得圆锥的体积应是圆柱的三分之一。"还有学生答:"我们组不到三次就把圆柱装满了。"这时,老师假装疑惑:"答案怎么会各不相同呢? 难道数学书有错?"学生小声地议论着……老师及时不失良机追问:"为什么呢?"一学生说:"他们的圆柱要么太小,要么太大了,如果用我们组的圆柱,三次正好装满。"操作后,果真如此,学生才如梦初醒,原来我们的老师故意制造了一个失误,每组圆柱与圆锥不一定等底等高。等底等高时,圆锥体积正好是圆柱的三分之一。“等底等高”这个概念，老师既没有直接告诉学生，也没掩盖问题，而是故意把学生错误暴露出来，进而引发学生探究。

认知心理派认为：错误是学习的必然产物，学生有着不同的知识背景、不同的情感体验、不同的表达方式，也就有这参差不齐的思维方式和思维水平，他们在学习过程中出现各种各样的错误是十分正常的。因此，在知识的易错、易混处或重难点、关键处或思维的盲区、误区等，设置陷阱生成一些“错误”“错解”，对于学生而言也是合理的差错，教师先要做好“接住学生抛来的球”，再“把球完美地踢给学生”。

总之，当学生犯错误时，要善待错误，在易错的环节，要预设错误，甚至老师故意出错，引发学生质疑。只有被理解、被认识、被利用后，才能体现错误的价值，这样才会“失败是成功之母”。

注：《让“错误”在小学数学教学中绽放光彩》一文作者袁红健系海永学校数学教师，获2013年江苏省“师陶杯”二等奖。

第二章　教　育

第一节　幼儿教育

20世纪70年代，为关爱教育孩子、解放妇女生产力，农场场部举办托儿所、幼儿园合为一体的幼托场所。随后，永北、永西、沙南大队相应办起大队幼托班。1988年，创办永隆沙良种场幼儿园，地点位于鸽笼港河西原永隆沙良种场小学校舍，有冯瑛等幼儿园教师2名。1990年，发展为3个班，有教师5名。1995年，在三厂路北侧兴建海永乡幼儿园新园舍9间241平方米，有3个班，学生92名，教师4名。2000年，幼儿园改制，由殷李广私人经营。2011年，乡政府将原私营的幼儿园回购归乡，由海永学校负责管理，并将原海永学校小学部旧舍打造翻新，根据幼教要求增加设施设备，幼儿园共有3班，学生95名，教师4名。2014年，聘请市东洲幼儿园和通源幼儿园教师季红梅、黄诚到海永幼儿园支教，任挂职园长，通过幼儿园老师和支教人员的共同努力，创建成为南通市优质幼儿园。2015年，海永幼儿园有3个班、学生近百名、教师5名，着手创建省级优质幼儿园。

第二节　小学教育

1972年5月，为解决农场职工子女入学问题，场部决定，由原王浩公社代课教师、农场职工江林在场部会议室开办永隆沙良种场小学，设1至5年级1个复式班，共有学生40多人，这是永隆沙良种场第一所学校。办学条件十分艰苦，用水泥预制板搁在砖头上作课桌和板凳。1975年，场部小学西移至现鸽笼港河东侧，设1至5年级单轨班5个班级。1977年，开凿鸽笼港河，永隆沙小学迁至大礼堂前。1978年，学校迁至三厂路北。同年12月，在四甲新垦大队支持下，民办教师王雪祥创办四甲垦区小学，后为永西小学，设1至5年级复式班1个，有学生30多人。1976年，在悦来新垦大队支持下，民办教师顾品成创办悦来垦区小学，后为永北小学，设1至3年级复式班1个，共有学生50多人。1977年，永西小学改设1至6年级复式班，有学生100多人、教师5人。1985年，永西小学与永北小学合并为永北小学。1988年，永隆沙良种场小学原地翻建教学楼，设1至6年级单轨6个班级，有学生近300人，教师10多人。1991年，永北小学并入永隆沙良种场小学。1992年12月，县政府确认海永乡为九年制义务教育达标乡镇。

1993年，永隆沙良种场小学更名为海永乡小学，设1至6年级双轨班12个班级，有学生300多人、教师16人。1999年9月，南通师范教科室主任李庆明到海永乡小学创办实验班，海永乡小学为南通师范教改实验小学和该校教改实践基地。2002年，海永乡小学有11个班，学生260人。2003年7月，海永乡小学与乡中学合并。

第三节 中学教育

1975 年 9 月，建立永隆沙初级中学，设初一至初三年级 3 个班，校址位于现鸽笼港河西侧。1977 年，海永初中迁至三厂路北海永学校现址。同年，在海永初中增办高中班，学制二年，招收高一新生 1 个班，学生 32 人。1978 年，招收高一新生 1 个班、33 人。1979 年未招高一新生。1980 年取消高中班，高中毕业生共两届 65 人。初中随着生源的增加逐步向双轨制发展。1988 年，全校共 5 个班级，其中初一、初二为双轨班，共有学生 175 人，教师 16 人。是年，应届毕业生升入高中 8 人、中专 1 人、职业高中 30 多人。1989 年，有 5 个班级，学生 168 人，教师 16 人。在应届毕业生中，录取海门中学 1 人，实现永隆沙历史上录取海门中学高中零的突破。1992 年，海永初中办成双轨制班级，共有学生 196 人，教师 17 名。1996 年，有 6 个班级、学生 250 人，教师 18 人，应届毕业生中升入高中 25 人，中专 4 人，职高 35 人。经市教育部门综合评比，获显著进步奖，全市排名从 29 位上升为第 9 位。1999 年，全校有学生 159 人，教师 12 人，职工 2 人，应届毕业生中升入高中 12 人（其中海门中学 1 人）、中专 5 人、职高 22 人。2002 年，全校有 4 个班级、学生 132 人，教师 12 人。2003 年 7 月，海永初中与海永乡小学合并。

第四节 九年一贯制教育

2003 年 7 月 19 日，海永乡小学与海永初中合并，更名为海永学校，为九年一贯制学校，共有学生 399 人，教师 25 人，职工 2 人。1 至 6 年级有 11 个班级，学生 265 人，7 至 9 年级有 3 个班级，学生 134 人。2005 年，全校班级趋于减少，1 至 4 年级、7 至 9 年级均为单轨班，共有学生 368 人，比 2003 年减少 31 人。2007 年，随着社会生源的减少，全校 1 至 9 年级均为单轨班，共有学生 338 人，其中 1 至 6 年级有学生 216 人，7 至 9 年级有学生 122 人，教师 29 人。2011 年，海永学校建成南通市数字化校园，南通市平安学校、绿色学校。是年，应届毕业生中，升入普高 11 名、中专 2 名、职高 20 名。2013 年，全校共有学生 238 人，是建校以来学生最少的一年。其中 1 至 6 年级有学生 157 人，7—9 年级有学生 81 人。2015 年，全校共有 9 个班级，学生 298 人，其中 1 至 6 年级有学生 204 人，7 至 9 年级有学生 94 人，有教师 31 人，职工 2 人。应届毕业生中，升入普高 15 人，其中外来人口学生 7 人、乡内学生 8 人。

2003—2015 年海永学校小学部办学概况一览表

表 7－1 **单位：个、人**

年份	一年级		二年级		三年级		四年级		五年级		六年级		合计	
	班级	学生	班级	学生	班级	学生	班级	学生	班级	学生	班级	学生	班级	学生
2003	2	42	2	46	2	49	2	46	2	45	1	37	11	265
2004	1	21	2	38	2	45	2	48	2	45	2	44	11	241
2005	1	34	1	33	1	45	1	46	1	56	2	53	7	267
2006	1	32	1	27	1	32	1	45	1	44	2	52	7	232
2007	1	44	1	31	1	23	1	30	1	42	1	46	6	216
2008	1	24	1	43	1	30	1	19	1	29	1	41	6	186
2009	1	19	1	27	1	40	1	29	1	19	1	26	6	160
2010	1	43	1	23	1	27	1	41	1	26	1	18	6	178
2011	1	37	1	28	1	21	1	26	1	42	1	24	6	178

续表

年份	一年级		二年级		三年级		四年级		五年级		六年级		合计	
	班级	学生	班级	学生	班级	学生	班级	学生	班级	学生	班级	学生	班级	学生
2012	1	24	1	35	1	34	1	19	1	26	1	39	6	177
2013	1	29	1	23	1	31	1	32	1	18	1	24	6	157
2014	2	62	1	32	1	25	1	27	1	29	1	19	6	194
2015	1	47	1	41	1	33	1	24	1	29	1	30	6	204

2003—2015 年海永学校初中部办学概况一览表

表 7－2　　单位：个、人

年份	七年级		八年级		九年级		合计	
	班级	学生	班级	学生	班级	学生	班级	学生
2003	2	49	1	42	1	43	4	134
2004	1	30	1	47	1	54	3	131
2005	1	31	1	31	1	39	3	101
2006	1	43	1	36	1	31	3	130
2007	1	49	1	41	1	32	3	122
2008	1	39	1	50	1	38	3	127
2009	1	29	1	40	1	38	3	107
2010	1	23	1	26	1	35	3	84
2011	1	16	1	24	1	22	3	62
2012	1	24	1	15	1	23	3	62
2013	1	40	1	28	1	13	3	81
2014	1	30	1	44	1	25	3	99
2015	1	23	1	27	1	44	3	94

第五节　成人教育

建场初期，成人教育主要以政治思想教育和生产技术培训为主。1979 年，举办农技班、农机班、财会班、医卫班，对场内农业生产骨干、农机操作人员、生产队、大队会计以及赤脚医生等各个岗位的一线人员进行一次培训，以增强他们的技术水平，有利于生产的发展。1985 年 8 月，农场党总支举办党支部成员、党小组长和年轻有文化的党员干部培训班，进行社会主义初级阶段基本理论学习，教育党员干部争做新时期合格党员。20 世纪 90 年代，农村多种经营不断发展，成人教育转向种植业、养殖业的技术培训，乡农业科技工作人员以党校为阵地，培训农业生产技术，引导农民走科技致富之路。1992 年上半年，开展社会主义思想教育，全场培训党员干部、农村基层骨干 145 人次。1994 年 12 月，建永乡成人教育中心，顾善忠任校长，杨建标、李一飞任副校长。

2001 年 1 月至 3 月，乡机关干部学习“三个代表”重要思想，按集中培训，调查研究，检查对照，整改提高 4 个阶段进行。在机关学习的基础上，向村、大队、社区、企事业单位推开。2004年12月，市教育局聘任蔡丽娟为海永乡成教中心副校长。2006年，蔡丽娟被聘为校长。2010年，乡成教中心创新教育方法，每月邀请在海永投资的董事长或总经理授课，向乡机关、企事业单位干部、村、大队、社区骨干讲授先进的经营管理经验，营销理念，新农村建设构想等内容，使大家深受启发，扩大视野，坚定建设“魅力海永”的信念。2013年5月，成教中心开展农民就业培训，主要培训公司、公共场所保洁员，全乡中青农村居民70多人参加培训。2015年，举办农业种植技术推广培训班，参加培训的农村个体种植大户共20多人。

第六节　师资队伍

一、历任校长

海永小学　1972年5月，原王浩公社代课教师江林受场部委托创办永隆沙良种场小学，至1982年8月，江林任小学校长；1982年9月至1985年9月，顾邦道任校长；1985年9月至1988年9月，顾品成任校长；1988年9月至1991年9月，徐国洪任校长；1991年9月至1997年9月，施汉平任校长；1997年9月至1999年9月，张良任校长；1999年9月至2002年9月，黄建新任校长；2002年9月至2003年7月，张泉森任校长。

永西小学　1975年由民办教师王雪祥创办永西小学，至1985年先后由印忠旗、董保国、王雪祥任校长。

永北小学　1976年由民办教师顾品成创办永北小学，至1991年先后由朱善章、顾品成、蒋正和任校长。

海永初中　1975年创办永隆沙良种场初级中学，1975年至1992年9月，由徐锦新任校长；1992年9月至1996年9月，由余寿良任校长；1996年9月至2002年7月，由张泉森任校长。

海永学校　2003年7月至2015年12月，由张泉森任校长。

二、队伍状况

20世纪70—80年代，永隆沙良种场各中小学教师都是以初、高中毕业生为主的民办、代课教师。没有中师以上学历的人员担任教师。1986年9月，第一次调进中师毕业生1名，担任小学教师。1991年，调进大专毕业生1名，担任小学教师。1995年，办理民办教师转为正式教师3名。1998年，海永第一次调进大学本科毕业生1名，担任初中教师。2000年，海永乡小学教师队伍中有中师以上学历的教师17人，其中中师15人、大专1人、本科1人，海永初中教师中有大专生11人、本科生3人。

2003年7月，海永乡中小学合并以后，海永学校共有教师25人，其中本科生3人、大专生19人、中师3人。2010年，共有教师32人，其中本科生15人、大专生14人、中师3人。2015年，共有教师31人，其中本科生20人、大专生7人、中师生4人。

三、资格认定

1996年，市教育部门对1993年之前从事学校教学工作的海永中小学教师进行资格认定。通过认定，取得资格证书的共23人，其中初中13人、小学10人。2002年，对1994年1月1日后参加教学工作的教师进行资格认定，通过认定，取得资格证书的共6人，其中初中2人、小学4人。2003年，实行教师资格证准入制度，凡具备资格证者可以被学校聘用成为教师。至2015年，海永学校全体教师均持有国家教育部门认定颁发的教师资格证书。

四、职称评聘

1987年开始，县统一开展教师职称评定工作。1988年至2000年，市（县）职称评定部门审定海永乡初中中教一级教师5人，中教二级教师8人，海永乡小学小教高级教师4人、小教一级教师12人、小教二级教师5人。2001年7月，海永初中、小学实行教师全员聘用，对受聘教师定岗、定员、定责，签订聘用合同。是年，聘用小教高级教师6人、一级教师12人、二级教师5人、聘用中教一级教师、二级教师各7人。2003年9月，海永学校聘用小学高级教师3人、小学一级教师6人、二级教师8人，聘用中教一级教师6人、二级教师3人。2015年9月，通过教师评聘，海永学校共有教师32人，其中小教高级教师6人、小教一级教师5人、二级教师5人、中教一级教师7人、中教二级教师5人、其他教师4人。

第七节　教育研究

从20世纪八九十年代开始，永隆沙良种场中小学十分重视教育研究，做到每周进行1次教研活动或教学业务学习，上1节公开课，进行教育研究工作。1999年，经南通市教委批准，海永乡中心小学成为南通师范教改实验小学和南通师范社会实践基地，学校在一、三、五年级开设3个实验班，由南通师范教师担任全部课程，建立绘画、泥塑、剪纸、足球、编织、舞蹈6个兴趣小组，开设12堂教研课。海永乡小学派出8位教师去南通师范培训。2001年9月，海永乡小学进行“田园教育”课题开课报告，中央教科所所长朱小蔓博士，省教科所所长成尚荣、情境教育专家李吉林应邀参加开课活动。2001年至2010年，海永乡小学小教高级教师王雪祥担任小学高年级语文教学，致力于作文教育探讨研究，他所指导的学生作文在全国和省、市各有关报刊杂志上发表48篇。在全国各类作文竞赛中获得一、二、三等奖8篇。2012年，海永学校有11名教师在省、市各类报刊发表论文25篇，其中获奖11篇。2013年，在省、市各类报刊上发表教研论文的教师共10人，发表论文16篇，获奖4篇。同年，学校进行“田园教育”特色文化展示活动，全市各校的校长、教育局的领导和有关人员到校参观指导。2014年，学校有8名语文教师指导10名学生参加各类作文征文比赛，在各种报刊发表16篇，获奖6篇。教师发表教研论文23篇，获奖9篇。2015年，学校教师在报刊发表教研论文9篇，获奖3篇，组织学生参与征文、演讲、体育等各种比赛项目，获奖5个。

2015年海永学校教师发表教研论文(组织参赛)获奖情况一览表

表7－3

序号	教　师	发表文章题目或比赛项目	报刊名称或组织单位(获奖等次)
1	王雪祥	《悠悠书香路》	《海门日报》
2	王雪祥	《爱的教育》	《海门日报》
3	袁红健	南通第八届教师专业论文评比	南通教育学会三等奖
4	袁红健	童谣《海永是个好地方》	海门教育局二等奖
5	袁红健	《学生诚信问题的现状》	南通市教育学会二等奖
6	王雪祥	《因为有爱　教育才精彩》	《海门教育研究》
7	王雪祥	江苏省首届阅读杯	江苏报刊总社优秀辅导奖
8	龚　英	《初中语文体验式阅读教学浅析》	《作文成功之路》
9	陈丹丹	《初中英语教师课堂教学行为的有效性》	《求知导刊》
10	徐　亮	南通市初中男子组足球赛	南通市体育局亚军
11	徐　亮	海门市初中组男子足球赛	海门市体育局第一名
12	邱晶晶	《浅谈小学班主任工作》	《教育》杂志一等奖
13	黎莹丹	《给孩子一个生活化的英语课堂》	《求知导刊》

2015 年海永学校学生在各类报刊发表的作文和获奖情况一览表

表 7－4

序号	学　生	题目(项目)	发表的报刊或获奖	指导老师
1	王昊然	《过年了》	《海门日报》	王雪祥
2	徐文静	《七月话读书》	"江苏省首届阅读杯"一等奖	王雪祥
3	杨艳婷	《雨中踏青》	《海门日报》	江宇红
4	陈　睿	《欢乐童玩节》	精妙作文杯二等奖	龚凤凤
5	顾轩绮	《信》	《小作家选刊》	邱晶晶
6	范文悦	《My dream home》	《少年素质教育报》	邱晶晶
7	徐文静	《纯真最可爱》	《作文选刊》	王雪祥
8	秦璐怡	《我喜爱的书》	"江苏省首届阅读杯"三等奖	王雪祥
9	徐文静	《迷人的晨雾》	《作文选刊》	王雪祥
10	王昊然	《农行银行给我带来意外惊喜》	《海门日报》	王雪祥
11	唐一鸣	《放松一点》	《海门日报》	王雪祥
12	陈　猛	海门青少年法律知识竞赛	三等奖	龚　英
13	戴天艺	《秋雨》	"简妙作文杯"二等奖	王　红
14	殷　勤	《家乡的金桔》	"简妙作文杯"一等奖	戴明阳
15	黄黎思	《三角形的奥秘》	《时代学习报》	袁红健

附:全国小学生作文征文、竞赛得奖作品

我成功了

四年级学生:顾伶俐
指 导 老 师:袁红健

"不经历风雨,怎能见彩虹,没有人能随随便便成功"。每当听到这首激动人心的歌,我就会情不自禁地想起那次运动会,想起我经过不懈努力获得成功的快乐时光。

从那以后,我一有空就进行跑步锻炼,全力备战运动会。晚上,完成作业后也不忘锻炼,连我最爱看的少儿电视《大风车》也放弃了,爸爸也主动当我的陪练。我特地让妈妈做了两个沙袋,绑在腿上增加重量。有一次,不小心被砖块绊倒,膝盖磕破了皮,我想起了"不经历风雨怎能见彩虹",没有气馁,依然坚持练习。功夫不负有心人,我跑步的速度和耐力都明显提高了。

转眼间,运动会到了。1000 米长跑就要开始了,我和长跑运动员们精神抖擞,摩拳擦掌站到起跑线前。我在心里默默地给自己加油:"我要全力以赴,一定要把自己最好的水平发挥出来,让你们刮目相看!"

发令枪一响,大家像离弦的箭一样地冲了出去,我的速度不算太快,在中间,我想先攒足劲,跑完四圈再拼足劲跑。跑完三圈,同学们见我有点落后,就为我鼓劲:"小俐,加油! 小俐,加油……"我听到了同学们的呐喊声,顿时信心大增,我追过了一个又一个,进入了前二名。我前面的队员大概跑累了,速度渐渐地慢了下来,趁此机会我穷追不舍,到了最后一圈,老师也走过来为我加油鼓劲,我心领神会,虽然我精疲力尽,气喘吁吁,但我咬紧牙关,坚持着,顽强地超过前面的运动员,向终点线冲去……

"我是第一名,我成功了!"越过了红线,我在心底里自豪地呼喊起来。"耶!"我们班的同学们也都欢呼雀跃,为我欢呼,为我祝贺。"不经历风雨,怎能见彩虹,没有人能随随便便成功"这首歌又在我的耳边响起。

（2013 年第七届“七彩语文杯”全国小学生作文大赛获二等奖）

一顶帽子

四年级学生：徐文静
指 导 老 师：王雪祥

随着呼呼的寒风，冬天又悄悄地来到了大地。走在上学的路上，看到同学们戴着五颜六色的帽子，便想起了我的好妈妈，想起了妈妈为我熬夜织帽子的情景。

那年冬天特别寒冷。妈妈因身体不好，不能上班，一直在家吃药休养。我因为没有合适的帽子戴，去上学时，两只耳朵也冻得生了冻疮，又痛又痒，好不难受。那时候，我多么希望有一顶既漂亮又能保护头脸的帽子啊！

一天晚上，我犹豫地对妈妈说：“妈妈，你能给我编织一顶帽子吗？”

妈妈沉思良久后，点头答应了：“好，我给你编织。”听了妈妈的话，我半信半疑，因为妈妈身体不好，又根本不会编织啊？

第二天是星期天，我发现妈妈买了绒线后老是往邻居家跑，我觉得奇怪，便悄悄跟着去瞧瞧，呵，原来是来跟邻居阿姨学编织的啊！

晚上，妈妈一边回忆着阿姨教她的方法，一边看着书，专心地帮我编织起帽子来。

我一觉醒来，发现灯还亮着，我揉揉朦胧的睡眼一看，原来妈妈还在帮我织帽子。我心痛地对妈妈说：“妈妈，别织了，你身体不好，夜已深了，早点睡吧，明天再编织也不迟啊。”妈妈打了个哈欠，微笑着说：“没关系，今天夜里织好了，明天你就可以戴上帽子上学去了。”说着揉揉眼睛又编织起来。这时，我的眼睛湿润了，多好的妈妈呀……

第二天清晨，我被妈妈从睡梦中叫醒。她高兴地对我说：“你要的帽子织好了，你起来戴戴看。”我一听连忙起来穿好衣服，戴上妈妈为我织的帽子来到镜子前。那是一顶尖顶的帽子，上面编织着各色各样的小花，帽沿边上还有花纹。戴着既暖和又漂亮。我对着镜子照了又照，高兴得合不拢嘴。欣喜之余，我一回头，望见妈妈那憔悴的神情，心里一酸，眼里涌出了泪水……

现在，我的那顶帽子虽然已经小得不能再戴了，但我仍一直珍藏着，因为它见证着母亲对我的爱。

（2014 年江苏《莫愁》全国学生征文二等奖）

第八节　设施设备

1972 年 5 月，开办永隆沙良种场小学，在场部会议室利用 2 间草屋，办 1 个复式班，办学条件艰苦，用水泥预制板架在砖头上做课桌和板凳。1978 年，小学迁至三厂路北，建平房 6 间，近 200 平方米。1988 年，小学在原址翻建第一幢教学楼，建筑面积 1200 平方米，同年，利用原永隆沙小学校舍，开办永隆沙幼儿园。1992 年，建海永初中教学楼，建筑面积 1200 平方米。1995 年，在三厂路北侧兴建海永幼儿园，建筑面积 241 平方米。2000 年，翻建海永小学、初中教学楼各 1 幢，建筑面积共 2000 多平方米，进一步改善学校面貌。2003 年，小学初中两校合并时，海永乡小学占地面积 11456 平方米，校舍建筑面积 2119 平方米，运动场面积 1200 平方米。海永初中占地面积 6675 平方米，校舍建筑面积 1678 平方米，运动场面积 800 平方米。各班级、实验室有电视机、电脑、实验仪器等现代化教学设备。2005 年，创建教育现代化乡镇，乡政府出资增加教育设备。至 2010 年，全校所有教室都安装多媒体设备，基本达到教育现代化标准。2011 年，海永乡幼儿园翻新重建，增添设施设备，使之更加完善，全园占地面积 1972 平方米，建筑面积 1045 平方米，运动场面积 854 平方米。2012 年，海永学校综合楼竣工，建筑面积 7500 平方米，1 ~5 层为主体教学楼；250 平方米塑胶运动场同时竣工投入使用。2015 年，校园占地 1.8 万平方米，绿化面积 2800 平方米，校舍建筑面积 9616 平方米，运动场面积 3000 平方米，设备有计算机 66 台，其他各类实验仪器多台，均达到省定标准。

第三章　文化体育

第一节　文　化

一、文化活动

1971 年，为给农场职工提供文艺生活，组建永隆沙良种场电影队，购置 16 毫米放影机 1 台。同时，场部组织文艺队，称“毛泽东思想宣传队”，表演节目有海门山歌、通东号子、舞蹈、相声、三句半等，还唱毛主席语录歌和其他“红歌”，宣传学大庆、学大寨、学雷锋。1975 年始，由良种场团委组织开展群众性文化活动，演出文艺节目，重大节日送戏下农村，搭台演出。电影放映都在农场礼堂进行，但没有座位，自带板凳，有时在生产队晒场放映。1976 年，农场挑选节目，参加县文艺汇演。1980 年，农场礼堂安装标准椅子 600 张，作为干部群众开会、看电影、看戏的文化阵地。后因乡办工业生产所需，拆除礼堂座位，改成企业仓库。1988 年，建立永隆沙良种场文化站，沈志敏为专职工作人员。1991 年，良种场小学兴办图书室，藏书 2000 余册。1995 年，瀛海保健品厂关闭后，在该厂车间内安装座椅 200 多张，作为文艺活动场所。农场资产改制后，文艺活动场所转到乡政府 3 楼。1999 年，由李德龙等文艺爱好者自费投资办起海永吹奏乐队。

图 7－4　李德龙等自办的吹奏乐队 1994 年摄

2001 年，在沙南村、永北村各建 1 个图书室，共藏书 600 余册，学校图书室藏书 3000 余册。2007 年，乡政府把文化站达标建设作为政府实事工程，动员全社会力量，投入 150 万元，新建海永文化中心，成立夕阳红腰鼓队，组成近 50 人的文艺表演队。举行庆祝海永建乡（场）四十周年系列演出活动，共演出 8 场次。由兴和房地产公司赞助举办“兴和杯”青年歌手大奖赛。由交博蛋鸡公司赞助举办“交博杯”“魅力海永”摄影比赛。2011 年，参加市举办的“激情江海风”文艺汇演，邀请海门“夕阳红”、青年艺术团、老年大学演出队在乡文化中心演出。7 月 1 日，举办庆祝中国共产党建党 90 周年“思廉政、想党恩”文艺演出和青年红歌演唱比赛。9 月，举办中秋“明月约海永，生态伴和谐”文艺演出。全年放映电影 30 场次，做到每村每月放映电影 1 场。2012 年，文化活动中心添置音响设备、表演服装、吹奏笛子、二胡、电子琴等乐器，建立图书室，藏书一万余册，电子阅览室有电脑 22 台，添置更换宽银幕放影机 1 台。2015 年，举办春节、元宵节、端午节、中秋节、老人节等节日文艺活动 7 场，举办纳凉晚会“激情海永”及“江海清廉”等文艺演出 6 场，放映广场电影 54 场次。

二、文艺作品

海永历史虽短，文艺作品为数不多，但这些作品都具有浓郁的乡土气息和田园风味。20 世纪 70 年代，迁入海永的居民来自通东和“沙地”两地，随之传承着“沙地”山歌和通东号子两种海门民歌。21 世纪始，海永经济腾飞，推动着民间文艺创作。作品反映海永时代特色，歌颂人民精神风貌，这里记述 4 首海永民歌，其中，《海永，美丽的家乡》作于 2010 年，为庆祝建场 40 周年演唱而作；《农家喜洋洋》获 2012 年市文艺巡回演出三等奖；《我家住在长江边》《总把清风洒人间》均为 2014 年、2015 年市“激情江海风”海门山歌民歌比赛获奖节目。

海永，美丽的家乡

（领唱、合唱）

张健　词
郁雷　曲

1=D　2/4

中速稍慢　气势恢宏　充满深情地

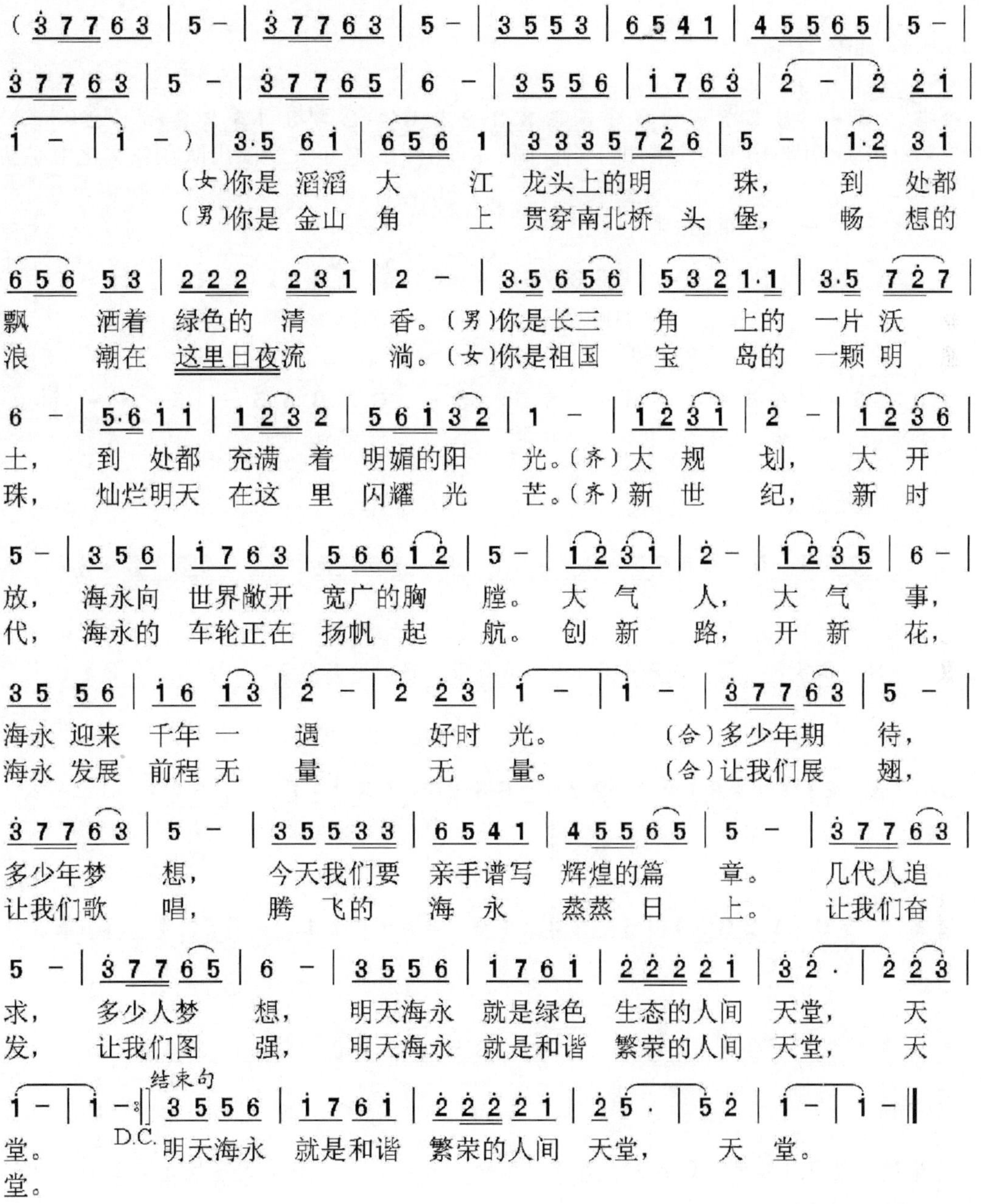

农家喜洋洋

（女独 男伴）

1=F $\frac{4}{4}$

华也 词

刘胜达 刘丽华曲

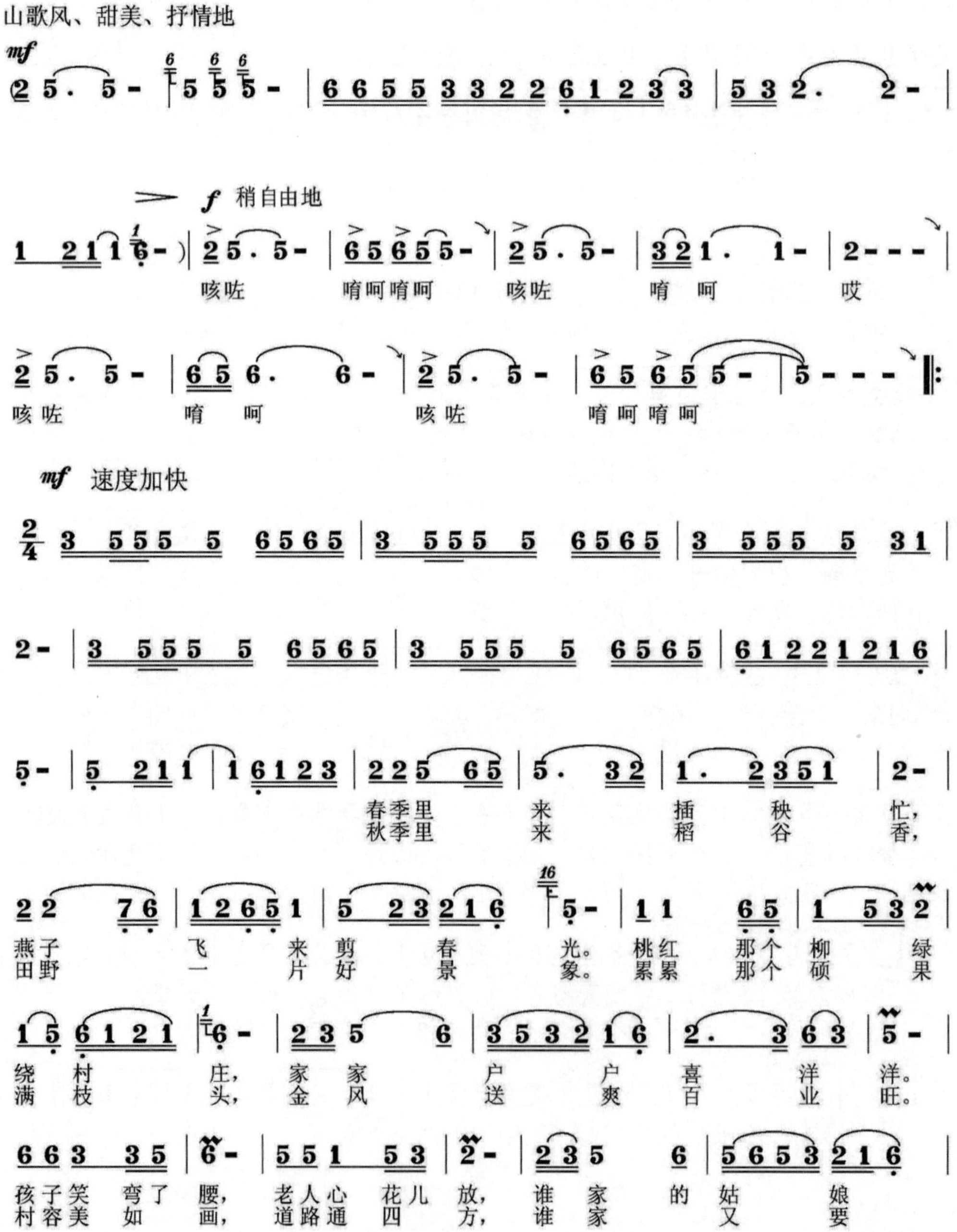

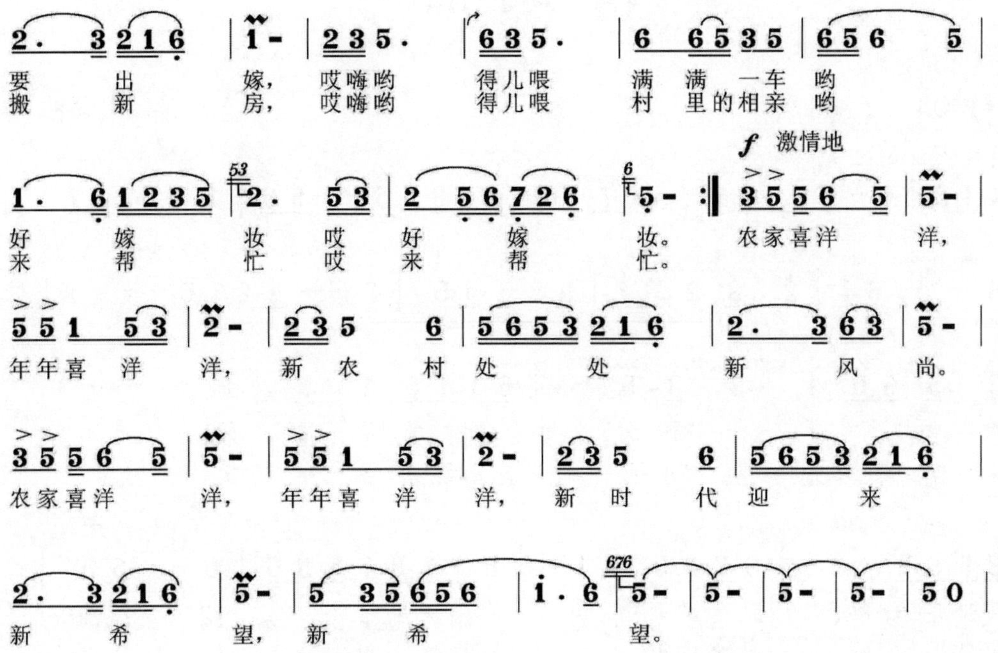
要　出　嫁，哎嗨哟　得儿喂　满满一车哟
搬　新　房，哎嗨哟　得儿喂　村里的相亲哟
f 激情地
好　嫁　妆　哎　好　嫁　妆。农家喜洋　洋，
来　帮　忙　哎　来　帮　忙。
年年喜　洋　洋，新　农　村　处　处　新　风　尚。
农家喜洋　洋，年年喜　洋　洋，新　时　代迎　来
新　希　望，新　希　望。

清风谣

（女声独唱）

1=F 4/4 ♩=66 郁雷 词曲

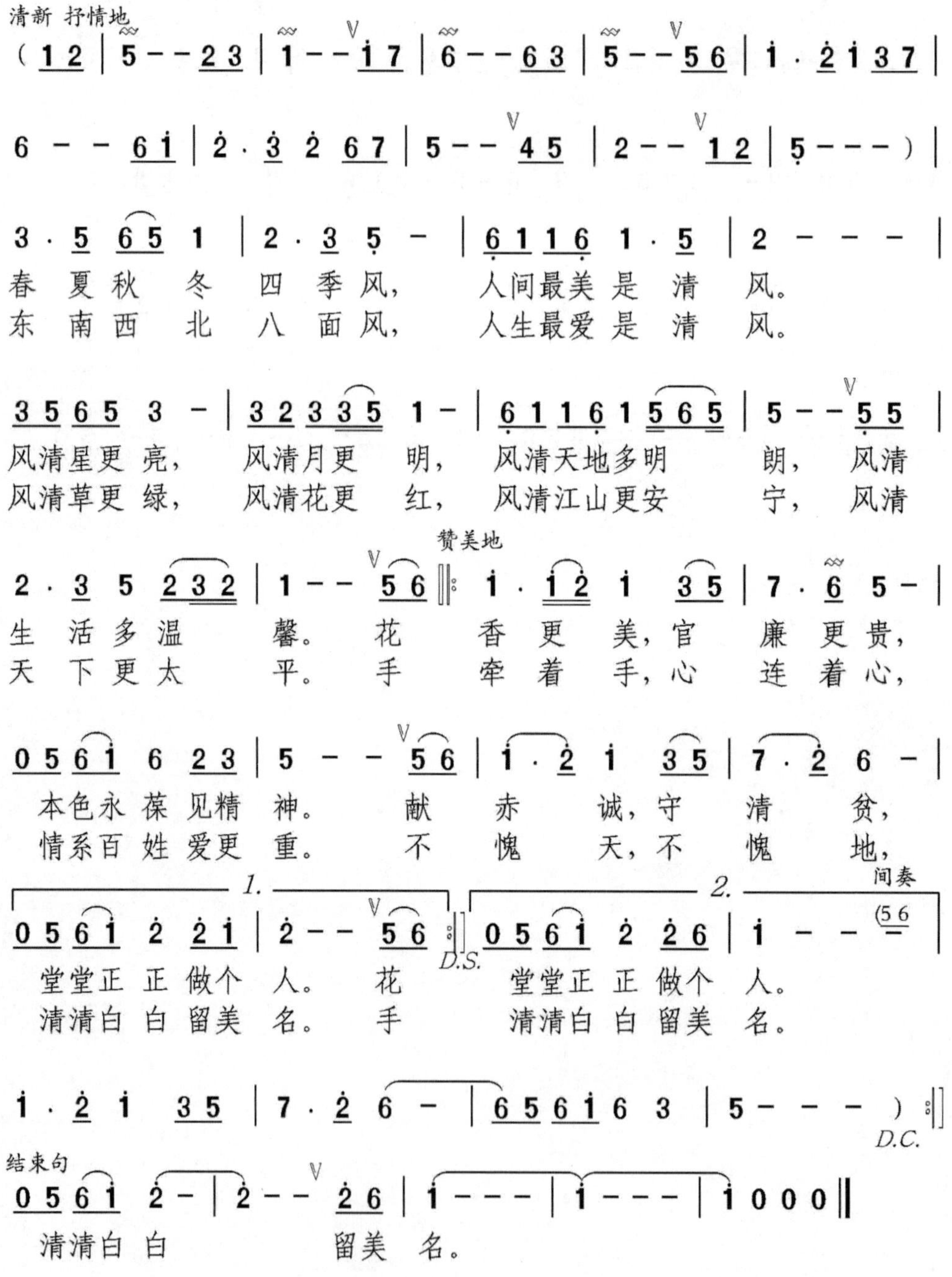

我家住在长江边

（女声独唱）

邹仁岳 词
郁 雷 曲

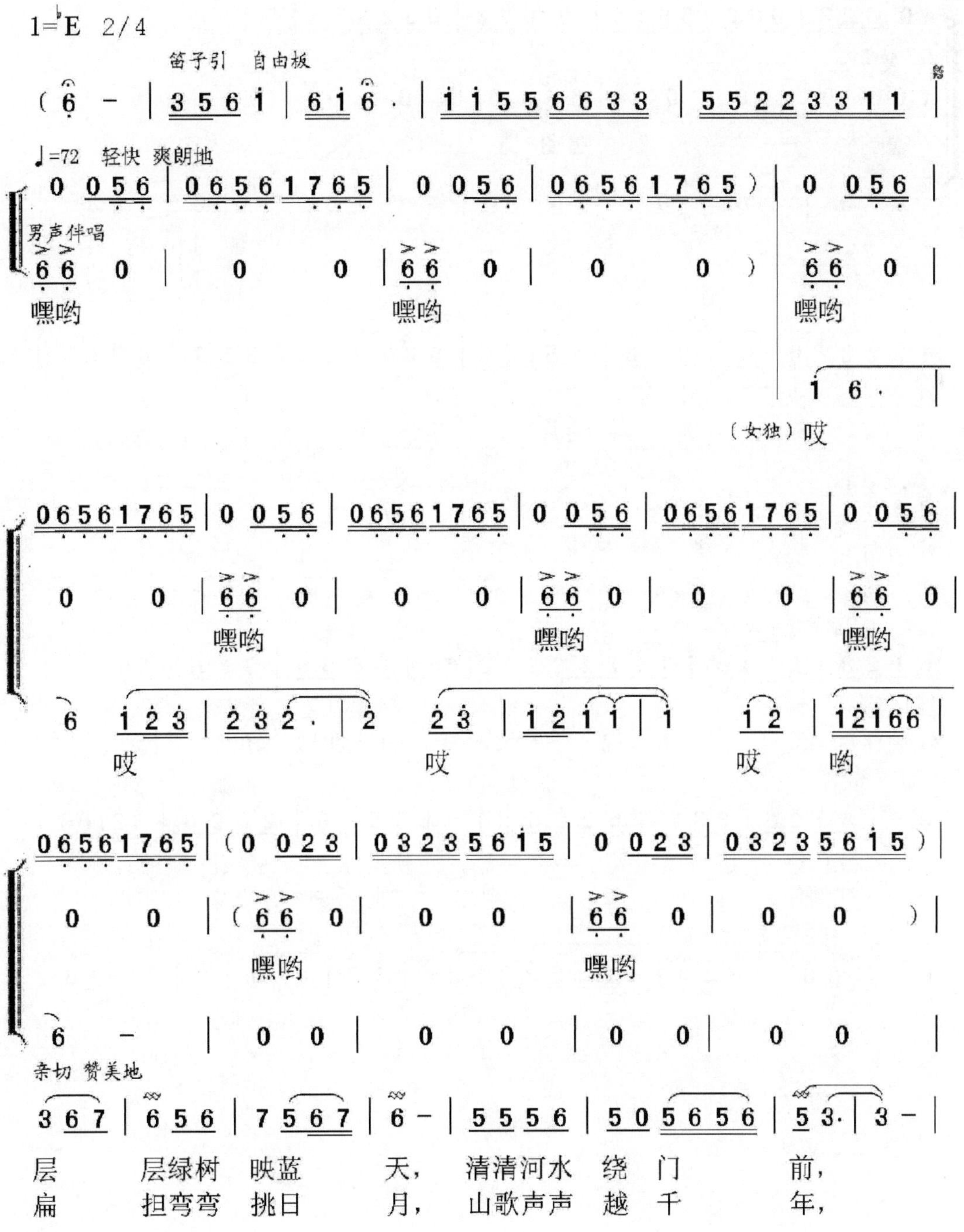

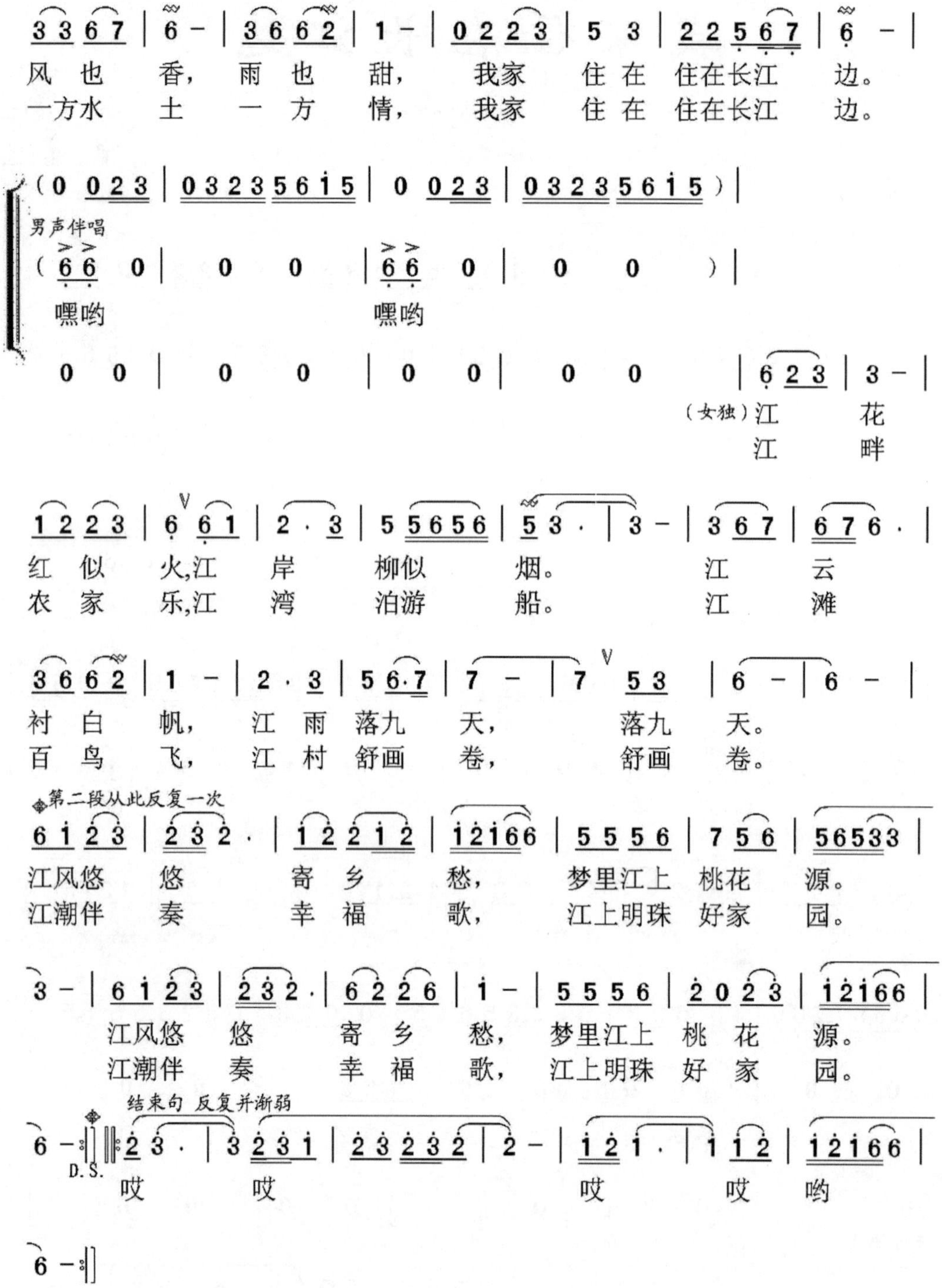
风也香，雨也甜，我家住在住在长江边。
一方水土一方情，我家住在住在长江边。
男声伴唱
嘿哟
嘿哟
（女独）江花
江畔
红似火,江岸柳似烟。江云
农家乐,江湾泊游船。江滩
衬白帆，江雨落九天，落九天。
百鸟飞，江村舒画卷，舒画卷。
第二段从此反复一次
江风悠悠寄乡愁，梦里江上桃花源。
江潮伴奏幸福歌，江上明珠好家园。
江风悠悠寄乡愁，梦里江上桃花源。
江潮伴奏幸福歌，江上明珠好家园。
结束句 反复并渐弱
D.S.
哎哎哎哎哟

总把清风洒人间

（女声独唱）

郁雷 词曲

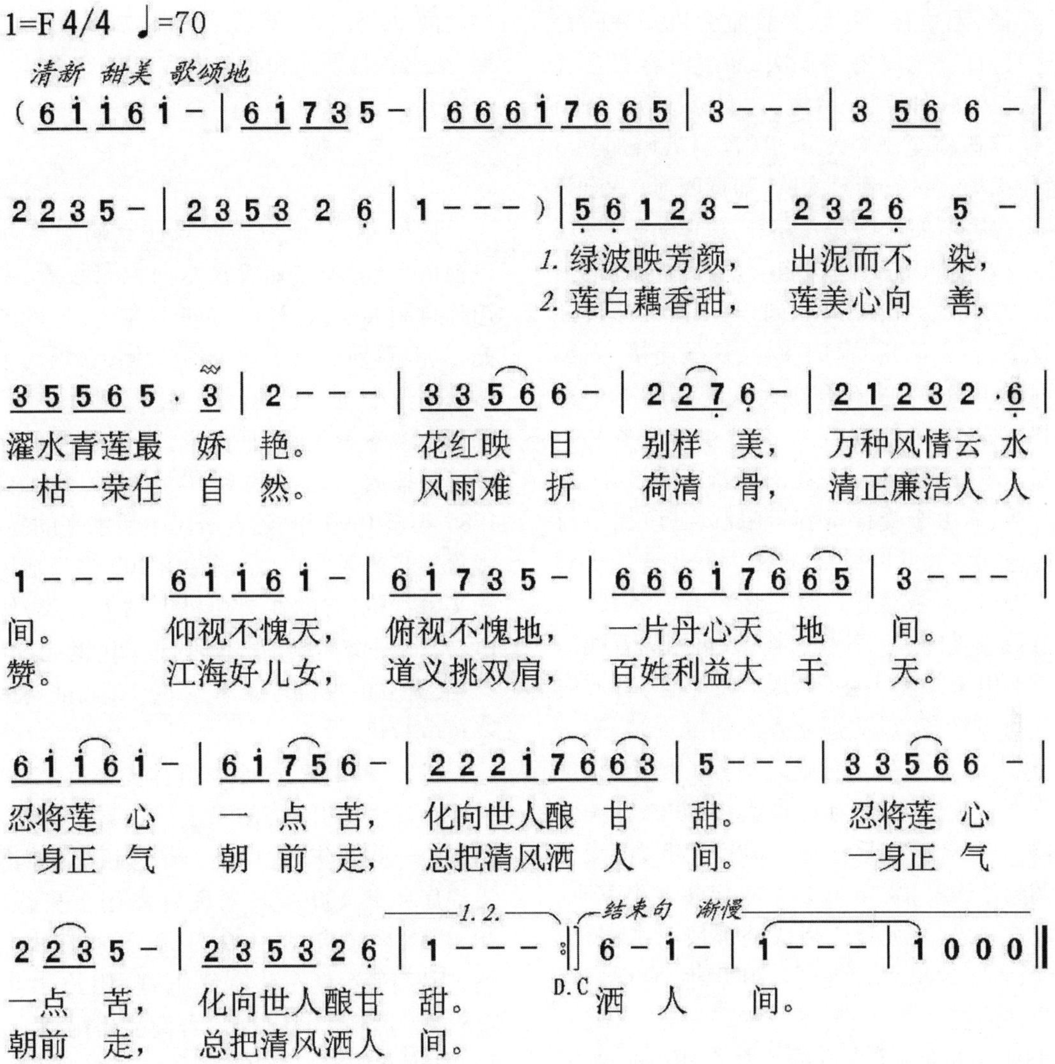

第二节　广播电视

一、广　播

1973 年，良种场自办广播，使用小型发电机、扩音器、毛竹杆、铁丝，在食堂旁边安装高音喇叭 4 只，每天定时播出 3 次，播出内容有会议通知、农作物收种培管、台风、大潮消息等。1975 年，广播设备移至邮电所内，高音喇叭增加到 8 只，通往东场、西场、新垦大队、知青四连、一连等地，播出内容增加全场好人好事、知青动态、场规场纪以及农场职工、知青来自海门内地的电话信息等。1977 年，永北、沙南、向华、永西大队自办扩音设备，各大队用竹杆、树杆、铁丝连接，安装高音喇叭 4 只，广播室设在大队党支部书记家中，用于召开临时社员会议、布置生产任务和会议通知等事宜。1980 年，场部更新广播设备，接通县广播，但由于受设备容量限制，县广播节目只能传送到各大队广播室，再由大队扩音传送到农户。1985 年，农场进一步更新扩音设备，将县广播节目直接传送到各村广播室，再用高音喇叭播出。但由于线路不畅，传送质量不佳，音质时好时差。1993 年，成立海永乡广播电视站，有工作人员 3 人，经费列入县财政预算。是年，将广播设备更新改造，安装在邮电大楼，并添置调频接收器，与县调频广播接通。1995 年 5 月，全乡使用调频传输广播，1300 多个农户装上小喇叭，占总农户 70%。所有广播线路都换上水泥杆、塑色线，收听效果大大提高。2000 年，实现广播喇叭户户通。

2004 年 8 月，完成有线广播电视江底过江电缆，春节前开通有线广播、电视，乡政府向居民赠送调频广播喇叭 1200 余只，广播入户率 80% 以上。2007 年、2008 年，由于电视入户率的提高，有线广播用户逐渐减少。至 2009 年，有线广播用户不足 60%。2010 年 5 月，乡广播站开通《海永之声》栏目，全年共播 44 期，内容涉及海永动态、新农村建设、农业知识、建场 40 周年专栏等，全年播出稿件 18 万字。2011 年，随着有线电视，手机使用的普及，农户通过拆迁和住房翻建，使用有线广播居民越来越少，入户率降至 20% 左右。2012 年 5 月开始，乡广电站在各村、小区、企业、街道、居民聚居地安装调频高音喇叭 50 余只，开通《海永之声》广播节目，设“今日海永”“风采榜”“农事提醒”“政策解答”“和谐之声”“指挥组风采”“特别观察”“健康知识”“为你服务”等栏目，每周二首播，周四重播，每次播出时间 30 分钟。2015 年，播放《海永之声》47 期，播出各种新闻和有关内容 400 多条。

二、电　视

1976 年，农场为知青居住点购买 9 寸黑白电视机 1 台，放在知青食堂内大家收看，由于用铝片自制天线，往往因方向不准确，电视图像模糊，只能看到中央 1 台。1982 年，农场 3 个生产队职工集中在一起，看着 1 台 17 寸黑白电视机，场部电视室不足 40 平方米，夏天晚上只好搬到晒场上播放，职工们看到 10 点多钟还不愿离开。1985 年至 1990 年，随着居民生活水平的提高，电视机逐步进入农户，全场约由 200 多户居民家庭购买电视机，有的在黑白机上贴上彩膜，作为彩电看，但图像模糊，很不理想。20 世纪 90 年代开始，全乡电视机普及率达 80%，大都购买名牌彩色电视机。

进入 21 世纪，全乡彩电逐步普及。2004 年，江底过江电缆开通，使海永居民看上有线电视。2005 年、2006 年，农民街西场楼区、鸽笼港河东沿线居民共 100 多户居民首先用上有线电视。2008 年，乡政府投入 39 万元，开通有线电视网络，为居民免费安装有线电视，用户由年初的 115 户发展到 1100 户（不含商品房配备）。2009 年，有线电视用户共 1200 余户，收视频道 70 多个。2011 年，全乡有线电视线路全面整理，改为数字电视，收看电视节目更为清晰，频道收视 180 多个。使用客户 1270 户，居民家庭彩电不断更新，年轻人都看上 29 英寸以上名牌彩电，最大的 56 英寸彩电。2015 年，全镇有线电视用户共 1300 多户。

第三节　民间方言俗语选辑

一、方言俗语

1. 三字句海门话俗语

小地光　好智客　缠陌头　做手脚
买勿转　急急活　板面孔　当头呆
假花样　做人家　卖勿脱　惹闹骚
洋大大　偷死乖　落脚瓤　懒拖拖
舞拉痴　和乐痴　打疙楞　滴粒圆
热忒忒　腾腾转　地勃楞　叫快活
屁抛捞　长龙龙　调路头　颠新鲜
笃粘粘　尖粘头　圆滚滚　煞脚跟
颜色精　急吼吼　急兜兜　高楞墩
宽落落　煞屁股　随随和　做触落
白相相　短纠纠　翘辫子　老勃相
发批头　话说话　狭紧紧　勿爽气
嚼白蛆　人来风　放野火　白扒饭
虎拉势　嘎闹忙　嵌眼笃　叫回头
吃生活　单心浪　一摊排　虚花头
吃夹当　轻骨头　大图样　着力个
勿登样　一门滚　对直龙　挨勿进
哈晨光　一麦糊　壁立直　排骨精
哈么什　昏头鸡　粗光生　败家星
吓脱火　逗转魂　凑好起　带落雨
死触掐　眼向向　一式样　伽一脚
死奸毒　定寡寡　快活郎　茄门相
相鼻头　瞎喽嗦　揩屁股　发批头

2. 四字句海门话成语

挨一数二　缩里缩阁　剎边剎沿
阴戳阳开　碍手碰脚　彻骨彻髓
尸挺着实　硬吃硬打　八码圆全
汗潽雨滴　图眼图瞎　油头花添
笔描线直　扭皮吊筋　推三阻四
有呒要紧　拆面拆杠　呼唇咂嘴
拖肢烂衫　有目串钿　长脚白话
昏头癫脑　乌吃灶鸡　幼软不息
脱零拉六　或疑或答　乌头癫脑
怨三赖四　极皮赖皮　勿作数目
诈痴诈聋　称心让意　拣鲜捉样
稀零广郎　争吃待慢　猝响头里
犟干死人　鲜媚激眼　逐二逐三
当着勿着　酒水糊涂　血淋拉滴
钻筋透骨　垫嘴唇皮　嚼舌头根
烟尘抖乱　做面落孔　瞌冲梦生
眼皮瞌冲　肚膨气胀　六魂拉啥
厌气无耐　孵热头旺　逗五逗六
眉眼全无　遥遥无信　睏苏茫茫
弄勿搭煞　面熟陌生　要紧三慢
讲神白相　伏手伏脚　囊进囊出
一把抓挪　小八瘌子　呒头苍蝇
腻格郎汤　一泼捞糟　石白铁硬
呒头爿鬼　拍脚打手　一天世界
嚎风拐骗　呒搭呒讪　拍台打凳
移脚动手　挖搭角里　兴铃轰隆
蔫黄瘪倒　仄头仄颈　垒山滚石
乌脱兮兮　呒心唠叨　饿喝囫吞
囫囵点点　对邦拉嘴　牵丝绊藤
哭作乌拉　细细夹夹　纤手舞脚
呒榻呒煞　扒肢拉脚　拍潽拍满
三撬四裂　东甿西掼　精干必剥
作姿作够　扭结裹结　四丫仰翘
跌煞撞死　触眼进骨　荡发荡发
刮拉风脆　热吹潽烫　半天落把
喉神发拉　焦勃烂哈　汗珠白潽
蟹毛无气　插虚乱讲　接葛连牵
眼脱楞楞　后半三讯　花儿马屁
焊吃博赌　痴头怪脑　痴花野命
泛乌百老　乌气同送　亨白郎打
搅七捻三　现成笃笃　伲弄搭弄
老七老八　木里木各　脱头蓝襻
弯里曲六　脱头落辔　神知糊知
穿神抖火　老末结煞　眉开眼笑
行情行市　痴头骚脑　够厘恰数
大约脉酌　淡滋结刮　鲜甜咪浆
有有心相　影七八远　捏骨捏髓
心心挂念　刷拉打清　插虚乱讲
滴滚赏圆　脱脱仰仰　狗屄倒灶
爽爽气气　挽枝挽辔　顺之糊之
乱话连天　话奈是奈　假痴三颜
顶倒竖立　筋丝无力　滴角斩方
吓痴落急　滴活玲珑　精赤骨离

大大落落　牵牵匀匀　毛枝牵纤

3. 五字句海门话成语

朝天八只脚　花五驳六六　白做透三分
喉神发拉极　绕地十八滚　连头搭尾巴
档等一歇歇　瞎话念三天　一对搭拉苏
跌熟老蕃瓜　哭作乌拉拉　一榻糊里涂
神光作作好　犟头拨耳朵　黄鲢头发痴
够数一眼眼　眼乌子戳瞎　幺贰角落头
头爿皮呒得　吃力勿讨好　扳眉头勿开
一面孔乌相　客气当福气　精光剥扭扭
吃痛辣火酱　沦雨癞巴狗　乱子笃笃摇
烦家老太婆　狗面亲家公　落牙落嘴巴
要紧三不慢　集张成八补　吓特伊老火
赤脚仆跌倒　四滚滴滴圆　花头精交关
黑漆八邋遢　软东刮拉西

4. 四字句通东话成语

憨屁臭脸　长袍短套　赤脚波天
适应波波　气夯波噎　空手白脚
大约莫酌　胡嚼乱话　死白连疆
逗五逗六　哈莫郎当　不上落语
抢手夺脚　面面习户　脏皮波脸
好吃懒做　阴斯拉乖　胡嚼黄瓜
二三烂机　陈头婆婆　挑花假儿
痴古习倒　说谎掉白　眼粒波波
次吗拉黑　痴古颠倒　金逼吊卵
适适宜宜　神子污子　小吊麻子
忘精闸亮　天门绝户　暗漆黑黑
一塌污路　啰哩八嗦　五言八色
烂里烂衫　儿五拉沙　熟头熟脑
雪白粉嫩　清汤寡水　赞刮拉新
老鞋头弯　瓜朋邻舍　做贼讨汉
喷搭拉香　更头更脑　神婆巫势
纤筋搭骨　更东更西　气急波夯
三痛六疼　绵搭拉软　瞎说连天
一四拉尬　无头大鹿　暴眼令堂
花盲连天　老三老四　肚闷气胀
狗不习年　痴头瓜脑　叽里咕噜
纤经搭固　胡侠乱话　歪逼习卵

二、谚　语

1. 气象谚语

日出遇风云，呒雨天必阴。

火烧薄暮天（傍晚天晴热），来日定好天。

日落半天红，呒雨就是风。

日落云里走，雨落半夜后。

日暮黑云接，明朝风雨急。

乌云接日头，半夜雨稠稠。

日头乌云托，明朝晒开乌龟壳。

日头叉天，雨在夜前；日头生脚，弗消半夜下雨。

月色胭脂红，非雨便是风。

初三夜来弗见月，阴阴雨雨半个月。

日枷（日晕）风，夜枷（月晕）雨。

明星照烂地，天亮落勿及。

今夜星密，明朝天热。

正月初八满天星，月半夜来张红灯。

东鲎（虹）日头西鲎雨。

朝霞弗出门有雨，夜霞行千里次日天晴。

青杠红杠（指晚霞），明朝晒杀和尚。

一落一个泡，明朝千脚跑；一落一个钉，三天三夜落勿停。

初一落雨初二晴，初三落雨半月阴。

上看初三，下看十六。初三、十六天晴则半月内多晴，反之，若天阴或雨则半月内多阴雨天。

小暑一声雷，黄梅依旧归，倒转黄梅十八天。

雨打黄梅头，四十五天呒日头；雨打黄梅脚，四十五天赤。

雨前麻花（下牛毛雨）难大雨，雨后麻花难得晴。

落得早（早晨下雨），勿湿草（雨不大）。

春霜弗隔宿（即下雨），连霜晒破屋（天晴）。

雪上加霜连夜雨。

三朝迷露（雾）发西风。

屋后雾遮天，连夜雨绵绵。

今朝火烧云，明朝晒煞人。

乌头（云）风，白头（云）雨。

朝有乌云盖，呒雨也风来。

日出红云升，劝君莫出门（有雨）。

日浸起红云，风雨霎时停。

朝怕南云涨，夜怕北云推（会下雨）。

朝看天顶穿（上空见青天无雨），暮看四脚空（天边空旷无雨）。

朝雾起得早，今朝天气好；就怕雾不收，呒风雨啾啾。

小暑东南风,四十五天有凉风。

东北风,雨太公(下雨);西南风,干松松。

六月北风当天雨。

六月里来三个阵(雷雨),白米吃来剩(水稻丰收)。

八月南风两天半,九月南风当夜雨,十月南风跑勿及。

西风夜静(傍晚风停)腰里硬(午后风大)。

早省一(刮风只一天),夜省七,黄昏头风省一歇歇(一会儿)。

春夏西北风,夜来雨蓬松;秋冬西北风,天色喜融融。

春夏东南风,弗必问老农(一定有雨,不必向老人打听天气);秋冬东南风,雨落惯常逢。

东闪(闪电)西闪,晒煞泥鳅黄鳝。

南闪火门开(炎热无雨),北闪雨来来。

东南阵,落雨勿满寸;西南阵,经过落三寸。

八月田鸡(青蛙)叫,耕田犁头跳(干旱)。

鸡嘎(长声鸣叫)风,鸭嘎雨。

黄昏头知了叫,明朝热勒吱吱叫。

九月廿七催懒妇(缝制棉衣),十月呒风躲勿过(必须穿寒衣)。

十月中,梳头吃饭当一工(日短)。

2. 季节谚语

九(数九)里暖,春里寒。

雨春夹一冬,呒被暖烘烘。

陈年里交春,小癞团(蛤蟆)翻身。

三月三着蓑衣,三十五天冷稀稀。

春天小鬼(小孩)面,一天三变脸(气候变化大)。

春冷死老牛,冬冷死老头。

清明弗脱絮,到老呒志气。

清明难得晴,谷雨难得雨。

清明断雪,谷雨断霜。

小满三朝枷头响。

六月勿热,五谷不结。

《夏至数九歌》:头九、二九,扇子不离手;三九廿七,冷水甜似蜜;四九三十六,出汗如淋浴;五九四十五,炎秋似老虎;六九五十四,乘凉弗入寺;七九六十三,床上添被单;八九七十二,夜眠加夹被;九九八十一,开柜备棉衣;九九加一九,已经过中秋。

《冬至数九歌(一)》:

头九、二九,强汉弗出手;三九四九中心腊,河里冻煞老绵鸭;五九腊中心,冻断鼻梁精;六九五十四,泥里出芦刺;七九六十三,布袄两头担;八九七十二,猫狗躺阴地;九九八十一,飞虫蚂蚁一起出。

《冬至数九歌(二)》:

头九、二九弗出手,三九、四九冰上走;五九、六九,河边看杨柳;七九、八九燕子来;九九加一九,耕牛遍地走。

3. 农事谚语

霜降种麦,寒露插锹(种蚕豆)。

闰年勿种十月麦。

摊泥种豆,凿石头种麦(有利豆、麦发芽生长)。

是年晏(迟种)麦难得一年好,是年早稻难得一年怵(差)。

白露看花(棉花),秋(秋分)看稻(白露棉花收成基本定局,秋分时水稻收成基本定局)。

冻断麦根,挑断担绳(预示麦子丰收)。

三月清明弗见麦(不抽穗),二月清明一浪白(抽穗)。

三月沟底白(干旱),青草变成麦。

麦秀风来摆,稻秀雨来淋。

麦秀砖阶地(麦子抽穗宜干)。

六月里锈钉(棉苗瘦小),七月里乌云(一片绿油油)。

玉米红绒十八天(可以吃青),元麦见秀四十天(成熟)。

大暑开黄花,四十五天拾棉花。

白露日子的雨,到一处坏一处(不利于蔬菜生长易发虫多)。

油菜收花一团祸(农忙),茄树收花朝南坐(农闲)。

取脱荠菜一团祸,拔脱茄树朝南坐。

朝瓜夜菜昼茄树(浇水时间不同)。

要得萝卜大,勿把六月过及早下种。

暴灰、宿粪、陈生泥(指肥效)。

五月十三日清广(晴天),床底下摸蚌(指雨水多)。

4. 生活谚语

弗听老人言,一世苦黄连。

做一趟乌猫(傻瓜),学一趟乖。
在家靠父母,出门靠朋友。
为人弗做亏心事,半夜勿怕鬼敲门。
坐得正,立得稳,弗怕和尚尼姑合板凳。
客人不断行家路,丫头弗断娘家路。
船到桥,直瞄瞄;船到岸,弗要乱。
南京跑到北京,只要嘴巴弗停。
叫人不蚀本,舌头打个滚。
人是铁,饭是刚,一天不吃饿得慌。
吃勿穷,着勿穷,算计弗来一世穷。
爷有娘有,弗如自有。
金窠、银窠,勿如自家草窠。
金角落,银角落,弗如自家穷角落。
邻舍好,赛金宝。
远亲不如近邻。
打勿断亲,骂不断邻。
三代不读书,赛过一圈猪。
一口吃勿脱一个饼,一锹挖勿成一口井。
好记性,弗如烂笔头。
棒头浪上出孝子,筷头浪出逆子。
让人三分勿吃亏。
小洞弗补,大洞吃苦。
小鱼吃点鲜头,听话听点音头。
打蛇打勒七寸浪。
好男勿吃分来饭,好女弗着嫁来衣。
吃仔酒,软仔口。
拿仔人家手短,吃仔人家嘴软。
千钿要用,一钿要寻。
三好搭一好,三坏搭一坏。
三百六十行,行行出状元。
三十六行,种田上行。
大河里水满井水满。
磨刀勿挡工,白落弗得轻轻松松。
货比三家勿吃亏。
勿怕货比货,就怕勿识货。
锅头饭好吃,过头话难说。
舌头底下压煞人人言可畏。
一锹勿通,万丈无功。
当家才知柴米贵,养儿才知父母恩。
若要真(了解真情),问小人(小孩不会说谎)。
吃勒引线(针)话真话。
贪便宜草,烧夹底锅。
掮石木臼做戏,吃力弗讨好。
三岁定八十(性格脾气不易改变)。
坐吃三餐海也干。
牙痛勿是病,痛煞呒人问。
人末衣装,佛末金装。
吃是真功,穿是威风,嫖末伤身,赌是落空。
穷灶口,富水缸(保障安全)。
冷么冷点风,穷么穷点铜。
上梁不正,下梁歪。
清官难断家务事。
稻多碓得出来,人多对得出理。
火烧一半,海坍精光。
脚对风,请郎中;头对风,暖烘烘。

5. 家教谚语

勤能致富,俭能发家。
娇子不能立业,娇妻不能兴家。
教子教孙须教艺。栽桑栽榆少栽花。
教子不严父母过,教儿不改儿之错。
积钱不如教子,闲坐不如看书。
十年之前父爱子,十年之后子敬父。
莫把真心空计较,儿孙自有儿孙福。
植树靠培育,养儿靠教育。
教子从小起,治家勤俭始。
好儿不享祖业福,好女不穿嫁时衣。
棒头出孝子,溺爱多败儿。
棒头底下出孝子,筷头底下出逆子。
国有国法,家有家教。
栽秧要趁早,教儿要趁小。
做到老学到老,学来学去学弗掉。
桑要从小育,人要从小教。
成家子粪如宝,败家子钱如草。
积谷防荒,养儿防老。
先甜后苦不算甜,先苦后甜不算苦。
自己立志气,父母养育生。
要知父母恩,自己抱儿孙。
子不嫌母丑,狗不嫌家贫。
兄弟同心家必兴,妯娌和睦孝双亲。
养儿方知娘辛苦,养女方知谢娘恩。
生前不把父母敬,死后何必哭鬼魂。
跟着好人学好人,跟着狐狸学妖精。
国多勇士根基固,家有英雄世代荣。

三、歇后语

年初一吃酒扳——头一糟。(朝)
床底下放鹞子(风筝)——勿得高。
石头上掼乌龟——硬碰硬。
三只节头(手指)捏田螺——稳揪。
两个半爆仗——五响(你想)
猫儿弗吃蟹——摆着看。
额角头浪搁扁担——头挑。
弄堂里拔木头——直来直去。
茶壶里装馄饨——有货拿勿出。
脱裤子放屁——多此一举。
老鼠衔薄刀——寻死。
冬瓜藤串勒茄树田里——瞎串。
暗洞里绕脚——瞎缠。
挂花子(乞丐)走夜路——假着忙。
瞎子泼脱焦麦稀——乱断。(乱作为)
臂膊上跑马——硬得起。
乌鸦教八歌——越教越乌(傻)。
蜻蜓吃尾巴——自吃自。
癞狗巴(癞蛤蟆)垫台脚——硬撑。
两个哑子一头困——相对无言。
烂脚子挑粪——两臭(凑)。
月亮里挂灯——空挂明(名)。
马桶里颠节(指)头——臭(凑)手。
饭镬上炖蛋——现捞。
蚊子叮菩萨——认错人。
小葱拌豆腐——一清二白。
老鼠钻勒风箱里——两头受气。
鼻头浪挂勒鱼(又名鲞鱼)——鲞(想)吃。
蛸蜞爬勒荠菜上——搛荠(尴尬)。
瞎子买扁担——寻骹疤(找岔儿)。
弯扁担打蛇——两头勿着实。
帽子呒得边——顶好。
外甥提灯笼——照舅(旧)。
竹篮子拎水——一场空。
擀面棒吹火——一窍不通。
猪圈里黄牛——独大。
空棺材出葬——木(目)中无人。
呒毛鸡相打——口口啄肉。
隔沟看磅秤——依稀约酌。
飞机上吊蟹——悬空八只脚。
飞机上热水壶——高水平。
船头浪跑马——走头无路。
羊头钻勒篱笆里——越投越紧。
泥菩萨过河——自身难保。
和尚头浪的跳蚤——明摆。
和尚撑洋伞——无法无天。
瞎子提灯笼——白费蜡。
芝麻落在针眼里——巧来交关。
王坟上先生——教(搞)鬼。
心口里挂钥匙——开心。
鸡棚上挂棒头——打棚(开玩笑)。
茄子落粪坑——有半只好的。
瞎子吃死蟹——只只好。
海滩头开店——外行。
张飞买豆腐——人硬货不硬。
脚子跌跟头——呒转弯。
墙头上吹喇叭——明(名)声在外。
大节(指)头抓腿——随上随下(随便)。
鳗鲡死在汤罐里——弗值得。
高射炮打蚊子——大材小用。
羊嘴里呒草——瞎嚼。
饿头里咯食——穷张气。
掮石木臼做戏——吃力弗讨好。
哑子吃黄连——话弗出的苦。
哑子吃团圆——肚里有所。
关云长的头爿——血(噱)头。

第四节　体　育

20世纪70~80年代,永隆沙良种场除学校开展体育活动外,农村很少开展体育活动,海永建乡后,开始重视全民体育运动。1995年,根据市政府和有关部门要求,创建“体育乡镇”。1996年,通过验收,实现“市体育乡镇”目标。

2004年6月,举办全乡农民健身运动会,有长跑、足球、乒乓球、拔河、棋类等比赛项目,100多名农民运动员参加比赛。2007年6月,乡投入10万元,购置各种健身器材,在各村、居委会居民点和其他活动场所设立12个全民健身点。2008年1月,被省体育局评为“江苏省体育强镇

(乡)”。2010年,市召开第十五届全民运动会,东西场大队农民范兵获得男子肩挑100米比赛第一名,乡机关与教工组成的开幕式方队获得优秀表演奖。2013年开始,乡工会、共青团等有关部门每年组织足球比赛。10月,召开海永乡首届农民运动会,共有田径、球类等8个项目,7个代表队130名运动员参加比赛。2014年5月4日,乡举办第一届青年足球比赛,乡政府机关、学校、社区、企事业单位共6个队参加比赛,海永学校教工队与乡机关队并列冠军。11月,市召开第十六届农民运动会,海永乡获得拔河比赛冠军、负重比赛亚军、自行车慢骑比赛第四名、优秀组织奖。2015年5月,海永学校足球队获海门市初中足球比赛冠军、南通市“可口可乐杯”初中组足球比赛亚军。5月、10月,乡连续举行两次青年足球比赛,共7个队参赛,海永学校教工队获冠军。

图7-5 海永乡召开首届农民运动会 2013年摄

第四章 卫 生

第一节 医疗单位

1970年,永隆沙良种场建立后,即在场部旁建卫生保健站,共2间草房,后搬进场部内。站内有赤脚医生2名,负责对场内职工头痛感冒等常见病的诊治,凡患大病都到海门或崇明县城就诊。1976年,建永隆沙良种场卫生院,共有医务人员8人,沈一鹏任副院长。1977年,卫生院搬进原知青住房,设病床8张,并增设中药房,医务人员增至12人。1978年5月,县卫生局为永隆沙卫生院配备X光、化验、妇产科手术、计划生育手术等设备。卫生院即时派员培训放射科、妇产科、化验室专职技术人员。院内设内科、外科、妇产科、X光放射科和化验室等科室。从此,卫生院能开展对全场人员的常见病、多发病的一般治疗。

1990年,县、乡财政投入5万元,在场部南、海长路东侧建二层楼卫生院新楼,建筑面积200多平方米,设病床18张和其他必要的科室,医疗条件较前有所改善。2003年3月,海永卫生院实行体制改革,通过竞标转制,由天补医院外科主治医师施健以52万元中标,转制经营后更名为海永医院。由于施健原本为外科医师,在他负责经营期间,外科治疗有所发展,成功进行多例阑尾炎切除、疝气修补、甲状腺囊肿摘除等手术。该医院还在向华村设医疗服务站,共经营8年。2008年,海永医院有病床10张,医务人员5人,年住院病人710人次。2011年,根据海门市政府的统一安排,海永医院由海永乡政府回购,恢复乡卫生院建制。2015年,乡财政投入1755万元,按一级甲等医院标准兴建海永镇卫生院新大楼,大楼占地0.67公顷,建筑面积5000平方米,分为卫生院和护理院两部分,卫生院有病房15间,另设急诊室、发热门诊室,年底大楼通过竣工验收,交付待使用。是年,卫生院主要医疗器材有:五分类血球仪、全自动生化仪、彩超、PR放射机、万层流手术台、

图7-6 1990年建造海永卫生院 1990年摄

12 寸心电度机各 1 台。有医务人员 14 人，其中正、副院长各 1 人，医师中级职称 2 人，初级职称 2 人、护士中级 1 人，初级 3 人，行管后勤人员 4 人。全年收住病员 389 人。

1976—2015 年海永镇（场、乡）卫生院（医院）历任负责人名录

表 7－6

姓　名	职　务	任　职　时　间
沈一鹏	副院长（全面负责）	1976—1994.6
顾静芳	院　长	1994.6—2001.3
施渭安	副院长（业务）	1994.6—2001.3
徐信良	院　长	2001.3—2003.4
施　健	院　长	2003.4—2011.3
张　磊	院　长	2011.4—2013.6
周裕东	院　长	2013.7—2014.11
张　海	院　长	2014.11—至今

第二节　卫生防疫

1974 年，由县防疫站指定防疫医生 1 名，负责全场的公共卫生和防疫工作。1977 年，县爱卫会赠送农场井泵一台，农场开始打井，解决居民饮水卫生问题。1978 年，兼职防疫医生沈一鹏经考试合格，由县卫生局发给防疫医师合格证，从事卫生防疫工作。1982 年，实施计划免疫，对适龄儿童有计划疫苗接种，首先对儿童接种流行性脑炎和乙型脑炎两种疫苗。1985 年，进行改水工作，场部出资打第二口深井，场内职工、居民开始饮用自来水，确保饮水卫生。80 年代末，场内发现一起疑似“二号病”病例，经送崇明人民医院化验，为肠道带菌，即对病人临时隔离，送崇明传染病医院住院治疗，崇明防疫站特送来漂白粉 10 桶，给场内消毒防治。为此，海门县卫生局特与崇明卫生部门联系致谢。1990 年，农场建立计划免疫接种点，当年为儿童接种乙肝疫苗。同年，场内发现 1 起狂犬病例，当时由于交通不便，疫苗紧缺，海永卫生院经与崇明卫生部门联系，出具介绍信，到上海购进狂犬病疫苗，给患者救治。1996 年，在全市创建全国卫生城市期间，海永乡开展以灭鼠、灭蟑螂为主的“除四害”爱国卫生运动。

2000 年，开展青少年视力保护教育，请医生给学生讲保护视力基本知识，采取干预措施，保护自己的视力，受到师生和家长的欢迎。2003 年，开展防止“非典”（SARS）传染工作。海永地处上海与江苏交界，人员过往交杂，市政府把海永作为防止“非典”传染的重点。根据市政府要求，乡政府和卫生、公安等有关部门严把进口关、对过往人员测量体温，顺利完成抗“非典”任务，受到市政府的表彰。2004 年 7 月始，实行新生儿乙肝疫苗免费接种。2005 年 6 月，贯彻国务院《疫苗流动和预防接种管理条例》，实行公费、自费二类疫苗接种。当年公费接种 136 人，用疫苗 736 支。2008 年，对社会上流行的禽流感做好防治工作，对低年级学生开展预防手足疫的检查和教育，利用广播、简报等媒体进行宣传教育。2010 年至 2015 年，配合生态乡建设做好公共卫生工作，防止疫病发生。疫苗接种 1929 人，用疫苗 8196 支。

第三节　卫生监督

20 世纪 70 年代，农场建立卫生院后，县卫生部门指定 1 名医务人员为场部卫生监督员，发

给卫生监督证,管理全场医药卫生事宜。1976年,卫生院严格执行购药用药规定,做到所购药品均有国家药品监督部门批准出厂的"准字号"、有生产日期和产品有效期,否则不予使用。80年代初,卫生院对有毒药品、麻醉药品指定专人专库保管,审批使用。1985年,加强中药饮片管理,发现虫蛀、霉变中药饮片及时作报废处理。90年代,严格控制葡萄糖盐水的进货渠道,避免不合格盐水入库应用,杜绝挂水事故发生。1994年,对乡内个体拔牙、装牙户统一由卫生局组织考试,考试合格后发给资格证书和经营执照,无证照者不准上市营业。1995年,贯彻《中华人民共和国食品卫生法》,卫生院确定兼职食品卫生检查员1名,依法实行食品卫生监督,发放食品经营许可证和营业服务人员健康证,取缔无证经营。

2000年,会同工商部门一起,进行食品卫生执法检查,查处过期、霉变食品,对5户食品经营户发出整改通知,限期整改。2005年5月,利用《消费者权益法》的宣传,检查和取缔无证牙医和其他无证行医。2010年5月,进行食品卫生大检查,查出销售超过保质期的食品5起,撤柜50多包,取缔无证经营2家,执行各种罚款1万多元。对无健康证的销售食品工作人员统一进行健康检查,合格者发给健康证,持证上岗,并设立举报电话。2013年8月,成立农产品质量安全监督所,下设5个检测室,对进入市场销售的农产品进行分批检测,确保居民食用安全。2015年,全镇卫生工作和卫生监督卓有成效,永北村、沙南村顺利通过省级卫生村验收。

第四节 妇幼老年保健

一、妇幼保健

场部成立卫生院后,及时培训新法接生员,推广新法接生,在缺少接生设备的情况下,接生员上门接生,为产妇服务,确保产妇和婴儿安全卫生,顺利分娩。同时,密切配合县妇幼保健部门做好全场妇女病普查工作。1978年5月,县卫生局为场卫生院配备妇产科、计划生育手术设备,为全场推广新法接生,做好妇幼保健工作提供必要条件。1979年,县妇幼保健站组织外科医生和助产士到海永进行妇科检查,重点检查子宫下垂和子宫癌。同年6月,对7周岁以下儿童进行体检;10月,对13岁以下儿童驱蛔虫。从20世纪80年代开始,海永产妇都到卫生院住院生产婴儿,老式接生基本根除。1986年,贯彻执行国家《女职工劳动保护规定》和南通市《关于进一步加强妇女病普查普治的通知》精神,由场卫生院配合县妇女病普查工作人员,开展妇女病普查,做到即查即治。1990年,为全乡儿童接种乙肝疫苗。1991年开始,抓新生儿的访视和生长发育监测,建立0~7岁儿童的体检卡,卫生院上门对幼儿成长发育予以指导,使农村散居幼儿健康成长。1995年6月1日,《中华人民共和国母婴保健法》实施,按市出台的加强婚前保健规定,乡妇联配合卫生院宣传贯彻妇女婚前保健、婚前咨询和婚前体检。

从2003年开始,对乡幼儿园入园儿童进行体格检查,对幼儿园工作人员进行健康检查,持证上岗,有效控制各种传染病在幼儿园蔓延。2010年5月20日,乡计生办联合医院等在乡集贸市场开展设摊义诊妇女病和妇幼保健咨询活动,发放有关资料500余份。2012年5月20日,开展"关爱妇女健康,共建和谐家园"科普宣传活动。5月22日下午,邀请海门中医院妇产科主任尹启萍讲授妇产科健康知识,100余名女性居民听了讲座。2013年12月17日,市计生委带领妇科医生到海永乡,开展关爱妇女健康活动,免费为妇女进行妇科检查,通过测血压、抽血化验、做B超等,检查妇科疾病,进行妇女健康指导。2015年,市妇幼保健部门到海永镇为妇女健康普查,筛查两癌(子宫癌、乳房癌),全镇参加体检妇女共200多人。

二、老年保健

从21世纪开始,老年人保健越来越受到乡党委政府的重视、社会的关注,每年为离退休干部、职工进行健康检查,开展老年人健康卫生讲座。乡卫生院、退休老干部配合市老科协、脚部按摩协会等组织开展老年保健活动,增强老年人体质。2006年开始，乡医院配合海门中医院在海永乡开展老年人咳喘病冬病夏治，每年有100多人接受穴位敷贴治疗。2010年，全乡各地建立12个全民健身活动点，成为老年人保健的最佳场所，每天在活动点锻炼的老年朋友络绎不绝，广场舞、健身操蔚然成风。2014年，海永学校教师、足部按摩业余爱好者王雪祥在镇区开办康缘保健店，为老年人群中亚健康病人服务，他的论文在有关杂志发表多篇，其中《反射疗法治疗淋巴结核一例》，被中国中医研究特色医药合作中心、中国平衡医药研究会保健专业委员会授予“共和国名医专家贡献”奖。

图7-7 老人健康知识讲座 2011年摄

附：足部反射疗法治疗淋巴结核一例

王雪祥

摘要：笔者在数年临床实践中体会，足部反射疗法对疏通经络、驱瘀化结，消炎止痛有其独特功效。如丹毒、麦粒肿、关节肿痛、胆囊炎、痔疮、牙肿疼痛等疾患通过按摩，往往可以立竿见影，收到明显疗效，其作用有时胜于针药。淋巴结核溃破成鼠疮后，在医学上可称顽症，笔者运用足部反射疗法在较短时间内治愈了一例，显示了足部反射疗法对某些疑难杂症确能取得意想不到的功效。

关键词：淋巴结核 足部反射疗法 辩证施治

淋巴结核是外科常见的慢性感染性疾病，可发生于任何年龄，但以青少年为多，好发部位为颈部、腋下、腹股沟等处，以颈部多见。局部肿硬如核，累累成串为瘰疬。颈部淋巴结核发展过程中，可干酪坏死，液化形成寒性脓肿，脓肿溃破形成窦道，经久不愈，中医称为鼠疮。

淋巴结核一旦溃破形成窦道，按现代常规疗法颇费周折，难以治愈，给患者带来了极大的痛苦。笔者单独运用足部反射疗法在较短时间内治愈了一例淋巴结核。现在报告如下：

患者施某，村妇，63岁，1990年3月26日初诊。患者6年前左侧颈部发现瘰核后破溃，经中西医及民间医生多方配合治疗，历时一年始告治愈。两年后复发、累及整个颈部，时好时坏，残遗创痕累累。左耳下颈部锁骨中央偏下见核桃大肿胀一处，已溃破流清稀脓液。同时左腋窝也有瘰核向下引连13~14公分。市及区医院均诊断为淋巴结核。虽经中西医反复治疗两年，期间曾4次切口排脓，民间医生用火锥拔毒均未效。只好停医在家休养。后经人介绍来我处求治。自述：颈部淋巴结核处时痛时痒，不时有稀脓液流出，药棉不离身，腋下淋巴处酸胀难忍，左臂抬举及弯腰受到牵连，颇感困难，全身倦怠无力，胃纳差，大便稀薄，面黄肌瘦，困倦喜睡。

辩证施治

以足部反射疗法进行治疗

选区：

基本反射区：肾、输尿管、膀胱。

重点反射区：肾上腺、淋巴系统、胃、脾。

相关反射区：肝、胆、肠道、扁桃腺、颈项、副甲状腺。

在全足按摩的基础上重点加强，并配合相关的反射区。对基本反射区与重点反射区均应加强按摩，以增强排泄功能，将体内有毒物质排出体外。

治疗经过及效果

患者双脚皮肤松弛，肌肉软弱无力，对压痛非常敏感，特别是触按其胃、脾、淋巴等反射区时患者感到疼痛难忍，缩脚喊娘。此时，我在修性养神的气功音乐配合下边按摩边对其进行心理疏导，转移对痛觉的注意力，并帮助她加深对足部反射疗法的认识，使她懂得按摩产生的痛是一种病理反应，是暂时的，随着疼痛的减轻，病也就痊愈，从而取得患者的主动配合，不至于因畏痛而中途停治造成前功尽弃。第一次治疗后，患者虽出了一身汗,但感觉全身轻松、腿脚走路似觉得较前有力。第二天,患者来时一改忧色,颈部瘰核溃破处已不见稀脓液溢出,只是双脚仍有明显肿胀。又经几次治疗后,颈部及腋下瘰核日渐减小,患者饮食增加,大便改善,面色大为改观。半个月后患者已能做一些家务,还照顾一个一岁半的小孙子,也不觉太吃力。治疗20天后,患者腋部淋巴结核基本恢复正常,颈部瘰核亦缩拇指般大小。嘱患者回去休息一周后再继续治疗。前后共计治疗了36次,全部疮面结痂痊愈。随访至今未见复发,身体较前健朗。

讨论

中医认为,淋巴结核系肝气郁结,虚火内动,灼津成痰,痰火上升,出于少阳、阳明经络,发于颈部,患者的淋巴结核缠绵数年,反复发作而不愈,其原因是脾胃虚弱而气血不足,无力生肌收口而成鼠疮。医者虽用多种抗生素、切口排毒、火锥拔毒治其标,而本在脾胃虚弱、气血不足,未能得到补益,故成痼疾不愈。明代外科名医张实功云:“脾胃伤败,使疮疡不得外发,必至内攻之候。”说明脾胃是气血生化之源,疮疡的预后良恶与气血盛衰有明显关系。按摩时注意加强脾胃反射区的按摩,以补脾健胃,调和营卫,协调脏腑,固本培元,扶正祛邪。同时,脾也是全身最大的免疫器官,脾的功能加强了,免疫系统也相应得到加强,从而提高了机体的免疫力。重点对肾上腺、淋巴系统、肾、输尿管、膀胱等反射区的按摩,有利于清热解毒,消瘀化结,促进新陈代谢。治疗中根据中医“虚则补之,实则泄之”的原理,辩证施治,标本兼治,故可在较短时间内收到满意效果。

(本文发表于《双足与保健》杂志1999年第2期)

第五章　精神文明建设

第一节　公民道德教育

建场初,良种场党支部十分重视农场职工的思想道德教育,1977年5月,针对当时插场知青中存在的赌博、打架、理怪发、穿奇装异服等现象,进行道德教育和文明礼貌知识教育。1982年,开展服务行业职业道德教育,商业、服务业各单位制定岗位守则、文明公约,开展“青年文明号”评比活动。1987年、1988年,开展形势和任务教育,组织干部群众400多人集中场部礼堂听取形势报告,通过教育刹住社会存在的各种歪风邪气,发扬礼貌、团结、和谐的文明之风。各村建立移风易俗理事会,负责当地婚丧事宜,抵制封建迷信,提倡新事新办。1990年3月,结合学雷锋活动,开展爱国、爱党、无私奉献教育,表彰5名奉献标兵。永隆沙中小学组成15个学雷锋见行动小组,做好事40多件。全场组织300多人参加义务劳动,为农村老残病弱者、困难户助收助种,解决生产、生活困难。1992年,开展社会主义思想教育,教育农村干部群众热爱祖国、热爱集体、热爱社会主义,为提高教育效果,场部举办骨干培训班,培训145人次。通过思想教育,不少村民主动交清陈欠款,并共同制定村规民约,维护国家、集体利益。1999年,开展理想、信念和思想道德教育,乡举办各类读书学习班20多期,800多名干部职工参加学习,大家以雷锋为榜样,树立正确的世界观、人生观和价值观。

2001年,开展“倡导文明新风,共建美好家园”主题教育活动,分发《文明在海门》教育读本1000余册,举办“崇尚科学、反对迷信愚昧”的图片巡回展览活动,使机关干部、村民、学生都受到深刻的教育。2002年,实施道德教育和实践工程,全乡订阅省编公民道德教育读本100册、学生读本500余册,发至村、企业和学校,把公民基本道德规范作为公民教育的重要内容组织培训学习,提高公民执行道德规范的自觉性。2007年9月,定为公民道德建设月,开展学模范、达小康、促和谐学习教育活动,组织机关、村、组党员干部学习正余镇邢柏村党支部书记曹玉峰先进事迹,通过听取事迹介绍,全乡党员干部写出学习心得80余篇,召开心得交流会2次。2010年,在青少年中开展社会主义荣辱观教育,引导广大青少年树立正确的人生观、价值观。为净化青少年成长环境,全乡多次检查网吧,确保学校周围200米内无网吧。2014年,各机关部门、事业单位、学校、社区举办公民道德讲堂10余场次，同时进行身边好人评选活动，以提高公民道德素质。在评选活动中，永北村唐美英被评为江苏省道德模范海门好人。2015年，在青少年中开展“做一个有道德的人”主题教育活动，听取海门党校老师张礼平作“践行核心价值观，文明礼貌先行”讲座，海门少年法庭庭长李育平作“学法懂法的好少年”的讲座，2场讲座共400多人参加听讲，在校学生听后写出数十篇心得体会文章。

第二节　文明创建

一、文明乡镇创建

20世纪80年代，根据县委和有关部门要求，永隆沙良种场开展精神文明创建活动。1982年元旦、春节期间，农场组织集体婚礼，抵制婚事大操大办、铺张浪费。同年，场党总支转发县委文件，开展第一个文明礼貌月活动，全年组织2次大搞卫生统一行动，清理垃圾10多吨，组织100多人在堤岸坡上义务植树1万多株。1983年3月，开展第二个文明礼貌月活动，组织“五讲四美三热爱”竞赛，人人争当80年代新雷锋。1990年，建立村、厂级干部创建文明单位工作责任制，进一步推动全场文明创建工作。1992年，场成立精神文明建设活动领导组，制定文明单位验收标准。1993年，场卫生院开展微笑服务活动，制定卫生院诊疗秩序、环境卫生评分标准，作为乡对卫生院年终考核内容。乡团委、个体劳协组织年轻的手艺人员上街学雷锋、做好事，组成修理、理发、义诊、咨询等服务组，为居民提供免费服务100多人次，发放科普资料200多份。1995年，乡党委、政府实施文明创建工程，6月，学习孔繁森事迹，8月，开展读书活动，9月，机关开展义务劳动，清理乡政府所在公路两侧杂草，镇区落实公厕保洁制度，整顿集贸市场摊位、车辆停放秩序，拆除市场破旧房屋和亭子，实行公共场所禁止吸烟等一系列整顿措施，彻底改变镇区面貌。从1996年开始，为崇明中心医院无偿献血，当年参加献血40人，献血8000毫升。1999年，乡建立破除迷信工作小组，进行破除迷信宣传活动，张贴宣传通告100多份，采取突击行动，清除“大仙”治病场所3次，收缴销毁菩萨3座，迷信书籍20多册，迷信用品50多公斤。

图7－8　机关学校村干部义务献血

2013年摄

2000年，围绕市实施文明行业创建工程的要求，全乡各单位行政工作人员在文明创建中都使用文明用语，确定自己的人生格言，许多单位记全创建台账，配备文明创建监督队伍，保确文明创建工作正常开展。2003年5月，全乡开展不随地吐痰、不乱丢杂物专项行动，使居民告别陋习，树立海永文明形象。在专项行动中，乡文明办发放《告海永人民书》1500份，教育居民提高素质，为创建文明海永作出贡献。2005年，海永乡在全市创建文明乡镇中，获得长足进步，被市委、市政府评为年度进步乡镇、赶超先进乡镇。2008年3月，结合学雷锋，开展志愿者服务月活动，乡团委组织卫生院、司法所、银行、学校等8个单位团员青年志愿者15人，在农民街设摊，为居民量血压，教居民识别假币，进行修理、理发、社保咨询等多项服务，营造志愿服务的文明风气。2009年，全乡生活垃圾纳入崇明县集中处置体系，彻底解决环境卫生的一大难题。2010年，乡政府总投入1110.8万元，进行环境全面整治，集中人力、财力、物力创建环境优美乡镇。2011年，开展多项志愿者服务活动，组织法制科普宣传3次，社会爱心救助2次、农机使用指导4次、人道救助1次，全年注册志愿者人均参与2次。是年，海永乡被评为市文明单位。2012年，集中治理沿街门面、公路沿线、公共场所乱涂乱画，共清理小广告70条，随意张贴100多张，乱写乱画20多处。是年，被评为南通市文明乡镇。2014年，贯彻市委文明创建委员会《关于加强志愿者服务制度化建设的意见》，加强乡、村、社区、村民组志愿者队伍建设，全乡共有注册志愿者100多人。2015年，开展创建“美丽乡村”活动，投入600多万元，实施文明创建综合治理，出新沿街面门2.2公里，墙面绘画改造4000平方米，维修广告箱15只，新增分类果壳箱32只，更新镇区路灯118盏，改造公厕4座，完成全镇主要公路绿化补植。购置河道保洁船1艘，全镇农村环境整治通过省级验收。

二、文明村、企业创建

1983年，良种场党总支发文开展创建文明村、文明单位活动，确定文明村、文明单位的评比条件。1984年，全场评出县级文明单位3个。1986—1988年，农场武装民兵与村组挂钩，开展兵民共建文明村活动，每月进行1次爱国卫生运动，清理庭院内外，沟河道路两侧垃圾杂草，改变村容村貌。1992年，乡成立精神文明建设领导组，制定村、企事业文明单位验收标准。1993年，永北村、沙南村、向华村、棉纺厂、建材厂、锻压件厂评为乡文明单位。1995年，启动建设文明一条街活动，重点解决卫生和个人乱搭建问题。年终，向华村、沙南村、建材厂、棉纺厂被评为市文明单位。1997年，乡党委确定向华村为创建示范村，以点带面，推进文明村、文明家庭建设。2000年，乡政府实施村和企业单位净化、绿化、亮化、美化建设，开办农民学校，创建学习型村组，开展文明家庭、农民状元、致富能手、好邻居、好婆媳评比活动，激励群众弘扬文明新风，建设现代化文明乡村。

2001年，开展“四禁”，狠刹农村封建迷信活动，一禁违法建庙；二禁迷信活动和迷信品制作销售；三禁民间流行做佛事；四禁民间乐队送葬活动。2003年5—9月，在村里开展五星文明家庭和五星单位创建活动，五星文明家庭内容是爱国、守法、勤劳致富、团结友爱、移风易俗，村级五星单位内容是爱党、爱国、遵纪守法、诚信服务、优良秩序、绿化美化。2006年，实施教育、科技、法律、健康、文化“五进农家”，举办各类讲座5场次，农业科技培训4次，受训200多人次，发放资料500余份，开展体检、义诊活动4次。2007年，开展“海永之星”评比活动，评出科技致富、无私奉献、人民公仆、助人为乐等各类“海永之星”15人。2008年，乡成立农村环境整治领导小组，各村配备保洁人员，形成垃圾处理、沟河保洁、农路管理、绿化养护全覆盖。是年，海永乡获市绿化造林一等奖。2011年，联想新城文化活动中心建成，给村、大队的居民提供看书、参加文艺活动、进行健身的场所，丰富居民的业余文化生活。2013年，乡成立永北村三星级康居村创建工作领导组，制定创建实施方案，推进康居村建设。2015年，永北村建成省级三星级康居村。

第三节　文明新风典型

一、舍己救人

1998年，家住海永乡沙南村的青年王陈在中国人民解放军某部80师通信营无线电连一排任排长，6月25日，王陈在河北省平山县东王坡村执行训练任务时，为抢救落水儿童而光荣牺牲，时年仅25岁。7月2日，王陈被所在部队某集团军党委追记一等功臣，中国人民解放军总政治部追认为革命烈士。

图7-9　王陈烈士证书　　2014年摄

2002年8月，海永乡东西场大队退休职工赵玉英骑自行车，从县砖瓦厂中心路自东向西，行至鸽笼港河砖瓦厂吊桥时，因未发现吊桥已吊起，不慎跌入鸽笼港河中心，被正在吊桥旁边的海永乡向华村黄小平、永北村沈耀邦两人发现，他俩立即跳入河中，把不会游泳的赵玉英救上岸来，并将自行车和其他物品一起扛上岸。在他们抢救下，赵玉英幸免生命危险，事后赵玉英向他们赠送礼物，以表谢意，都被他俩婉言谢绝。

2006年，沙南村支部书记张元兵骑着小木兰电瓶车沿鸽笼港河自南向北行驶，因车子突然失控，连人带车跌入河中，这时，海永乡东西场大队居民朱春华正好路过鸽笼港大桥，他发现后不顾一切，奔向事故发生地点，连衣服都顾不上脱，冲下河中，将张元兵救上岸。事后，张元兵上门送礼致谢，朱春华婉言拒绝。

二、敬老爱幼

1984年，永北村村民周亚文的丈夫陆元明因患肝癌离开人世，当年周亚文年仅36岁。正当她带着年幼的儿子和女儿悲痛欲绝的时候，村民范云龙毅然决定与周亚文结婚，挑起这个家的全部担子。1989年，范云龙在邻近崇明县合作副业场承包2座小砖窑，经过三年的苦心经营，到1992年总算赚了钱。可是，正当这个新家脱贫时，妻子周亚文患重病住上海医院手术，女儿高考落榜，尚未就业，儿子考上自费中师，开学就要交钱，这一个个困难接踵而至。范云龙没有被困难吓到，咬紧牙关迎难而上，首先交押金送妻子住院手术，然后交集资款送女儿进厂上班，交学杂费用送儿子到海门师范报名。又隔数年，女儿离厂到海门开办建筑装潢材料商店，范云龙四处为女儿借钱开店。范云龙不仅关心子女，而且十分孝敬老人，他和妻子承担5个老人的全部赡养义务，先后为4个老人治病、服侍、料理后事，特别令人钦佩的是他服侍周亚文前夫陆元明的父亲，像对待自己亲生父母一样，老人病重在床，他一声不吭给老人喂药喂汤，洗澡换衣，倒痰盂便桶。一次，老人想吃皮蛋，范云龙顶着酷暑，到崇明新村乡、红星农场所有商店寻找，终于买到两只皮蛋，满足老人愿望。老人临终前还不时念叨："云龙！有你这个儿子，这是我前世修来的福气！"

2010年，沙南村11组村民陈冬琴，因丈夫和弟弟都在外地工作，无法回家照顾老人，她一人担负起公婆和自己父母的生活，帮助老人烧茶煮饭，擦身洗澡，洗换衣服，使老人愉快地安度晚年。2010年，陈冬琴被评为市尊老爱幼先进个人。

2012年开始，永北村15组村民金勇赡养与自己非亲关系的祖父。很早以前，金勇的祖父病故，祖母再婚，后祖母病故，留下90高龄的继祖父，生活无人照顾。金勇毫不犹豫地承担起赡养责任，替老人烧饭做菜，买鱼买肉，添置新衣，还给他零用钱，使老人过上幸福美满的晚年生活。

2014年，沙南村15组村民唐美英的儿媳妇身患重病，不能起居，唐美英身为婆婆爱媳如子，悉心服侍儿媳妇，帮助儿媳妇做饭、喂饭，还帮儿媳洗澡，更换"尿不湿"，不嫌脏、不怕累，坚持数年如一日。2014年，唐美英被市评为"海门好人"。

三、助人为乐

1987年，永隆沙良种场向华村村民黄善昌从部队退伍回乡，他不去乡镇企业，不去建筑工地，选择种植致富之路。1988年，他出钱拜正在崇明农场租地种西瓜的浙江农民为师，学习西瓜种植技术。在浙江师傅指导下，租地0.55公顷，获得净收6000元的好收成。1989年，黄善昌把学到的西瓜种植技术毫不保留地传授到向华村所有农户，并带动贫困户、邻居老张一起种植6.6公顷西瓜，作为全村的示范地。在黄善昌的热心带动和指导下，全村西瓜获得大丰收。黄善昌组织村民，在上海打开销路，使永隆沙"西瓜村"扬名上海各地，这个原来穷得叮当响的小村走上了富裕道路。黄善昌助人为乐、带头致富的高贵品德博得广大村民的信任，通过村民选举，他当上村民委员会主任。当"村官"十年，他依然保持一个普通劳动者的本色，和村民们一样，淌一身汗，滚一身泥，成为村民致富的领头雁。年年为村民办实事、好事，从不向集体报销一包烟、一瓶酒。在改选村委会时，黄善昌主动让贤，可村民们一致投他的票，连续当选村民委员会主任。

1992—1993年，沙南村学生杨磊身患重病，永西村村民翟秀英不慎跌入浸泡中的石灰坑里，身负重伤，海永乡机关干部、村干部和部分群众出手捐款，每人 2000 元。

1999 年夏季，永西村党支部书记陆美英组织党员干部帮助正在住院的范企胜家义务收割油菜 0.26 公顷。共产党员、村干部高长贵带领群众帮助正在住院的史明清抢收黄豆 0.2 公顷。

2000 年开始，乡并线厂老板冯岐每年捐助 5000 元至 1 万元，帮助贫困学生解决学杂费用，完成学业。2004—2011 年，冯岐每年为农场 20 多名保养人员交纳合作医疗费 1000 余元。2009 年始，冯岐每年为永北村特困户子女资助学习费用 2000 元，直至大学毕业。2015 年，冯岐和他的同事陈雨生、黄海涛每人向乡慈善会捐资 1 万元。

2008 年 5 月，四川汶川发生 8.2 级地震，受灾十分严重，海永乡全体党员干部、个私工商企业主和居民群众捐款 9.5 万元，捐赠衣物 500 余件，为灾区人民献爱心。2011 年，海永乡建立教育基金会，普罗旺斯老板李三瑞捐资 100 万元，南通师范教科室主任李庆明每年资助 1 万元。2012 年，四川雅安市发生 7.0 级地震，海永乡机关、村党员干部和群众捐款 1.46 万元。

2014 年 7 月 15 日，海永乡民警余俊方接到市公安局指挥中心指令，海永学校操场有人昏倒，他立即到场，但未见病人。经询问，知悉居民苏帅在踢足球时突然感到不舒服而昏倒，已送到乡卫生院治疗。这时，余俊方凭一颗责任心赶往医院。听医生说，病人已严重昏迷，必须立即送大医院抢救。余俊方当机立断，自己用车将苏帅送往崇明医院。经诊查，苏帅患中暑，已严重脱水，如不及时送医院，再晚二三分钟就无法救治。余俊方的助人为乐行为使苏帅的父母万分感激，并送锦旗一面，上面写着："人民的好警察，助人为乐新风尚"。同年，海永学校师生捐赠冬衣近千件，全部寄给边疆小学。2015 年，党员干部陈泳捐赠沙南村瓷娃娃施金焚电脑 1 台。海永学校在学生中开展捐资 1 元钱活动，是年捐资共 500 余元。

四、见义勇为

2006 年 6 月 17 日下午 1 时，台湾广达投资咨询有限公司董事长张广生一行在海永乡考察活动结束，准备驱车返沪，忽然听到有人呼救命声，这时张广生和陪同的海永乡招商办主任俞军立即奔向出事地点，他们边跑边脱衣，飞快地跳进 2 米深的水池中，仅用数十秒时间，将一名昏迷不醒的女童救上岸，并通过人工呼吸将她救醒。女童醒后说，水池中还有一名女孩未救，张广生和俞军毫不犹豫再次跳入水中，摸了好一阵，终于将另一名女孩救出，可惜由于溺水时间过长，女童已停止呼吸。张广生在抢救女孩时，自己的膝盖划破一道口子，血流不止，但他没有为自己受伤而担心，而是和俞军异口同声地为自己没有及时救出另一名女孩而懊恼。事后，张广生和俞军救人的生动事迹被广为传颂，并均获"海门市见义勇为先进分子"称号。

2013 年 9 月 10 日上午 9 时，海永乡沙南村一组村民朱先菊正在海永乡田园风光住宅区 20 幢 403 室做钟点工，突然被患有精神病的业主吴周红泼汽油烧身，朱先菊身上带着明火冲向楼下逃生，这时正好被仅一墙之隔、正在建筑工地打工的外地民工张驰、毕黄寿二人看见，他俩见势危急，奋不顾身翻过墙头，先用水将朱先菊身上的明火扑灭，再用布将她罩住，由于及时抢救，使朱先菊避免生命危险。事后，张驰、毕黄寿因灭火救人生命的动人事迹，被南通市评为见义勇为先进分子。

2013 年 11 月 18 日下午 5 时，副乡长黄海华从普罗旺斯小区回乡政府，发现小区门口海长公路上发生一起交通逃逸事故，被撞老人叫周子江，家住安徽省霍邱县淮崗乡刘合村，被撞伤后躺在公路上无人问津，生命垂危。这时，黄海华一面站在路上保护老人，以免再次被过往车辆压坏老人身子，同时，急打"110"报警，直至交警赶到现场，黄海华才无声地离开老人。年终，黄海华见义勇为的行为受到海门市政府的嘉奖。

第八篇　社会生活

海永镇居民来自全县各地移民，建场时有农场职工、插场知青共600多人，至1985年全场增至1497户5106人，以后人口总数一直稳定在5000人左右。人口性别结构男女基本平衡，年龄结构趋于老龄化，共有姓氏186个，除汉族外，有少数民族11个、28人。

民政工作深入细致，村（居）民主自治建设逐步增强，村务公开、财务公开、一事一议筹资办法已成制度化；烈军属优抚、退伍军人安置全面落实，从2009年开始连续7年获市创建"双拥模范城"先进单位；农村低保、社会救助政策到位，领导上门慰问常态化，先后为贫困户改造草危房100多户、200多间；分散供养"五保户"生活待遇逐步提高，新建的镇敬老院已竣工待用，乡"慈善会""教育基金会"在社会救助中发挥重要作用。

海永镇居民和农场职工历经艰苦创业，走上富裕之路。2005年，农场职工541人全部纳入市养老保险盘子，政府财政出资为农场职工办理一类医疗保险，为农村居民办理新型农村合作医疗保险。农村居民年人均纯收入从建场初数百元增至2015年20820元，吃、穿、住、行、用等生活条件明显提高，达到小康水平，全镇出现不少脱贫致富典型农户。镇域传承的"沙地人"、通东人两种习俗基本融为一体。宗教信仰有佛教、基督教等，一切封建迷信陈规陋习不断为文明新风所替代。

第一章　人　口

第一节　人口规模

1970年建场时，全场有固定人口600多人，其中场员120户450人、知青154人。1977年，农场和3个垦区共有1045户，总人口4676人。1979年7月，全场531名知青陆续回城工作。

1985年，全场共有1497户，总人口5106人，其中农业人口4214人，非农业人口892人。随着改革开放政策的不断深化，大量农业人口陆续进城经商办企业。20世纪90年代，非农业人口增加，农业人口减少。1995年，全乡共有1947户，总人口5311人，其中农业人口3308人，非农业人口2003人，人口密度每平方公里664人。2000年，全乡有2018户，总人口5069人。2010年，有2293户，总人口5229人，其中农业人口3254人、农非人口1975人。人口密度每平方公里581人。2015年，全镇共有2450户，总人口5608人，其中农业人口3378人、非农业人口2230人，人口密度每平方公里623人。

1985—2015 年海永镇（场、乡）人口总量一览

表 8－1

年份	总户数	人口数	其中		非农业人口
			男	女	
1985	1497	5106	2656	2450	892
1986	1493	4951	2535	2416	1061
1987	1592	5155	2666	2489	799
1988	1653	5212	2679	2533	840
1989	1737	5264	2693	2571	1807
1990	1777	5321	2712	2609	1704
1991	1813	5327	2731	2596	1993
1992	1825	5296	2702	2594	1967
1993	1836	5275	2692	2583	2020
1994	1887	5236	2664	2572	1990
1995	1947	5311	2690	2621	2003
1996	1926	5276	2698	2578	1978
1997	2044	5210	2655	2555	1931
1998	2035	5132	2618	2534	1951
1999	2020	5106	2601	2505	1954
2000	2018	5069	2582	2487	1941
2001	2004	5007	2551	2456	1936
2002	1989	4904	2498	2406	1883
2003	1991	4902	2496	2406	1962
2004	2023	4925	2509	2416	1968
2005	2047	4955	2544	2411	1954
2006	2049	4950	2522	2428	1972
2007	2060	4994	2544	2450	1970
2008	2139	5000	2547	2453	1968
2009	2004	5084	2590	2494	1955
2010	2293	5229	2664	2565	1975
2011	2340	5427	2765	2662	1970
2012	2353	5384	2743	2641	1982
2013	2419	5470	2786	2684	2005
2014	2439	5539	2822	2717	2015
2015	2450	5608	2857	2751	2230

第二节　人口变动

1971年,为发展永隆沙良种场的需要,县革委决定,由包场、四甲、悦来、三厂4个区发动部分农户移居农场。1972年4月,第一批移民进场,共17户101人,其中王浩公社10户62人、东兴公社7户33人、刘浩公社1户6人。同年6月,第二批移民进场,共46户249人,其中厂洪公社30户179人、包场公社14户59人、正余公社1户7人、悦来公社1户4人。1974年6月,三厂、青龙港两镇知识青年154人插场落户。1975年,三厂、青龙港镇知识青年115人插场。是年,全场总人口600多人。其中场员120户450人、259个劳动力。农忙季节雇佣季节性合同工64人,天头工数百人。

1976年10月,根据县委决定,四甲区的四甲、平山、瑞祥、国强、树勋、王浩、新建7个公社迁入永隆沙良种场垦区306户1111人;三厂区的厂洪、大新、常乐3个公社迁入垦区284户1106人;悦来区的临江、悦来、三阳、六匡、海洪、万年6个公社迁入垦区290户1239人。同年,三厂、青龙港两镇知青202人插场落户。翌年,临江公社迁入垦区115户450余人,建立向华大队。三厂、青龙港镇知青60人插场。1979年,全场531名知青除3名留场外,其余全部上调。

20世纪80年代,全场人口长期稳定在5000人上下。1980年,因江坍退堤,永西大队回迁王浩公社115人。农场人口自然增长率较低,由于时处严格贯彻执行计划生育这一基本国策阶段,人口出生率很低,加之迁入农场的家庭人口大多在中年以下,死亡率较低。1995年,全乡总人口5311人,出生44人,死亡46人,自然增长率-0.37‰。1997年,总人口5210人,出生42人,死亡58人,自然增长率-2.99‰。

进入21世纪,由于海永经济的发展,事业的兴旺,到境域打工的流动人口不断增加。2005年,全乡流动人口400多人。2010年,流动人口达到600多人。同年始,由于房产业的发展,购房户逐渐迁入,总人口比2009年增加145人。2013年总人口5470人,比2009年增加386人。2015年,总人口5608人。

2000—2015年海永镇(乡)人口自然变动情况一览

表8-2

年份	出生(人)	死亡(人)	自然增长(人)	自然增长率(‰)
2000	52	38	14	2.7
2001	40	30	10	1.97
2002	31	52	-21	-4.24
2003	47	42	5	1.02
2004	16	32	-16	-3.26
2005	32	35	-3	-0.61
2006	34	34	0	0
2007	38	39	-1	-0.24
2008	50	40	10	0.80
2009	41	35	6	1.99
2010	29	26	3	0.57
2011	41	40	1	0.19
2012	32	48	-16	-3.02

续表

年份	出生(人)	死亡(人)	自然增长(人)	自然增长率(‰)
2013	33	33	0	0
2014	58	49	9	1.64
2015	36	43	-7	-1.26

第三节　人口结构

一、年　龄

19 岁以下　据人口普查和统计,1985 年有 1889 人,占人口总数 37%。1990 年有 1328 人,占 26%。2000 年有 1166 人,占 23%。2015 年有 858 人,占总人口 15.3%。

20～59 岁　1985 年有 2604 人,占总人口 51%。1990 年有 3193 人,占 60%。2000 年有 2940 人,占 58%。2015 年有 3443 人,占 61.4%。

60 岁以上　1985 年有 613 人,占总人口 12%。1990 年有 800 人,占 14%。2000 年有 963 人,占 19%。2015 年有 1304 人,占总人口 23.3%。海永逐步进入人口老龄化。

二、性　别

据人口普查和统计:1985 年,永隆沙良种场总人口 5106 人,其中男性 2656 人,占总人口 52.02%,女性 2450 人,占总人口 47.98%,性别比为 1∶1.08(以女性为 1,下同)。1990 年,男性 2712 人,占 50.96%,女性 2609 人,占 49.04%,性别比为 1∶1.04。1995 年,男性 2690 人,占 50.65%,女性 2621 人,占 49.35%,性别比为 1∶1.03,男性比 1990 年减少 0.31 个百分点。

进入 21 世纪,男女人口变化不大,2000 年,男性 2585 人,占总人口的 50.93%,女性 2487 人,占 49.08%。性别比为 1∶1.04,男性比 1995 年减少 0.28 个百分点。2005 年,男性 2544 人,占 51%,女性 2411 人,占 49%,性别比为 1∶1.06。2010 年男性 2664 人,占 50.95%,女性 2565 人,占 49.05%,性别比为 1∶1.04,男性比 2005 年减少 0.05 个百分点。2015 年全镇总人口 5608 人,男性 2857 人,占总人口 50.94%,女性 2751 人,占 49.06%,性别比为 1∶1.04。

三、姓　氏

建场开始,境域内姓氏只有 100 余个,随着改革开放,岛外人员、特别是市外人员通过婚嫁、购商品房、工作等途径落户海永,姓氏不断增加,截至 2015 年,全镇有姓氏 186 个,其中 100 人以上大姓 17 个,50～99 人的姓氏 14 个,10～49 人以上的姓氏 41 个,2～9 人的姓氏 62 个,只有 1 人的姓氏 52 个。

2015 年海永镇姓氏一览

表 8－3

姓氏	人数	姓氏	人数	姓氏	人数	姓氏	人数	姓氏	人数
陈	464	施	249	周	164	吴	102	钱	69
张	410	朱	209	李	149	倪	100	俞	67
黄	316	杨	196	顾	141	刘	92	赵	65
陆	313	沈	187	徐	122	姜	86	范	61
王	261	蔡	166	袁	107	唐	80	樊	59

续表

姓氏	人数	姓氏	人数	姓氏	人数	姓氏	人数	姓氏	人数
郁	59	谢	16	翟	5	廖	2	闵	1
曹	58	金	15	郑	5	卢	2	缪	1
龚	57	薛	15	邹	5	谈	2	牟	1
季	57	卞	14	柏	4	谭	2	南	1
高	51	耿	14	曾	4	巫	2	宁	1
马	51	潘	14	池	4	熊	2	裴	1
宋	49	邱	14	孔	4	阳	2	戚	1
江	47	盛	14	孟	4	章	2	齐	1
成	42	方	13	牛	4	庄	2	屈	1
汤	40	浦	13	欧	4	宗	2	阮	1
冯	38	史	12	彭	4	包	1	尚	1
梁	37	印	12	瞿	4	褚	1	时	1
秦	36	闻	11	万	4	从	1	舒	1
林	34	叶	11	肖	4	丛	1	滕	1
崔	33	杜	9	余	4	段	1	汪	1
茅	33	付	9	岑	3	甘	1	翁	1
丁	31	葛	9	单	3	苟	1	伍	1
何	31	韩	9	符	3	管	1	武	1
戴	30	毛	9	候	3	衡	1	奚	1
姚	29	苏	8	吉	3	花	1	闫	1
胡	28	卫	8	柯	3	华	1	阎	1
孙	28	项	8	柳	3	姬	1	颜	1
蒋	25	尹	7	庞	3	纪	1	犹	1
殷	25	虞	7	乔	3	居	1	于	1
郭	24	东	6	魏	3	康	1	占	1
沙	24	董	6	文	3	赖	1	钟	1
石	23	洪	6	夏	3	冷	1	仲	1
邢	21	罗	6	诸	3	黎	1	祝	1
许	19	任	6	安	2	连	1	左	1
程	18	田	6	鲍	2	龙	1		
仇	18	邓	5	傅	2	鹿	1		
严	18	梅	5	郝	2	路	1		
陶	16	邵	5	雷	2	茆	1		

说明：姓氏按人数多少排列

四、民　族

建场初期，所有移民、职工均为汉族，境域内无少数民族。改革开发以后，村民外出打工，走遍全国各地，少数青年农民与少数民族地区女青年恋爱成亲，带回少数民族对象。截至2015年，全镇共有少数民族11个28人，其中苗族5人、彝族4人、侗族3人、回族3人、白族1人、畲族1人、布依族4人、土家族1人、蒙古族4人、维吾尔族1人、穿青人1人。

第四节　人口控制

1972年，良种场根据上级的要求，计划生育贯彻晚（晚婚）、稀（延长生育间隔）、少（提倡生1个孩子）原则，规定凡因节育手术住院的职工工资照发，其住院费、医药费由集体承担。1977年5月，贯彻县计划生育会议精神，下达1978年人口出生计划、晚婚计划，农场指定1名赤脚医生专线负责计划生育工作。1979年6月30日起，执行独生子女政策，每年发给独生子女家庭保健费40元，发至14周岁，并对城镇户口的住房分配、农村户口的自留地等予以优先照顾。1982年3月，全场进行计划生育是基本国策的教育。1991年，场与县政府签订人口与计划生育目标管理责任书，同年，场计生办为独生子女办理平安保险，全场共办296份，其中永北村85份、沙南村61份、永西村53份、向华村44份、农场大队53份。1993年，推行产后42天上环，有效地控制人口增长。1995年7月，乡成立计划生育协会，党政一把手任正副会长，村级相应建立分会。抓计划生育的妇女主任每年补贴1000元。1997年，全乡抓早婚早育清理，加强流动人口计划生育专项清理，做好早孕试剂测试，落实节育措施。是年，计划生育率99%，人口出生率降到6‰以下。1999年，全乡一胎率88.74%，计划生育率99.1%，出生人口44人。

进入21世纪，全乡在实现人口低出生、低自然增长以后，计划生育工作转向稳定低生育水平，提高出生人口素质，为全面实现计划生育提供优质服务。2002年，贯彻省、市计划生育有关文件精神，对晚婚者延长婚假10天，晚育者延长产假30天，并给予男方护理假10天，婚、产假视为出勤，不影响工资奖金及福利待遇。2003年，乡计生办制定流动人口计划生育管理办法，育龄妇女在外工作，必须按季凭当地医院证明向原单位汇报计划生育情况。是年，全乡人口出生35人。2008年，乡政府出台《关于加强人口与计划生育目标管理责任制考核工作的决定》，是年，全乡人口出生21人，出生率4.2‰，死亡30人，人口自然增长率-0.56‰。落实各类节育措施33例，综合节育率100%。

2010年，全乡人口出生29人，死亡26人，自然增长率-0.56‰，落实各类节育措施43例，综合节育率100%，办理一孩生殖健康服务单21份，再生育一孩服务证9份，独生子女光荣证13份，流动人口婚育证明18份，奖扶转扶对象37人。是年，全乡累计可享受奖扶对象123人，特扶对象9人。同年，全乡落实对计划生育困难家庭帮扶共16户，对永北村21组独生子女死亡家庭杨建生家进行帮扶活动，帮助解决生产生活中的困难。2013年，人口出生33人，其中一孩24人、二孩9人，死亡33人，自然增长率为0，全年为独生子女父母奖励金转型保险384份，其中双方260份、单方124份，办理持独生子女父母光荣证退休企业职工一次性享受奖励35人，办理持独生子女父母光荣证的城镇非从业居民一次性奖励2人。2015年，办理独生子女父母光荣证36份，二孩准生证10份，一孩生育服务单27份，流动人口婚育证明6份。全年新增奖扶对象92份，其中，农村奖扶对象34人，企业退休职工计划生育家庭奖励对象53人，城镇非从业老年计划生育居民奖励对象3人，计划生育特别奖励扶助对象2人。上级有关部门和镇党委、政府节日慰问计划生育特困家庭12户。是年，全镇人口5608人，人口出生36人，死亡43人，自然增长率-1.26‰。

第二章　民　政

第一节　基层自治组织

20世纪70年代,农场对外围4个生产大队实行以场带队管理体制。1985年3月20日,县政府办公室行文,将沙南、永西、永北、向华4个大队冠以村民委员会标准名称,从此,将大队改为村建制单位。1989年11月,贯彻实施《中华人民共和国村民委员会组织法》,采取等额选举办法,实施村民委员会选举,各村选出村民委员会主任1人,并制定村民会议制度、村规民约,健全村级民主建设。1997年8月28日,经市政府批准,建立通江路居委会,相当于村级建制单位,属城镇居民基层自治组织。1998年6月,建立海永乡村民自治示范村建设领导组,推进村民民主自治建设。

2001年4月20日,永西村与永北村合并,建立永北村民委员会;向华村与沙南村合并,建立沙南村民委员会。永北、沙南村和通江路居委会进一步制定完善村民自治章程,修订村规民约,实行村务公开、财务公开。实施一事一议筹资办法,进行村、居委会各种基础建设,运用动态信息专栏,向村民公布财务账目,公布全村两个文明建设进展情况,并设意见箱,征求村民对村委会工作的意见、建议和要求。2001年开始,各村、居委会先后建社区服务中心、志愿者服务队,为居民的生产和生活服务。2008年,各村(社区)服务中心均有健身点、篮球场、乒乓室,供居民锻炼健身。2010年,乡政府在联想新城投入200多万元,建成二层大楼社区综合服务中心,沙南、永北、通江路二村一居委会集中在服务中心办公,内有图书室、乒乓室、会议室、舞蹈室、放映中心、健身点设备,是集读书、娱乐、健身、培训人才为一体的多功能服务中心。是年,社区服务中心有专职服务人员20余人,注册志愿者服务队近百人。2014年,沙南村先后荣获海门市、江苏省"民主法治示范村"称号。2015年,全镇有4人参加社会工作者考试,1人获得助理社会工作师职称。村民小组长工资配套到位,共发放43人、4.3万元。

第二节　优抚安置

1974年,安置3名无家可归的退伍军人在良种场工作。1975年,良种场选派退伍军人姚沛天出席县烈军属退伍转业军人代表大会。1977年2月,召开永隆沙良种场烈军属退伍转业军人代表大会,出席代表69人,列席24人。1984年,良种场退伍军人郁志新评为县拥政爱民先进个人。1985年,县政府和县人武部、民政局等部门4次派员慰问对越自卫还击战参战人员、永隆沙良种场退伍军人巫国新、陈松凡等,巫国新为永隆沙良种场干部、群众讲述自己的参战经历。至1989年,场部先后安置退伍军人15人。1990年春节,良种场领导分别慰问烈军属20人。1999年5月21日至31日,海永乡开展"爱心献功臣行动旬"活动,为老烈属、老伤残军人、老复员军人"三老"解决生活困难,发动干部群众捐款慰问"三老",帮助"三老"修建住房、助耕,进行结对帮扶。2005年,为纪念抗日战争和世界反法西斯战争60周年,海永乡政府分别组织慰问抗日战争时期入伍的在乡残疾军人、伤残民兵、民工、老复员军人和烈士遗属,发给慰问金1000元。同年,对退伍军人采取货币安置,给自谋职业的退伍军人一定的补偿金。2010年"八一"建军节,召开复员、转业、退伍军人和烈军属座谈会,征求意见,作出慰问。2014年冬季,安

图8-1　慰问抗日战争时期老兵　2005年摄

置退伍义务兵1人，一次性发给补偿金53127元。2015年，发放义务兵优待金4人计68560元。海永乡连续七年获评市创建江苏省“双拥模范城”先进单位。

参战退役老兵统计表

表8－4

姓　名	家　　庭	出生年月	何时参军	参加战争名称	立功情况
沈卜祥	海永镇永北村	1923.10	1943.10	抗日战争　解放战争	二等功二次
陆宝金	海永镇永北村	1927.7	1944.3	解放战争　抗美援朝	二等功二次
李宝生	海永镇永北村	1930.7	1949.10	抗美援朝	三等功
顾林成	海永镇永北村	1929.8	1949	抗美援朝	\
仇汉帮	海永镇永北村	1932.8	1950.10	抗美援朝	三等功一次
张锦涛	海永镇永北村	1932.11	1951.1	抗美援朝	\
秦忠伦	海永镇沙南村	1928.12	1950.10	抗美援朝	三等功一次
施振能	海永镇沙南村	1930.6	1950	抗美援朝	三等功一次
陈小才	海永镇沙南村	1928.8	1948	解放战争	三等功一次
蔡思仁	海永镇沙南村	1922	1943	解放战争	\
黄友康	海永镇东西场大队	1931.9	1948	解放战争	三等功一次
俞金祥	海永镇东西场大队	1931.12	1948	解放战争　抗美援朝	三等功一次
王松云	海永镇东西场大队	1926.9	1945.5	解放战争　抗美援朝	二等功一次
陈松凡	海永镇永北村	1944.1	1964.10	抗美援越	\
何茂岐	海永镇东西场大队	1965.11	1983.10	越南自卫还击战	\
巫国新	海永镇东西场大队	1956.6	1974.10	越南自卫还击战	三等功一次

第三节　社会救助

一、灾害救助

1974年8月18—20日，受“13号”台风和大潮的影响，全场大堤6处决口，水淹平均深度1.5米左右，县、场领导组织干部群众抗灾救助，县政府派出“海运”号机船将老人、妇女、小孩、病弱者共400多人接运北岸，再由四甲部队派车接运县第二招待所，免费食宿。一个星期后，潮水渐退，恢复生产。1977年9月9—12日，境内遭“8号”台风袭击。吹坏房屋数十间，农场领导帮助群众组织建房材料，及时修复受损房屋。1997年8月19—20日，受“11号”台风影响，全乡农作物和工厂企业受损严重，市政府给予补助2万元，支持全乡恢复生产。2002年7月4日，5号台风“威马逊”直接影响乡境，风力10级左右，农作物大面积倒伏、断枝，大棚、鱼塘受损，建材厂损坏砖坯100万块，工业直接经济损失32万元，乡党委及时组织群众抗灾救助，恢复生产，减少灾害损失。2007年4月15日，突遭冰雹袭击，全场农作物大片受损，市政府补助30万元。2008年1月25—28日，境内遭暴雪，最大积雪深度25厘米，民房、简易厂房、生产大棚受损，乡党委、政府发动全民扫雪，清除道路、市场棚顶、危房积雪，使公路通行，行人安全，减少财产损失。

二、困难补助

建场初期，少数从内地迁入农场的居民生活十分困难，场部领导及时向县民政部门争取财政给困难户生活补助。20世纪80年代，对家庭生活特别困难的农场职工给予少量的经济补助。1986年开始，对在抗日战争、解放战争时期入党、身居农村、无固定收入的老党员给予补助。1990年春节，场党总支领导慰问1949年10月1日前入党的老党员15人。1994年，对老党员实行生活补助，中华人民共和国成立前入党的老党员每年补贴标准为：抗日战争时期入党的480元，解放战争时期入党的360元。

2004年9月始，乡政府实施扶贫帮困工程，对农村低收入的贫困户采取一对一帮扶，完成草危房改造27户，资助改造资金12.52万元。帮扶37户贫困户，年人均收入超1500元，基本脱贫。2008年，城乡低保做到应保尽保，低保标准从每月50元提高到70元，在全市排名前列。同年完成草危房改造37户70间，资助改造资金15万元。对全乡17名重度残疾人发放救助金。2010年，全乡新增农村低保8户，低保差额补贴由每月94元增至130元，农村全额救助标准由每月188元增至210元，城镇低保全额救助由每月375元增至400元。重度残疾人救助对象共40人，救助标准农村每月210元、城镇400元，实行全额救助。2011年，新增农村低保7户，低保差额补贴由每月110元增至130元，农村低保全额救助由每月210元增至240元，城镇由每月400元增至430元。重度残疾人救助标准农村每月为240元，城镇为430元。2015年春节，由镇党政领导带队，分为3个组慰问全镇58户困难群众，共发放慰问金8万余元、爱心超市购物券5000元。是年，全镇有低保户38户41人。民政部门对社会救助工作实行动态化管理，共申报低保1户，取消5户；申报低收入户2户，新增五保户1户，取消3户；申报大病医疗救助2个，发放金额2416元；新增重度残疾5人，取消4人，改造农村草危房100多户200多间。

第四节　社会福利

1985年，良种场开始统筹“五保户”供养经费，按“五保户”人数人均统筹200元。1986年，按全县统一标准、分散供养的办法落实全场五保户供养待遇。1987年，“五保户”供养统筹金提高至250元。1990年，分散供养“五保户”年龄规定在70岁以上。2001年，供养经费列入乡财政预算，标准逐年提高。2002年，海永乡建振和纱线厂，为福利企业，厂内安置部分有生产能力的残疾人。2010年，全乡共有“五保户”12人，均分散供养，标准为每人每月210元，另有衣被费每人每年260元，药费每人每年650元。同年，成立海门市海永乡慈善分会，捐获慈善资金15万元。2011年，乡“五保户”分散供养经费每人每月250元，衣被费每人每年300元，药费每人每年600元。同年，海上·普罗旺斯老板李三瑞捐资100万元、南通师范教研室主任李庆明每年捐资1万元，建立海鹏教育基金会，解决贫困学生上学难问题。2015年，镇政府投入近600万元建海永镇敬老院，占地面积0.2公顷，建筑面积1500平方米，床位50张。同年夏天，镇慈善分会开展“圆梦行动”活动，为全镇10名残疾人捐赠电扇。

第五节　社会事业

一、婚姻登记

20世纪70年代，良种场代理婚姻登记业务。1980年1月，新的婚姻法颁布实施，场部按照新婚姻法要求办理婚姻登记手续，共办理结婚登记28对。1984年，县民政局在场内设婚姻登记处，同年5月1日，婚姻登记使用全国统一格式的婚姻状况证明。1986年3月，根据国家婚姻登记办法规定，未履行登记手续的夫妻补领结婚证。1991年，按照上级要求，实施凭结婚证发放准生证，全场领证率99%以上。1992年，全场办理结婚登记夫妻31对。1998年1月1日起，离婚登记由市婚姻登记处直接办理。1999年5月20日起，婚姻登记在市婚姻登记处集中办理，乡镇不再办理婚姻登记。

二、地名管理

1977年，县地名办命名新开挖的崇明鸽笼港河延伸海门段为鸽笼港河。1980年10月，良种场建立地名普查领导组。场党总支召开专题会议,研究有关地名问题,并向县申报《关于更改地名的报告》,将场部1大队更名为东场大队,备用名鸽东大队;2大队更名为西场大队,备用名鸽西大队;新垦1大队更名为永北大队,备用名新隆大队;新垦2大队更名为永南大队,备用名永征大队;新垦3大队更名为永西大队,备用名永中大队。11月29日,县地名办批复,场部1大队为东场大队,2大队为西场大队,新垦1大队为永北大队,2大队为沙南大队,3大队为永西大队,向华大队仍为向华大队。

1997年8月28日,经市政府批准命名通江路居民委员会。2003年7月,海永中学与海永小学合并,命名为海永学校。2006年9月,海门市地名办命名海上·普罗旺斯为海永乡居民小区。2008年,重建鸽笼港河大桥,因由中国农业大学设计,故命名为国农大桥。

三、老龄工作

1986年,国家把农历九月初九定为敬老日。是年起,农场慰问百岁老人,各村、大队慰问90岁以上老人,沙南村唐美英被县评为"孝亲敬老好人"。1992年,县政府给乡内百岁以上老人每人每月补助10元。1996年10月,贯彻执行《中华人民共和国老年人权益保障法》,对居民进行爱老尊老教育。1998年,百岁老人补助金每人每月增至12元。1999年8月,市老龄委为60周岁以上老年人办理优待证,海永乡部分老年人在市内享受公交、公园、公共厕所等各种收费优惠待遇。2000年,百岁老人补尊老金每人每月80元。2004年,乡成立维护老年人权益法律援助所,为老年人维权开辟绿色通道。2007年,百岁老人尊老金由2003年的100元增至120元。2011年,实现全乡居家养老全覆盖,对60岁以上老年人每月发给补助40元。同年重阳节乡政府上门慰问90岁以上老人,送上慰问品。2015年,居家养老服务站工作正常运营,全年服务对象17人,发放服务经费1.9万元。百岁老人每月发放尊老金300元,90岁以上老人发放100元,80岁以上发放60元。为老年人办理"安康关爱行动"意外伤害险661份。

四、殡葬墓地工作

从建场初至20世纪90年代,海永乡墓地分散无序,全乡各村有墓地20多处,其中沙南村5处、永北村10处、东西场大队5处。1997年1月,贯彻市政府《关于殡葬管理的暂行办法》,全乡建立1个安息堂,将分散的墓地集中移至安息堂。2011年,乡财政出资近百万元,建造园林式海永安息堂。2015年,安息堂建设完备,周围绿化率40%以上。做好全乡范围内的殡葬基本服务补贴发放工作,全年共发放殡葬补贴31户计2.64万元。

第三章 劳动保障

第一节 农场用工

建场初期,永隆沙良种场用工主要雇佣合同工、季节工。1970年,在全县各地招收合同工80名。1971年,县革委会出具介绍信招收两批季节工,第一批110人,其中六匡20名、临江30名、悦来20名、四甲40名,第二批140人,其中秀山40人、新海20人、江滨20人、厂洪40人、大新20人。从1974年开始,三厂、青龙港镇知识青年陆续到永隆沙良种场插场落户,前后共531人。其中1974年154人,1975年115人,1976年202人,1977年60人。

1975年5月,厂洪18大队迁入渔民24人,成为农场职工。1976年11月,招收农场职工258名。1977年,良种场共有农场职工471人。1978年,根据上级政策规定,插场落户知识青年全部上调。1987年,良种场共有农场职工897人,其中固定工519人、合同工18人、计划外用工360人。1990年7月,全场有固定工505人,其中国家干部17人。1996年,全场有固定工497人,老职工逐年退休,在职职工不断减少。由于集体耕作逐步变为划田到户承包,职工中剩余劳力都转为发展其他产业。2001—2010年,土地主要由东西场大队定职干部大包经营，即由大队干部承包并流转给安徽农民经营，实行农业机械化耕作，很少使用农场职工。至2015年，场内土地全部由外地农民承包经营，不用当地农工。

第二节　工资福利

建场初年，场内合同工每月工资28～30元。来自有关公社的移民成为场内首批农场职工，月工资20元。1974年，农场职工定级为农工一级，月工资23元，场内职工子女年满18周岁为新农工，月工资21元，3年后定为农工二级，月工资28元。1977年，农工三级职工月工资调整为31.9元。1980年，农场首批进场的合同工工资调整为41.2元，农工三级调整为月工资36.9元。全场共有职工636人，工资总额23.64万元，其中固定工293人，工资总额12.79万元，合同工51人，工资总额2.83万元，计划外用工292人，工资总额8.02万元。1983年7月，调整工资，共367人增加工资。1984年，对农场职工采取"五定一奖"、超产部分40%作为奖励的工资制度，奖励金额不超过工资总额的20%，多余部分留作以丰补歉。1985年，农场职工执行海岛补贴，每人每月补贴30元。1986年，农场实行工资改革，477名职工参加工改，396人增资，月增资总额6258元。改后列入档案工资，作为退休时计算退休金的依据，取消职工固定工资。是年，场内办理职工退休77人。1990年7月，实行调整工资，全场职工505人，调整晋级310人，政策性直升一级139人，不符合调资条件56人。1991年，场属企业实行工效挂钩，分级核算，取消场属企业职工固定工资制。调整工资后纳入档案工资。1993年至2015年，农场职工实行全面工改，所调整的工资全部纳入档案工资。农场职工承包土地上交养老统筹金后，其余部分作为工资发放。场属工业企业职工采取计件工资制，在机关、学校工作的职工按工改后的级别工资和奖金发放。

第三节　养老保险

一、农场职工

1980年开始，良种场职工到年龄办理退休，退休金由县农业系统8个场圃统筹。1987年3月22日，良种场发文规定，未转正的职工丧失劳力后给予保养；正式职工病退享受原工资的40%退职费；按规定年龄办理退休的职工，工龄满10～15年的按原工资60%、16～20年按原工资70%、满20年以上按75%发给退休金。同年5月，南通市出台《国营农林场圃职工离退休统筹办法》，凡南通市所属（含六县、郊区）的国营农林场圃（包括水产养殖场）都要参加职工离退休统筹，统筹金按各场圃职工实发工资总额的16%计提。1993年，养老保险纳入海门县人事局管理。1996年6月18日，乡政府发文，提高土地承包款，以0.2公顷为基准，由原上交140元提高到380元，作为农场职工上交的养老保险金。对养殖户及从事二、三产业而无耕地的职工，按档案工资的23%上交养老保险金，自谋职业的职工按总工资的23%上交养老保险金，不交者作为自动放弃论处。1998年，鉴于良种场职工退休即将进入高峰，无法负担养老金发放，特发文进行退休职工养老金发放改革。文件规定，1997年12月31日前，享受保养的场员每月发放生活费60元，退休职工按已发工资46%发放保养金；1998年1月1日以后退休的农场职工按工龄定额发放保养金，工龄满10～15年，每月发保养金120元，16～20年发140元，21～25年发160元，26～30年发180元，31年以上工龄发200元。对其他农场职工退休也作相应规定。

2000年，根据国务院有关文件精神，本着"基本养老靠农场，补充养老靠自己"的原则，出台《农场职工养老保险的实施意见》，确定基本养老保险缴费基数，按相应比例发放基本养老保险金，使农场退休职工待遇逐步与国家基本养老保险政策接轨。参加养老保险的对象和条件是，1993年起已缴纳养老保险统筹金的农场职工，对未缴纳统筹金的干部职工必须定额补交后方可办理有关手续。是年，人均缴纳养老保险统筹金基数为200元。全场283人参保，156名退休职工领取养老金，平均每人236元。2004年4月，农场职工养老保险统筹金基数上浮，其中参加“93工改”的退休职工上浮30%，人均223.6元，未参加“93工改”的上浮60%，平均168.9元。同年12月，市政府下发《永隆沙良种场和棉花原种场改制的实施意见》，明确全场共541名职工纳入全市养老保险盘子，按企业单位养老保险有关规定执行，参保职工按规定已划田的不收承包款，自交养老保险统筹基金，不要承包田的职工，由乡政府每年为职工缴纳养老保险统筹基金2300元，其余自交。全场214名退休职工领取养老金。2005年，乡建立劳动保障服务所，为职工办理养老保险服务。2007—2011年，全乡办理企业职工养老保险手续448人。2015年，配合市人社局开展全镇范围内的养老保险代理业务，解决职工往返海门缴费不便等问题。全镇在职职工参加养老保险共174人，退休享受养老保险待遇共364人。

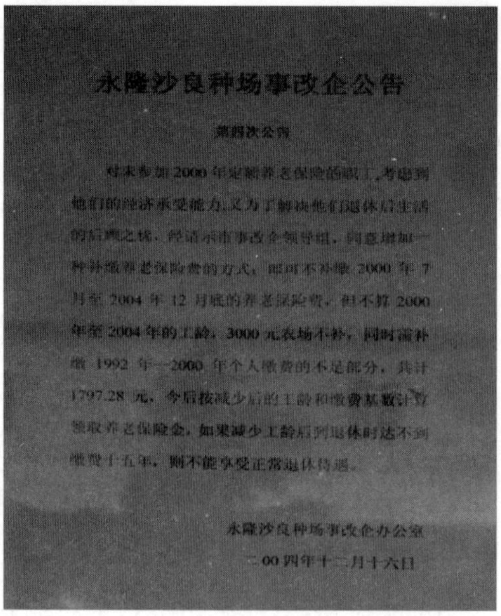
永隆沙良种场事改企公告

第[illegible]次公告

对未参加2000年定额养老保险的职工，考虑到他们的经济承受能力，又为了解决他们退休后生活的后顾之忧，经请示市事改企领导组，同意增加一种补缴养老保险费的方式，即可不补缴2000年7月至2004年12月底的养老保险费，但不算2000年至2004年的工龄，3000元农场不补，同时需补缴1992年—2000年个人缴费的不足部分，共计1797.28元，今后按减少后的工龄和缴费基数计算领取养老保险金，如果减少工龄后到退休时达不到缴费十五年，则不能享受正常退休待遇。

永隆沙良种场事改企办公室

二00四年十二月十六日

图8-2 永隆沙农场职工事改企公告
2004年摄

1993—2015年海永镇农场职工参加养老保险情况一览

表8-5 单位：人

年份	在职参保职工	享受养老保险职工	年份	在职参保职工	享受养老保险职工
1993	475	95	2005	300	250
1994	463	107	2006	294	252
1995	455	115	2007	291	255
1996	449	121	2008	276	270
1997	437	133	2009	263	283
1998	427	143	2010	245	297
1999	415	155	2011	234	311
2000	409	161	2012	216	326
2001	393	177	2013	201	341
2002	376	194	2014	183	358
2003	359	211	2015	174	364
2004	341	229			

二、农村居民

20世纪90年代，良种场农村居民开始参加农村社会养老保险，最低每人每月缴费2元。1998年，乡所有定职干部参加养老保险，每人缴费120元。2005年，全乡参加农村社会养老保险457人。2007年，贯彻海门市《农村社会养老保险暂行办法》，要求海永全乡从事农林牧副渔生产、具有海永乡户籍、男满18～60周岁、女满

18～55周岁的居民，按照上年农村人均纯收入的10%交纳养老保险金，乡财政对收入以农为主的参保人员按缴纳数额的30%予以补贴。2008年，全乡参保人员687人。2011年，全乡参保人员1184人，占乡总劳动人口的85.16%，交纳养老保险金72.78万元。2015年，全镇参保人员995人，交纳养老保险金73.25万元。

2010—2015年海永镇（乡）居民参加农村养老保险情况一览

表8－6　单位：人、万元

年份	沙南村		永北村		东西场大队		通江路居委会		合计	
	人数	金额	人数	金额	人数	金额	人数	金额	人数	金额
2010年	581	27.48	606	33.51	57	3.89	33	1.42	1277	66.30
2011年	529	30.77	565	36.66	60	3.76	30	1.59	1184	72.78
2012年	543	38.27	610	49.29	79	8.56	31	1.75	1263	97.87
2013年	490	31.38	551	41.22	58	5.69	25	1.53	1124	79.82
2014年	457	29.77	533	38.41	53	4.44	29	1.87	1072	74.49
2015年	422	29.30	493	37.16	54	4.84	26	1.95	995	73.25

第四节　合作医疗与医疗保险

一、农场职工

1973年，农场职工实行合作医疗制度，每人每年缴费1.5元，医药费在30元以内使用，超出部分自理，如需到外地求医，经场部卫生室建议，领导批准。住院采取记账的办法，出院后由场部结算。1985年后，每人每年缴费逐年增加，报销金额随之增加，除重病住院外，药费先由个人支付，年终凭发票结报。1998年5月，农场除公务员、事业单位干部外，所有在场职工包括企事业单位在职人员、未成年儿童、退休保养人员在内，每年自交合作医疗费50元，自谋职业人员每人每年交合作医疗费80元，指定医院就诊，报销办法为自费段60元以内，61～1000元报销50%，1000～2000元报销40%，2000元以上报销30%，年终一次性结报。2007年1月，海永乡政府投入380万元，为农场235名退休职工办理城镇职工二类医保。2008年8月11日，海永乡党委、政府经与市医保中心协商，取得政策支持，决定由乡政府为在职职工埋单，共支付医保费用500多万元，为全场297名职工解决城镇职工二类医保待遇。2012年，乡财政支付900万元，将农场职工原执行二类医保升为一类医保。

二、农村居民

1976年，农村各生产大队配备赤脚医生1名，设置卫生室，为农村居民提供医疗场所，同时建立合作医疗制度，从大队公益金中按比例抽取部分合作医疗费，社员个人每人每年交费2元，由大队卫生室统筹使用，群众看病收取挂号费5分、出诊费1角，在大队卫生室看病可报销药费40%，到农场卫生院看病可报药费30%，超过部分到年底归户结算时扣除。1986年，全场100%农村居民参加合作医疗，由于农村经济不断发展，使全场农村合作医疗制度得以巩固和发展，大队卫生室的常用药品由数十种增加到100多种，为农村居民治病带来方便。1990年以后，海永乡农村合作医疗以村办乡管为主，接受上级主管部门指导和帮助，使这一制度更加完善。村民每人每年筹资8元，公益金投入相应增加。20世纪90年代后期，由于村办企业改制，集体经济对合作医疗投入逐渐减少，各村卫生室陷入困境，赤脚医生把卫生室搬到自己家里，变为个人经营。

2001年,成立海永乡合作医疗管理委员会。全乡推行大病医疗保险,居民年均自筹4元,市、乡二级各补助1元,参保人员可享受医药费总额超过4000元以上部分的分段补偿,报销限额最高为年人均1.6万元至2万元。2003年,根据省、市文件精神,在实行农村大病医疗保险的基础上,推行新型农村合作医疗保险,村民人均年筹资6元,乡、村二级补助人均6元。是年,全乡参保率95%,同时,撤销村卫生室。2005年,建立农村社区服务站和卫生室,乡指派卫生院医生到村卫生室门诊服务。新型农村合作医疗保险由村民人均年筹资15元,市、乡财政补助人均15元,农村居民参保率90%。2008年,筹资标准提高到人均120元,其中农村居民自缴20元,其余由市、乡财政补贴。并发放村民医疗爱心卡,凭卡直接按比例予以报销。2009年,乡财政出资为全乡农民参加新型农村合作医疗保险埋单,出资总额20万元。至2011年,海永乡财政年年全额出资为全乡村民交纳新型农村合作医疗保险费,实现农村新型合作医疗保险全覆盖。2012年,乡财政出资61万元为4403名村民缴纳新型农村合作医疗保险。2013年乡财政出资71万元,参保人数4421人。至2015年,镇财政先后共出资350万元为农村居民缴纳新型农村合作医疗保险金。

第四章 居民生活

第一节 艰苦创业

一、发展农、副业

20世纪70年代,全市各地居民迁徙永隆沙时,家庭人口多,底子薄,经济困难。农场职工月工资只有20多元,新垦大队年人均收入数百元,居民住简易房,穿粗布衣,吃以粗粮为主,交通闭塞,通讯不便,过着艰苦生活。

80年代,良种场党总支深入贯彻改革开放方针政策,带领农场职工和农村居民进行农业生产责任制改革,农场和农村各生产队实行划田到户,推行家庭联产承包责任制,不断提高群众生产积极性。大家一方面努力种好自己的责任田,提高产量产值;一方面腾出时间,寻找门路,勤劳致富,增加收入。1986年,长江口鳗鱼苗逐渐增多,国家收购后出口日本等地,沿江居民纷纷张网捕捞。每天收入一百多元,捕捞鳗鱼苗四五年,使一部分农户脱贫致富。

1989年,在良种场部党总支领导下,实行农业种植结构调整,提高单位面积产值,全场实行“旱改水”,大面积种植水稻,亩产千斤以上。90年代,向华村以种植西瓜和其他甜瓜为主,提高经济收入,致富一方农民,成为有名的西瓜村。沙南村大片种植甘蔗,运销崇明及上海市各地,使种植业产值大幅度提高,农民收入明显上升,成为甘蔗村。

积极围垦,开挖鱼塘,养鱼养蟹,这是海永人艰苦创业,勤劳致富的一大特色。至1990年,挖塘21公顷,发包个体户搞养殖业。1992年,永北村8户居民自筹资金50万元,开挖鱼塘16个,养殖扣蟹和成蟹。1999年,全乡水面养殖86.6公顷,占耕地面积的18.5%。2005年全乡水产品产量达350吨,不少农户通过养殖脱贫致富。后因建设万顷良田工程的需要,鱼塘复耕。

二、开发第三产业

随着市场的开放,经营第三产业成为海永人脱贫致富又一途径。1984年,国家粮食市场开放以后,永北村、沙南村村民抓住市场机遇,搞粮食贩运。村民得知崇明农村稻谷价格便宜,就前往崇明农村向农户收购稻谷,就地加工成大米,运销海门各地市场从中盈利。1993年以后,废品收购市场放开,永北村、沙南村、东西场大队近百户人家投入以收购废钢铁为主的废旧物资回收,他们到崇明各地五金厂、机械厂、金属切削材料厂联系挂钩、签订合同,收购大量废钢铁、铁屑、铁渣等,其中居民龚红英、殷李广、蔡小勇、黄双飞等生意越做越大,成为全乡收购大户。他们把收购的废钢材用汽车、机船运销海门、启东、张家港市等地铸钢厂和上海宝山钢铁厂。海永回收废钢铁一度形成热潮,成为一方农户发财致富的主要门路。

1995年,海永乡政府实施旧镇改造,制定许多优惠政策,动员农民进镇经商办企业,原先进镇的30多户个体商户搬进新建门店,又有80多户农民进镇经商办企业。至2014年,全镇共有150多户农民进镇经商,逐步走上富裕之路。

此外,由于汽渡码头的开通,房地产业的兴起,休闲农业、旅游业的发展,为农村居民发展三产,搞运输、家政、劳务输出提供了机遇,不断为居民增加收入,提高生活水平。2015年,海永镇农村居民年人均收入20820元。

附:永西村沧桑

永隆沙西北角,连接着一块狭长条形的小沙背,自东向西布着五六个小村落,绿树掩映中,可见斑驳陆离的老房子与整齐美观的新楼房错落有致。住房近旁,差不多家家有个小蟹塘,江芦作篱,塑料薄膜围栏。沙背四面有堤,尤其是北沿600多米长的混凝土石岸坡分外显眼,岿然如长城屹立江边。这就是海永乡永西村。

20多年前,这个东西长不足2公里,南北宽不足1公里的小沙背,不知被谁命名为“阴沙”,沙上密密层层生长着两米多高的芦苇,野鸭、鹭鸟出没,沙雀、芦虱子成群栖息。继永隆沙变成良田之后,1976年冬至1977年春,这里开来了由四甲区迁来的开荡大军。说“大军”,其实总共不过200多人。他们在稍高一点的沙背上,斫倒芦苇,砍出几块平地,用毛竹、芦笆稻草搭起几间集体宿舍,以当时的公社为单位,二三十或四五十人挤在一间草屋里。他们垒起土灶,开设集体饭堂,艰苦的开荡造田就这样开始了。

开荡的艰苦非亲身经历是难以设想的。他们吃的是麦粥、咸菜,睡的是芦柴铺的地铺,最伤脑筋的是四面环水却没有可饮水。去江里挑混泥浆一样的水吧,别说没埠头不好挑,就是挑到了,不是连人带桶陷在淤泥里拔不出来,就是两脚要被芦桩头戳得鲜血淋漓。省事的办法是在房前挖个泥坑,渗出的水用勺子舀。那水看上去比江水清了不少,却是更咸更苦涩。就是这样的生活,那些年轻力壮的单身汉们还是像蛮牛一样有使不完的劲,100多公斤的泥担子一天挑到晚不叫累。几个月下来,一条条笔直的丰产沟开出来了,贯通丰产沟的匡河开出来了,一方方平整的土地开出来了。这个过程,笔者今天写来轻巧,实际上,每一寸土里浸润的、那丰产沟里流淌着的就是开荡人的汗水。

四甲区有些姑娘听说小沙上地多且肥沃能过日子,经介绍来沙上找对象了。可一踏上这块土地,她们后悔了—这哪是过日子的地方?烧饭没淡水、烧菜不用盐,夜里没电灯,买个油盐酱醋什么的得高一脚低一脚跑出五六公里才能找到小店。于是她们中的多数赶紧逃回去了。当然也有留下来铁了心跟小伙子在沙上成家立业的。这不,有位姓张的妇女就是。我问她,你当年怎么就愿意留下来呢?她说她是看重他人,他能吃苦,脑子也灵活。她认准一条理:这沙上新开的地,插一根扁担也能长成大树,只要勤奋,就是拾草也能卖钱换粮油啊。“我站在他面前,他一时慌了神,他们全是光棍小伙子,几十个一起像居芋艻一样地睡地铺,把我这大姑娘怎么安置?可转眼功夫,他便招呼一起出去抱芦柴,在大草棚旁边围起一个‘环龙舍’,又找来几根树棍竹棍,敲上几个桩,夹了一个软塌塌的高铺!比现在大家的席梦思还舒适啊!—看这样,我便决定留下。也就在那一年的大年初二,这可是我今生今世永远不会忘记的日子,我和他就在新搭起的芦笆草棚里结婚了。”

就是因为有小张这样有远见的姑娘,那些单身汉陆续结婚成了家。到80年代初,集体宿舍已经废弃,各家都单门独户立起小灶,过起了小家生活,一个个小小村落就这样形成了。

然而,毕竟因为太偏僻,毕竟因为交通不便路难行,这里的经济发展总比别处慢了一拍。那一次,县里负责人去视察保坍情况,看到永西村依然喝的是“盐开水”、点的是蜡烛火、住的是小草棚,他感慨万分,说我们得抓紧帮助他们走出贫困!于是,永西村便被列入重点扶贫对象。

扶贫工作千头万绪,先抓什么呢?经过调查研究,大家一致认为,永西村有得天独厚的自然条件—滨江临水,走出去几十米、百多米便是浩瀚大江。俗话说:“靠山吃山,靠水吃水。”发动群众向长江要钱,向长江要富裕。首先得解决老百姓最迫切需要解决的问题。于是,电杆、电线迅速运来,1983 年通了电,以往的“黑夜村”大放光明,紧接着又筹措资金请来了打井队,在永隆沙农场再打一口深井,到 1986 年秋,自来水管接到了永西村,全村家家喝上了自来水。

在此之前,选举人民代表时,村民们在选票上歪歪斜斜地写上“水”“电”,并划上圆圈,现在,终于被他们“选”上了。他们高兴啊,纷纷操起大碗大勺,拧开龙头,接上自来水,“咕咚咕咚”一口气喝下肚,抹抹湿漉漉的嘴,叫一声:共产党给咱送甜水,咱吃水不忘送水人。再次选举时,他们便在候选人名字上庄重地画上圆圈,说水和电都选上了,现在要选个好当家了!

好当家就要带领群众齐心奔小康。1993 年,乡党委指派在乡农经站当会计的老张去永西村当党支部书记。他记住了当时颇为流行的一句口头语:“若要富,先筑路。”地处沙旮旯里的永西村,筑路更是当务之急。然而没有钱,怎么筑?村党支部经过讨论,物色了一位能人,把废弃多年的小砖窑承包下来,让他预交承包款,就用这笔钱运来碎石、石子等,不到一个月,便修好了横穿全村 1500 多米的砂石路,又号召有劳力的农户利用十边隙地开挖小蟹塘,自己捞蟹苗搞养殖。可别小看了这些家前屋后的小蟹塘,自己捞蟹苗,照料精心些,一年挣个五六千元是不成问题的,这对不用花钱买粮油蔬菜的农民,可是净收入呀。

农民的积极性一经发挥,就势不可挡。在党的富民政策感召下,全村沸腾了。有手艺的,或外出打工,或去永隆沙设工场;擅长经商的,纷纷下海;有些活钱在手的,干脆置办手扶拖拉机跑运输贩稻草……真是八仙过海,各显神通。村里人迅速富起来了。有户姓姜的兄弟俩,哥哥是木匠,在永隆沙开个家具店,弟弟是漆匠,开个油漆装潢店,连做带卖,迅速发展起来。现在,家具店已发展成一个规模不小的家具厂,现代化木工机械一应俱全,制作的家具款式新颖,价格便宜,又因他恪守不弄虚作假的信条,信誉鹊起,生意兴隆。毕业于建筑中专的小王更有胆有识,当上了建筑包工头,几年来,在天津摩托罗拉公司站稳了脚跟。年轻的小曹,1990 年初中毕业后,突遭厄运,父亲因捞鳗苗不幸去世,他 17 岁便挑起沉重的持家重担。为了生存,他单枪匹马闯商海,先是去上海小打小闹做蔬菜小贩,几年以后,居然成了大贩,现在自备卡车。在永西村,这样的能人可随意聚拢一大群。

贩稻草也能赚大钱,这在过去,在别处是闻所未闻。永西村紧靠崇明县,那里有的是稻草,随着农村日富,灶具革新,很少有人用稻草煮饭烧菜了。于是有人率先驾着手扶拖拉机去崇明收购,运回来卖给砖瓦厂,一年稻草赚个百把元是常事。这个信息不胫而走,全村很快便发展到 32 辆手扶拖拉机,有个村民小组,30 多户人家就有十几辆。每天凌晨,“轧轧”机声响彻原野。下午三四点钟,一辆辆手扶拖拉机上,男人驾驶,女人坐旁边,喜气洋洋把家还。

永西村的农民肯吃苦,当年开荡时那种不怕苦不怕累的蛮劲他们一如既往地承传下来了,什么苦活、力气活,他们都不叫苦。有几个村民组的男劳力,前些年在崇明新村、合作等副业场开挖鱼塘蟹塘时,几乎承包了全部烂泥活。他们凭着一把大锹一辆小板车,起早摸黑,硬是把工效从一天七八方提高到十四五方。永西村人就是凭着这种吃苦耐劳的光荣传统,改变了贫穷落后的面貌,赢得了人们的尊重。

永西村富了,可从外貌看,似乎看不大出。茅草房固然早已“退出历史舞台”,但楼房稀少,砖墙斑驳的老屋不少。据村委会主任介绍,他们村有实力砌楼房的农户有一半以上。接着他如数家珍:全村 250 户,已有 20 户在村里砌了楼房,另有 15 户,楼房造到了永隆沙农民街,还有 10 来户干脆到海门、上海等地买商品房,成了进城户。全村已有五分之一的农户装了电话,还有许多人口袋里装银行存折。去年,市政府为永西村人办了一件大好事:600 多米混泥土石块岸坡的保坍工程竣工,今年又投资 70 万建造白港涵闸,彻底排除洪涝灾害。村委主任接着告诉我,目前村里第一件大事是修建一条横贯全村的水泥马路,进一步改善交通状况。这个七八百人的小村,目前积累资金已有 10 多万元,乡里支持一点,自己再积累一点,就成了。

20 多年,在历史的长河里只一瞬间,沧海变成了良田。我们有理由相信,永西村的腾飞就在明天……

作者:李德龙(原乡新闻干事,作于 1997 年)

第二节　生活消费

一、住　房

20世纪70年代,农场职工住芦笆毛竹结构的简易公房。外围移民自建草屋。1976年至1980年间,农户开始逐渐改善住房条件,大多购买杂木棍做椽子,用水泥预制件做桁料,盖起5路头或7路头平瓦房,少数经济条件较好的农户盖网板小瓦结构的瓦房。1983年,农场居民江志安、赵银涛、李武忠、曹庙清等合建楼房,这是当年永隆沙良种场第一批农户共建楼房。90年代开始,大多农户纷纷筹资建房,掀起一个拆平房,建楼房的热潮,不断改善住房条件。1996年,全乡拆除旧房1200平方米,兴建楼房4500平方米,所盖楼房质量越来越高,基本做到自来水管道、卫生设施、液化气灶面等厨卫设备一应齐全。2000年,全乡楼房住户占总住户的80%以上。

2005年开始,为开发房地产业和项目农业的需要,共拆迁居民住户和集体公房宿舍400多户。2006年11月26日,第一批居民拆迁户80户乔迁新居滨江小区,由分散的农户变成如同城镇居民集中居住,住房条件彻底改善。2008年至2010年,为建设万顷良田工程和继续开发房地产业的需要,东西场大队、永北、沙南村拆迁居民共427户,同时兴建联想新城安置拆迁户,于2010年10月,所拆居民全部乔迁联想小区,享受农村城镇化的现代生活。2014年至2015年,为扩大万顷良田工程,拆迁永北村、沙南村农户281户,迁至滨江小区二期住宅楼。至此,海永镇累计拆迁搬进住宅小区农户1061户,占全镇住户总数的43.3%,加之未拆迁农户住房质量的普遍提高,少数草危房困难户通过政府给予改造换新,海永的居民住房基本达到城镇化水平。

二、饮　食

建场初期,农村居民以吃粗粮为主,饮用咸水,吃菜以素为主,很少吃荤,偶尔场部宰猪分给职工少量猪肉。后由农场组织长江捕捞,向职工和居民供应海鲜产品。80年代,农户可以拿粗粮到粮站调换大米,折率为83折。1984年,粮油市场开放后,农村居民常年吃大米。1985年,农场投资开办自来水厂,全场居民开始全部饮用深井水,改变饮用咸水的艰苦生活。

由于改革开放方针政策的深入贯彻,海永市场供应情况逐步好转,居民手头资金逐步宽裕。90年代,居民生活水准明显提高,可谓“大荤三六九、小荤天天有”。农村婚丧喜事都用冷盆热炒、全鸡全鸭。进入21世纪,海永家政行业盛行,乡内居民办事请客,大多请家政一条龙服务,也有直接进饭店、酒家消费的。

三、穿　着

70年代,由于海永移民原有生活条件差,农村居民穿着比较破旧,很多人穿带补丁的衣服。粗布衣服盛行,来自通东地区的居民穿黑白小格子土布较多,“沙地人”穿芦菲花土布较多。80年代,随着生活水平的提高,居民穿“的确凉”“的卡”等面料的衬衫、西服慢慢增多。年轻人出门大多穿毛线衣、皮鞋。90年代,海永居民穿着大为改观,越来越接近城镇,比较洋气。呢子服、羊毛衫人人都有,皮装、羊绒大衣成为居民的普遍选择。进入21世纪,海永居民生活水平直线上升,穿着讲品牌,床上用“四件套”,妇女人人挂金戴银,闪闪发光,从外表看根本分不清是永隆沙乡下人还是城里人、上海人。

四、代步工具

70—80年代,年轻人出行骑自行车,老人和妇女大部分徒步外出。全乡除少数用于运输的手扶拖拉机外,无机动车辆作为交通工具。90年代,年轻人开始购买使用摩托车、电瓶车,女青年喜欢使用“潇洒木兰”电瓶车,“小面的”成为海永外出去北岸和其他地方的交通工具。进入21世纪,境内电瓶车代替自行车,成为年轻居民的必备交通工具,各类汽车逐步进入家庭,特别是小轿车在全乡的拥有数量与日俱增。至2015年,全镇有轿车500多辆。

五、家　具

70年代，农户家里家具用具很简单，只有桌子、凳子和脸盆、脚盆等用具。没有电器，很少有收音机。80年代，个别农户购置缝纫机、手表和黑白电视机。有的新婚家庭购置沙发椅子。90年代，家用洗衣机、电视机逐渐增加，手表基本普及，电冰箱进入少数农户家庭。21世纪，农户家庭电器普及，除孤寡老人外，家家都有彩色电视机、电冰箱、洗衣机等家用电器，2015年，全镇有线电视用户1300多户，手机用户2000多户。

第三节　脱贫致富典型

一、沙南村7组村民张永发

张永发，家住海永镇沙南村7组，1976年随父母从厂洪公社迁入永隆沙，全家7口人，住2间小草屋，没有一件像样的家具，生活十分贫困。1981年，张永发的父母眼看孩子长大成人，已到结婚年龄，着急准备为孩子盖房子，一家人到长江边拾芦根换钱，买来砖头、杂木棍、桁料盖房子。当房子砌到最后尚缺2根杂木棍椽子，跑遍左邻右舍没有借到，只好待房子砌好后再补上。1984年，张永发结了婚，不畏艰难困苦，立志发奋图强，尽快脱贫致富。1992年，他在自己的家门前挖一个蟹塘，发展河蟹养殖。至1995年，净赚10多万元。1996年，开挖0.67公顷蟹塘，经10年养蟹，经济实力不断增强，完全脱贫致富。

2006年开始，张永发改行收购棉花，先是小本经营，用拖车、摩托车走村串户收购，后来改用大卡车收购，生意越做越大。为及时加工皮棉出售，添置80型锯齿轧花车1台，每小时加工籽棉1吨左右。2008年，农村棉花种植面积逐渐减少，张永发在收购棉花的同时兼收粮食。2011年，由于连续阴雨，购进的油菜籽严重霉变，为避免经济损失，于2012年，投入50余万元，购置烘干机4台，后由于收购量的逐步增加，共置烘干机12台。2014年，张永发办起家庭农场，承包土地40多公顷，实行农业机械化耕作，所有家庭成员都成为农场员工，农忙时招用季节工，为社会剩余劳力提供就业机会。

2015年，张永发拥有的生产设备设施除烘干机、轧花机外，还有自动卸车8辆、仓库2000平方米、水泥晒场5000平方米，总资产300多万元。家庭生活十分富裕，在海门市区购置住房1套，联想小区有2套住房，家中高档轿车、现代家用电器应有尽有，已达到现代化家庭水平。张永发常用一句话概括自己的人生，“一靠党的政策，二靠自己勤劳致富。”

图8－3　张永发2012年购买的粮食烘干设备

二、东西场大队1队职工冯岐

冯岐，1972年4月随父母从王浩公社迁入永隆沙良种场，全家7口人，住3间低矮的5架头房子，过着贫困的生活。1975年，冯岐高中毕业后，在东西场大队5连1队务农，由于表现突出，于1978年被场领导安排在场办棉纺厂当机修工，进厂后工作勤恳，责任性强，在工人中有一定威信。1985年，担任棉纺厂副厂长。

在改革开放的浪潮中，冯岐凭着自己的聪明才智，于1995年离职下海，做纺织设备销售生意。1996年，他服从场部的需要，重新回乡棉纺厂，任负责人。1997年，正逢企业改制，冯岐毅然租赁经营棉纺厂，通过精简行管人员、适当增加职工工资和福利待遇，充分调动工人生产积极性，使企业不断提高产品质量和产量，扭亏增盈，他从中得到可喜的收入。2001年，冯岐通过招投标，果断出资300余万元买断乡棉纺厂的厂房、设备及土地，通过经营棉纺业逐步走上富裕道路。2010 年，冯岐改变经营方式，出租厂房、设备，年租金收入 40 多万元。

冯岐在自己脱贫致富的过程中，始终不忘党的英明领导和政策，不忘周围群众的支持和帮助，随时随地想着报答社会，报答群众。2001 年开始，连续 8 年为农场保养人员缴纳合作医疗费。2005 年开始，资助永北村 8 组贫困学生钱王燕，从高中到大学毕业共 7 年，每年资助 2000 元。近年，每逢教师节向学校捐资 1 万元。

至 2015 年，冯岐家庭已成为海永镇典型的富裕人家，家有高档轿车、健身房、现代家具、用具，还在南通市购买套房，生活幸福安逸。

三、永北村 4 组村民陈裕生

陈裕生，1976 年从悦来公社迁入永隆沙，全家 7 口人，住 3 间简易小屋，生活十分艰苦。刚进场时，尽管陈裕生擅长农活，精耕细作，但收入不高，勉强度日，不能改变贫穷面貌。1977 年，陈裕生凭自己的瓦工手艺，干起建筑行当，他带领几个徒弟帮村民盖房子。免费带徒，教会徒弟手艺，不收取任何费用，还给徒弟基本工资。由于陈裕生为人忠诚，工作负责，手艺又好，场领导很看重他。1980 年，请他组建农场建筑站，一干就是十多年，为农场增加收入做出了一定的贡献。90 年代，随着全场居民生活水平的提高，拆旧房、建楼房形成高潮，给场内建筑业带来生机。1995 年，陈裕生从原来的建筑站退下来后，组建施工队，承揽农村建房工程，每年完成工程产值数百万元，收入数十万元。他根据工程需要，逐步购置脚手架、铲车、搅拌机等建筑机械，资产近百万元。

陈裕生靠自己的努力拼搏，逐步走上富裕之路，他富了不忘党和政府的支持、政策的扶持，积极参与社会活动，处处献爱心，回报社会，如乡政府的慈善事业，教师节等活动，他都慷慨解囊，受到群众的一致赞扬。

至 2015 年，陈裕生家有轿车，住房数百平方米，现代家具用具一应俱全，生活十分富裕。

四、永北村 14 组村民姜徐祥

姜徐祥，1976 年，随父母从四甲公社迁入永隆沙，全家 6 口人，住 3 间简易草屋，生活十分艰苦。1982 年，姜徐祥初中毕业，开始学木匠活，他脑子聪明，又肯钻研，两年后离开师傅，独立操作。1984 年开始，独自在上海打拼，干了十年，赚钱不多。1994 年从上海回来，办起家具店，开始只是小打小敲，做做小生意。1998 年，随着海永居民生活水平的提高，对家具的需求量越来越多。姜徐祥见机扩大家具作坊规模，购置锯板车 1 台，雇请工人长年加工各式家具。2006 年始，海永居民因建设需要，拆迁搬进住宅小区，室内装潢需求量大，为应接装潢生意，姜徐祥作坊工人发展到十多人，添置各种加工设备，每年承接大量室内装潢生意，收入不断增加。

通过十多年的努力奋斗，姜徐祥家逐步富了起来，目前家有高档轿车，电器设备一应齐全，已是海永镇脱贫致富屈指可数的家庭。姜徐祥致富不忘党和政府的领导和关心，不忘回报社会，他所生产的产品确保质量，上门服务，免费跟踪保养维修。除此，他还经常参加社会活动，资助社会弱势群体和公益事业，在群众中有一定威望。

五、沙南村 5 组村民施红亮

施红亮，1976 年随父母从临江公社迁入永隆沙，14 岁时父亲生重病，四处求医，花去大量医药费，终因医治无效离开人世，这对本来十分贫困的一家更是雪上加霜。受生活所迫，施红亮 17 岁外出打工，因年轻体弱，无社会经验，经多年拼搏，所挣无几，勉强维持全家生活。

1989 年，施红亮刚满 22 岁，在乡政府的关怀下，安排到广电站工作，为他解决基本生活的经济来源。2013 年，海永乡房地产业腾飞，施红亮瞄准这个难得的机遇，办起宏扬广告公司，为房地产公司和其他公司、商店门面做宣传广告。广告公司拥有 1 个施工队，员工从 5 人逐步发展到 20 多人，并先后添置大型喷绘机、雕刻机、传真机、横幅机等设备，年产值 300 多万元，净收入 50

多万元。

宏扬广告公司的兴办使施红亮真正富起来，家有门面房和住房各1套，奥迪、尼桑轿车各1辆，施工用的面包车、工程车多辆，高档家用电器应有尽有。他致富不忘回报社会，每逢乡政府组织的各项赞助活动，都主动参加，慷慨解囊，积极捐资。2013年，在海门市“我们身边的好青年”评选活动中，获得“最图自强的好青年”称号。

第五章 风俗宗教

第一节 民 性

海永居民来自全市各地，具有海门人共同的性格，但由于几十年与江海浪潮的拼搏，形成自己的秉性。这里人性朴实爽朗，耿直旷达，讲究义气。

居民讲孝义，尚勤俭，重廉耻，奉行“百善孝为先”的理念，不尽孝道、不赡养父母者，被视为大逆不道，遭人谴责。兄弟姐妹之间情同手足，互相关照。邻里之间相处和睦，一家有事，众人帮忙；一方有难，八方支助。凡婚丧嫁娶、砌房造屋者，均主动上门帮忙，分文不取。遇天灾人祸，都会慷慨解囊，送物送钱，无私援助，以渡难关。

海永居民向来以勤俭为荣、懒惰为耻，富有开拓精神。从建场开始，男挑女担、开河筑岸、围垦造田，用自己勤劳的双手营造海永这块宝地乐土。在这块土地上，居民们精耕细作，培育玉米、棉花、蚕豆、小麦等各类良种。同时，开塘养殖，下海捕捞，长途贩运、兴办工业，进城经商。彻底改变过去所谓“一熟棉花一熟麦，种到头发胡子雪雪白”的传统农耕习惯。居民过日子，家家精打细算，提倡省吃俭用，粗茶淡饭，不齿于铺张浪费，勤俭节约之风代代相传。凡因灾祸致贫，有人同情帮助，少数因懒惰致贫，被人歧视。

海永人具有海纳百川、善良包容的性格，视“家中无病人，狱中无罪人”为福，信奉通过调解方式解决矛盾，不轻易对簿公堂，到法庭解决问题，曾连续多年成为“无讼之乡”。

居民讲究礼仪。婚嫁遵循提亲、订婚、聘金、送日子、迎亲等程序。丧事体现报恩尽孝，孝子披麻戴孝，完成一整套治丧程序。生孩子要送红蛋、吃满月酒。结婚、生日、砌房由亲朋好友送礼祝贺。民间流传俗话“人情不是债，灶头镬子背来卖”，形容人情的沉重负担。随着人们生活水平的提高、经济的富裕，人情不但盛行，而且越来越重。

海永是一块江中“飞地”，交通不便，与外界交往甚少。初期，居民思想比较保守，随着改革开放政策的深入人心，网络联系便捷，令勤劳智慧的海永人心脑为之敞开，视野进一步拓宽，一大批年轻人求学、创业取得优异的成绩，昔日海永人封闭保守的藩篱，已经被开拓创新、敢为人先的改革大潮所冲破。

第二节 节日习俗

一、传统节日

海永移民由“沙地人”和通东人两部分组成，其过节风俗略有不同。

春节 农历正月初一，称“春节”“过年”。年前，家家户户忙蒸糕、炒花生、炒蚕豆、做豆腐，打扫庭园，准备酒菜。通东人家家都要蒸馒头、红印糕，沙地人蒸圆龙糕。出差或在外地工作的人一般都要回家过年，和家人团聚。

在腊月二十三（“沙地人”习俗）或二十四夜（通东人习俗）送“灶神”上天，在“灶神”前摆放糖块、果品及饭菜等供品，烧香点烛，跪拜焚送“灶神”，晚餐家家吃赤豆米饭、豆腐、百叶（千张）、茨菇炒青菜。除夕（年三十夜）接回“灶神”，换上新的灶神画像。进入21世纪，随着液化气灶的使用，此俗已淡化。除夕这天家人们十分忙碌，准备着过节，烧过年“经”，吃好中饭后，张贴春联、檐前插冬青柏枝，客堂里挂上祖先遗像（容）。除夕夜，通东人要“烧利市”，即在餐桌上点蜡烛，置码纸，供熟猪头（或一刀肋条肉），豆腐旁边放一把菜刀，当家人穿戴一新，跪拜后烧纸钱和码纸，以祈祷全年吉利。利市烧好后，用石灰包打“稻囤”形似年（传说为古生动物）的脚印，说明“年”已来过。吃好年夜饭，阖家围坐桌前守岁。长辈给幼辈送红包（俗称压岁钱、也有的观看电视、收看春节文艺晚会。到12点时，即新年到，顷刻间，鞭炮、礼炮、烟火声，此起彼伏，响彻夜空。

年初一清晨，鞭炮声不绝。有些人家父母把切好的番芋片，送给还未起床的孩子吃，以示“翻身”。许多人家烧香敬天，然后吃“年早饭”，沙地人吃白米饭、通东人吃赤豆米饭或红米饭、还吃酒酿汤圆、年糕、红枣茶、炒菜头和百叶卷（俗称卷银包）。父母怕孩子说脏话、骂人或说不吉利的话，用草纸给孩子嘴上擦一擦，意在把小孩的嘴巴比作屁股，说话像放屁一样，不算数的。年初一当天，大人、小孩都穿新衣服、新鞋子、戴新帽子，与人见面时拜年、打招呼、说吉利话。

年初一不扫地、不泼水、不洗衣、不动刀剪、不开后门、不跑亲戚。

年初五，俗为财神菩萨生日，外出打工者或做生意的人都要烧“财神利市”、烧香敬“财神”，以保新的一年继续发财致富，烟火、鞭炮不少于大年三十晚上。

改革开放后，大力提倡移风易俗，民间迷信活动逐渐减少，增添许多富有教育意义的活动内容，如拥军优属、慰问离退休干部、百岁老人、“五保户”，乡镇机关趁外地乡贤及大学生回家过节之际召开座谈会，介绍家乡发展变化，交流情况，进行招商引资，开展横向联系。

元宵节 海永的通东人称正月十三“蓬灯节”，这天晚上人们吃圆子、点天灯、挂喜红，把灯挂在门口上方或挂在树干上、或挂在竖立在场心里的竹竿上，从正月十三开始到正月十八结束，也有的仅挂正月十五一个晚上。

正月十五元宵节，民间过节气氛浓郁，不亚于大年初一。家家户户裹馄饨，也有包水饺，还用米粉或面粉做圆子，或做成形似“棉桃”“玉米果头”“鸡”“鸭”“狗”“卷团”（两头大中间小）等元宵食品。插到田头祭“土地神”，放在祖坟上斋供祭祖，俗称“斋田头”。出嫁女儿接父母到自己家里过正月半，以孝敬父母。晚上，家家点红灯，小孩玩兔灯、马灯、八角灯，年轻人在路边沟边烧草，还有人点着用芦苇扎成的火把在田头边跑边喊“田财，田财，大家发财”，以求来年喜获更大的丰收。海永镇团委、文化站举办猜灯谜活动，猜对者有小礼品纪念，男女老少其乐融融。过正月半，农民普遍下地劳动，外出打工干事。称：吃了两头大（卷团），各人寻投路。

二月二 农历二月初二，俗为土地菩萨生日。农村里有人做圆子、玩花灯，但比元宵节规模小。沙地人在这一天要吃“撑腰糕”（年糕）。在二月初二这天嫁出的女儿回娘家吃饭。通东人有“二月二、接女儿，不接女儿是穷鬼”的说法。

清明节 祭扫祖先坟墓。旧时实行土葬，扫墓时先在坟墓四周清除杂草，培土整地，然后献上鲜花，摆上酒菜、馒头、印糕、水果等食物，跪神，烧纸帛。通东人扫墓时挖两块圆锥形泥块，叠在坟头上，俗称“坟帽子”，还插上红纸帽。随着殡葬由土葬改为火葬，乡建立骨灰存放室，方便群众进行祭扫。海永学校的师生每年到崇明或海门烈士馆祭扫烈士墓，向烈士敬献花圈，聆听烈士的英雄事迹介绍，接受革命传统教育。

立夏 居民大部分要吃鸡蛋、鸭蛋、草头（苜蓿）烧饼、缸爿饼、青蚕豆、梅子、樱桃等时鲜货。有的人家开始包粽子吃，通东人还吃油条、春节余下的馒头干，另有海蛳、蛤蜊、虾、蟹等带壳食物。小孩把蛋放在网线袋（俗称蛋袋）里，挂在胸前或拎在手里，相互撞蛋，还有为孩子称体重、请孩子钻麦园等活动。

端午节 农历五月初五，又称端阳节。民间有端午节为纪念屈原一说。一般人家都要用芦叶包粽子，用糯米、高粱、黄穄等作原料。有的还加赤豆、红枣、肉丁等配料。端午节中午在门上悬挂菖蒲、艾叶及大蒜头、房门上及堂屋里贴“端阳符”，小孩胸前或两手腕佩戴香袋，胸挂荷包、锁片。还在室内用雄黄酒喷洒或涂在小孩脸上以之忌邪驱虫，新女婿要向岳父母家送节礼，礼品有鱼、肉、酒、粽子等，此俗叫做送“端阳节礼”。

六月六 农历六月初六，海永人盛行裹（包）馄饨、摊面饼。相传这天皇帝晒龙袍，人民也跟着晒衣服。俗称“报伏”。

七月半 农历七月十五，又称“中元节”“鬼节”。通东人普遍烧经祭祖，十分隆重。

中秋节 农历八月十五中秋节。“月到中秋分外明”,是晚,在外地工作的人赶回家与家人团聚,吃月饼、老鸭、圆子、花生、芋艿等。阖家欢聚赏月,食品店在中秋节前出售各种月饼,让人们欢度节日。

重阳节 农历九月初九,又叫“重九”,有敬老尊贤的礼俗。民间有吃重阳糕,糕上插五色三角小旗。还有登高远眺,谓重九登高。1989 年,国家规定为“老人节”,节日气氛更为浓厚。镇政府、村、社区每年组织慰问 80 岁以上老人,送上慰问品和慰问金。

冬至 一般在农历十一月,通东人甚为重视,有“大冬小年”的说法。交冬伴交岁,意在过了冬至就算增加 1 岁,家家户户烧经祭祖。如果谁家当年有人去世,就在冬至的前一天过冬,叫小冬,也叫“新冬”。

腊八 农历十二月,称“腊月”,初八晚,海永家家烧腊八粥,用白米或糯米掺入花生米、豆子、青菜、芋艿、茨菇等,有的还加肉丁或火腿混合煮粥。传说,古代有个浪荡子,平时挥霍无度,不知节俭,快到过年,缸空甏空,到腊月初八罗尽最后剩下的杂粮,煮一顿粥,吃一顿晚饭,后来饿死了。人们为记住这一教训,每年腊月初八吃腊八粥。又一传说是明朝开国皇帝朱元璋,小时候家里很穷,便去一财主家放牛。一天放牛归来时过一独木桥,牛一滑跌下桥去,将腿跌断。财主气急败坏,将朱元璋关进一间房子里不给饭吃,朱元璋饿得慌。发现房内有个鼠洞,扒开一看,原是老鼠粮仓,里面有米和豆,还有红枣,他把这些东西合在一起煮一锅粥,吃起来十分香甜可口。后来,朱元璋当了皇帝,便叫御厨煮一锅各种杂料混在一起的粥,吃的这天正好是腊月初八。因此就叫腊八粥。

二、社会节日

海永和全国各地一样,十分重视社会节日活动,主要节日有 3 月 8 日国际妇女节,3 月 12 日植树节,5 月 1 日国际劳动节,5 月 4 日青年节,6 月 1 日国际儿童节,7 月 1 日中国共产党诞生纪念日,8 月 1 日中国人民解放军建军节,9 月 10 日教师节(1985 年规定),10 月 1 日国庆节。以上节日均有纪念活动。每年 10 月 1 日各界人民举行形式多样的庆祝活动。向人民群众进行爱国主义和革命传统教育。每年元旦、五一规定放假一天,国庆节放假三天,春节放假三天,1989 年规定农历九月初九为老人节。2008 年 1 月起,清明节、端午节、中秋节放假一天。

三、外来节日

情人节 2 月 14 日为情人节,改革开放后由国外传入,在年轻人中逐渐流行。有些商家策划各种促销活动。夫妻、恋人之间互赠玫瑰花、贺卡、巧克力等礼物,以示爱意。

母亲节 每年 5 月第二个星期日为母亲节,改革开放后传入。此日,儿女向母亲赠送鲜花、衣服、保健品等礼物,以此报答母亲的养育之恩。

父亲节 每年 6 月第二个星期日为父亲节,改革开放后传入。仅有少数子女此日向父亲赠送礼品。

圣诞节 12 月 25 日为圣诞节,初为天主教、基督教教徒集中在活动点纪念此节日,后被商家用于促销活动,在圣诞节前商家开始在店门口装点圣诞老人,以示节日将到,吸引儿童、青年的购物热情。在学生、青年中间互发微信、短信,问候圣诞节快乐。

第三节 婚育习俗

一、婚 嫁

永隆沙良种场建于 20 世纪 70 年代,场内婚姻习俗趋于简单化、现代化,烦琐的旧俗逐步为新式婚姻礼节所代替。

聘约 男女双方通过自由恋爱、或经人介绍恋爱,商定同意后进入订婚程序,俗称“吃小喜酒”。由男方向女方送“通风”,即确定婚期,同时送聘礼,称为“定鉴”。聘礼的品种必须成双,一般以 6 个至 8 个品种为多,其中聘金随着居民经济条件的好转,数额逐步上升,从 70 年代的几千元、几万元发展到 21 世纪的十几万元甚至几十万元,聘金的末位数都要为“8”,以讨吉利谐音为“发”,即发财。婚姻关系确定后,每逢端午、中秋、春节等节气，男方都要向女方送“节礼”。在婚期来临之前，选择逢双日子，男方到女方装运嫁妆，为结婚做准备。嫁妆从70年代的“三转一响”（自行车、缝纫机、手表、收音机）和“36条腿”（三门橱、挂衣橱、五斗橱等）发展到21世纪的彩色电视机、电冰箱、洗衣机、录像机、组合音响等高档家用电器，新式的组合家具、红木家具、轿车等应有尽有。婚前，拍摄婚纱照已在民间盛行。许多男女青年都要花数千元，甚至数万元在野外园林拍制成套婚纱照，制成相册，以之留念。

婚礼　自建场开始，境域内通东人与沙地人广泛通婚，因此婚礼习俗逐渐融为一体。大体分为如下几项：

一是迎亲，根据择定吉日，上午由介绍人领路，男方在鞭炮声中驱车到女方迎娶，70～80年代，大多用自行车，并在车头上系着红领巾，以示喜庆。90年代开始，逐渐用轿车迎娶，至少用2辆轿车。进入21世纪，大多人家用6辆以上高档轿车迎亲，新郎、新娘、媒人、陪客各1辆。车上装贴双喜字祥和各色鲜花、彩带，显得格外喜庆庄重。迎亲车队进女方住宅要走左侧上首，女方派2位青年在鞭炮声中迎接新郎，走进堂屋。同时由介绍人将随带的礼品和各项礼金红包交与女方父母。礼品中云片糕仍然退给男方，意为谐音“高来高去”。礼金项数有暖襟、厨房、弹花、裁缝、油漆、太礼和幼辈见面钱等。中午，女方设宴招待亲朋，席间在新郎桌上上大菜时，新郎必须发红包。席后由女方父母引领新郎与嫡亲长辈见面，各家长辈送“见面礼”，新郎回“台礼”。傍晚，新娘经梳洗化妆后，告别父母、兄弟，由父亲或兄弟抱送上轿车，车内带有烘缸，表示兴旺。临走时鸣炮庆贺，并将新娘洗脸水泼在车后，说是“嫁出去的姑娘，泼出去的水”，祝贺女儿夫妇白发偕老，永不分离回娘家。

二是婚典，70年代，仍流传旧时的一些做法，新娘进宅时，用三把稻草扎在一起点燃，称为“三灯旺火”，由成双成对的未婚青年迎新娘下车通过火把，然后脚踏红布袋，走进新房，谓之“传代”（传宗接代）。进新房后，新郎新娘同坐新床，吃和气米团圆，然后进行婚典仪式，新郎新娘一拜天地、二拜父母、夫妻对拜，证婚人、主婚人致辞，新郎答谢。仪式结束后婚宴开始，双方父母、新郎新娘向亲朋好友敬酒一遍。婚典还参插唱歌、请新郎新娘表演游戏节目等，热闹非凡。

三是铺床，请生肖属龙或属虎的长辈夫妇铺新床，摊上新被子，挂上新蚊帐。

四是闹新房，民间广为流传“新婚三日呒老小”，新娘与亲戚之间不分辈分，都可戏言戏态，引逗新娘，新娘只得低头“作富贵”，闹得大家笑声阵阵，喜气洋洋。

五是撒种，这是从市内各地移民传承至今的又一婚礼习俗。在新娘嫁妆里处处放上各种吉祥食品。如长生果（花生），以示长生不老，开花结果；枣子，以示早生贵子；桂圆，以示贵在团团圆圆；糖块，以示甜甜蜜蜜过日子。新郎新娘同房时，先吃云片糕，亦称“荅嘴糕”，吃完后就开始互相说话。通东人家在闹新房后放鞭炮，名为“登科”，以示从此让一对新人休息，不许再闹。

六是待招，婚后次日为“待招”。清晨，新娘起床后，由姑送上洗脸水，新娘要给“红包”，上午，先行烧经祭祖，再由新郎或父母领着新娘拜见长辈，长辈出手给新娘“见面钱”，新娘回赠“台礼”，“台礼”原以“布料”为主，现大多送“四件套”或现金。

七是回门，这是婚礼习俗中最后一个环节。一般在婚后第三天，由女方的兄妹到新郎家把新娘和新郎一起接回娘家，俗称“接满月”。回门的时间有规定，称为“七不去八不归”。

海永婚礼习俗随经济发展、居民生活水平的提高而发展变化。21世纪，有的人家在酒家举办婚礼，举行结婚仪式、拜见长辈、闹新婚、唱歌、跳舞、表演节目，好不热闹。酒席从十几桌到几十桌不等。有的结早亲，即在一天内完成婚礼中所有程序，男女双方父母、亲朋好友一起参加酒席，有的参加集体婚礼，有的旅行结婚。

二、生　育

海永人同全市各地一样，一向重视生儿育女，生了孩子都要向亲朋好友发红蛋，向东邻西舍抬“毛米饭”（用未淘洗的米煮成饭），产妇分娩后的12天内忌外人进入产房，以免婴儿受感染而夭折，俗称“做朝数”。产妇分娩后，第一个进入产妇家的叫“踏生”，传说被谁“踏生”，日后孩子性格就像这个“踏生”人，因此被有知识、有身份的人“踏生”是好运。生孩子后，各家亲戚都去探望，送“产母羹”，70年代都送红糖、鸡蛋、油面、糕点等食品，后发展为送钱。外婆家在小孩出生前要送婴儿衣服、尿布和用小棉被做成的婴儿被头，俗称“蜡烛包”。民间很重视婴儿开奶，都寻找头胎母亲或比较聪明人家的母亲的乳汁开奶。

第四节　丧葬习俗

一、报　丧

海永人跟海门其他地区一样，对丧葬礼仪极为重视。人去世后由其直系亲属，主要是配偶及子女负责料理丧事。丧事烦琐，迷信色彩浓厚。对诸亲及长辈，由亲生子女披麻戴孝，亲自前往报丧。去时手持雨伞一把，进门向长辈跪拜，亲戚家招待糖茶一杯，并回赠毛巾、衣物、床上用品或布匹，也有给钱的，俗称“回扎”。其他一般亲戚则由主家请人前往报丧。20世纪90年代后，随着通信工具的发展，有的用电话报丧，有的发短信、微信报丧。

二、搁三朝

先为死者剃头、洗身、换衣，然后将遗体安放在堂屋（灵堂）里，一般要搁3天，少数也有搁5天的，停遗体的房前用毛竹、帘子搭起丧棚，请吹鼓手吹打，道士做“道场”，扎库，剪冥衣，写牌位，布置灵堂。

入殓前夜，请人扎一顶纸轿，内供死者牌位及死者生前部分衣服、被褥等，连同少量柴草，在住宅前通道旁点火焚烧，称“烧床柴”，也叫“送西方”，通东人叫“送草”。随后，子女及亲属回到灵堂穿孝服。儿子向长辈行跪拜礼。晚上有人守灵、陪夜。

三、入殓、出葬

入殓当天上午，宅前竖幡杆（状如旗杆）两根。远近亲朋邻居陆续前来吊丧，带上纸帛，并送“人情”（钱），称“代帛”，也有送挽联、挽幛、花圈的。还有送被面、羽绒被等物。吊丧者都向死者行跪拜礼，子女在旁还礼。请阴阳先生、道士诵经、拜忏做道场。下午入殓前，由和尚诵经，化“九千七”“二万四”，即亲人中一人边哭（也有请人哭）一边烧纸帛，烧完后将纸灰装入布袋陪葬。亲属依次向死者遗体跪拜，各亲属再绕棺一周向遗体告别，将遗体送往火葬场后火化，子女和亲戚随往送葬。同时，燃放鞭炮，子女在死者旁撑一把雨伞一路化纸帛。火化后，将骨灰盒放在家里或入土安葬，殡葬改革后放在乡骨灰存放室。第二天，子女集体上集市，俗称“扫街”。上午，宴请丧期帮忙人，俗称“请帮作”，殡葬事宜结束。

四、七　素

20世纪70～80年代，场内有人死后烧“七素”的习俗，90年代这种习俗逐渐减少。按照“七素”习俗，从死者死的那天起，每隔7天须由家人烧经祭祀，俗称烧“七素”，一般由儿子烧，逢三七由女儿烧（沙地人女儿烧“五七”）。烧六七很隆重，请亲朋好友吃酒饭。六七前夜有亲朋守灵陪夜。六七那天请和尚诵经，放“施食”、做道场、扎库，也有亲友前来吊唁，有的将死者骨灰送往墓地安葬。逢女儿烧七素，由女儿、女婿备酒菜前来祭祀。中饭后，女儿要早回家，娘家要送一定的礼物，近邻亲友随送，一路燃放鞭炮，俗称“送下层”。第七个七素称“断七”，再祭祀一番，七素结束。以后逢百日、七月半、八月半和九月初九，还要烧经。如死者立牌位3年者，逢到农历春节，自年初一至年初十，有亲朋前来拜年送“人情”，俗称“拜新座”。进入21世纪，许多人家在入殓那天，完成丧期的各种祭祀活动，一次性“脱孝”，不再烧七素。

境内基督教徒的丧仪以宣讲教义、唱圣歌、祷告、献炼灵弥撒等表示哀悼。

第五节　礼仪习俗

一、祝　寿

人满50岁生日，其子女和亲戚前往祝寿。一般逢九（如49、59……），先为其预庆，父母寿庆，女儿做寿桃、寿糕，于寿辰前夕即来“暖寿”。当天，晚辈都要向“老寿星”拜寿，全家都吃面条，象征长寿，并用大蛋糕祝寿，还要放烟花、炮竹，热闹一番。20世纪70年代后，人们不但为老年人祝寿，也为年满30岁、40岁的中年人过生日，经济条件好的要办十几桌、几十桌酒筵，也有提前庆寿，只是自家人吃面团聚。80年代有为10周岁儿童过生日的。通东人一般50岁不祝寿，意是50岁乌龟生日，如今祝寿的形式逐渐简化，寿筵的规模越来越大，档次越来越高。海永农村居民也有的在镇上酒店设宴请客。

二、建　房

20世纪70～80年代，凡建造新房，先请阴阳先生相风水选择宅基地。原房子的东南角称“青龙角”，不好再砌房子。新房上正梁那天，亲朋好友都不请自来送礼，并帮助干活。礼品为酒、肉、糕点、对联、镜框等，叫做“送搀高头人情”。女儿、女婿要加送鞭炮。当新屋框架建成、上梁合龙门时，要放爆竹，木匠师傅骑跨在正梁上往下向人群抛馒头和糕点，称为“抛梁馒头”“抛梁糕”，表示发财的意思，围观者高兴地争抢。新屋正梁上贴“安梁大吉”“福星高照”“紫气东来”“太公在此”“百无禁忌”等红纸条。当上梁的木匠师傅敲完最后一只椽钉时，叫主人出来用围腰接斧头（谐音接富）。在上梁这天或新屋建成后，主家要宴请各亲友，以示谢意。通东人上梁那天还有人上门说“利市”。

三、探　病

一人患病，众人关切，亲戚朋友都要探望，还要送些水果、补品等，或送现金，表示慰问，时间只能在上午，切忌下午。病愈出院回家时要放爆竹、吃面，以示“消灾”。事后，还要设宴答谢亲友。

四、寄　亲

父母生了儿女，为防止在成长过程中遭难甚至夭折，选择“生肖”相合的人认作“寄父母”（干爹、干妈），甚至起名于寄父家姓，俗称“寄名出姓”。也有不少人家因与朋友关系密切，让儿女认朋友为寄爷娘，有的孩子在娘胎里就被认寄亲，有的孩子送到寄父母家祭祖拜灶，然后领回由亲生父母抚养，也有和人家互认寄亲。认寄亲后，大多经常交往，关系较好。沙地人不管是姑父母、姨父母、舅父母都叫寄爷娘。

第六节　社会陋习

一、赌　博

建场之初，全场职工艰苦创业，居民生活比较贫困，很少有人参与赌博，在知青插场期间，偶有少数知青参与赌博，经教育后基本杜绝，20世纪90年代，随着居民生活水平的提高，社会上小赌现象越来越多。进入21世纪，良种场一批老职工陆续办理退休，为消磨时间，充实生活乐趣，喜欢“小来来”，主要是玩长牌“老九彩”（韭菜）“笃子户”，牌艺高的玩“八户头”，也有一部分人玩“搓麻将”“斗地主”等。输赢在数十元至数百元范围之内，用他们的话来说“不伤脾胃”。也有少数输赢在千元以上甚至上万元，对这些大赌现象经派出所、综治管理部门查管，已很少发生。

二、算命　相风水

20世纪70～80年代，良种场部分职工和居民有着历史流传的请瞎子算命的旧习，但由于交通不便，很少有人到永隆沙做算命生意，有的居民利用到海门县城或其他乡镇的偶然机会请瞎子算命，并把算的结果互相传告。随着精神文明建设的深化，居民逐渐崇尚科学，相信算命的人群日趋见少。

80年代前，良种场有部分居民在砌房子时，相信邀风水先生察看房基地理位置，称“相风水”，以图日后吉利、子孙发财。90年代后，个别私企老板也相信“相风水”建厂房，以求企业兴旺。

三、招　魂

建场初期，场内虽无专事招魂骗取发财者，但流传于群众中间招魂的做法偶尔有之，有的人家，当家中小孩发热受惊、身体不适难以入睡，就在黄昏时刻，手拿扫帚，边招边喊“某某归来”，旁人回答“归来了”，以求小孩病愈无事。有的人家因小孩夜间常哭不停不能入睡，就用红纸写上“天皇皇地皇皇，我家有个夜啼郎，过路君子读一遍，郎郎一觉到天亮”，贴在桥头，以求小孩入睡。随文明创建的不断深入，这种现象非常少见。

第七节　宗　　教

一、佛　教

海永居民信仰佛教的人数较多，但参加佛教活动的人较少，境内尚未建立佛教活动点，在原向华村有个小庙，内有菩萨，每逢初一、月半或春节期间，有少数人去烧香拜佛。

二、基督教

1992年，海永乡有基督教信徒20余人，每星期到崇明县三沙泓基督教活动点参加教会活动。1995年、1996年，海永乡基督教信徒活动地点在沙南村殷步清家中，有30多人参加教会活动。1997年，教会活动地点改在海永幼儿园旧址，由陆雪珍任教会主任，参加教会活动的信徒有60多人。2007年，投资17万元在海永学校路南建海永基督教教堂，建筑面积400平方米，资金由海永基督教教徒自筹，上海市崇明县各地基督教教会组织捐助。是年，全乡共有教徒近100人。2009年，由教徒陆小平任海永基督教教会主任。每逢星期四、星期日为教徒集中活动时间。2015年，海永有基督教教徒近100人。

图8－4　2006年6月海永基督教教会活动点被评为市文明宗教活动场所

第九篇　人　　物

海永人杰地灵，各类人才出类拔萃，本篇收录2位革命烈士的英雄传，表录8位革命烈士基本概况；简介正处以上干部、高级科技人才以及稍有名气的人才共9人；表录在外乡贤17人，镇内贤达副科职以上干部54人，中高级科技人才9人，中教一级、小学高级教师22人；表录历年南通市、海门市劳动模范7人次，受南通市以上表彰先进人物25人次，受海门市表彰先进人物213人次。

第一章　革命烈士

第一节　烈士表录

海永镇烈士一览记入随烈士亲属迁进海永的烈士、以及建乡后牺牲的烈士，以牺牲时间的先后为表中排序，共记入烈士8名。

海永镇革命烈士一览

表9－1

姓　名	出生年月	参加革命时间	牺牲时所在单位及职务	牺牲时间　地点　原因	亲　　属		
					姓　名	关系	地址
盛志新	1916	1942	新四军一军三旅七团三营八连战士	1943年如东岔河因战牺牲	盛善新	叔侄	沙南村
陆志能	1918	1942	启东县启东区区长	1947年月启东县江夏村因战牺牲	陆亚如	父女	沙南村
梁启邦	1911.11	1943	海门县唐元乡农会主任	1947年4月六匡镇被捕牺牲	梁志平	父子	永北村
黄洪山	1925.2	1946.4	华中九分区九团机枪班班长	1948年10月南通县正杨遇敌牺牲	黄洪茂	兄弟	永北村
黄洪新	1913.5	1946.2	海门县富安区税务所征收员	1948年11月海门县富安镇牺牲	黄洪茂	兄弟	永北村
周志高	不详	1948	二十九军八十六师炮兵团电话兵	1950年8月福建省因战牺牲	周善新	叔侄	沙南村
顾怀祥	1922	1948.11	志愿军二十四军七十师二〇八团三营机枪连战士	1953年6月朝鲜上甘岭因战牺牲	顾邦道	父子	沙南村
王　陈	1973.8	1992.11	步兵第八十师通信营无线电连排长	1998年6月为抢救落水儿童牺牲	陈俊石	父子	沙南村

说明：表中记入解放战争、抗美援朝中牺牲的革命烈士均为随其亲属入迁海永。

第二节 烈士传略

梁启邦(1911—1947.4)

梁启邦,海门县海南区六匡乡安庄村(现海门市悦来镇安庄村)人,1911年出生于一个贫农家庭。1943年参加革命,历任安庄村及唐元乡农会主任。

梁启邦小时只读过两年书。15岁时经人介绍去上海铜匠店当学徒,后又拉黄包车。1941年失业回家,家中老婆及2个孩子难以糊口,向季姓地主租种2亩土地,平时还做短工、推路车、做小贩,勉强度日。1943年,梁启邦参加本村的民兵组织,投入抗日反"清乡"斗争。1944年7月,他带领民兵割电线、破公路,配合新四军在六匡河洋桥头打伏击战。在开展"二五"减租运动中,他不顾个人安危,深入发动群众,向地主进行说理斗争,带头向地主、伪乡长季锡祥清算剥削账。在惩奸运动中,他立场坚定,斗争坚决,先后揪出几名罪行严重的伪乡保长,进行公审判决。

1947年4月25日晚,梁启邦接到海南区委通知,要他侦查敌人的调防情况。29日上午9时许,梁启邦和梁志高、陈林昌等民兵,正伏击在安庄村1组陈启彪宅上观察敌人动静时,不料被坏人告密,敌人突然向陈家宅包围过来。梁启邦处在敌人的包围圈里,寡不敌众,不得脱身。为了保护其他同志,他挺身而出,与敌人周旋,不幸被捕。还乡团头子季锡祥、黄武介等把梁启邦捆绑起来,押到六匡镇据点严刑拷打,逼他交出干部和民兵名单及公粮埋藏地点。他坚贞不屈,痛骂敌人无耻,没有吐露任何情况,最后被敌人杀害于六匡镇东市梢。

王 陈(1973.8—1998.6.25)

王陈,1973年8月出生,海门县海永乡沙南村2组(现海门市海永镇)人。1992年12月参加中国人民解放军,为步兵第80师通信营无线电连战士。入伍以后,王陈积极要求上进,多次被评为优秀士兵和优秀干部,1995年5月加入中国共产党,曾两次受嘉奖,在他牺牲前几天参加师组织的军事训练考核中,获得专业第一名;在连队当年总结民主评议党员中,以全票被评为优秀共产党员。

图9-1 王陈烈士照片 1995年摄

王陈自1997年7月任排长以后,心系战士、忘我工作,充分表现了一个共产党员的崇高风尚和优秀品质。他在日记中写道"在基层工作的岗位上,只有把战士时刻放在心坎上,把他们带好,才能完成党交给的任务"。王陈是这样说的,也是这样做的。他坚持把关心战士成长,帮助战士成才作为带兵准则。把培养"四有"军人作为带兵的出发点和落脚点,他用良好的形象和过硬本领,为部队建设做出了突出的贡献。王陈对战士思想上帮助,生活上关心,操父母之心,讲兄长之情,一点一滴地教他们怎样生活,怎样做人。有一姓吴战士,人称"无人理",被视为全连的"包袱",王陈向连长立下"军令状",一定要把这个战士带好。王陈处处以实际行动温暖他、感化他。训练场上,帮他运电台、背水壶;休息时间,找他谈心拉家常。小吴患病住院,就把病号饭送到床边,一口一口地喂他,还背他上厕所,帮他洗脏衣服,以真诚的爱渐渐地打动小吴的心。还从培养他学习军事技术的兴趣着手,给他讲无线电通信在未来战争中的作用,为他找来有关书籍阅读,使他悟出怎样活着才有意义。以后小吴立足本职求上进,全身心投入训练中,不到半年时间,就成为全连的业务尖子,被评为优秀战士。

王陈的助人为乐、时刻为人民利益而出力的事例不胜枚举。在组织的关怀、部队的教育熏陶下,王陈人生观、价值观不断得到升华。1998年4月13日,部队进驻革命老区河北省平山县东王坡村执行训练任务。6月25日傍晚,王陈在执勤中发现一个小孩不小心滑进下观水库中,孩子在水里一沉一浮,晃动着小手。王陈一边呼救一边奋不顾身地跳入水中,几经努力,终于将落水孩子托出水面,推上了岸。孩子得救了,王陈却沉入水中,光荣牺牲,年仅25岁。

王陈牺牲后,东坡村村委会代表乡亲们为王

陈给部队写请功信,落水孩子的父亲高树文特意制作“人民的好儿子王陈舍己救人英勇献身”的锦旗。王陈所在部队发出了向王陈同志学习的号召,某集团军委追记王陈一等功。1998 年 7 月 2 日,中国人民解放军总政治部批准王陈为革命烈士。1998 年 7 月 3 日,《解放军报》头版报道了王陈舍己救人的事迹。

第二章 镇内外贤达

第一节 在外乡贤

在外乡贤记入 2016 年前祖居海永镇或在海永工作过的在外工作副科职以上干部、中级专业人员和其他各条战线有一定影响的人士。

一、人物简介

薛林森 男,生于 1955 年 12 月,中共党员,海门市三厂镇人。1974 年 7 月三厂中学毕业,8 月,插场落户永隆沙良种场,1979 年 12 月上调回城,进南通第三棉纺厂工作。

在知青插场期间,先后任良种场知青一连七班班长、机耕连副连长、永隆沙中学教师。1980 年开始,任通棉三厂团委干事、团委书记。1984 年获南京大学自学考试党政管理专业毕业证书。1985 年任通棉三厂工会副主席、主席。1986 年获中国纺织大学函授党政管理专业毕业证书。1990 年任厂长办公室主任。1991 年参加南通党校中青年干部培训班学习。1992 年参加无锡管理干部培训班学习,获国务院大中型企业管理干部上岗证书。1993 年任南通大鹏集团副总经理。1994 年任通棉三厂副厂长。1996 年兼任南通新星公司董事长、总经理。1998 年 5 月任通棉三厂厂长。2003 年企业改制后加入华润纺织集团(央企),先后任华润大生纺织有限公司总经理,党委书记,华润纺织集团办公室副主任、陕西咸阳华润集团党委副书记。

薛林森在永隆沙良种场机耕连期间,与连队师傅同心协力,围垦造田,驾驶东方红 75 型履带式拖拉机,开垦芦荡滩涂近 200 公顷。1997—1998 年将天然彩色棉花引入海永,培育生长成功,并纺织成衣,投放市场。1999 年获江苏省新产品开发“金牛奖”。2000 年,在通棉三厂任职期间,全厂工业总产值、增加值、销售收入、利税均创企业历史之最。

邢汉城 男,生于 1955 年 12 月,大学文化,中共党员,副主任医师,空军上校军衔,海门市海永镇沙南村人。

1972 年入伍,1975 年 6 月入党,历任助理军医、军医、门诊部主任、内科主任。在军队工作期间,为部队的医疗卫生事业做出贡献,曾荣立二等功 1 次,三等功 1 次。

退休后,应聘为深圳市复亚医院、珠海市嘉济医院、东莞市瑞康医院医务处主任、医保办主任,为地方医疗事业再作重大贡献。

周 平 男,1962 年 9 月生,海门市海永镇沙南村人。1980 年 10 月应征入伍,在中国人民解放军 83149 部队一营服现役,任营部报务员。1983 年所在部队改编为中国人民武装警察安徽省总队一支队一大队,任大队部报务班班长。1983 年 8 月调入武警安徽省边防总队合肥机场安全检查站,任安全检查员。1984 年 10 月入党。1985 年 10 月参加武警安徽省总队教导大队学习。1986 年 6 月任武警合肥骆岗机场安全检查站书记,负责单位的文书、站部通讯班的管理、武器库的管理和部队通讯报道工作。1990 年 3 月调任武警安徽省总队警卫大队第三分队队长,负责分队的日常管理、训练和省主要领导的警卫工作。1992 年 10 月转业至中共安徽省委党史研究室工作,先后任宣传教育处副主任科员、主任科员。2003 年 8 月任宣传教育处副处长,2007 年主持宣传教育处工作,2010 年 10 月起先后任资信处调研员、处长兼《党史纵览》杂志社总编辑。先后在《人民日报》《解放军报》《安徽日报》《中共党史研究》《党史纵览》等国家级和省部级报刊发表文章 300 余篇,100 余万字;主编《毛泽东在安徽》《邓小平与安徽》《安徽中共党史人物传》(第 3、4、5、6、7 卷)、《军事上的安徽》《铁的新四军》《江淮英杰》《红色档案》等著作20余部。是安徽省中共党史学会第六、第七届理事会秘书长、安徽省社会科学届联合会第六届委员会委员。先后2次荣立三等功。

顾卫国 男，1964年9月生，中共党员，海门市海永镇永北村人。1983年10月入伍，在中国人民解放军37971部队当兵，历任排长、政治处干事、指导员、组织科干事、教导员、政治处主任、团政委、基地副政委（正团）等职，曾荣立三等功2次，嘉奖15次，发表海军基地建设有关文章5篇。2010年1月转业，任上海市宝山区政法委综治办主任，2016年任宝山区罗泾镇武装部长。同年被评为上海市先进代表。

黄国豪 男，1965年6月生，中共党员，大学文化，国家注册一级建造师，海门市海永镇永北村人。

1984年10月应征入伍，1987年11月加入中国共产党。历任中国人民解放军海军潜艇学院、38213部队、38204部队海军潜水员、司务长等职，1989年转业，在中国中铁大桥局集团第九工程公司工作。从事道路、桥梁工程建筑技术。期间，就读于武汉理工大学，获土木工程系、工商管理系双科毕业证书、学士学位。现任公司副总经济师。

在工作中，充分发挥自己的技术专长，创造多项先进的工程技术业绩，为祖国的道路、桥梁工程建设事业作出优异贡献。先后完成武汉长江二桥、汕头海湾大桥、梧州西江大桥、西陵长江大桥、粤海通道北港码头、长东黄河特大桥、菏日复线项目、青海马平高速、太原西北环汾河桥、山西禹门口黄河特大桥等有关项目工程的实施和先进工程技术的应用。在省以上有关专业刊物发表《桥梁施工质量控制及常见问题解决措施》《市政道路桥梁现场施工技术研究与应用》等论文多篇。曾被评为中铁大桥局优秀共产党员3次，中铁大桥局三公司优秀生产经营者1次，中铁大桥局优秀党务工作者4次。

顾青山 男，生于1972年11月，中共党员，海门市海永镇沙南村人。现任海门市社会科学界联合会主席。

1990年7月毕业于南通师范普师班，历任海门市实验小学教师、校长兼党支部书记、市委宣传部办公室主任、海门市文明办副主任、市政府教育督导室副主任等职。

顾青山在从事教育工作期间，热爱事业，勤于学习，善于思索，潜心专研教育业务，曾3次代表海门在南通市教学竞赛中获一等奖，10次在省“教海探航”征文大赛中获奖，其中4次获一等奖。在全国信息技术与学科整合优课评比中获得一等奖。先后参与和谐教育实验、小学数学学与教的研究、价值引领互动生成的课堂教学等多项省级教育科研项目的研究；参与《小学数学教学心理》《给校长的建议101》《小学班主任》等教育著作的编撰。在省级以上报刊发表文章80多篇，著有《十五级台阶—回首我的专业成长历程》，于2005年北京大学出版社出版。先后应邀赴北京、南京、上海、新疆等地讲学或上研究课。参加江苏省首批中小学校长赴英教育学习培训班。2006年11月，因工作需要调往宣传部门工作，参与并主持关于县域新型智库建设、未成年人文明礼仪养成教育等多项省级课题研究。

由于工作业绩显著，多次获得江苏省、南通市、海门市给予的荣誉称号，曾获得海门市“十大杰出青年”、海门市“人民最敬佩的校长”、海门市“专业技术拔尖人才”、海门市政府荣记三等功、南通市“新长征突击手”、南通市“学科带头人”、江苏省“优秀青年教师新秀”、江苏省优秀自学考试毕业生、江苏省“实施素质教育先进个人”荣誉。其先进事迹、科研成果曾在《新华日报》《光明日报》《江苏教育》等报刊作过多次报道。

朱丰慧 男，生于1975年3月，中共党员，中学高级教师，海门市海永镇沙南村人。

1995年7月，毕业于南通教育学院，2001年7月南京师范大学本科毕业，现任海门市东洲中学副校长、副书记、全国家庭教育高级指导师、江苏省音乐家协会会员、江苏省音乐教育学会会员、海门市音乐家协会副会长。

从教20多年，曾20多次执教国家级、省市级示范课、展示课、专题讲座等;7 次荣获南通市、海门市优课评比、基本功大赛一等奖;辅导四重唱《教我如何不想她》获得江苏省文艺会演第一名;8 次辅导大合唱、重唱获省市比赛一等奖;7 次辅导独唱获省市一等奖;10 次荣获南通市海门市演讲比赛第一名。辅导 60 多位考生录取中央音乐学院、上海音乐学院等名校。

在教育科研中,撰写《试论音乐教学的评课艺术》《琴音家长的角色定位》等多篇论文发表于国家级刊物《教育艺术》,《试论课外艺术教育对中学团队活动的影响》等多篇论文获省一等奖;参与编撰出版《海门山歌》《南通市德育活动课程》《音乐校本课程》;参与国家教委“九五”规划重点课题;参与江苏省教育科学规划“十五”“十一五”“十二五”“十三五”等多项立项课题;主持省级课题《淑女气质绅士风度微课程实践与研究》,以及多项市级课题的研究。2008—2011 年参与 4 届海门市教师节节目编导。其中主持 2 届教师节演出。2009 年主持全国新教育文艺演出。2010 年,主持上海世博会海门专场文艺演出,至 2011 年,连续 4 年参与组织南通市音乐年会。2012 年参与组织海门中学百年校庆文艺演出。

由于其从教多年,热心于音乐教育事业,成绩优秀,三次受到市政府嘉奖,曾被评为南通市优秀德育工作者、南通市艺术教育先进个人、海门市优秀教育工作者等荣誉。

黄　魏　男,生于 1975 年 5 月,中共党员,博士学位,副教授,海门市海永镇东西场大队人。

1996 年 7 月毕业于华中农业大学土壤与植物营养专业,学士学位。1996 年 9 月至 1999 年 7 月攻读研究生,获硕士学位。同年留校工作,从事土壤地理学、GIS 理论与模型、耕地地力评价等方面的教学科研工作。2002 年在浙江大学参加教育部骨干教师培训班学习。2004 年 5—8 月,赴新西兰林肯大学土壤中心进行 GIS 理论与土壤养分精确管理合作研究。2007 年参加中国农业信息工程中心的《3S 农业综合研究》高级研讨班。同年 9 月在职博士毕业。2008 年被聘为副教授。2009 年,国家公派到美国威斯康大学地理系访问学习一年。

在从事科学研究工作期间,由他主持研究的国家级科研项目有:国家自然科学基金会的“数字土壤制图中土壤—环境知识获取与融合”;国家支撑计划“3S 技术在农情监测与农业生产要素管理上的应用”;中国农科院数字土壤项目“数字土壤标准的审定”;农业部耕地地力评价项目“湖北省测土配方施肥效果评价”;国家重点研发计划“柑橘化肥农药减施增效信息系统数据及其管理项目”。参与研究国家“863”项目“基于低空遥感的农业管理技术研究”。在科研活动中先后撰写论文 12 篇,均发表于国家和院校有关科研杂志,科研成果“湖北省市县耕地质量调查评价和资源管理信息系统开发应用”获湖北省科技进步奖,排名第三。

徐李华　男,1976 年 10 月生,中共党员,在职研究生学历,海门市海永镇东西场大队人。

1995 年 9 月至 1999 年 4 月在扬州大学汉语言文学系学习,毕业后于 1999 年 8 月至 2005 年 4 月,任《中国禽业导刊》杂志社编辑部编辑、副主任。2005 年 5 月至 2008 年 5 月,任扬州市邗江区人民检察院研究室主任、办公室主任。2008 年 6 月至 2011 年 5 月,任扬州市人民检察院办公室副主任、干部处副处长。(2010 年至 2012 年,浙江大学法学院在职研究生学习)。2011 年 6 月,任扬州市法学会秘书长、扬州市委政法委法治处处长。

在从事基层法学理论研究和法治实务工作中,先后在《人民日报》《检察日报》《新华日报》《方圆法治》等报刊杂志刊登各类文章 60 余篇,参与合著《区域法治文化理论与探讨》《司法判例指导》丛书的撰写。执笔撰写论文获得 2012 年法治江苏建设高层论坛一等奖。被聘为江苏省地方法治研究会研究员,南京师范大学中国法治国情研究院特聘研究员,扬州大学法学院院外硕士生指导老师。

二、人物名录

海永镇在外乡贤一览

表 9－2

姓　名	性别	工作单位与职务
朱新飞	男	国家林业局、离退休干部局副局长
邢汉城	男	武汉 39435 部队卫生所所长（上校）
沈　华	男	南通市供电局党委书记
周　平	男	安徽省委党史办处长
顾卫国	男	上海市宝山区综治办主任（正团级）
黄　魏	男	华中农业大学资源环境学院博士、副教授
黄国豪	男	中铁大桥局国家注册一级建造师
黄国程	男	安徽省芜湖市物价局价检局局长
薛林森	男	华润大生纺织有限公司（央企）总经理、党委书记
徐李华	男	扬州市法学会秘书长、扬州市委政法委法治处处长
顾青山	男	海门市社科联主席兼市政府教育督导室副主任
朱丰慧	男	海门市东洲中学副校长、副书记
陆金华	男	海门市三星中心小学校长、党支部书记
蔡忠平	男	上海市长宁区教育学院干训部主任
姜　美	女	上海市长宁区业余大学教育部主任；副教授
曹爱娟	女	北京中科院高等物理研究所工程师
张　毅	男	云南边防总队边防派出所教导员（少校）
钱　锐	男	海门工业园区安监局局长
秦风雷	男	海门市政府办公室副主任

第二节　镇内贤达

镇内贤达，列表记入 2016 年之前在海永镇工作过的，现已调动、提拔在海门市内其他乡镇和部门、单位工作的副科职以上干部，中级以上职称专业技术人员，中教一级、小学高级教师。

副科职以上干部名录

表 9－3

姓　名	性别	工作单位与职务
张建勤	男	永隆沙良种场党支部书记
朱拯国	男	永隆沙良种场党支部支委
樊发春	男	永隆沙良种场人武部部长

续表

姓　名	性别	工作单位与职务
杨建林	男	海永乡人大副主席
陆松云	男	永隆沙良种场支部书记
江振峰	男	永隆沙良种场支部副书记
施志良	男	永隆沙良种场支部组织委员
施乐之	男	永隆沙良种场总支书记
张家成	男	永隆沙良种场总支副书记
朱学文	男	永隆沙良种场副场长
陆尚礼	男	永隆沙良种场总支副书记
陈国丰	男	永隆沙良种场总支副书记、副场长
薛玉辉	男	永隆沙良种场总支组织委员
陈范祖	男	永隆沙良种场副场长
叶守斌	男	永隆沙良种场总支副书记
叶　鹰	男	永隆沙良种场党委书记
顾善忠	男	海永乡党委书记
蔡学新	男	海永乡乡长
张品山	男	海永乡党委副书记、乡长
王志兵	男	海永乡乡长助理
黄启明	男	海永乡人武部长
陈胜忠	男	永隆沙良种场场长助理
方振环	男	海永乡人武部长
周士新	男	海永乡乡长助理
陆志平	男	海永乡人武部部长
汤华西	男	海永乡党委副书记
陶兰春	男	海永乡党委书记
韩亚生	男	海永乡副乡长
胡　兵	男	海永乡党委副书记
汤伟韬	女	海永乡党委宣传委员
顾锦玉	女	海永乡党委组织委员
张　健	男	海永乡党委书记
邱鹏生	男	海永乡党委副书记、人大主席
施卫东	男	海永乡乡长助理
丁　成	男	海永乡党委副书记、乡长
陆金田	男	海永乡党委副书记
奚东浩	男	海永乡组织委员人武部长
王永伟	男	海永乡党委副书记
李　勇	男	海永乡党委副书记乡长
曹卫忠	男	海永乡副乡长

续表

姓　名	性别	工作单位与职务
徐　赟	男	海永乡党委副书记、乡长
俞　军	男	海永乡党委副书记、乡长
王　帆	男	海永乡党委书记
彭　浩	男	海永乡党委副书记、乡长
徐秋华	男	海永镇党委书记
黄　华	男	海永镇党委副书记
邱振权	男	海永镇政府协理员
杜　琴	女	海永镇党委组织委员
陆美英	女	海永镇人大副主席
黄海华	男	海永镇副镇长
徐　勇	男	海永镇副镇长、人武部长
吴田强	男	海永镇人大主席
庞道义	男	海永镇副镇长
顾宏图	男	海永镇副镇长

中级以上职称专业技术人员名录

表 9－4

姓　名	性别	工作单位与职称
陈范祖	男	永隆沙良种场高级农艺师
卢君佳	男	永隆沙良种场高级农艺师
吴一统	男	永隆沙良种场高级农艺师
陈国丰	男	海永乡农艺师
陈警钟	男	海永乡农艺师
胡　兵	男	海永乡经济师
朱秉连	男	海永乡注册会计师
胡天颖	女	海永镇高级农经师、农艺师
邱振权	男	海永乡高级经济师、工程师

中教一级、小学高级教师名录

表 9－5

姓　名	性别	工作单位与职务
顾帮道	男	海永乡海永学校小学教师
顾品成	男	海永乡海永学校小学教师
蒋正和	男	海永乡永北小学校长
张　良	男	海永乡海永中心小学校长
吴佩珍	女	海永乡海永中心小学教师

续表

姓　名	性别	工作单位与职务
沈红星	男	海永镇海永学校副校长
王雪祥	男	海永镇海永学校教师
袁红健	男	海永镇海永学校教导主任
徐国洪	男	永隆沙良种场小学校长
倪振浩	女	海永乡海永学校教师
王　红	女	海永乡海永学校教师
江宇红	女	海永乡海永学校教师
印忠旗	男	海永乡永西小学校长
徐锦新	男	永隆沙良种场中学校长党支部书记
黄建新	男	海永乡海永学校教师
张泉森	男	海永镇海永学校校长
蔡丽娟	女	海永乡成教中心校长
余寿良	男	海永镇学校党支部书记
施建兵	男	海永镇海永学校总务主任
崔建标	男	海永镇海永学校教师
倪泉敏	男	海永镇海永学校副校长
李　华	女	海永镇海永学校教师
倪　陈	女	海永镇海永学校政教主任
陈红梅	女	海永镇海永学校教师

第三章　劳动模范先进人物

本章表录海永镇(乡、场)历年受表彰的所有劳动模范,受南通市及以上表彰的先进人物,受海门市(县)委、政府表彰的先进人物。以时间先后为序排列。

海永镇(场、乡)劳动模范表录

表9－6

姓　名	性别	工作单位、职务	荣誉称号	表彰时间
江志安	男	永隆沙良种场东场大队大队长	海门县劳动模范	1977
江志安	男	永隆沙良种场东场大队大队长	海门县劳动模范	1980
张允林	男	永隆沙良种场西场大队生产队长	海门县劳动模范	1981
张　健	男	海永乡党委书记	南通市劳动模范	2001
赵银涛	男	海永乡东西场大队养殖户	南通市劳动模范	2008
陆美英	女	海永乡人大副主席	海门市劳动模范	2013
印祖达	男	海永镇环卫所职工	海门市劳动模范	2016

1988—2015年海永镇(乡、场)获南通市及以上表彰先进人物一览

表9－7

姓　名	性别	工作单位职务	荣誉称号	表彰时间
陈警钟	男	永隆沙良种场农技站技术员	农牧渔业部、荣誉证书	—
陈警钟	男	永隆沙良种场农技站技术员	南通市杂交玉米制种技术推广应用四等奖	1988
陈范祖	男	永隆沙良种场农科所负责人	南通市杂交玉米制种技术推广应用四等奖	1988
吴一统	男	永隆沙良种场农技站站长	南通市杂交玉米制种技术推广应用四等奖	1988
陈范祖	男	永隆沙良种场农科所	南通市蚕豆提纯复壮科技论文四等奖	1989
陈国丰	男	永隆沙良种场副场长	江苏省第四次人口普查先进工作者	1990
陈国丰	男	永隆沙良种场副场长	南通市抗洪救灾积极分子	1991
陈警钟	男	永隆沙良种场农技站站长	农牧渔业部荣誉证书	1991
陈国丰	男	永隆沙良种场副场长	南通市第四次人口普查先进个人	1991
陈警钟	男	永隆沙良种场农技站站长	南通市蚕豆品比试验三等奖	1993
江振贤	男	海永乡农业服务站站长	南通市优秀共产党员	1996
张品山	男	海永乡副乡长	南通市第一次农业普查先进个人	1997
张品山	男	海永乡副乡长	南通市防汛抗洪先进个人	1997
沈志敏	男	海永乡文化站站长	南通市优秀共产党员	2000
陆美英	女	海永乡永北村支部书记	南通市“十五”期间人口与计划生育先进个人	2006
陆美英	女	海永乡永北村支部书记	“传递‘飞地’百姓呼声”论文南通市一等奖	2006
张泉森	男	海永学校校长	南通市优秀教育工作者	2009
钱卫华	女	海永乡沙南村会计	南通市民政系统人民满意先进个人	2010
陆美英	女	海永乡妇联计划生育、计生干部	南通市“十一五”期间人口和计生工作先进个人	2011
陆美英	女	海永乡永北村支部书记	南通市农业科技推广三等奖	2012
胡天颖	女	海永乡农水站站长	南通市农村青年致富带头人	2013
张品山	男	海永乡老干部支部书记	2009—2014南通市关心下一代“双优双先”先进个人国家人口和计划生育荣誉证书	2014
陆美英	女	海永乡计生服务站站长	国家人口和计划生育荣誉证书	2014
黄　英	女	海永乡联合企业支部书记	全国工会财会知识竞赛三等奖	2015
钱卫华	女	海永乡沙南村会计	南通市“三资管理”先进个人	2015

1978—2015年海永镇(乡、场)获海门市委、市政府表彰先进个人

表9－8

姓　名	性别	工作单位职务	荣誉称号	表彰时间
张品山	男	永隆沙农场西场大队大队长	农业先进个人	1978
张品山	男	永隆沙农场西场大队大队长	先进个人	1980
朱亚兴	男	向华大队书部书记	先进工作者	1980
倪宝林	男	永西村支部书记	先进工作者	1980
唐善祥	男	沙南村支部书记	先进工作者	1980

续表

姓　名	性别	工作单位职务	荣誉称号	表彰时间
沈祝兵	男	永隆沙农场印花厂厂长	先进工作者	1980
陈范祖	男	永隆沙农场农技员	先进工作者	1980
张品山	男	永隆沙农场西场大队大队长	先进工作者	1980
张云林	男	永隆沙农场东场大队	先进个人	1982
朱亚兴	男	向华大队支部书记	先进个人	1982
黄汉如	男	永北大队	先进个人	1982
陆建英	女	永隆沙棉纺厂	先进个人	1982
郁其清	男	永隆沙农场印刷厂	先进个人	1982
沙体汉	男	沙南村支部书记	先进个人	1982
王德钧	男	海永乡政府统计	第三次全国人口普查先进个人	1982
杨永新	男	永隆沙农场永北村生产队长	两个文明先进个人	1983
沈永新	男	永隆沙农场西场大队机师	两个文明先进个人	1983
杨汉周	男	永隆沙农场东场大队队长	农业先进个人	1983
陈维康	男	西场大队三队队长	精神文明先进个人	1983
赵锦芳	女	永西大队妇女主任	计生先进个人	1983
郁志新	男	永北村支部书记	退位军人先进个人	1984
陈警钟	男	永隆沙农场农技员	制种玉米推广应用三等奖	1988
张品山	男	东西场大队支部书记	水稻丰产方三等奖	1991
陈国丰	男	永隆沙农场副场长	制种玉米科学技术进步奖	1990
陈警钟	男	永隆沙农场农技员	水稻百亩丰产方三等奖	1991
陈警钟	男	永隆沙农场农技员	水稻丰产方三等奖	1992
张品山	男	东西场大队党支部书记	优秀共产党员	1991
张品山	男	东西场大队党支部书记	水稻丰产方三等奖	1992
陈国丰	男	永隆沙农场副场长	水稻丰产方三等奖	1992
陈国丰	男	永隆沙农场副场长	先进工作者	1992
陆美英	女	永西村支部书记	优秀共产党员	1992
顾邦道	男	海永学校教师	先进个人	1993
张品山	男	海永乡副乡长	先进工作者	1992
胡　兵	男	海永乡农技员	先进个人	1992
朱亚兴	男	海永乡建材厂厂长	先进个人	1992
陈警钟	男	海永乡助理农艺师	优秀工作者	1993
陈警钟	男	海永乡助理农艺师	棉花高产三等奖	1994
陈警钟	男	海永乡助理农艺师	棉花 100 工程二等奖	1994
张品山	男	海永乡副乡长	棉花高产三等奖	1994
顾善忠	男	海永乡党委书记	企业改制先进个人	1995
樊祥明	男	海永乡司法所所长	社会养老保险先进个人	1995

续表

姓　名	性别	工作单位职务	荣誉称号	表彰时间
徐锦元	男	海永乡个体劳协主任	先进个人	1995
张品山	男	海永乡副乡长	“棉花 100 工程”二等奖	1995
陈国丰	男	永隆沙良种场副场长	社会综合治理先进个人	1995
沈永新	男	海永乡西场大队	多种经营先进个人	1996
朱亚兴	男	海永乡建材厂厂长	先进个人	1996
顾善忠	男	海永乡党委书记	先进个人	1996
张品山	男	海永乡副乡长	“棉花 100 工程”二等奖	1996
江振贤	男	海永乡农业服务站站长	优秀共产党员	1996
陆美英	女	永北村支部书记	计划生育先进个人	1996
顾永平	男	海永乡西场大队	多种经营现金个人	1996
张品山	男	海永乡副乡长	小麦丰产方二等奖	1997
张品山	男	海永乡副乡长	获人民政府嘉奖	1997
张品山	男	海永乡副乡长	获市委嘉奖	1998
顾锦玉	女	海永乡棉纺厂支部书记	先进个人	1997
邢卫东	男	海永学校教师	先进个人	1997
顾帮道	男	海永小学教师	先进个人	1997
唐德冲	男	海永乡建材厂	先进个人	1997
陈文平	男	海永乡自行车配件厂厂长	先进个人	1997
徐永玉	女	海永乡棉纺厂工人	先进个人	1997
顾锦玉	女	海永乡组织干事	嘉奖	1998
施汉平	男	海永乡成教副校长	先进个人	1998
杨　健	男	永北村支部书记	先进个人	1998
江志安	男	东西场大队支部书记	先进个人	1998
陆美英	女	永西村支部书记	先进个人	1998
顾锦玉	女	海永乡组织干事	先进个人	1999
张泉森	男	海永学校校长	先进个人	1999
徐信良	男	海永医院院长	先进个人	1999
陆美英	女	永北村支部书记	优秀共产党员	1999
唐善祥	男	海永乡建材厂支部书记	优秀党务工作者	2000
沈红星	男	海永学校教导主任	先进个人	2000
吴佩珍	女	海永学校教师	先进个人	2000
江志安	男	东西场大队支部书记	优秀共产党员	2002
张泉森	男	海永学校校长	嘉奖	2000
黄　英	女	东西场大队总账会计	计划生育先进个人	2001
江志安	男	东西场大队支部书记	“防非典”先进个人	2003
施汉平	男	乡成教中心副校长	“防非典”先进个人	2003

续表

姓 名	性别	工作单位职务	荣誉称号	表彰时间
陆美英	女	永北村支部书记	“防非典”先进个人	2003
张元兵	男	沙南村支部书记	“防非典”先进个人	2003
倪国新	男	海永派出所支部书记	“防非典”先进个人	2003
倪国新	男	海永派出所支部书记	优秀共产党员	2003
奚东浩	男	海永乡人武部长	先进个人	2004
张泉森	男	海永学校校长	先进个人	2004
陈红梅	女	海永学校教师	先进个人	2004
邱鹏生	男	海永乡党委副书记	平安创建先进个人	2004
冯 岐	男	海永并线厂厂长	优秀共产党员	2004
陈国丰	男	老干部支部书记	先进个人	2005
俞 军	男	海永乡纪委书记	优秀党务工作者	2005
陆美英	女	永北村支部书记	优秀共产党员	2005
黄海华	男	农经站会计	优秀共产党员	2005
邱鹏生	男	党委副书记	四五普法先进个人	2006
邱鹏生	男	党委副书记	综合治理先进个人	2006
张洪飞	男	海永乡安全生产办公室	先进个人	2006
范钰桦	女	海永学校教师	先进个人	2006
施建兵	男	海永学校教师	先进个人	2006
张泉森	男	海永学校校长	先进个人	2006
蔡振华	男	海永学校教师	先进个人	2006
奚东浩	男	海永乡人武部长	先进个人	2006
吴玉珍	女	沙南村支部书记	十佳妇女	2006
张 健	男	海永乡党委书记	年度优秀奖	2006
丁 成	男	海永乡乡长	年度优秀奖	2006
陈文平	男	乡企业管理站站长	优秀共产党员	2006
陆水强	男	海永乡派出所	年度优秀奖	2006
倪国新	男	海永乡派出所所长	三等功	2007
奚东浩	男	海永乡组织委员	三等功	2007
黄海华	男	海永乡农经站站长	三等功	2007
陆美英	女	永北村支部书记	优秀共产党员	2007
张泉森	男	海永学校校长	嘉奖	2007
钱卫华	女	永北村会计	“人民满意”先进个人	2008
江志安	男	东西场大队党支部书记	优秀共产党员	2008
金宴峰	男	海永乡司法所所长	“人民满意”政法干部	2008
陆美英	女	永北村支部书记	优秀共产党员	2008
陆美英	女	海永乡计生办	人口与计划生育先进个人	2008

续表

姓　名	性别	工作单位职务	荣誉称号	表彰时间
张泉森	男	海永学校校长	嘉奖	2008
徐　健	男	海永乡土管所所长	先进个人	2009
金宴峰	男	海永乡司法所所长	先进个人	2009
黄海华	男	农经站站长	先进个人	2009
倪国新	男	海永乡派出所支部书记	先进个人	2009
张　健	男	海永乡党委书记	先进个人	2009
李　勇	男	海永乡乡长	先进个人	2009
张泉森	男	海永学校校长	嘉奖	2009
袁红健	男	海永学校教师	先进个人	2009
倪泉敏	男	海永学校教师	先进个人	2009
黎莹丹	女	海永学校教师	先进个人	2009
江志安	男	东西场大队支部书记	优秀共产党员	2010
陈国丰	男	老干部支部书记	关心下一代先进个人	2009
沈红星	男	海永学校副校长	嘉奖	2010
刘永月	女	海永学校教师	嘉奖	2010
张洪飞	男	海永乡安全生产	先进个人	2010
倪泉敏	男	海永学校教师	嘉奖	2010
黄红伟	女	海永乡秘书	嘉奖	2010
唐　军	男	海永乡派出所	嘉奖	2010
黄海华	男	海永乡农经站站长	三等功	2010
李　勇	男	海永乡乡长	三等功	2010
林　敏	女	永北村会计	优秀妇代会主任	2010
陈银华	女	海永医院副院长	优秀个人	2011
江宇红	女	海永学校教师	优秀个人	2011
倪　陈	女	海永学校教师	嘉奖	2011
陈丹丹	女	海永学校教师	嘉奖	2011
潘秋梅	女	农技站站长	嘉奖	2011
陆美英	女	海永乡乡长助理	优秀共产党员	2011
宋家驹	男	海永乡兽医站	优秀个人	2011
金宴峰	男	海永乡政法办	嘉奖	2011
张　健	男	海永乡党委书记	三等功	2011
徐　赟	男	海永乡乡长	三等功	2011
张品山	男	老干部支部书记	优秀离退休干部	2011
金宴峰	男	海永乡政法办	优秀共产党员	2012
林　敏	女	永北村会计	第六次全国人口普查先进个人	2012
林　敏	女	永北村会计	人口与计划生育先进个人	2012

续表

姓 名	性别	工作单位职务	荣誉称号	表彰时间
倪国新	男	海永乡派出所支部书记	三等功	2012
奚东浩	男	海永乡人武部部长	三等功	2012
黄海华	男	海永乡农经站	三等功	2012
张泉森	男	海永学校校长	三等功	2012
蔡振华	男	海永学校教师	三等功	2012
江宇红	女	海永学校教师	嘉奖	2012
陈银华	女	海永医院副院长	嘉奖	2012
蔡丽娟	女	成教中心副校长	优秀人员	2012
施建兵	男	海永学校教师	优秀人员	2012
金宴峰	男	海永司法所所长	嘉奖	2012
余寿良	男	海永学校支部书记	嘉奖	2012
黄晓娟	女	海永学校教师	嘉奖	2012
倪国新	男	海永乡派出所所长	嘉奖	2012
张品山	男	老干部支部书记	关心下一代先进个人	2012
陈银华	男	海永医院副院长	嘉奖	2012
俞 军	男	海永乡副乡长	嘉奖	2012
金宴峰	男	海永乡司法所	优秀共产党员	2012
刘 杰	男	联想社区支部书记	优秀共产党员	2013
刘 杰	男	海永乡选聘大学生村官	三等奖	2013
林 敏	女	永北村会计	优秀民政协理员	2013
潘秋梅	女	海永乡党务办	三等功	2013
金宴峰	男	海永乡政法办	三等功	2013
倪振浩	男	海永学校教师	嘉奖	2013
黄晓娟	女	海永学校教师	嘉奖	2013
邱晶晶	女	海永学校教师	嘉奖	2013
胡天颖	女	海永乡农水办	嘉奖	2014
范钰桦	女	海永乡招商办主任	嘉奖	2014
任海健	男	海永乡农技站	嘉奖	2014
龚军华	男	海永乡规划办	嘉奖	2014
唐 军	男	海永乡派出所	嘉奖	2014
金宴峰	男	海永乡政法办	嘉奖	2014
陈银华	女	海永医院副院长	三等功	2014
鲁 宇	男	海永乡财政所长	三等功	2014
王 帆	男	海永乡党委书记	三等功	2014
彭 皓	男	海永乡乡长	三等功	2014
龚 英	女	海永学校教师	嘉奖	2014

续表

姓　名	性别	工作单位职务	荣誉称号	表彰时间
刘永月	女	海永学校教师	嘉奖	2014
袁红健	男	海永学校教师	嘉奖	2014
林　敏	女	永北村会计	优秀妇代会主任	2014
杜　琴	女	海永镇组织委员	优秀党务工作者	2014
黄红伟	男	海永镇秘书	优秀共产党员	2014
王　帆	男	海永镇党委书记	三等功	2015
俞　军	男	海永镇镇长	三等功	2015
黄　华	男	海永镇副书记	嘉奖	2015
金宴峰	男	海永镇政法办	嘉奖	2015
李　操	男	海永镇党务办	嘉奖	2015
唐　军	男	海永镇派出所	嘉奖	2015
黄红伟	女	海永镇秘书	嘉奖	2015
范钰桦	女	海永镇招商办	嘉奖	2015
潘秋梅	女	海永镇个私办	嘉奖	2015
林　敏	女	海永镇永北村	平安家庭示范户	2015
张泉森	男	海永学校校长	嘉奖	2015
潘秋梅	女	海永镇企业服务中心	优秀共产党员	2015
龚凤凤	女	海永学校教师	嘉奖	2015
陈丹丹	女	海永学校教师	嘉奖	2015
袁海燕	女	海永学校教师	嘉奖	2015
蔡丽娟	女	海永成教副校长	嘉奖	2015
陈银华	女	海永医院副院长	嘉奖	2015
杜　琴	女	海永镇组织委员	优秀党务工作者	2016
徐秋华	男	海永镇党委书记	三等功	2016
俞　军	男	海永镇镇长	三等功	2016
黄　华	男	海永镇副书记	三等功	2016
杜　琴	女	海永镇组织委员	嘉奖	2016
龚军华	男	海永镇政法办	嘉奖	2016
黄红伟	女	海永镇秘书	嘉奖	2016
范钰桦	女	海永镇副镇长	嘉奖	2016
潘秋梅	女	海永镇企业服务中心	优秀共产党员	2016
倪泉敏	男	海永学校教师	嘉奖	2016
陈丹丹	女	海永学校教师	嘉奖	2016
施沈灵	男	海永学校教师	嘉奖	2016
林　敏	女	永北村会计	“三资管理”先进个人	2016
张泉森	男	海门市海永学校校长	嘉奖	2016

第十篇　丛　　录

海永镇从围垦建场到建乡、建镇期间，党组织、政府在经济建设、社会事业等方面形成许多请示、报告、决议、规定、办法、意见和上级的批复、决定等重要文献，本篇选录部分编入；在围垦中形成的与兄弟县市边界协议、向上报告、上级批复及有关文书编入选辑，并表录历年获得海门市以上集体荣誉，以充分发挥镇志的存史价值。

第一章　重要文献

江苏省海门县革命委员会关于兴办永隆沙围垦工程的请示报告

(69)海革第2252号

南通专区革命委员会：

在党的“九大”团结、胜利旗帜的光辉照耀下，全县人民发扬了艰苦奋斗的革命精神，夺取了革命、生产的新胜利，现在正以跃进的姿态跨进一九七〇年。为了坚决贯彻执行伟大领袖毛主席“备战、备荒、为人民”和“抓革命，促生产，促工作，促战备”的伟大战略思想，落实毛主席“农业学大寨”的伟大号召和“独立自主，自力更生”的方针，全县革命干群意气风发，斗志昂扬，决心向荒滩海岛进军，与江海争田，向荒滩争粮夺棉，支援我国社会主义革命和建设，支援世界革命，为伟大领袖毛主席争光，为伟大社会主义祖国争光。经本委研究，决定兴办永隆沙围垦工程。

永隆沙位于长江口，南边约隔六百米夹江就是崇明县，北边约隔五千米夹江是我县临江公社。该岛形成时间约为四十年左右，东西长，南北窄，面积达一万八千亩左右，原来生长芦苇柴草。地形高度吴淞基点四米至五米，岛两侧长江受潮汐影响，最高潮位五点七米，最低潮位负零点二米以下，最大流速三点五米。该岛早已露出长江水面，比我县临江公社还高，围垦后并不影响长江引洪和岛附近潮汐情况的变化。

永隆沙岛由启东、海门两县分别围垦，启东已于去年在岛东中部围垦六千九百亩，我县范围尚有五千五百亩左右，地形高度四点二米至四点九米，西端土质较软，目前可围二千三百亩。

永隆沙围垦工程包括江堤、泯沟、一点二米圆涵一座、人行桥三座，全部工程土方约二十八万公方。长江江堤标准顶高七点三米，顶宽三米，内坡一比二，外坡一比三。需投资经费十五万元，由县财政拨款。需主要材料水泥四十吨、木材十五立方米、钢筋五吨，需补助粮食十二万斤。

永隆沙围垦工程动员树勋、平山、秀山、新海、天补五个公社四千人施工。土方工程十一月上中旬开工，年内可竣工。建筑物工程明春建造。同时建场垦植，繁殖良种，当年即有收益。

以上报告，如无不当，请即转报省革委会审查批准。

附工程平面示意图。

江苏省海门县革命委员会(章)
一九六九年十月二十九日

江苏省革命委员会水电局
关于海门县兴办永隆沙围垦工程的复函

(69)水电字第036号

南通专区革委会生产指挥组:

你组转报海门县革委会"关于兴办永隆沙围垦工程的请示报告",由省革委会生产指挥组交我局办理,经研究,同意海门县在永隆沙围垦土地两千三百亩,作为繁殖良种基地,永隆沙围堤标准应与启东县已围部分相同,但围垦后如遇大洪水年份影响行洪时仍应服从行洪的需要。该项工程所需经费、器材由海门县自力更生自行安排解决。

江苏省革命委员会水电局(章)

一九六九年十一月十六日

海门县永隆沙良种场关于场带队
几个问题的报告

县委、县农办:

为了全面落实抓纲治国的战略决策,努力完成华主席提出的四项战斗任务,搞好场带队工作,向高标准的大寨式单位进军。我们组织了人员进行调查摸底,召开各种座谈会,初步了解情况。

我场和三个垦区总人口4676人,1045户(不包括我场合同工、临时工和海门砖瓦厂职工);总面积7973平方公里,总耕地面积达6512.18亩;共有党员111人,团员260人,全劳力2688个,半劳力206个,无劳力1708个,详细情况如下:

农场情况,在县委和农办的正确领导下,各项事业蓬勃发展,土地逐年扩大,人口不断增加,一切从无到有,从小到大,把荒滩芦荡变成了繁殖良种的基地,为兄弟单位提供了一定的良种。现有总人口1130人(不包括合同工和临时工),其中知青450人,总面积3166.76亩,可耕地面积2552.02亩,一个党支部,包括临时关系在内36名党员,一个团总支,八个团支部,189名团员,有民兵营,一个武装排,有36支枪,有医院、供销社、银行、粮站、邮电、广播、小学、初中,还有农机厂、棉纺厂、交管站等。夏熟大麦729.4亩,蚕豆421.9亩,绿肥1128.2亩,甜菜25亩,饲料田71.52亩,菜园田76亩,秋熟玉米1556.1亩,棉花305.5亩,圣麻306.6亩,西瓜135.3亩,还有甜菜、饲料、菜园地与夏熟亩数相同。

四甲垦区由平山、瑞祥、国强、树勋、四甲、王浩、新建七个公社迁过来的有306户,1111人,有党员25人,团员23名。已建房屋62间,准备建房屋87间,总面积1996.68亩,可耕田面积1611.44亩,夏熟元麦341亩,大麦401亩,小麦103亩,蚕豆360亩,冬闲田365.69亩,饲料田45亩,菜园田95.75亩,秋熟玉米415.45亩,棉花1019.24亩,大麦146亩,薄荷15亩,饲料田面积与夏熟相同。有手扶拖拉机5台,粉碎机1台,医务室1间,赤脚医生1名,教室2间,教师3名,学生150名左右。

三厂垦区由厂洪、大新、常乐三个公社迁来的284户,总人口1106人,有党员17名,团员14人,已建房屋357间,准备建房371间,总面积1244.7亩可耕地874.29亩,夏熟大麦222.82亩,蚕豆247.53亩,冬闲田327.34亩,饲料田10亩,菜园地66.6亩,秋熟棉花1186.93亩,菜园地123.5亩,饲料田64亩,有手扶拖拉机1台,赤脚医生1名。

悦来垦区由临江、悦来、三阳、六匡、海洪、万年六个公社迁来的有290户,1239人,党员33名,团员34人,已建房屋356间,准备建房418间,总面积1585.58亩,可耕地1374.43亩,夏熟大麦489.83亩,蚕豆40亩,冬闲田657.1亩,饲料田64亩,菜园田123.5亩,秋熟棉花1186.93亩,饲料田、菜园田与夏熟相同。有手扶拖拉机3台,粉碎机1台,借房供销点1个,赤脚医生2名。无教室(借房),有2名教师,75名学生。

为了搞好场带队工作,现将亟待解决的几个问题报告如下:

一、吃粮问题

三个垦区的群众说,玉米等口粮从北边带来吃,等于买高价粮吃,来回代价大,要求场内供应。我场、垦区和海门砖瓦厂等单位将近6500人,目前粮站只有2名工作人员,100平方米仓库，要切实解决口粮供应，还要增加3名工作员，建办可存放100万斤粮食的仓库，其中40万斤作为周转粮，60万斤作为备用粮，因为地处江心小岛，没有库存备用粮不行，这样以50平方米仓库可存放8万斤粮计算，还需要扩建500平方米仓库，包括目前在内要占用耕地面积10亩，方可解决口粮供应问题。

二、烧柴问题

我场过去人少地多，烧柴足足有余，自从75年围垦以来，变成一直处在紧张状态之中，我场现有九个集体食堂，目前柴草即将耗尽，又无柴源可控（急迫解决生活用燃料，另写报告。），三个垦区同样有此反映，贫下中农说每年要缺少3—4个月的烧柴。我们除了加强教育节约用柴草之外，每年应考虑供应一部分煤炭，不然生活燃料也成问题。

三、供销社问题

我场和垦区现有两个供销点，随着事业的发展，人口的增多，生产和生活的需要，尤其是垦区困难甚大，化肥农药从北边运来，一则代价大，浪费多，二则耽误农时，影响生产，为此迫切要求单独建立供销社，以保证供应生产资料和生活资料之需。

四、学校问题

由于垦区人口迅速增加，我场学校压力很大。我场学校共有14个班级，其中小学1—5年级学生520人，11个班级，初一、初二学生138人，3个班级，目前包括四甲垦区共有10个教室，2间办公室，23名教师。在垦区还有200名学生无处上学，家长呼声很大，而且下学期还要由14个班级增加到18个班级，学生数由900人增加到1000多人，今年还有初中毕业生53人，明年毕业120多人，就势必要办高中。因此，还要增加教职员工13人，教室18间，办公室2间，活动室2间，仪器室1间，教工宿舍10间，厨房2间，课桌450张等师资和设备，以满足贫下中农子女上学的需要。

五、医疗问题

我场医院现有8名医务人员，各连有1名卫生员，但垦区赤脚医生配备不齐，四甲、三厂垦区各有1名赤脚医生，悦来垦区有2名赤脚医生对迁来垦区尚犹豫不决。三个垦区16个公社，各公社应配备2名卫生员（一男一女），各垦区应配备两名赤医（一男一女）。我场交通不便，医疗设备务必配备齐全一些，极为重要，因此要求解决200毫安X光机（包括拍片设备在内）一架，约15000元；超声波一架，3000元；心电图一架，1500元；万能手术床一张，1270元；产床一张，650元；无影灯一盏，300元；电冰箱一只，1100元；水浴箱一只，300元；干燥箱一只，300元；恒温箱一只400元，光电比色计1架330元，电动离心器一台180元；铁床（病床）15张，900元；药壶箱15张，300元；立式高压消毒锅一只，1000元；合计人民币26530元。

六、广播问题

我场现有扩大机只有300W，已勉强解决了场内和悦来垦区广播问题。还有三厂、四甲垦区10公社迁移户长期听不到广播，群众有意见。要解决这个问题，必须增加1台扩大机550W，12只高音喇叭，500公斤铁丝，200支毛竹，至于通讯联系，还需解决一套载波器，上述共需5000元。此事过去已有过报告。

七、银行问题

我场银行现有3名人员，为了满足群众的需要，还要办一个信用社，增加3名人员，砌2间房子50平方米。

八、退回四类分子问题

我场和垦区均是新办单位，各方面困难较多，现阶段成分应当纯洁一些，但经调查，已发现有些社队将四类分子迁来垦区。如国强公社宏伟大队瞿金凤，女，72岁，地主分子，万年公社安林大队陈瑞福，男，54岁，富农分子、历史反革命分子，厂洪廿一队倪帮英，男，55岁，劳改释放犯，历史反革命分子，还有六匡公社施锦昌，男，48岁，劳教犯等。对这些四类分子要求全部退回原社队，以利于当地群众监管改造。

九、防涝排水问题

三厂和四甲两个垦区，四周堤岸，缺防涝排水系统，如连续暴雨，生产无保证，生活影响，应予解决水的出路问题。

十、组织领导问题

对此三个垦区还不够明确，特别是三厂垦区，处在各自为政、无统一领导的状态，要真正把垦区抓好带好，应从速做到组织落实，思想落实，人员落实。这问题不解决不行。

上述问题,请县委、县农办研究解决。

附人口、土地等调查统计表。

此礼

海门县永隆沙良种场(章)
一九七七年四月廿四日

海门县永隆沙良种场叶鹰同志在农场经济发展座谈会上的发言

一九八九年五月五日

各位首长,各位来宾,同志们:

我们永隆沙良种场在围垦建场前,是长江中的一个小沙洲。该沙原在启东县永隆港外口,故称永隆沙。由于江海变迁,西涨东塌,沙洲逐渐西移,我县财政局早就对永隆沙进行管理。当时主要是种青收芦草。范成全同志就是这段历史的见证人。一九六八年,位于启东县部分开始围垦,现就是启东县良种繁育场,是我们的兄弟单位。一九六九年冬,海门县开始组织围垦,江志成、范成全同志就是具体的组织领导者之一。一九七〇年初,县委派张建勤同志来场。于一九七〇年四月正式组建党支部时,任支部书记,领导农场的生产建设。经一九七一、七四、七五、七六年的扩围,一九七五年、七六年春,与崇明县连接。永隆沙基本形成今天的样子。长征农场、崇明合作副业场是我们的友好邻居。至今,永隆沙围垦已近二十年。明年春是正式建场二十周年纪念。届时我们将欢迎各位来看看。为了写好农场二十年的发展史,绘好永隆沙良种场这一蓝图,并为农场老领导、老同志创造一个聚会的机会,在这有意义的日子,我们邀请首长和对我们永隆沙良种场建设给予极大支持的单位领导和同志,以及曾在农场工作过的老领导、老同志,还有关心农场的一些同志,在这新场部,召开“农场经济发展座谈会”。我代表永隆沙广大干部群众热烈欢迎你们,望给予指教,我们表示深切的感谢!

历史的回顾

围垦建场前,永隆沙是一个长满芦草的江心荒芜小岛。在县委及生产指挥组组织指挥下,于一九六九年冬围垦,一九七〇年初建场,建立了领导小组,四月组建党支部。领导农场的生产建设。一九七二、七三、七五年,县三次组织内地居民拆迁到农场来,就是我场原来的一队、二队、三队。一九七六年,县又组织全县三个区十六个乡的3500多人组成外围三个垦区大队,后临江乡又拆迁部分人组建了向华大队。一九七八年底,党的十一届三中全会前后,外围划归农场领导,组建了党的总支部委员会。

从围垦建场到党的十一届三中全会,农场总支成立之前,我们暂称为农场创建时期,三中全会、场党总支成立之后至一九八六年底,我们暂称为农场建设发展期,一九八七年以后,我们暂称为农场深化改革期。以上提法是否科学和符合实际,有待撰写农场发展史的同志,征求历任的老领导、老同志以及多方面同志的意见后才能确定下来,还要把正式建场日期——场庆的日子确定下来,以利教育永隆沙人艰苦创业,发扬光荣传统,把永隆沙建设好。

农场创建初期,条件十分艰苦。住的是自己建的茅草房,到处是蕩狗和芦虱子,使人奇痒难忍。吃的是泥潭里浑浊的苦咸水。由于交通困难,常常蔬菜断绝。当时老鼠猖獗,甚至咬伤小孩。干部办公条件很差。担任农场第一任主要领导张建勤同志,用块木板放在膝上就当办公桌。在这样艰苦的条件下,当时干部和八十名合同工战天斗地,把千亩芦荡开辟成沟河涵闸配套的良田。当年就获得亩产150斤皮棉的好收成。

从一九七四年起,县陆续把三厂镇、青龙港镇的五百多名知青安排到农场来。农场为知青建造成排的住房,逐步淘汰了茅草房,农场改变了一些面貌。由于知青缺乏农业生产经验,生产效益明显降低,逐年增加了农场亏损。但农场的领导和专管知青的同志为教育知青都付出了辛勤的劳动,培养了一批知青中的先进骨干分子。

参加农场创建时期工作的老领导、老同志,在农场都吃了不少苦,大都吃过艰苦的食堂饭,住过茅草房,但对农场建设都竭尽忠诚,千方百计把农场建设好。由于所处时代的局限性,要真正把农场建设搞好也是不容易的。当时在“宁要社会主义草,不要资本主义苗”的极左路线下,你们迎着困难,在艰苦的条件下,逐渐办起副业场、果园、渔场、医院、学校,建起了大仓库、大礼堂,还建办了轧花厂、油厂、棉纺厂。为农场进一步建设发展打下了坚实的基础。

党的十一届三中全会后,我们农场进入建设发展期,农业生产的发展,为工业建设提供了较多的资金。先后办了仪表、扬声器、皮件、灯管、丝织、服装、无纺、建材和袜厂、酒厂等,还接收扩展了印花厂。有些工厂未获效益,但使我们吸取了许多经验教训。我们还在农场建设上进行了初步改革。农场实行了“五定一奖赔”,工厂实行计件制,基本解决了职工吃企业大锅饭的弊端,对农场经济的发展起了重要作用。

我们农场建设离不开兄弟单位的支持。一九七六年,县在我场办起了海门县砖瓦厂。我们两个单位互相支持,共同把永隆沙建设好。我们共同架设了高压输电线,以后又共建了深井,使永隆沙人开始喝上了自来水。高压输电线的建成,我们要感谢崇明县的供电部门。我们农场与本县隔着长江,农场建设离不开崇明的支持。我们还要感谢长征农场对我们的支持。建场初期,我场与长征还是隔着长江的时候,是长征农场派来老师傅涉水来为我们修理拖拉机。我们建礼堂时,涉水来为我们焊接人字梁。开了鸽笼河后,为了方便交通,我场在河东建公路,崇明也拨了部分款。长征农场也同时动工接通公路。我场经济有困难,界河上的公路桥是长征农场独家造的。现在,我们与崇明、长征交往更多。对你们的支持,我们一直很感谢。在此再次表示感谢!

我们农场经济建设还离不开上级有关部门的支持。县委、县政府的领导和关怀。如银行财政部门对我们农场生产建设资金总是尽最大可能满足我们;工商行政部门对我们办理有关手续总是尽快给予支持解决;税务部门在税收上对我们总是按政策尽可能地给予优惠,指导办理有关免减税手续。县委、县政府的领导同志对农场建设极为重视。我们农场是在他们的亲切关怀下发展起来的,在最困难和危险的时候,你们总是和农场的干部、职工在一起。在每年台风大潮来临的时候,你们就出现在我们的面前。一九七四年七月初三大潮水到来之前,县委倪汉明书记不怕危险来到永隆沙,亲自指挥抗灾斗争,大堤溃破家园被毁之时,有你和永隆沙人民在一起,大家什么也不怕了。同时,为了永隆沙人民的安全,县委及时把大家接到大后方,接到县委党校安置我们。永隆沙真的出险以后,县委领导和有关部门领导到党校看望我们,安慰我们,使我们感到温暖,增强了重建家园,把永隆沙建设好的信心。县委樊发祥同志经常到永隆沙来,关心农场的建设。县委各任领导都亲临过永隆沙指导,对永隆沙人民和建设事业关怀备至,有时还带领有关部门负责同志来永隆沙帮助解决具体困难。今天县委领导的光临,我们由衷地高兴,感谢你们对永隆沙的关怀。

深化改革

两年来,我们根据农场原有改革基础和农场的实际情况进行了一系列改革。我们工作的指导思想是:以经济工作为中心,经济效益为重点,坚持安定团结,不断巩固壮大集体,狠抓规范化管理。在改革中求发展。坚持改革、开放的方针,推行权、责、利挂钩的原则。落实各种形式的生产责任制,从而打破了企业吃农场大锅饭,职工吃企业大锅饭的状况。两年实践表明,农场的经营效果大为好转。职工的经济收入大大增加,全场十五个独立核算单位,没有一个单位再亏损。

农业改制改革,良种繁育是我们的根本。根据农业上劳动力缺乏的情况,农场实行机械化和化学化生产。大麦、小麦、大豆实行机耕、机播、机收,施用除草剂除草,节省了劳动力,提高了产量。去年小麦亩产650斤,大麦亩产550斤。为了提高经济效益,解决吃米难的问题,今年开始试种水稻650亩。为了稳定和发展农业,改善农场职工生活条件,从今年起不收务农职工的土地承包费,不上交农副产品,农业利润和农副产品从集体耕地上取得。集约经营职工的报酬,按合同规定从实现利润实绩按比例计算工资总额;承包户所有收入全归个人所有。这样,大大提高了务农职工的生产积极性,经济效益和社会效益大大提高,个人效益也明显增加。

工业上,落实各种形式的生产责任制。实行“工资与利润挂钩、干部与职工一起浮动,见利起奖,起利加奖”的办法。我们向管理要效益,采取灵活多样的责任制,对几个小单位皮件厂、酒厂等实行个人承包;对往年管理混乱内亏严重的印花厂,让实力雄厚的砖瓦厂承包;对亏损较多的丝织厂请丝绸之乡吴江县的盛泽益民丝织厂承包;建材厂需要较多劳动力,而我场劳动力紧张,就请如东大同、启东久隆砖瓦厂实行劳务承包。产品由我们销售,确保盈利。这些责任制的实行,我们从中学到不少生产技术和经营管理知识,增长了才干。

一九八七年起,我们实行了厂长(大队长、站长、经理)负责制。明确了他们的责、权、利。对厂级行政干部实行严格的百分制考核,制定了产值、利润、产销率、资金回收率、资金周转天数、历年应收款回收率、历年积压产品销售率、企业内部管理考核指标等八个百分制考核指标。根据考核实绩决定报酬。工人工资实行计件,按利润实绩决定工资总额。年终利润实行企业和场部分成。留利部分按比例用于发展再生产、职工福利和奖金。年终如亏损,亏损部分留给企业,对企业增加了压力,促其转化。这样,大大提高了干部职工的积极性。管理好的棉纺厂、农业大队主要负责同志的全年报酬在四千元以上,职工报酬均超过原级别工资水平。年终分配坚决按年初合同规定兑现,奖罚分明。对管理得不好的单位干部,不仅报酬受影响,领导人员还就地降职或免职处理。一九八七年,丝织厂未达合同指标,出现亏损,厂的负责人及所有管理人员全年只得540元报酬(包括补助)。正副厂长分别给予降职或免职。奖罚分明的做法,大家一致认为这样做好。

由于我们狠抓了管理,抓紧了双增双节工作,做好了清资挖潜,用活了资金,在生产上求增加收入,在节约上求减少支出,效果比较明显。工业产值由八六年的223万元增为八八年的700.5万元,增加223.28%;销售收入由八六年的354.1万元增为八八年的634.2万元,增加93.22%;利润由八六年的负24.8万元增为八八年的37万元,净增61.8万元;上交税金由八六年的13.56万元增为八八年的25.6万元,增加88.79%;全场资金周转天数由八六年的172天减为125天;产成品由八六年的60.6万元降为八八年2.32万元,下降2512.07%。发出产品由八六年的21.03万元降为八八年的7.2万元,下降192.08%;应收款由八六年的142.36万元降为八八年的4.5万元,下降216.36%。

在狠抓管理要效益的同时,根据条件和可能抓住有利时机集资、投资或联办新的项目,采取慎重态度,克服盲目蛮干的做法,一旦上了项目,一定要保证成功,解决过去那种建十个厂只要有一个成功就算好的错误说法,办事要对人民负责。近两年,我们建了五金加工厂、被单厂、棉纺厂,更新了部分设备。都取得了良好的经济效益。五金加工厂一年半中,收回折旧1万多元,实现利润4.9万元,上缴税金2.5万元;棉纺厂利润从5万元上升到25万元;被单厂一年也可实现利润10万元。这些效益的取得,是党的政策的英明,改革的不断深入以及科学的管理。我们把财务工作放在重要的位置上,充分发挥财务人员的参谋、助手作用,重要事情还请他们参与决策。我们组织财务人员经常深入企业过问产品质量和销售情况,应收款的回收和清理。发出产品的多少和资金的回收,库存材料是否合理、有用,利润是否真实可靠,保证各单位账表、账实、账证的相符。

其他方面我们也进行切实的改革。职工住房是知青来场时建的。既矮小又破旧,一九八七、一九八八年,农场陆续将90多间旧房作价出售给职工,让他们自己翻建或修理。这样既改变了面貌,又减少农场修理支出,增加了更新改造基金,以利再发展。

结合农场实际对医药费报支也作了改革,平时每月发给职工2.5元医药费包干使用,年终超出60元部分再按工龄长短给予报支80%、85%、90%,从而大大减少了浪费,节省了开支,又基本满足了治病的需要,对患绝症的职工还可给予全报。

在企业改革初步成功的基础上,我们开始对农场事业单位的改革进行了探索。对场属事业单位的管理办法,我们作了研究,并强化了领导。事业单位场拨经费实行全年包干,经济盈亏实绩与奖金和部分工资挂钩(基本工资部分保留,其余平时预发,年底考核结算);完成基本任务得基本工资和基本奖金;增盈减亏重奖;严格考核,按比例赔罚,并且定出了具体内容。以文件和合同形式加以确认。根据新的管理办法,各事业单位都认真制定了岗位责任制和经济使用管理办法,努力提高服务质量,节支增盈,为农场事业发展多做贡献,干部职工收入有所提高。

两年深化改革能够取得明显成效,是与党的改革、开放的政策的指引,上级各部门和兄弟单位的支持分不开的,是与场部干部能够同心同德,团结一致,努力做好工作分不开的。对每个干部职工,我们都尽量用其所长,充分发挥其积极性,并做到分工明确,职责分明。我们有较为健全的办公会议制度,坚持重大问题集体研究,一经决定,分工分管的同志坚决按集体决定的意见去做,是自己范围内的工作主动做好,不得推诿。领导也绝不去包办代替别人的工作,也不对别人的工作多加评头品足,出了差错多谅解,由其自行纠正。对同志的工作要尊重,不横加否认,使每个人的工作都有一个宽松的环境。对某些问题有不同看法,领导干部就听取各方面意见,一般问题按大多数人意见办。重大原则问题按对的办,并及时做好各方面人的思想工作,发现矛盾及时协调解决。这样,调动了机关干部的积极性,团结一致,互相支持,做好工作,这也是我们能够深化改革取得成效的重要原因。

发展设想

我场本身只有近千人、2253 亩耕地、500 多名固定职工。设有东西场农业大队。副业场、棉纺、建材、五金、丝织、被单、印花、自来水等厂。建筑、运输、水利、农机、电管站、文化、学校、医院等,还义务管理从全县 16 个乡拆迁来的四个大队、4400 多亩耕地、4000 多人口。农场范围内还有县砖瓦厂、银行、粮站、供销站等单位。我场是麻雀虽小,五脏齐全,情况比较复杂。加上农场原有经济基础较差,人才又缺乏,所以,农场建设的起点只能放在较低的基点上。我们要在进一步深化改革,抓好企业内部规范化管理中要效益,近三年中不打算多铺摊子搞投资,而是抓住重点,适当更新设备,进行必要的技术改造,努力提高产品质量,适应市场竞争的需要,站稳脚跟,并在经济上取得效益。我场一九八九年至一九九一年三年的发展设想是:

一、一九九一年实现产值 1600 万元,利润 30 万元。

二、农业除完成良种制种任务外,一九九一年农场本身全面实现机械化、化学化和集体经营。

三、一九九一年职工人均收入达到 2200 元。

四、一九九一年前,建好农场东西中心路,加修农场至长征的公路,两条路都达到晴雨能通公共汽车的标准。

五、开办农场至南门和牛棚港的专车班次。

六、建办场部至全国的直拨电话。

七、增加变压器两台、农用电 200KVA。

八、改善文化设施,使青少年有个健康成长的活动场地。

九、办好一个集贸市场。

十、实现机关、工厂、单位环境面貌园林化,厕所卫生化,闹市区附近有上规格的公共厕所,实现面貌大变样。

要实现以上设想,面临的困难是不少的:

首先,资金不足。全场 250 多万元贷款。包干结余负数达 2.11 万元。每年支付的贷款利息额较高,这是一个沉重的负担,生产上难以有较大的投入。

第二,生产设备陈旧,后劲不足。农场的骨干企业棉纺厂,机器最早的是一九一四年生产的老掉牙的旧机器,如不更新,产品质量难以保证。

第三,人才严重缺乏,现有干部大多素质较差,目光短浅。农场人员来源复杂,平均素质低下。

第四,农场负担太重,本身只有 500 职工,2200 多亩耕地,却要带 5000 多亩面积,4000 多人口的场带队。场部支出的企业管理费的 50% 以上要用于场带队的道路建设,运输农药、化肥、粮油等运输费补贴、医疗卫生、自来水费用、中小学、邮电、广播、电影、文化设施等,以及民政、司法、治保、计划生育、农机、水利等专职干部费用。还有上级各项摊派和所谓管理费等,负担确实十分沉重。

第五,各种原材料、费用大幅度涨价,农场小企业难以全部自行消化。

摆在我们面前的困难不少。希望上级领导和有关部门以及农场的干部职工及其他方面的同志，能够理解我们的工作，支持我们的工作。我们有上级党和政府的正确领导，兄弟单位的支持，广大老干部、老同志的献计献策，全场干部、职工的努力，我们有信心克服困难，经过三年奋战，我们的目标一定能实现。

最后，我谢谢同志们的光临，请多给予指教！

注：1989年5月5日，省财政厅在海门县狮山宾馆召开江苏省十个亏损农场座谈会，本文是永隆沙良种场场长叶鹰在会上作转亏为盈的经验介绍内容。永隆沙良种场原是全省亏损农场之一，1986年，全场亏损24.8万元，1988年，通过深化改革，加强经营管理，扭亏为盈，净增利润61.8万元。

国营海门县永隆沙良种场

海永(1992)第32号

永隆沙良种场农村社会养老保险暂行实施细则

第一章　总　则

第一条　为促进农村经济发展，稳定社会秩序，解除农民后顾之忧，落实计划生育基本国策，根据《海门县农村社会养老保险暂行办法》，结合本场实际情况，特制订本实施细则。

第二条　农村社会养老保险以保障老年人基本生活为目的，以全体适龄农民为对象，逐步推进农村社会保障事业的发展。

第三条　养老保险金坚持个人缴纳为主，集体补助为辅，国家给予政策扶持的原则，贯彻自助与互济相结合，社会保险与个人储备及家庭养老相结合。

第二章　保险对象及投保年龄

第四条　凡本场农村户口，不由国家供应商品粮的男女农民为保险对象，包括农民、场、村办企事业单位干部、职工(长期临时工)、民办教师、代课教师以及其他各业劳动者。

第五条　外出务工经商、服兵役或从事其他职业，以及户口新迁入者，均应参加或继续参加本场的农村社会养老保险。

第六条　投保年龄以参加劳动获得收入的年龄为起点，一般为20周岁。投保终止年龄可分别为50、55、60周岁，投保总年数不超过四十年。

第三章　保险金的缴纳

第七条　农村社会养老保险资金以个人交纳为主，集体补助(含国家让利部分)为辅，个人交纳的保险费和集体补助，分别记在投保人名下。

集体补助年龄根据大小，贡献时间长短有所区别，按年或按月补助。

九二年凡农村投保者一般集体补助4元，其中村补1元，场在以工补农款中补3元。投保者在50至59周岁，村集体经济条件较好的，可另适当增加补助。

场办企业单位的投保者九二年一般集体补助标准是：20周岁至35周岁月补助为4元；36周岁至49周岁月补助为6元；男50周岁至59周岁，女45周岁至54周岁，场办厂工龄达10年以上，有条件的可适当提高补助标准。场办福利企业经济条件许可的可适当提高集体补助的比例(个人投保与集体补助必须对等)。

集体补助的集体标准由各单位制定，报场审批。

第八条　场属企事业单位和有条件的村办企业的集体补助，按在册职工计税工资总额的8%—10%提取，税前列支，列营业外支出，补助后的结余部分，留作以丰补款，或由场适量统筹，用于农村中特困户的集体补助。

第九条　保险费缴纳，分按月标准逐月投保和一次性预交两种方式：

按月标准逐月投保设2、4、6、8、10、12、14、16、18、20元十个档次。

一次性预交设200、400、600、800、1000、1200、1400、1600、1800、2000元十个档次。

投保人可自行选择投保方式和档次。

第十条　场办企业单位的干部职工，以企业为单位组织投保，保险费（含集体补助部分）按季交纳。最迟于季末缴清。农村务农人员，包括村办企业职工、私营企业职工、个体户、外出劳务人员等，以村为单位组织投保，保险费（含集体补助部分），一年分两次缴纳，最迟于6月15日和12月15日前缴清，也可每年年初一次性缴纳。九二年下半年统一于9月15日前缴清。

第十一条　养老保险费可以补交和预交。补交保险费必须同时补交利息部分，补交后总交费年数不超过四十年，按月标准投保的预交保险费年数不超过三年。

预交、补交保险费的集体不予补助。

第十二条　个人或集体根据收入和经济效益的提高或下降，经场农村社会养老保险管理站批准，可按规定调整投保档次（一年内档次不变）。

第十三条　当遇到自然灾害或其他原因，个人或集体无力交纳养老保险金时，经县农村社会养老保险事业管理处批准，在规定的时间内可暂时停止交纳。恢复交费后，对停交期的保险费有条件的应予补交。

第十四条　投保人已参加其他养老保险凡享受集体补助超过50%的，这次参加农村社会养老保险不再享受集体补助。

第十五条　投保人服刑、劳改期间，暂时停交保险费，刑满或解除劳教回原籍后可以继续投保。

第十六条　投保人个人交纳的保险费和集体补助，在规定期限内不交清者。除按规定补交本息外，按月加收5%的滞纳金。

第四章　养老金的给付

第十七条　投保人分别在50、55、60周岁的第一个月起开始凭证领取养老金，领取标准根据交费档次和累计数计算确定。

凡变动交费档次或中断交费者，待交费终止时，将各档次、不同时间所积累的金额合并，重新计算月领取标准。

第十八条　投保人领取养老金，保证期为十年，领取养老金不足十年身亡者，其保证期内的养老金可以由法定继承人或受益人继承。无法定继承人或指定受益人的，由县农村社会养老保险事业管理处按规定支付丧葬费给其生前所在单位。

投保人领取养老金十年后健在者，可继续领取养老金直至身亡为止。

第十九条　投保人投保期间身亡者，其个人交纳保险金的全部本息退还给其法定继承人或指定受益人。

第二十条　投保人在服刑或者劳教期间，停止领取养老金，刑满或解除劳教回原籍后，一次性补领。

第二十一条　养老金权益不得转让、抵押、还欠款，不得虚报冒领养老金，违者一经查出，除追究当事人责任和收回冒领资金外，处以冒领金额三倍以内的罚款。

第五章　转报与退保

第二十二条　投保对象在本县范围内迁移或变动工作单位，可以将投保卡片转移到其新的居住地或单位，投保对象迁往外县市，可将其保险关系（含资金）转往其迁入地农村社会养老保险机构，若迁入地未建立农村社会养老保险制度的，可继续在本地投保，也可将其个人交纳的保险费本息退还给本人。

第二十三条　投保人因招工、提干、考入大中专院校等“农转非”者，可将其保险关系（含资金）转入其规定的社会保险机构，或将其个人交纳的保险费本息退还给本人。

第二十四条　凡擅自离职或无故停保，退保者，只退给本人所交纳的本金。

第六章　机构设置与基金管理

第二十五条　场设立农村社会养老保险管理站（属民政部门）。在县农村社会养老保险事业管理处指导下，负责承办和开展农村社会养老保险的各项目业务工作。

第二十六条　村、场办企事业单位设农村社会养老保险代办员，由会计兼任，负责本村、本单位养老保险金的收取和发放，协助场农村社会养老保险管理站拓展业务，开展工作。

第二十七条　场农村社会养老保险管理站设立保险基金分账，负责养老保险金的收款、发放及记账建档工作。

第二十八条　场村办企事业单位负责做好养老保险费的收缴、发放和建档工作。

第二十九条　养老保险金基金实行专项储存,任何部门、单位和个人不得挪用、侵占。

第七章　附　则

第三十条　场办企事业单位的已退休人员及村级享受退养费的干部,仍由原单位按退休(养)办法发给退休(养)金,其余应保对象均应参加农村社会养老保险,其中投过保年限较短的投保对象到规定期限每月领取的养老金数额低于原单位退休、退养标准的,其差额部分仍由原单位补发。

对于优抚对象,社会救济对象、特困户,现行的抚恤、优待和定补政策不变。

第三十一条　各村、各场办企事业单位可根据本实施细则,制订实施办法。对应保对象而不投保的,各单位实施办法中应规定相应的制约措施。

第三十二条　本细则除农场正式职工外均适用。

第三十三条　本实施细则由场部负责解释。

国营海门县永隆沙良种场(章)
一九九二年八月三十一日

海门市海永乡人民政府文件

海永政发(1996)15 号

关于企业改制工作的实施意见

各企业:

为了认真贯彻上级有关企业改制的指示精神,结合我乡(场)的实际情况,对企业改制工作提出如下实施意见:

一、指导思想

这次企业改制的指导思想是:以邓小平建设有中国特色社会主义理论为指导,以公有制为主体,多种经济成份共同发展为指针,以“三个有利于”为标准,进一步解放生产力,全面推进企业产权制度改革。

二、工作步骤及要求

1. 改制工作分两批进行。首次改制企业为:建材厂、棉纺厂、锻压件厂,这三个企业的转制工作必须在五月底前保质保量全面完成。其余企业为第二批,在 7 月底前完成。企业的现任法人代表是企业转制工作的第一责任人。

2. 在集中精力严格按照市委要求,推进企业转制工作的同时,必须一着不让地抓好企业当前的生产经营,搞好企业的技改投入,确保企业持续、快速、健康发展。

3. 必须严明纪律,依法办事。任何人不得自作主张,要确保公有资产不流失,确保国家、集体、个人三不吃亏。要客观公正地做好资产评估工作。

4. 完善配套,为民办实事。海永乡的企业转制工作要融产权制度改革与用工制度、分配制度及社会保障等三项制度为一体,整体推动。依据权责相对应的原则,允许职工选择多种就业形式,使企业真正成为“自主经营、自负盈亏、自我发展、自我约束”的商品生产者。

三、具体做法

目前,全场现有 506 名职工,他们是农场经济发展的主力军。还有 165 名退休、保养人员,他们过去为农场建设出力流汗,应当老有所养。而由于财力不足,全场职工尚未全部参加养老保险,这些已退职工的退休金仅靠在职职工的统筹金来解决是远远不能维持的,何况,长此以往,寅吃卯粮,入不敷出的状况将会日益加剧。

(一)认股与养老保险同步进行

为了切实解决退休职工老有所养,解决在职职工的后顾之忧。本着既要使公有资产保值、增值,且产权明晰,又要使企业职工的权益不受侵害,使企业有发展后劲之目的。为此要求企业职工人人购股,人人当股东,人人当家作主人,调动各方面的工作积极性,加快海永经济的发展。并通过单位、个人共同分担,恰当地解决职工养老保险问题。平常积累点滴,日后老有所养。

根据配股与自觉购股相结合的原则,企业

现有的职工都是配股对象。凡1996年3月底之前在厂工作的职工是配股的对象。不论人员性质是固定工还是临时工,都必须按规定认购股权;认购职工可以享受历年结余的工资结余、福利结余、激励基金结余部分的量化,以及按政策应调整而未到位的部分(九五年)。

持股职工还可参加社会养老保险。改制后企业按每股(每股为1000元,每个职工持股不少于5股)每月交付职工档案工资的4%作为养老保险,但企业职工缴纳的养老保险最多不超过职工档案工资的20%,3%自付。

非固定职工的务工人员参加购股的,改制企业必须为其办理养老保险,按其实际工资水平的10%参加民政部门的社会养老保险。待到法定退休年龄之时,由民政部门的养老保险机构按标准发给养老金,若中途非工厂关闭等而擅自离厂的,均不得享受其待遇,所交养老保险均退还给改制企业。改制前,上述应交的部分在企业净资产中剥离。

(二)待遇均等,鼓励职工自愿参股。

农场的企业资产是公有资产。从使用的角度来说,全场所有人员均有权参与使用,因此欢迎全场人员踊跃认股。

农村务农人员(1996年3月底止)凡是自愿参股者可以自行选择企业认股,每股权利、待遇与务工人员购买的股权相等。

为解决养老保险上交的经费问题,决定提高土地的承包费,凡是承包3亩田的按380元/亩上交;承包5亩田的,其中3亩按380元/亩上交、其余2亩按250元/亩上交,承包大户均按380元/亩上交。

自谋职业者的养老金按本人档案工资的23%每半年上交一次。如上级要求有所变动时,按上级要求办理。

(三)所有职工均向市人事局投保,不参加者视作自动放弃,今后不享受任何职工待遇;工厂务工人员不认股者,则不得享受固定工的待遇。

(四)自参加人事局投保之日以后,农场职工不再上交统筹金。投保之日前,各单位及自谋职业者欠交的部分仍按原标准交足。

(五)机关、事业单位的职工养老保险,个人自负5%,单位负担18%。

以上意见,请认真贯彻执行。

海门市海永乡人民政府(章)
海门市永隆沙良种场(章)
一九九六年四月二十六日

海门市海永乡人民政府
关于永隆沙良种场解决务农职工
养老保险问题的几点做法

一、良种场概况

我场共有职工487人,其中在机关、事业单位工作的45人,在场三大企业(建材厂、棉纺厂、锻压件厂)工作的74人,在零星小企业工作的32人,务农人员269人(含东西场大队管理人员7人,农机作业人员6人,家庭农场承包11人),自谋职业77人。全场现有耕地面积2031亩,其中846亩种植稻麦(由11个家庭农场种植),种植玉米929亩(由245个务农职工完成),稻田养蟹163亩(由职工和场外村民承包),种植西瓜93亩(也由职工和场外村民承包)。鱼塘270亩,大部分面积是江边新围垦的。

二、具体做法

实行企业体制改革以后,给企业注入了新的活力,在企业改制的职工实行了养老保险,解决了职工的后顾之忧,而务农职工的退休劳保怎么办?是全场职工议论的焦点,也是摆在党委、政府面前的难题。269名务农职工,60%在40—60岁之间,他们中间有的今明两年就要退休了,有的十年、八年后就要退休了,正是这部分人在当年头顶蓝天、脚踩芦荡、住窝棚、喝泥水、挑岸围堤,开垦、开发了这一方土地,无论是对当代,还是对未来都有着重大的意义,如果取消他们的退休工资,都是于情于理说不过去,况且已退休的164名退休职工的工资已发了多年。这件事情如处理不好,上下关系恶化,社会不能确保安定。而企业改制以后,各企业已不再向场部上交利润,原职工上交的统筹金同发退休工资相比已是杯水车薪,入不敷出了。针对这个问题,党委、政府成员多次集中讨论研究,并分头召开了在职职工、退休职工的座谈会,最终形成共识:务农职工要老有所养,必须参加人事部门的养老保险。其做法如下:

1. 分类确定土地承包面积,原务农职工承包土地一律为5亩,从去年11月份起,把务农职工分成两类,一类是到场以来一直以务农为主的,划给承包地5亩;一类是从事养殖或其他二、三产业的职工划给承包土地3亩。这样有效地发挥土地资源的效用。

2. 改原来的临工队为家庭农场,改变了原来那种产品折合金额上交,农本费用集体支付的不合理状况,实行定额实物上交,即每亩上交稻谷300斤、小麦100斤,农本自理,剩余产品除良种外自行处理。

3. 农机具改承包为出售。把农场原有5台套的拖拉机、收割机、灭茬机、播种机等机械全部估价出售给农机人员,提高农机人员的责任性、工作积极性,确保为全场2031亩耕地服务好。

4. 东西场大队的行政管理改两级管理为一级管理,原来行政管理体制是大队管小队。临工队的粮食先上交大队,再由大队上交场部仓库,破费周折。现在家庭农场的实物上交直接送场部仓库,省去了中间环节,让大队行管人员以更多精力指导面上工作,做好玉米制种产前、产后的服务。

三、养老保险金的筹措渠道

1. 提高土地的承包款,以3亩为基准,从原来的140元/亩提高到380元/亩,合计1140元,作为上交养老保险金,另外2亩按250元/亩计算。

2. 家庭农场的职工在其承包地中划出3亩按380元/亩现金上交,也作为养老保险金。

3. 考虑到农机作业人员全年工作时间短,中拖不能上路搞运输等特点,每人划给承包地2.5亩,每亩上交380元作养老保险金,缺少部分由本人自行补交。

4. 对养殖户及从事二、三产业而无耕地的职工,按档案工资额的23%自行上交养老保险金。

5. 自谋职业的职工每年上交总工资的23%作为养老保险金,不上交者作自动放弃职工论处。

6. 行政、事业单位的职工自行负担工资额的5%,单位负担18%,作为养老保险金。

根据初步测算,全场上交农田承包款321480元,稻田养蟹承包款96170元,鱼塘承包款140795元,总收入558445元。269人年上交人士部门养老保险金为351580元,收取职工养老金306660元,透支44920元,从上述总收入中支出。再减去仓库和大队行管经费150000元,全年还能保持35万元的农业净利润。

海门市海永乡人民政府(章)
一九九六年六月十八日

国营海门市永隆沙良种场
关于农场职工养老保险的实施意见

根据国发〔1997〕26号《国务院关于建立统一的企业职工基本养老保险制度的决定》,国务院259号令颁布的《社会保险费征缴暂行条例》的有关精神,结合农场事业性质、企业化管理、自收自支、自负盈亏、独立核算的经济体制及农场以农为主,大多数种养业职工承包收益与执行企业标准档案工资悬殊较大,农场、企业和职工缴纳养老保险金的负担加重的实际,本着“基本养老靠农场,补充养老靠自己”的原则,从2000年起,场部按确定的基本养老保险缴费基数,按相应比例承担基本养老保险金,职工如愿提高退休待遇,可参加商业性养老保险作为补充养老的做法,这样既与国家基本养老政策接轨,又与农场实际相结合,还与职工愿望相一致,从而达到在职职工人人参保,退休职工个个老有所养。为进一步规范农场职工养老保险制度,现提出如下意见:

一、规范养老保险制度的目的

(一)为了加强和规范农场养老保险金的征缴工作,保障离退休人员养老金的正常发放,确保老有所养,社会稳定。

（二）扩大在职在编干部、职工进入社会养老保障网络的覆盖面，力争达到个个进网、人人参保。

（三）适应农场现阶段经济发展和职工实际收益水平，达到农场能负担、职工能承受。

（四）充分体现“基本养老靠农场，补充养老靠自己”的原则。农场按基本养老保险缴费基数及比例，承担基本养老保险金。同时，职工通过商业性养老保险补充养老，以提高自我养老水平，杜绝养老依赖性，增强自我养老责任性。

（五）逐步实行农场养老保险经营社会化，在职到银行缴纳养老保险金，退休到银行领取养老金。

二、参加养老保险的对象和条件

（一）对象是事业性质在编在册。九三年起已缴纳国家养老保险金的农场职工。九三年以来未缴纳过养老保险金的干部职工如愿意参加养老保险必须足额交清九九年以前的养老保险金方可办理有关手续。

（二）条件

1. 交清1993—1999年度个人承担的养老保险金。

2. 交清1999年度包括九九年前结欠场部的有关规费，包括集体部分的养老保险统筹金。

三、养老保险基数的确定和需要办理的手续

（一）基数的确定：一是根据农场现状，经党委政府研究，报市社保处同意，确定人均基数为200元，以确保职工基本养老保障水平；二是允许少数职工选择放弃社会养老保险，与农场解除或终止劳动关系，不享受农场任何福利待遇。

（二）测算依据

1. 以海永场发（1998）1号文件为依据，97年12月前的退休职工，未参加93工改的按现发工资标准再上浮60%，参加93工改的按现发工资标准再上浮30%。98年1月以后退休的职工以37年工龄272元月退休工资为封顶，每少两年工龄退休工资减少7元，依次类推为测算依据。

2. 按照以上测算依据，已退休职工最高退休工资，在职职工到龄最低退休工资基本一致，待遇基本平衡。

3. 按照以上测算依据，全场职工退休后月退休工资平均236元，达到基本养老保障线。

（三）需要办理的手续

1. 填写缴纳养老保险金的申请书。

2. 签订养老协议书，在填写个人申请书和签订养老协议时，必须本人亲笔签字或加盖印章，同时按右手拇指印，确保职工本人签字真实有效。

四、确立基本养老保险和合理负担缴费比例

（一）明确基本养老保险的概念：基本养老保险就是保障职工退休后基本生活为原则（国发〔1997〕26号《国务院关于建立统一的企业职工基本养老保险制度的决定》第二条）。基本养老保险贯彻社会保障与自我交费相结合，保障水平与农场经济发展水平及职工的承受能力相适应。

（二）缴费比例的合理负担

农场承担基本养老保障线200元为标准的18%集体部分的职工养老保险金，就是农场或企业承担不低于基本养老保障线的养老保险金每人每年600元人民币（相对于每个务农职工种2亩耕地，补交承包金，收益靠自己），养老保险金全额自己交。

（三）享受养老保险金的确认

职工按基本养老保障线的缴费基数逐年交清养老保险金，到龄退休按国家规定办理手续，退出所承包的耕地，享受养老保险。

五、缴纳养老保险金的地点、时间及要求

（一）缴费地点：银行。职工凭养老保险手册副本到银行缴纳养老保险金（具体地点另行通知）。

（二）缴费时间：每季首月10日前缴清，提倡年初一次性缴清。

（三）缴费应当以现金形式全额缴纳。

（四）逾期缴费

1. 从欠缴之日起按日加收2%滞纳金，滞纳金并入养老保险基金。

2. 养老保险金、滞纳金不得减免。

3. 每季度不缴或欠缴，从第二个季度首月初起，农场视作职工自愿放弃养老，同时，与农场签订养老协议及劳动关系视作解决或终止。

六、有关事项的明确

（一）农场养老保险征收机构定期向全场干部、职工公布养老保险金征缴情况，接受社会监督。

（二）征收的养老金存入所在银行开设的养老保险基金专用账户专款专用。

（三）农场或企业承担职工基本养老保险金的承付形式及条件，从事农副业生产的职工可减交2亩耕地承包金，其他单位职工由所在单位给予每人每年600元列入工资形式发放，并计入单位生产成本。条件是职工先缴，企业凭职工缴费收据后付，办理手续后无特殊情况流动从业的人员养老保险金全额自己交。

（四）农场为参加养老保险的对象，每季度与市社保处对账结算，并为其办理养老卡年审手续。

（五）农场按国家规定为参加养老保险的干部、职工，到龄办理退休手续。

（六）对本次不愿意参加养老保险的干部、职工允许他们放弃社会养老，解除或终止与农场的劳动关系：一是不享受农场或企业承担的基本养老保险金，农业人员只享受农民待遇，农场划给1亩耕地，并按农场有关政策交纳各项规费；二是不享受到龄退休；三是不享受农场职工可以享受的一切福利待遇。

（七）中途不交养老保险金的干部职工同时取消享受养老保险待遇的资格，不退以前交的养老保险金，收回已划给的2亩耕地。

（八）随着退休人员与在职职工比例的变化，缴费标准相应发生变化。缴费标准无论增加或减少，集体承担部分（农业人员承包的耕地）不作变动。

七、本方案自签订养老保险协议之日起执行，原农场制订的与本方案不相一致的养老保险有关规定，从本方案实施之日起停止执行。

八、本方案解释权属海门市永隆沙良种场。

国营海门市永隆沙良种场（章）

二〇〇〇年五月

市政府办公室关于同意海永乡政府优化发展环境策应崇明开发若干规定请示的函

海永乡人民政府：

你乡4月10日《优化发展环境，策应崇明开发若干规定》请示悉，经市政府研究，原则同意该规定，请你乡在实际工作中按规定认真实施，促进经济发展和社会进步。

海门市人民政府办公室（章）

二〇〇一年四月三十日

海门市海永乡关于《优化发展环境、策应崇明开发》若干规定

制约海永发展三十年的交通瓶颈，将随着上海十五规划“苏崇沪”大交通的建设而消失，海永的经济发展将面临着崭新的发展前景，为进一步优化海永经济社会发展环境，为海永发展创造良好的经济活动空间，构筑好海门接轨上海的经济前沿阵地，对海永的有关经济发展政策作如下规定：

1. 积极利用外资和海门市境外资金来我乡投资办实业，在注重引进工业项目的同时，鼓励其在种植业、养殖业、房地产业、基础设施建设、社会事业等领域投资兴业。

2. 外商及海门市境外资金来我乡兴办工业项目的，利用我乡闲置资产，其资产租金优惠考虑，其土地的使用费免交，产权变更的契税实行先征，后由乡财政返还。需要征用土地的土地出让金按标准价格减半收取，办理手续中的费用不再由投资者承担，50万美元或折合50万美元以上的项目，可以考虑海永地方土地出让金零留成处理。

3. 外商或海门市境外投资者利用沿江滩涂80亩以上，且到账资金10万美元或折合10万美元以上的投资项目免收土地出让金。

4. 土地出让金一次性支付的，可再优惠土

地出让金总额的30%，分期支付的，四年内按比例缴清，缴清第一年应交的土地出让金后，即办理土地使用手续。

5. 外商在我乡投资新办的生产性及相关项目经营期在十年以上的，从获利年度起，头二年免征企业所得税，第三至第五年减半征收企业所得税。第三至第五年由乡财政奖励给企业已交所得税市级留成部分的80%—95%。

6. 外商及海门市境外投资者来我乡新办从事种植业、养殖业、林业、园艺业、休闲农业的企业以及“种、养、加”一体化联合生产的加工企业，除享受本文相应工业企业所得税优惠政策外，再由乡财政奖励给相当于企业已交农业税、农业特产税的80%—90%。

7. 外商及海门市境外投资者兴办的运输、仓储、旅游设施、贸易等三产项目，经营期在十年以上的，其企业所得税享受本文相应工业企业的优惠政策。

8. 在我乡境内兴办的外商投资企业及海门市境外投资企业，其缴纳的所得税税率超过15%以上的部分，由乡财政奖励给企业。

9. 凡工业企业和开发性农业项目外方增加注册资本的，其增资部分所产生的利润（可分开计算部分）和已办企业经乡政府核增交的所得税部分可享受同类项目的优惠政策。

10. 凡在我乡境内新办的企业，地方性规费除企业所得税外实行销售额5%带征。

11. 自2001年1月1日起新开业投产的外商投资企业及海门市境外企业，其年缴纳增值税超过10万元的（出口退税企业除外），以后5年内征收的增值税属市级留成部分的，由乡财政奖励80%—90%给企业，奖励额中提取50%作为企业奖励基金，奖励给企业经营层及有功人员。

12. 鼓励外商及海门市境外企业在我乡兴建标准化厂房等生产生活设施，所需土地以标准土地价格计算，留成海永部分，优惠50%—70%入股，按入股比例分成租金。

13. 对引进外资项目及海门市境外去投资项目的人员进行奖励。凡引进项目的中介人员，在资金到账（设备到位）验资后，可按实际投资额1%进行奖励，投资项目有土地出让金收入的，奖金在其中列支；没有土地出让金收入的，从市外向型基金中解决，且交纳的个人所得税由乡财政70%奖励给引资者。外商引进外资企业的，新开业投产的外资企业年交纳增值税超过20万元的，5年内由乡财政将增值税超过部分地方留成的10%的金额奖励给引资者。且交纳的个人所得税由乡财政70%奖励给引资者。

14. 凡注册到海永的海门市外建筑公司，在海永的入库税收、基金以10万元为标准，每年递增15%，增加部分，市级留成的95%由乡财政奖励给公司。奖励额中50%作为公司的奖励基金，奖励基金总额不得突破50万元。

15. 本规定报海门市人民政府批准后实施。

16. 本优惠政策由海永乡人民政府负责解释。

海门市海永乡人民政府（章）
二〇〇一年四月十日

市委办公室　市政府办公室
关于海门市永隆沙良种场和棉花原种场改制的实施意见

各乡镇党委、政府，市委各部委办局，市各委办局院行社，市经济开发区，棉花原种场，市各群众团体和直属单位：

为了建立和完善农场市场化运作机制，确保农场持续、稳定、协调发展，根据省、南通市有关改革文件精神，结合农场实际，特提出永隆沙良种场和棉花原种场的改制意见。

一、指导思想和总体要求

1. 指导思想是：以建立和完善社会主义市场经济体制的理论为指导，以有利于农场减负增效为出发点，以妥善解决农场职工养老保险和置换职工劳动关系为关节点，以建立新型的劳动用工机制为目标，坚持以改制求发展，以改制保稳定，确保两个农场持续、稳定、健康发展。

2. 总体要求：农场不再保留事业性质。农场及下属企事业单位的职工与原单位全部终止（解除）劳动关系，改制后重新建立劳动关系；正确把握好改革、发展、稳定的关系。把改革力度、推进速度和农场的实际情况结合起来，周密部署，有序推进；坚持公正、公平、公开操作。改制全过程依法实施阳光操作，接受广大职工的监督。

二、改制的主要内容

1. 调整农场及其下属单位性质

改制后的永隆沙良种场和棉花原种场由原来的事业单位调整为自主经营、自负盈亏的企业法人实体。农场下属场办企事业单位一并改制。

2. 市场化方式处置公有资产

除必要办公设施外的场部公有资产，经评估核准后尽可能公开转让。凡严重资不抵债及无力清偿到期债务的农场下属企事业单位依法破产。对场办公益性单位改制时暂无法转让的资产可实行租赁经营。对分划后的剩余土地，采取公开竞价的办法对外进行出让和租赁。所得用于置换职工身份所需的相关费用，多余部分用于新企业运行费用以及发展再生产。

3. 置换农场职工劳动关系

农场与其职工全部置换农场职工身份，改制转企后的新企业与录用的职工重新签订劳动合同。

职工与新企业重新签订劳动合同后，农场根据实际土地（水面）面积，相应分划给一定数量的土地（水面）供其租赁使用，如少于2亩土地（水面）的适当给予补偿。职工对其分划的土地只有租赁使用权，免缴应缴的土地租金，其租赁期间的工资、福利和养老保险等费用全额自负。职工达到法定退休年龄并办妥退休手续后分划的土地（水面）使用权收回。凡不愿与新企业重新签订劳动合同的职工则不再分划给土地（水面），按照职工本人本单位工龄每年370元的标准予以一次性经济补偿，最高不超过12个月。对在农场下属企业就业的职工不再分划土地（水面）。

4. 关于农场场部国家干部的改革问题待区划调整时一并考虑。

三、关于改制转企后的职工养老保险

1. 改制转企后的在职职工从2005年1月1日起一律参加本市城镇企业职工基本养老保险，依法缴纳养老保险费。

2. 在职职工按规定补缴应缴的养老保险费

凡1992年1月1日前参加工作的职工，从1992年1月1日起补缴基本养老保险费。职工在1992年前符合国家和省规定的可计算为连续工龄的工作时间视同缴费年限。1992年1月1日后参加工作的职工从参加工作之日起补缴养老保险费。

补缴1995年底前的各年养老保险费，以1995年度本市职工年平均工资5861元为基数，按基本养老保险征缴比例23%予以补缴；补缴1996年及以后各年养老保险费，以本市历年职工平均工资为基数，按历年适用的基本养老保险费征集比例予以补缴。

补缴养老保险费所需的资金，分别由农场和职工个人按规定的比例缴纳。

3. 2004年12月31日前已退休人员，其养老金自2005年1月1日起由市企业职工养老保险经办机构发放。

退休人员的养老金以其退休时经劳动保障或人事部门核定的连续工龄按本市企业退休同工龄人员的平均养老金水平由市企业职工养老保险经办机构重新核定并负责按月发放。

4. 2005年1月1日后退休的人员，其养老金按《江苏省城镇企业职工养老保险规定》（省政府第139号令）计发。

5. 退休人员今后执行国家和省市关于企事业退休人员养老金调整政策。

6. 已退休人员按人均2.7万元由农场集体向市企业职工养老保险经办机构补缴养老保险费。

7. 应由农场集体补缴的养老保险费分3年逐步到位，在职职工个人补缴的养老保险费应一次性缴清。

四、加强组织领导

一是市委、政府成立农场改革领导小组。主要对两个农场改制工作进行组织协调，研究对策措施，寻求解决办法。二是由市属生产经营型事业单位改革领导小组办公室作为农场改革指导小组。履行指导配合、方案审核、检查督促、验收汇总等职责。三是由海永乡和棉花原种场的主要负责人和有关分管领导及业务人员组建成相应的工作小组。认真按照方案要求，制订改制转企总体规划,做好宣传发动、方案拟定、成本筹措和维护稳定等工作。

五、时间部署

1. 调查摸底,制定方案阶段(2004 年 11 月底前)。结合两个农场的实际,由改制办配合主管部门和乡镇确定具体的改制方案和操作部署。

2. 集中组织,分布实施阶段(2004 年 12 月 1 日—2005 年 4 月 30 日)。按照方案认真组织实施,先永隆沙良种场(2004 年 12 月 1 日—2004 年 12 月 31 日)、后棉花原种场(2005 年 3 月中旬—4 月底)。主要工作包括测算费用、制定方案、划田到人,置换职工劳动关系和办理养老保险等工作。

3. 总结验收,巩固完善阶段(2005 年 5 月 1 日—2005 年 5 月 31 日)。重点对改制操作程序,各项费用落实,职工劳动关系变更和养老保险关系衔接等工作进行验收。

中共海门市委办公室(章)
海门市人民政府办公室(章)
2004 年 12 月 1 日

中共海永乡委员会关于永隆沙良种场"事改企"实施方案的意见

海永委发 2004〔28〕号

东西场大队、机关各部门:

为了保证海门市永隆沙良种场事改企改制的顺利进行,根据海办发〔2004〕32 号《市委办公室、市政府办公室关于海门市永隆沙良种场和棉花原种场改制的实施意见》的文件精神,结合海永实际情况,为确保圆满完成改制任务,制定本实施方案。

一、指导思想和总体要求

以海办发 32 号文件的指导思想和总体要求为目标,细化、量化各项工作、时间,标准、部署,务求公开、公平、公正。规范化执行,人性化服务,把改革的全过程作为增强执政能力,密切党群关系,解决实际问题的有效载体,把党的政策真正落到实处,全面推进海永发展进程。

二、职工养老保险及待遇

1. 调整农场及其下属单位性质。改制后的永隆沙良种场由原来的事业单位调整为自主经营、自负盈亏的企业法人实体。

2. 市场化方式处置公有资产。对改制转企后的新企业与录用的职工重新签订劳动合同。

退休职工以身份证为年龄确认依据,以退休卡为工龄确认依据,按规定从 2005 年 1 月 1 日起享受新的退休金标准,由企业职工养老保险经办机构重新核定并负责按月发放。

在职职工从 2005 年 1 月 1 日起一律参加本市城镇企业职工基本养老保险,依法缴纳养老保险费。

2000 年参加定额养老保险的职工,经市企业职工养老保险经办机构核定后,个人部分的养老保险费由个人全额补交,集体部分的养老保险费自 1992 年至 2000 年 7 月的部分由集体补缴,2000 年 7 月至 2004 年 12 月的集体部分集体补贴 3000 元,其余由自己补交。集体、个人应补缴的全额补缴后办理养老保险手续。从 2005 年起按新的标准缴纳养老保险费。

97 年因未交纳统筹金被除名的职工,暂时不列入这次改制范围,待情况核查清楚后再作研究。

凡不愿选择上述方案(与新企业重新签订劳动合同)则不再分划给土地。按照职工本人本单位工龄每年 370 元的标准予以一次性经济补偿,最高不超过 12 个月。

凡原与新企业签订劳动合同的新职工,每人划给 2 亩土地,再另外补贴 400 元/年,不收土地租金,其工资、福利和养老保险等费用全额自负。如果遇到开发,新组建的公司有权收回所划土地,具体事宜开发时另行签订协议。

三、时间步骤

1. 宣传发动、制定方案阶段(1—10 日)

(1)召开党政联席会议学习文件,统一思想,制定方案和工作打算;

(2)召开工作组成员和东西场大队支部会议,统一思想、明确要求、分工负责;

(3)分别召开全乡干部会议和退休职工、在职职工座谈会；

(4)召开全体农场职工动员大会；

(5)核对职工名册，测算退休人员享受退休金额、在职人员补缴养老金额等，并与有关文件一并公示。

2. 组织实施阶段(11—25日)

(1)置换农场职工劳动关系，重新签订劳动合同；

(2)根据实施意见，为签订合同的新员工重新划田；

(3)20日前在职职工各自选定方案，并按选定的方案办理相关手续；

(4)对退休职工应享受的退休金额予以公示并认真做好核对工作；

(5)25日前做好各类规费的收缴和发放工作，先收参加保险人员的规费，后发不参加保险人员的一次性经济补偿费。

3. 总结验收阶段(26—31日)

(1)认真做好"回头看"。对各项工作按照依法办事的原则，公正、公开、公平核查验收；

(2)处理好个别特殊职工的疑难问题；

(3)资料归档。

四、组织领导

根据市委、市政府的要求，为了加强对农场改制工作的领导，经乡党委政府研究决定成立农场改制工作组。具体由下列人员组成：

组　长：张　健　党委书记

副组长：邱鹏生　党委副书记、人大主席

成　员：奚东浩　党委组织委员

严英娴　财政所会计

江志安　东西场大队书记、大队长

倪国新　派出所所长

工作组下设办公室，办公室主任严英娴(兼)，黄英、戴永梅、曹永杰、金宴峰、沈志敏为办公室成员。办公室地点设在原乡政府土管所办公室。

联席电话：2993322　2619042

五、工作纪律

1. 坚持公开、公平、公正的原则，实行全程阳光操作。工作组做到每五个工作日公布一次工作情况，对有关文件测算方案等分别在乡政府政务公开栏、东西场大队部、顾永平宅等予以公布。

2. 工作认真细致，吃透上级文件精神，决不过场或草率行事。

3. 严格执行政策，严格执行时间部署，保证改制工作按期保质完成。

中共海永乡委员会(章)

海永乡人民政府(章)

2004年12月9日

中共海永乡党委议事规则

第一章　职　权

第一条　乡党委是团结和带领全乡人民进行改革开放和社会主义建设事业的领导核心。对全乡各方面工作实行政治、思想、组织领导。党委会在全乡党员代表大会闭会期间，行使党员代表大会职权，向党员大会负责并报告工作，接受其监督。党委会职权是：

1. 研究决定本乡贯彻中央、省、市委指示的执行方案，研究本乡贯彻上级政权机关的指示及法律、法令中的重大问题，研究党员代表大会决议的实施方案。

2. 讨论研究全乡的政治经济和社会发展的规划、年度工作安排、政治和经济体制改革方案及财政预决算和对全局有影响的重要项目等重大决策。

3. 讨论和决定全乡党的思想组织作风建设和纪律检查的工作部署和重大事项。

4. 研究决定全乡宣传思想工作、精神文明建设、民主法治建设、统战工作、群团工作中的重大问题和工作部署。

5. 审批下一级党组织的组成，决定乡管干部的任免奖惩。

6. 讨论决定乡党委代表大会会议议题并召集、主持会议，讨论通过党委负责同志代表党委所作的重要讲话、报告和以党委名义发出的重要文件，审定党委向上级组织的重要请示报告。

7. 研究处理突发性重大事件。

8. 研究决定应由党委会决定的其他事项。

第二章　议题的确定

第二条　党委会议议题由书记确定。党委各成员和各有关方面需要提交党委会议讨论的议题，由书记审定。确定后的议题由秘书室负责将议题印发给各成员。未经列入议题的事项，一般不讨论，即使讨论，也不作决定。其他部门需要提交党委会讨论的议题，事前应由分管领导向书记汇报后确定。

第三条　凡需党委会会议决定的事项，必须提供书面材料。

第三章　会议制度

第四条　党委会议制度

1. 党委会会议一般每月召开一次，如需要也可临时召开。党委会议必须有半数以上成员到会方可举行。讨论重大问题、重要文件和干部任免、奖惩、吸收党员、转正党员、党纪处分必须有三分之二以上成员出席才能举行。因故缺席的同志，对会议的议题如有意见或建议，可在会议召开之前提出，会后应向缺席的同志通报会议情况。

2. 党委会议由书记召集主持，也可由书记临时委托一名委员召集或主持。

3. 每次召开的党委会议的日期和议题，除临时召集的会议外应提前两至三天书面或口头通知到每个成员。

4. 党委民主生活会每年分上下半年各一次。

5. 党委会议事，如议案涉及成员或其直系亲属时，该成员该回避。

6. 党委会实行少数服从多数的原则，对重大问题及干部任免的决定，应逐个讨论，必要时刻进行表决。党委会形成的决议，个人无权改变，必须无条件地执行，少数人的意见允许保留，但在行动上不能有任何反对的表示。

7. 党委会在议事过程中，对少数人的不同意见，应当认真考虑。如对重要问题发生争执，双方人数又相近，除在紧急情况下必须按多数人意见执行，应暂缓作出结论，待进一步调查研究后再提交下一次会议讨论决定，在特殊情况下也可将争议情况向海门市委报告，请求裁决。

第四章　决定的执行与督查

第五条　凡党委作出的决定，任何人无权改变。个人或少数人有不同意见允许保留，但必须无条件服从，并在行动上积极执行。在执行过程中，发现新的情况需要复议时，应及时提交党委会讨论，但在未复议之前，仍按原决定执行，个人不得有任何与决定相违背的言论和行动。

第六条　党委会实行集体领导和个人分工相结合的原则。对党委会作出的决定，应明确执行者、完成时限、执行结果、信息反馈等情况，并作出书面记录，向书记报告。明确部门负责执行的一般由分管领导抓落实，也可由秘书室负责传达和催办，并及时向党委会报告执行情况。

第五章　接受监督制度

第七条　党委成员应自觉接受上级党组织和全乡党内外群众的监督。党委每半年向市委报告工作一次，遇有特殊情况随时请示报告，党委成员每半年向党委报告工作一次。

第八条　建立党委成员、政府领导个人重大事宜报告制度。自觉按照廉洁自律的各项规定处置个人家庭的重要事宜。遇有重大事宜，事先应向书记报告，主动接受党委会集体监督，同时接受党委纪检监察部门的监督。

第九条　接受法律监督和民主监督，党委、政府成员要带头在合法和法律规定的范围内活动，支持和接受法律监督的同时，要经常听取基层的建议、意见，诚恳地接受民主监督。

第六章　会议的列席人员

第十条　根据中共中央的有关文件规定，党委行政领导可列席党委会。根据党章规定，团委书记（党员）根据需要可列席党委会议。

第七章　文件审批制度

第十一条　以党委名义向市委的请示和下发的全局性工作的方向原则和政策性文件，经党委讨论通过后由书记签发。

中共海门市海永乡委员会

二〇〇六年四月十四日制定

海永乡党委、政府
关于开展“机关效能革命”的实施意见

海永委发〔2006〕14号

各支部、各单位、机关各部门：

为贯彻落实市委十一届八次(扩大)会议精神，巩固和扩大保持共产党员先进性教育活动成果，切实转变机关作风，规范行政行为，提高工作效率，推动海永经济社会发展各项工作的有效落实，现就我乡开展“机关效能革命”活动提出如下实施意见：

一、深刻认识开展机关效能革命的重要意义

机关效能是指机关办事的效率和能力，是机关作风、工作效率、工作效果、工作效益的综合反映，是衡量机关工作结果的重要尺度和标准。效能革命就是通过改革管理手段、制度和载体，建立办事高效、运转协调、行为规范的管理体系。开展机关效能革命是践行“三个代表”重要思想的具体体现，关系到改革、发展、稳定的大局；是坚持立党为公、执政为民的客观要求；是实现海永大发展大腾飞的重要保证。当前，在我乡党员、干部中不同程度存在着责任意识不强、服务观念淡薄、实干意识淡化、作风慵懒散漫、办事能力欠缺、办事效能不高等现象，影响了我乡经济发展的进程，影响了社会的安定和谐，影响了党群干群关系，必须认真加以整治。今年是国家“十一五”规划的开局年，是我乡经济大发展初露锋芒、多个项目正式启动的大干快上之年，我们的目标已经明确，面临的任务艰巨而又繁重，肩负的责任重大而又光荣，开展机关效能革命显得尤为重要。全乡机关干部一定要充分认识开展效能革命的重要性和紧迫性，把它作为加快推进海永经济社会和谐发展的重要举措摆上重要位置，切实抓紧抓好。

二、指导思想

坚持以邓小平理论、“三个代表”重要思想和科学发展观为指导，认真贯彻市委十一届八次全体(扩大)会议精神，按照“综合治理、标本兼治、持之以恒、整体推进”的总体思路，以提高效率、优化环境、促进发展为主要内容，以人民满意为标准，以考核奖惩为手段，切实解决机关效能存在的突出问题，努力建设“行为规范、运转协调、公正透明、廉洁高效”的管理体制和运行机制，促进机关效率明显提高、作风明显转变，真正让基层满意、群众满意、企业满意。

三、总体目标和要求

总体目标：通过效能革命，要使全体机关干部在履行职责和改革创新上有新的突破，在服务质量和办事效率上有新的改进，在人民群众对党委、政府工作的满意度上有新的提高，积极争创最佳办事部门办事站所，解决“不作为”和“乱作为”等突出问题，真正形成“行为规范、运转协调、公正透明、廉洁高效”的运行机制。

总体要求：开展效能革命，要做到“三严三优”。“三严”就是严肃党纪政纪，克服有令不行、阳奉阴违，消极应付，上有政策、下有对策，吃拿卡要等违纪行为；严格工作制度，克服办事不讲原则，不负责任，违反服务承诺等违规行为；严谨工作作风，克服办事拖拉、推诿、扯皮，纪律松弛，服务质量不佳等不良作风。“三优”就是要优化服务程序，打造优良环境，提供优质服务。

四、主要措施

(一)加强学习教育，提高自身素质

要按照“武装头脑、指导实践、推进工作”的要求，加强学习教育，提高自身综合素质。一要深入学习邓小平理论和“三个代表”重要思想，把践行“三个代表”作为效能革命的重要内容。二要认真开展社会主义荣辱观教育，采取集中学习、个人自学、座谈研讨、宣讲辅导等多种形式，营造树立社会主义荣辱观的浓厚氛围，引导干部深入理解和把握“八荣八耻”的重要内涵，并体现在日常工作和生活中，以综合素质的提高实现整体效能的提高。

(二)强化部门职责，提高服务质量

要教育和引导干部进一步更新观念，确立优质服务就是优化发展环境的理念，时刻把发展放在首位。要进一步明确部门职责，把改进工作作风、主动为群众服务作为推进效能革命的立足点。严格遵守服务承诺，提高服务能力，牢固树立群众至上的服务观，切实解决群众关注的热点、难点问题，杜绝不作为和乱作为现象。

(三)完善制度建设,规范工作程序

制度建设具有根本性、全局性、长期性,必须贯穿于效能革命的各个方面和各个环节。制度建设必须与时俱进,坚持创新。要从服务经济发展这个中心出发,积极推行和贯彻落实岗位责任制、服务承诺制、限时办结制、首问负责制、责任追究制等制度,切实把管理职能、工作责任和服务要求分解到岗、落实到人、实现以制度管人管事。各基层站所要公开办事程序和工作规范,让需要知情的人了解清楚,让接受服务的对象全程监督。进一步完善督查督办制度,加强对各部门各站所服务情况的跟踪考核和落实监督,发现违反制度的行为必须查明原因,严肃处理、整改完善。

(四)完善考评机制,加强考核监督

考评考核是对效能革命成效的促进和检验。要进一步完善考评机制,广泛听取群众意见,实施领导考察、代表考核、服务对象评议三结合的考评考核办法。每季度讲评一次,提出整改措施。结合半年考核和年终考核,考核对象必须对群众评议和代表考核意见当场解答,作出整改承诺。对违纪行为,一经查实,严肃处理,绝不姑息。

(五)锤炼队伍素质,提升政府效能

建设一支具有开拓创新、诚信敬业、求真务实、团结和谐、廉政勤政、凸显公心、体现能力、充满活力的干部队伍,是我们开展效能革命的重要任务。要通过效能革命,激发干部的积极性和创造性,形成勇于拼搏、真抓实干的浓厚风气,切实抓好党的建设、廉政建设、纠风建设、精神文明建设和人员素质培养,建设一支政治上靠得住,发展上有本事,事业上有创意,人民群众信得过的机关干部队伍,从而整体提升政府效能,实打实地高效率地为老百姓干好事、干实事,让海永的大发展造就海永的干部。

五、时间安排

开展机关效能革命是一项综合性、长期性的工作,必须有计划有重点地开展,逐步深入,务求实效。

第一阶段:动员部署(4月中旬—4月底)

召开全乡机关效能革命动员大会,传达贯彻市委机关效能革命动员会精神,成立领导小组及办公室,制定机关效能革命的实施方案,作出具体部署。各部门、各站所完善各项服务承诺制、责任制及责任追究制,并向社会公示。聘请效能监察员。

第二阶段:组织实施(5月—6月)

重点围绕"不作为、乱作为"等突出的问题开展自查,广泛征求基层群众、服务对象的意见和建议,查找问题、落实整改。

第三阶段:考核考评(7月—12月)

通过明查暗访,社会评议,对全乡效能建设开展情况进行检查,并逐步建立长效管理机制。

六、组织领导

建立乡党委、政府统一领导,各部门、站所各负其责,群众积极参与的领导体制和工作机制。成立机关效能革命领导小组,由党委书记张健任组长,党委副书记、纪检委书记陆金田任副组长,成员有王永伟、俞军、奚东浩、黄红伟。领导组下设办公室,俞军兼办公室主任,成员有黄海华、黄红伟。办公室具体负责效能革命日常工作,组织开展评议及各项检查、评比等活动,设立乡效能监察投诉接待室,负责受理群众投诉。投诉电话:82619198。

附:

为深入推进效能革命、凡被群众投诉举报、明查暗访中有违反效能建设各项规定的,对相关人员和部门实行经济处罚和责任追究。具体处罚措施如下:

1. 违反职业服务道德准则,为企业单位或个人办证办事,搞有偿服务,索要服务费、车旅费等费用或实物的,一次查实作待岗处理。

2. 违反首问责任制或违反服务承诺,群众投诉或到乡领导那里上访的,一经查实,每次扣责任人100元。

3. 违反日常管理制度,不遵章守纪的,发现后除进行通报批评,并采取以下扣罚措施:(1)迟到、早退、旷工、中途无故离岗者,按机关考勤制度有关规定处罚;(2)上班时间上网玩游戏、聊天、打牌,发现一次,罚款50元;(3)卫生检查中发现办公区域、卫生包干区域卫生差,扣除责任人10元。

4. 因作风散慢,不负责任,出现工作差错,造成影响的,一经查实根据情节罚款50—

200元。

5. 违反其他规定的，视情节轻重，扣罚当事人50—100元，并责成当事人向服务对象赔礼道歉。

中共海门市海永乡党委(章)
海门市海永乡人民政府(章)
2006年4月20日

中共海永乡委员会“融入崇明生态体系打造海门生态第一乡”
——海永乡新农村建设推进实施意见

2007年是党的十七大召开的喜庆之年，是海门市率先全面建成小康社会的决战之年，也是我乡新农村建设快推进、求突破、创特色、见成效的关键之年。全乡新农村建设的总体思路是紧紧围绕“率先达小康、建设新农村、打造海门生态第一乡”的工作主题和“民富、村美、风气好”的总体目标，按照“工业化致富农民、城镇化带动农村、产业化提升农业”的工作思路，以实现农民增收、改善农村环境为根本任务，着力完善“农村基础设施、农村公共服务、农村社会保障”三大体系，努力走出一条既融入大崇明生态体系又富有海永特色的新农村建设思路。

一、工作目标

2007年全乡新农村建设的主要目标是确保农民人均收入增长15%，达到7200元。农业总产值达到1760万元，农业增加值达到960万元。农业利用外资达到500万美元，项目农业投入超亿元，村级债务下降10%以上。

二、工作措施

2007年我们将以打造班子、环境、项目为“三大抓手”，着力推进“八大工程”，全面建设和谐生态新海永。

(一)大力实施人才队伍工程

一是打造“双带”型村级领导班子。铸就一批善于学习、善于开拓，能出点子、能挑担子，能创新、能创业的农村干部队伍。着力解决村干部思想、作风、能力等方面的问题，提升他们因地制宜调整农业产业结构的水平，正确处理新时期农村各种矛盾的水平和依法办事的水平，促使他们真正成为新农村建设的推动者和领路人。

二是培养一批后备干部队伍。按照“把农民致富能手培养成党员，把党员致富能手培养成村干部”的工作思路，将新农村建设与培养后备干部相结合，把一批政治素质好、致富能力强、热心为群众服务的优秀青年选派到新农村建设一线，让他们在新农村建设舞台上锻炼提高，保持和增强农村基层干部队伍的生机和活力。

三是聚集一批服务海永的人才队伍。以项目、家乡为平台和纽带，聚集一批项目投资开发商、海永在外能人、名人，关心、关注、参与、支持海永新农村建设。

四是建立本乡种养殖能手联合会。选择各行各业种养殖农户中既有相当的种养经验，又能热心为大家服务的典型代表，建立联合会。加大对他们的培训力度，运用请专家现场辅导、远程教育培训、经验交流等多种培训方式，提高他们的养殖本领，并集中一定力量，总结他们的经验，使之成为本乡种养技术范本，真正起到“领头羊”的作用，依靠他们致富一批人。

(二)全力推进示范项目引进工程

2007年，我们将通过“政策整合、平台整合、团队整合、项目整合”，充分发挥各村(大队)各种资源优势，积极推进农业项目招商。

一是在建项目推进其上档次创名牌。重点推进中国农业大学投资的“国农—海永乡生态园”项目、南通星岛种猪有限公司2个项目，敦促其加大投入，完善生态创建体系，创建省级品牌。

二是已谈项目抓落户开工。重点推进荷兰NITA集团的“绿大—海永阿斯米尔”项目、台湾广定公司香花草养生园项目、台湾民生集团现代农业开发等项目，力促其早日启动投资建设，充分发挥其龙头效应，力争在年内能初具雏形。

三是在手项目线索争取尽快落户。抓紧推进上海护苗公司农副产品深加工项目、浙江客商1000吨冷库项目、养鸽场项目、养猪场项目等4个项目线索，争取项目早日落户，形成“项目+企业+农户+市场”的新型农业发展之路。

四是整合资源搭建项目新平台。积极整合永北复垦区、乡属新鱼塘、沙南264亩流转土地、东西场大队农场土地以及永西规划园区等招商平台,都要积极引进新项目。

（三）全面扶持产业、园区培育工程

提高农民收入水平是新农村建设的核心任务,也是新农村建设的出发点和落脚点,而农业产业园区则是新农村建设的有效载体。为此要大力推进产业结构调整,扶持培育农业产业园区。

在产业上,我们将在全乡建立2个专业村,10个专业组。首先是在高效农业上求突破,全乡建立2个专业村:沙南甘蔗种植专业村、种植面积达到500亩;永北四青作物专业村,种植面积达到100亩,实现收益甘蔗4000元,四青作物3500元。其次在农产品种植分布上,全乡落实10个专业组,带头高效农业产业发展。加强南美白对虾养殖技术指导,确保今年30多户养殖户、400多亩水面白对虾塘塘成功;积极指导原向华村设施瓜蔬、特色蔬菜种植,扩大面积100亩,力争在这方面让农民增收20万元。

在园区上,我们将重点扶持5大农业园区建设:(1)中国农业大学投资的“国农—海永生态园”(2)南通市星岛种猪有限公司循环经济农业园(3)台湾广定公司的“香花草养生庄园”(4)台湾民生集团的“现代农业科技园”(5)荷兰NITA集团的“绿大海永阿斯米尔花卉母本园”。全力打造海永现代农业、科技农业、循环农业、观光农业。

（四）重点实施品牌创建工程

一是抓好5个农产品品牌申报工作。2007年将重点组织“星岛”“盛岛”“国农”“香花草”“资生”5个农业品牌的申报,走品牌农业发展之路。

二是扶持2个品牌农业企业做大做强。积极扶持江苏国农、南通星岛2家公司申报农业项目,创建海门市农业产业化龙头企业,扶持企业做强,拉动产业发展,带动农民致富。

三是放大无公害生产基地效应。进一步抓好无公害生产基地建设,使海隆牌、星岛牌无公害农副产品、水产品进一步提高质量,提高附加值。

（五）科学规划新村聚居工程

一是精心规划。按照海永乡总体规划,对海永新农村建设布局进行一次性、高定位、科学精心规划,依据各村实际,分布推进实施。

二是完善配套。2007完善新建成的新农村聚居区——滨江小区配套建设。重点实施绿化、美化、亮化工程,增强聚居区的吸引力和承载力。同时对永北新农村聚居点配套道路工程。

三是稳步推进。沙南、永北两村抓紧聚居推进,精心规划,各打造一个新农村聚居点。综合运用行政推动、示范带动、政策拉动等措施,推进新建房、拆迁户、翻建户、政策吸引户等各类建房户向聚居点集中,确保全乡建房户全部进入集中聚居规划点,力争在2年内建成环境靓丽、配套齐全的新农村聚居点。

（六）高点推进环境优化工程

继续完善城管、联防、环卫“两队一所”管理机制,成立由德高望重的老党员、老职工组成的环境整治督导组,长效管理机制基本健全。到3月底,第一阶段整治工作已经完成,镇区已基本实现净化、绿化、美化,面貌发生了质的飞跃。下阶段工作将延伸到全乡。

一是农村环境卫生力争纳入崇明管理机制,实施垃圾集中收运处理。建立“户袋装、村收集、乡中转、县(指崇明县)处理”的生活垃圾处理机制。今年计划改厕100个,具体分配为沙南、永北两个村各40个,东西场大队20个,要求各村(大队)统一模式、统一扎口,4月份拿出具体方案,5月份动工,8月份完成。村级一事一议资金全部用于垃圾处理和改厕工程。

二是继续实施改水和水利工程,净化全乡沟河。全面完成自来水改水的管道更换工程,确保全乡居民饮用更洁净的自来水,提高供水能力,满足海永今后发展的需要,水厂应立即拿出方案,交党委、政府研究。水利工程,完成水利先行村沙南村水利建设,完成12.5万土方,并把水利建设与道路建设、土地复垦、窑点取土结合起来,提升建设成效。疏浚完工的沟河全部发包到户,建立长效保洁机制。

三是大力推进农路农桥建设。2007年完成村与村之间、居民集中区和断头路硬质化建设。

包括原向华村中心路、原永西村中心路、永西村二道堤岸断头路以及居民集中区全长5公里，还有沙南村8组至学校的砂石路建设。新建农桥一座，农路硬质化工程4月初开工，10月份全面竣工。

四是植树绿化，美化家园。今年全乡将3月12日—4月12日定为绿化植树月，发动全乡上下大力发展经济林与生态林，高标准、高质量完成700亩植树造林任务，其中包括1万株桔树的经济林带和1000株意杨的长江防护林带、道路绿化和农民街前沿河优美休闲绿地。完成农路和新疏浚沟河两侧绿化，并加强培管，确保成活率，通过2—3年努力，全面达到小康绿化要求，真正实现“把家园建在花园里”的目标。

（七）科技培训新农民工程

一是成教中心“十大主题，打造海永培训体系”。培训内容包括安全生产、科学种养、劳动力转移培训、计生法律法规、应届初高中生毕业后培训、矫正对象培训、党团员、入党积极分子培训、老年人保健知识、未成年人法制教育、家禽养殖等十个方面，确保实用技术培训300人次，创业培训200人次，劳动力转移培训300人次。全面提升新型农民的法制意识，生产技能等综合素质，使农业逐步成为自我经营、自我发展、自我积累的现代农业。

二是推进广播、电视双入户工程，有线电视入户数提高8个百分点。

三是完善社会老年活动中心和全民健身点建设，丰富农民文化娱乐生活，提高农民健康水准。

（八）立体打造和谐新农村工程

一是各村建设好至少400平方米的文化活动阵地，配备好远程教育设施和其他文化活动设施，达到全市一流水平。

二是积极开展“千企联百村、共建新家园”活动，鼓励企业通过共谋发展思路，共兴农村经济，共建基础设施，共办社会事业，共促农民就业，共育文明新风等途径，积极参与新农村建设。党委、政府研究确定：南通兴和房产与沙南村、南通星岛种猪与永北村、海永并线厂与东西场大队实行村企联合。各帮扶结对单位要在4月份拿出帮扶规划，落实帮扶措施。

三是健全农村保障体系。做好农村最低生活保障工作，深入摸底，做到应保尽保，切实保障困难群体基本生活；进一步抓好农村新型合作医疗保险，参保率达到92%；大力推进农村养老保险制度，参保率70%以上。

四是深入开展扶贫帮困活动。继续开展“百名干部帮扶百户困难群众”活动，调优帮扶措施，坚持“输血”与“造血”相结合，通过落实相关政策，农本扶助、技术扶助等措施，帮助贫困户、薄弱户脱贫致富。

三、组织保障

为切实保证我乡新农村建设顺利推进，党委、政府决定成立第六个指挥组—新农村建设指挥组，由党委书记张健挂帅出任组长，督办全乡工作，乡长助理王志兵任副组长，专职协调推进新农村建设。各村由支部书记对本村负总责，对照各自规划，逐一认真落实，实现“三个到位”：

1、宣传发动到位。运用广播或拉横幅、贴标语、开座谈会等多种形式，宣传新农村建设的重要性和迫切性，激发全乡干部群众建设新农村的热情，使新农村建设成为全乡人民群众的自觉要求、自觉行动。

2、资金落实到位。按照“三个继续高干”的要求，建立多渠道财政支农机制，本着“自力更生、政策扶助”的原则，各村务须想方设法、筹集资金，按时序完成各项基础设施建设，力争“一年一个样，三年大变样”。

3、组织落实到位。各村（大队）要建立新农村建设领导小组，在支部书记领导下，发挥主动性和创造性，认真确定各自发展特色，因地制宜定发展规划，做到发挥优势，创建特色，切实致富，推进和谐。

中共海永乡委员会

2007年4月9日

第二章 边界文书专辑

江苏省南通专区革命委员会文件

通专革字(68)第177号

关于永隆沙管辖问题的协议书

永隆沙历来属启东管辖,但是,近几年来由于该沙变迁,东塌西涨,目前骑跨启、海两县沿江。在文化大革命之前,两县曾对该沙有过异议,近来海门又提出分管永隆沙的建议,为此,由专区革委会副主任朱锦辉同志及生产指挥组黄训同志主持双方协商,海门县参加协议的有茅锡堂、周行、倪德仁、邱成耀、范成全,启东县参加协议的有黄裕飞、何佩英、季玉如、吴汉康等同志,专区革委会生产指挥组邹义良同志也参加了协商。大家以毛泽东思想为武器,本着有利于革命,有利于生产的原则,通过勘察,征求贫下中农意见,双方达成如下协议:

一、分界地址:启东已围垦的西边大堤正中线以东归启东管辖,以西归海门管辖。启东为了培修大堤取土需要,从西边大堤正中线堤角向西五十公尺归启东(在这地段芦草归海门收割),在海门围垦以后,两县分界仍以启东西大堤正中线为交界线。

二、今后管理:从一九六九年开始,大堤以西由海门负责管理,一九六八年的芦草收入应归启东。

以上协议,将分别提交两县革委会讨论,于十二月二十五日之前将讨论意见报专区革委会审批后生效,逾期以协议书为准。

江苏省南通专区革命委员会(章)
一九六八年十二月十九日

关于分管永隆沙的批复

启东、海门县革委会:

近几年来由于永隆沙变迁、东坍西涨,目前骑跨启海两县沿江。在文化大革命之前,两县曾对该沙有过异议。近来海门县革委会又提出分管该沙的建议。为此,于1968年12月18日由专区革委会组织两县革委会代表亲临沿江实地视察,并征求了贫下中农的意见,经双方充分协商讨论,本着有利于革命,有利于生产的原则,在毛泽东思想伟大红旗下,发扬了共产主义风格,相互谅解,达成了分管的协议。经专区革委会研究,同意你们签订的协议,并附于后,于1969年元月一日生效。以启东已围垦的西大堤中心线为界,堤东已围垦部分归启东管,堤西未围垦部分归海门管。

希更高地举起毛泽东思想伟大红旗,突出无产阶级专政,发扬共产主义风格,按协议书精神共同遵照执行。

江苏省南通专区革命委员会(章)
一九六八年十二月三十一日

关于崇明县合作乡副业场与海门县永隆沙良种场临时界址问题的协议

为了合理地、妥善地解决崇明合作乡副业场与海门永隆沙良种场永西大队临时界址的问题。于一九八五年二月十四日在海门农场进行了协商。参加协商的有:海门县副县长侯文龙、海门县人大常委会副主任陈九如、海门县政府办公室主任袁中道、海门县水利局局长王佐兴、海门农场党委书记施乐之、副书记张品山、副场长陈国丰、朱学文,崇明县副县长陈继明、县政府办公室陆鸣、崇明县水利局局长顾士群及顾兴礼、赵国民,合作乡乡长陶友生、副社长吴锦良等人。经双方热情、友好、坦率地交换意见,达成如下协议:

一、双方一致认为要珍惜崇明与海门二县间的一贯友好往来、相互支持的情谊，本着团结治水、共同搞好生产的原则，相互谅解、实事求是地解决目前临时界址。

二、双方以大堤为界，为了防汛、培修大堤取土需要，在大堤的崇明一侧留十五米宽的平台。但在白港以东段维持现状，保持现有转河；白港以西段在十五米内平台外，由合作乡组织新开转河一条。白港东西二段转河归合作乡管理使用。

三、要保护大堤，确保大堤完整，以策安全。内平台可由海门县永隆沙良种场永西大队群众种植浅根经济作物，但不得建造房屋等固定建筑物。

上述三条协议，共同遵守执行。本协议一式十一份。

海门县永隆沙良种场
施乐之（签字）
代表：朱学文（签字）
陈国丰（签字）
国营海门县永隆沙良种场（章）
崇明县合作乡政府
陶友生（签字）
代表：吴锦良（签字）

崇明县合作乡人民政府（章）
一九八五年二月十六日

关于上海市长征农场与海门县海永乡界址河划分的协议

根据上海市土地管理局有关文件规定，双方协议如下：

1. 以鸽笼港东侧到启东市良种繁育场界址：横河北侧河口线为界河线。该段界河属长征农场，如该河道疏浚时，海门县海永乡提供五米的堆土方便。

2. 以鸽笼港西侧到永北村排水沟，以河中心为界址线，南北的排水沟西侧为界址线。

3. 因开鸽笼港大河，双方协商调换土地一百亩，划在永北村西侧，以排水沟为界址，南以北大堤岸边线向北八公尺为界址线。

上海市长征农场
上海市长征农场土地管理所（章）
上海市长征农场（章）
代表：胡富明　周耀华（签字）
江苏省海门县海永乡
江苏省海门县海永乡人民政府（章）
代表：张品山（签字）
一九九三年八月十六日

海门市人民政府文件

海政发〔1996〕125 号

海门市政府关于海永乡与上海市崇明县边界情况的报告

江苏省人民政府：

我市海永乡与上海市崇明县的陆地边界是明确的，虽然在历史上有过争议，但双方一致尊重历史、尊重现实，妥善协调和解决了有关问题。现将边界情况汇报如下：

一、海永乡基本情况

（一）地理位置。海永乡即原永隆沙农场，位于我市东南部，距市治 27.5 公里，东靠启隆乡（原五七良种繁育场），南连上海市长征农场，西与崇明县新村乡接壤；北临长江，与本市临江乡隔江而望。

（二）关于我市与上海市崇明县交界线走向的说明。我市与上海市崇明县之间的两省市交界线（陆地接壤部分），根据目前现状（双方认可的界线），西自 X：3523621M，Y：40631131M，H：5.9M（原岸顶高径）向东南方向沿岸南小匡河中心延伸展至 X：3520473M，Y：40633605M，H：2M 处折向西偏南方向沿岸东坡底边线伸展 815M，转向东南方向延伸 274M，再折向东偏东北方向延伸254M后，折向东南方向沿小河中心伸展到海门、启东、崇明三县市三叉点其X:3517296M，Y:40635215M，H:2M。全长计8808M。

(注：此说明由海门市民政局、土管局、水利局、城建委实地勘察，海门市测绘队根据1∶10000地形图量取X、Y座标(详见附图)。

(三)海永乡沿革。1949年以来，由于长江北支水流的冲击，我市长江北岸东起临江，西至青龙港段，几度崩塌。1962年又有汤家乡的福才、福新、中兴、虹桥、玉龙等5个建制村，临江乡的海桥、江校、悦新、希圣、元南及汤家的仲海、泰西、泰东、友相、丁陆、友洪等11个村的南半部塌入江中。1949年以来塌入江中总面积约22万亩。反之在长江北支我市界内，泥沙沉积，阴沙露背。由于泥沙沉积在江中形成一个荒滩。1958年时，距北岸3千米，距南岸5.2千米，称永隆沙。海门于1969年冬组织围垦，1970年建立永隆沙良种场，后经八次扩围，面积逐步扩大，总面积达13516.7亩。1975年冬，场的南沿与崇明岛连接，由于遭受台风大潮的影响，北沿曾两次破堤出险。1976年起开始保坍，滩情一度稳定。1985年，永隆沙西北侧岸堤又崩塌，永西村的52户160余人(原王浩乡搬迁户)被迫迁回北岸，三次共坍失土地1550.4亩，目前有面积11966.25亩。该地20多年来，开挖沟河20多条，建桥13座，通江涵洞3个，内河涵洞13个，提水站1座。这些历年来均由我市围垦、保坍，共耗资人民币9680万元。

(四)海永乡的现状。1976年海门县组织16个乡镇的部分村民迁移到永隆沙建立了永北、永西、沙南、向华4个村民委员会，以后形成农垦系统独有的场带村体制。1992年12月28日，经省政府批准设立了海门县海永乡，下辖4个村36个村民小组。

目前海永乡有常住户1600多户，常住人口6500多人，流动人口1000多人，总面积为11966.25亩，其中在册耕地6600亩。除乡政府外，全乡按照乡镇机构组织形式，设置了公安、税务、工业、农业、水利、副业、土管、邮电、金融、教育、文化等各类机构10多个。共有国家、集体机关干部44人，招聘干部50人，借用干部20人。有农场固定职工560人，退休养老职工150人。场内已建20张床位的医院1所，双轨制中学、小学、幼儿园各1所，在校生500多名，500门程控通讯邮电所1个，还设广播站、文化站、用电站、农技站、农机站、粮站、农行营业所、供销社、商店、农贸市场等，有深井3口，家家通电、通水，100多户装上程控电话。

到1995年底，全乡境内有市属工业企业4家(海门市手帕二厂、海门市丝绸印花厂、海门市砖瓦厂和南通申海纺织品有限公司)，固定资产1400多万元，工业产值4050万元，实现利税170多万元；有规模较大的乡、场办企业8家，固定资产近1000万元，工业产值3500万元；工业门类有机械、电子、建材、铸造、棉纺、丝织、医疗保健品等10多种。农业上，以繁育良种为主，全市60%的制种任务由该乡完成。该乡又是全市重要的副业生产基地，已建商品鱼塘1000亩，主要养殖鱼、蟹、鳖等。1995年全乡农、工、副三业总产值1亿多元。

二、我市在海永乡历年来基本建设投入情况

我市从1969年冬开始对永隆沙组织围垦至今，为该沙的围垦、防汛、建设和发展投入了巨大的人力、物力、财力，使昔日一片涨坍不定的荒沙，建成拥有良田万顷、农工副三业兴旺、人民生活富裕、发展前景广阔的风水宝地。下面仅仅是我市历年来有案可稽的有关基础设施建设投入情况：

1.8次围垦共计土方204.24万方，计1200万元；

2. 历年堤防培修、退堤102万方，计600万元；

3. 块石护坡工程完成石方10.25万方，计2000万元；

4. 开沟河、平土地累计完成158万方，计630万方；

5. 建桥13条，通江涵洞3座，内河涵洞13座，提水站1座，计500万元；

6. 坍失1550亩土地后移民迁返经费等，计200万元；

7. 邮电程控交换机设备、邮电线路等，计250万元；

8. 用电设施、输电线路等，计350万元；

9. 广播通讯设施、线路等，计70万元；

10.3口深井及供水设施、管道等，计180

万元；

11. 乡、场固定资产，计1200万元；

12. 市属企业固定资产，计1400万元；

13. 市属单位固定资产，计1100万元。

以上合计共9680万元（见附件1）。

三、关于海永乡西北部2000亩土地权属争议一事说明

海永乡西部永西村，原是永隆沙西北的一个沙岛，海门称海永沙，崇明称新开沙。当时两县对该沙形成的看法是不一致的。崇明认为该沙是由于1970年在崇明陆域新开港西侧筑了3条丁坝而形成的，但这些丁坝的长度只有100米左右，距新开沙近千米。当时丁坝附近的滩面高程在-5米左右，所以只能促使崇明边滩的淤积。而该沙在1970年时东西长8千米，南北宽0.6—1.0千米。1971年海门到该沙种植芦苇300亩。以后西坍东涨逐渐向永隆沙靠拢并连城一体。因此该沙是自然演变加上种青促淤而成，与崇明所筑丁坝关系不大。1975年10月海门搞围垦时，崇明有些看法，新村公社首先从崇明老岸向北越过永隆沙与崇明分界的港槽筑堤插到海门永隆沙新堤。1976年2月，崇明县合作公社也从崇明老堤向北越过分界港槽筑堤插到永隆沙老堤，占有分界港槽以北海门永隆沙土地600—700亩。通过1976年2月23日、26日两县县委负责人及双方水利、财政等部门有关同志协商，决定新开沙已围土地及围堤北侧边滩归海门，西堤岸以西滩地归崇明，新村和合作公社已占海门港槽以北的土地归崇明，并明确合作公社在已围大堤以东的滩地以港槽为界，并确定两个县水利部门到实地划界。2月26日下午，海门县永隆沙与崇明县有关乡的边界基本确定，未有大的争议（见附件2、3、4、5、6）。

四、关于崇明县在海永乡投资一事的说明

1. 在海门县对永隆沙实施围垦过程中，崇明县在南侧对合隆沙也不断围垦，使两沙逐渐连接。1976年8月11日，崇明县为解决长征农场等地引排用水等问题来海门协商借调100亩土地，开通鸽笼港河出江永隆沙段2.3公里，由上海投资15.2万元，海门县组织施工。为控制引排用水，1978年5月建成鸽笼港北闸，上海投资70.5万元，由崇明县管理使用。闸外港口因引排等原因，不断崩塌，1981年由上海投资50万元，在港口两侧建保坍丁坝2条，闸下引河堤坡加做块石防护。

2. 1978年至1986年，永隆沙西北部和崇明界河水闸以东地段不断坍塌，海门共坍失土地1550多亩。为了防止坍陷加剧，给两地造成更大损失，1986年9月，崇明、海门两县商议共同在交界处投资筑丁坝保坍防护，并签订“联合保坍协议书”，双方共投资143万元，其中崇明县负担73万元，海门负担70万元，筑丁坝5条（见附件7）。

上述情况表明，海永乡从最初的围垦到移民的迁入，从社区组织建设到基本建设的投入，均由海门方承担和组织。海永乡历来在海门的行政区划内，边界清楚，崇明县尽管在70、80年代时对永隆沙有所投资，但都是为了双方的共同利益，且投资数额不大。因此，海永乡属海门市范围。

专此报告。

海门市人民政府（章）

一九九六年八月三十日

江苏省人民政府碑文

永隆沙

永隆沙（YONG LONG SHA），20世纪30年底淤涨出水面。曾用名永丰沙、合丰沙，后以其位于原启东县永隆镇对面而得名，该岛位于长江口北支，与崇明岛、兴隆沙相邻，地理位置为北纬31°49′，东经121°26′，隶属于江苏省南通市，为乡级岛，北距海门市临江镇约5.2公里，东南与兴隆沙连为一体，岛体呈东南至西北走向，长约12350米，宽约2830米。

江苏省人民政府

二〇一一年八月

第三章 集体荣誉表录

2002—2015 年获南通市级以上表彰先进集体一览

表 10－1

单 位	荣誉称号	表彰单位	表彰时间
海永乡	南通市安全文明乡镇	南通市政府	2002
海永乡	南通市社会治安安全乡	南通市政府	2006
海永乡	南通市土地承包规范管理合格乡镇	南通市政府	2006
海永乡	江苏省体育百强镇(乡)	省体育局	2008
海永乡	中国投资潜力 500 强乡镇	民政部等	2008
海永乡	南通市平安农机乡镇	南通市政府	2008
海永乡	中国可持续发展百强乡镇(街道)	全国城镇信息调查综合评定	2009
海永乡	全国环境优美乡镇	环保部	2010
海永乡	南通市唯一无诉讼乡	南通市政府	2010
海永乡	全国休闲农业与乡村旅游示范点	农业部、国家旅游局	2011
海永乡沙南村	江苏省和谐社区建设示范村	省民政厅	2012
海永乡南通星岛种猪场	南通市项目农业第三组二等奖	南通市政府	2012
海永乡	南通市农村环境长效管理达标乡镇	南通市政府	2013
海永乡	美丽乡村创业试点单位	农业部	2013
海永乡	南通市 2011—2012 年度文明单位	南通市政府	2013
海永乡永北村	江苏省卫生村	省卫生厅	2013
海永乡沙南村	江苏省民主法治示范村	省司法厅	2014
海永乡	南通市 2013—2014 年度文明乡镇	南通市政府	2014
海永乡永北村	南通市 2013—2014 年度文明村	南通市政府	2014
海永乡	江苏省 2012—2013 年度农业丰收二等奖	省政府	2014
海永乡	“我喜爱的长三角休闲农业(农家乐)与乡村旅游景点”	长三角博览会	2014
海永乡永北村	江苏省最具有魅力休闲乡镇(村)	省农业厅、旅游局	2014
海永镇番茄农庄	全国农业与乡村旅游三星级示范创建企业	农业部	2015
海永镇农家乐	休闲农业(农家乐)景点	长三角博览会	2015
海永镇	全国一村一品示范村镇	农业部	2015
海永镇	冬训工作先进集体	省组织部	2015
海永镇	南通市 2009—2016 年度老区促进会扶贫开发协会先进单位	南通市老促会	2016

1980—2015 年获海门市委、市政府表彰先进集体一览

表 10－2

单　位	荣誉称号	表彰时间
永隆沙良种场	计划生育先进集体	1980
永隆沙良种场一大队(东场)	先进党支部	1980
新垦二大队第三组	先进党小组	1980
永隆沙良种场东场大队	农业先进集体	1982
永隆沙农场沙南大队六队	农业先进集体	1982
永隆沙农场棉纺厂	工业先进集体	1982
永隆沙农场建筑站	建筑先进集体	1982
永隆沙良种场	先进集体	1982
永隆沙良种场	计划生育先进集体	1983
永隆沙良种场永北大队第二生产队	两个文明建设先进集体	1983
永隆沙良种场副业场	多种经营先进集体	1983
永隆沙良种场向华大队三队	精神文明先进集体	1983
永隆沙良种场永北大队党支部	先进党支部	1986
永隆沙良种场沙南大队党支部第三党小组	先进党小组	1986
永隆沙良种场	贸工农先进集体	1986
永隆沙良种场运输部	文明单位	1986
永隆沙棉纺厂	文明单位	1986
永隆沙良种场小学	文明单位	1986
永隆沙良种场	杂交玉米制种高产栽培技术二等奖	1987
永隆沙良种场	科学技术成果三等奖	1988
永隆沙良种场东西场大队	市先进党支部	1991
永隆沙良种场	实施六年制义务教育达标合格乡镇	1992
永隆沙良种场永北村	两个文明建设先进单位	1992
永隆沙良种场永西村	两个文明建设先进单位	1992
海永乡	棉花高产三等奖	1993
海永乡永北村	棉花高产村	1993
海永乡	人口计划生育目标管理达标乡镇	1993
海永乡建材厂	文明单位	1993
海永乡锻压件厂	文明单位	1993
海永乡永北村	文明单位	1993
海永乡沙南村	文明单位	1993
海永乡向华村	文明单位	1993
海永乡棉纺厂	文明单位	1993
海永乡向华村	文明单位	1994
海永乡沙南村	文明单位	1994

续表

单　位	荣誉称号	表彰时间
海永乡棉纺厂	文明单位	1994
海永乡锻压件厂	文明单位	1994
海永乡建材厂	文明单位	1994
海永乡	第三产业优胜乡镇第二名	1995
海永乡运良锻造厂	工业百强企业称号	1995
海永乡向华村	文明单位	1995
海永乡沙南村	文明单位	1995
海永乡建材厂	文明单位	1995
海永乡棉纺厂	文明单位	1995
海永乡沙南村	先进集体	1996
海永乡西场大队	先进集体	1996
海永乡建材厂	乡镇企业先进集体	1996
海永乡建材厂	精神文明先进集体	1996
海永乡小学	精神文明先进集体	1996
海永乡派出所	先进集体	1997
海永乡永北村	文明示范村	1997
海永乡东西场大队	先进党支部	1997
海永乡运良锻造公司	工业综合实力百强企业	1998
海永乡建材厂	先进单位	1998
海永乡派出所	先进单位	1998
海永乡沙南村	先进单位	1999
海永乡西场大队	先进单位	1999
海永乡永西村	精神文明党建先进集体	1999
海永乡派出所	精神文明党建先进集体	1999
海永乡东西场大队党支部	2001 年度先进党支部	2002
海永乡东西场大队	优质水稻先进集体	2002
海永乡东西场大队	海门市平安村	2003
海永乡	平安海永创建先进集体	2003
海永乡医院	防非典先进单位	2003
海永乡海永学校	防非典先进单位	2003
海永乡东西场大队党支部	先进基层党支部	2003
海永乡东西场大队党支部	先进基层党组织	2004
海永乡	农田水利建设竞赛三等奖	2004
海永乡	平安海门创建先进集体	2004
海永乡东西场大队党组织	先进基层党组织	2005
海永乡永北村	村民自治模范村	2005

续表

单　位	荣誉称号	表彰时间
海永乡	创建平安海门先进集体	2005
海永乡	年度进步乡镇	2005
海永乡	2005 年度综治工作先进单位	2006
海永乡	2005 年度劳动和社会保障综合先进单位	2006
海永乡	2005 年度安全生产工作先进单位	2006
海永乡	三个文明考核年度进步奖	2006
海永乡永北村	农村土地承包规范化管理合格村	2006
海永乡永北村	民主法治示范村	2006
海永乡东西场大队	先进基层党组织	2006
海永乡东西场大队	宣传思想工作先进集体	2006
海永乡	项目农业建设二等奖	2006
海永乡	2005 年度纪检监察工作先进单位	2006
海永乡	2007 年度安全基础工作先进单位	2008
海永乡	平安创建工作先进集体	2007
海永乡	项目农业先进单位三等奖	2007
海永乡	三个文明建设考核进位奖	2007
海永乡	2007 年度绿化造林先进单位一等奖	2008
海永乡	目标管理综合考核进位乡镇	2008
海永乡	利用外资竞赛激励奖	2008
海永乡	民营经济竞赛单项奖第三名	2008
海永乡	2007 年度征兵工作先进单位	2008
海永乡	单项先进乡镇	2009
海永乡	项目农业先进单位第三组一等奖	2008
海永乡	耕地保护十佳单位	2009
海永乡	2008 年度经济发展进位乡镇	2009
海永乡	综合先进乡镇	2009
海永乡南通忠联锻造有限公司	2009 年度安全生产集体	2010
海永乡	教育质量上台阶工程先进集体	2009
海永乡	目标管理考核财政收入先进乡镇	2009
海永乡	2009 年度法治建设先进乡镇	2010
海永乡	2010 年度目标管理考核综合先进乡镇	2011
海永乡南通鹏腾置业有限公司	2009 年度新农村建设双十佳单位	2010
海永乡	项目农业建设先进单位二等奖	2010
海永乡	树一流形象创一流业绩好班子	2011
海永乡南通兴和地产开发有限公司	纳税大户	2011
海永乡	2009—2010 年度文明乡镇	2010

续表

单　位	荣誉称号	表彰时间
海永乡	法治建设先进集体	2010
海永乡东西场大队	2009—2010 年度市文明村	2010
海永乡南通忠联精密锻造有限公司	文明单位	2010
海永乡南通忠联精密锻造有限公司	铜牌企业、纳税大户	2010
海永乡南通忠联精密锻造有限公司	安全生产先进单位	2011
海永乡	2010 年度综合先进乡镇	2011
海永乡永北村	新农村建设先进村	2011
海永乡江苏荣海置业有限公司·田园牧歌项目	市优秀农业项目	2011
海永乡	外向型经济先进乡镇	2011
海永乡永北村	安全生产先进单位	2011
海永乡	市文明单位	2011
海永绿岛置业有限公司	安全生产先进企业	2011
海永乡	党建工作示范点	2011
海永乡永北村	法治建设工作先进集体	2012
海永乡东西场大队党支部	双带五星村农村党建示范点	2011
海永乡海永学校	先进党支部	2011
海永乡党委政府	党政好班子称号	2011
海永乡忠联精密锻造公司	工业铜牌企业党建示范点	2011
海永乡忠联精密锻造有限公司	先进党支部	2011
海永乡南通兴和房产	市金牌企业	2011
海永乡江苏荣海置业有限公司	市铜牌企业	2011
海永乡	外向型经济先进乡镇(园区)	2012
海永乡忠联精密锻造有限公司	市平安企业	2012
海永乡	创优率先先进基层党组织	2012
海永乡永北村	党建示范村双带五星村党组织	2012
海永乡永北村	计生先进单位	2012
海永乡	第六次人口普查先进单位	2012
海永乡	安全生产宣传教育培训先进单位	2012
海永乡	基本现代化建设先进乡镇	2013
海永乡沙南村	2012—2013 年度先进基层党组织	2013
海永乡永北村	双带五星村	2013
海永乡	法治建设工作先进集体	2013
海永乡	关心下一代工作先进集体	2013
海永乡海永学校党支部	市先进党组织	2013
海永乡	综合先进区镇	2014
海永乡	嘉奖区镇	2014

续表

单　位	荣誉称号	表彰时间
海永乡	目标管理考核嘉奖单位	2013
海永乡	2013—2014 年度树一流形象争二次率先好班子	2014
海永乡	更高水平小康建设先进区镇(乡)	2014
海永乡永北村党支部	双带五星村党组织	2014
海永乡沙南村党支部	2013—2014 年度先进党组织	2014
海永乡党委	2013—2014 年度先进党组织	2014
海永乡	目标管理考核优秀奖	2014
海永乡企业联合党支部	“两新”组织先进党组织	2014
海永乡	安全生产优胜乡镇(园区)	2014
海永乡机关党支部	先进党组织	2014
海永乡并线厂党支部	双带五星村党组织	2014
海永乡东西场大队党支部	双带五星村党支部	2014
海永乡南通精密锻造有限公司	安全生产先进企事业单位	2014
海永乡人大	2014 年度先进单位	2015
海永乡党委	2014 年度先进基层党组织	2015
海永镇	树一流形象　争二次率先好班子	2015
海永镇	目标管理党建工作先进区镇	2015
海永镇沙南村	新农村建设先进村三等奖	2015
海永镇	目标管理考核优秀奖	2015
海永镇	第三次全国经济普查先进集体	2015
海永镇沙南村党支部	双带五星村党组织	2016
海永镇党委	2015 年度党建工作先进区镇	2016
海永镇企业联合党支部	先进基层党组织	2016
海永镇	目标管理考核优秀奖	2016

编纂始末

《海永镇志》是记述海永历史和现状的第一部志书。2014 年 10 月,海永乡党委、政府本着传承沙岛文化,延续历史文脉,展示社会风貌,牵动爱乡之情,启迪后人奋发的指导思想,决定编修《海永乡志》,同时成立乡志编纂委员会、办公室,召开乡志编纂动员大会,聘用有一定文字功底和社会阅历、热心地方志编修、熟悉海永历史渊源的 3 位老同志组成专职编纂班子,于 2015 年 3 月正式启动乡志编纂工作。

整个编纂过程共分 4 个阶段:一是编写纲目。镇志记述上限追溯到事物发端,下限截至 2015 年 12 月 31 日,大事记、人物、彩页照片延伸至 2016 年 12 月 31 日。纲目涵盖全镇自然、经济、文化、社会发展各个方面。充分反映海永的地域、生态优势,凸显海永围垦造田、艰苦创业、创新发展、开放开发、接轨上海的地方特色。全志纲目有综述、大事记和志书主体 10 篇、43 章、170 节组成。纲目初稿经市方志办修改审定。二是收集资料。镇志的资料来自市档案馆、《海门市志》《海门年鉴》《海门统计年鉴》《海门市水利志》、镇档案室、《海永简报》《海永之声》、镇政府电子信箱和镇机关部门、单位、村、居委会提供的书面资料;通过座谈、走访老党员、老干部、老职工提供的口述资料。编纂人员用 5 个多月时间,查阅文书档案 600 多卷,摘录资料 5000 多条,为志书编纂打下翔实的资料基础。三是精心编纂。首先将全部资料按照纲目分门别类写成资料长编,共约 60 万字,然后去粗取精,去伪存真进行分纂,形成初稿。在分纂的基础上进一步调整平衡篇章结构,如将“开放开发”由章上升为篇,下设 3 个章;将“围垦造田”由节上升为章,下设 3 个节;将“土地资源管理”由节上升为章,下设 10 个节,同时节后附录 8 篇文章,以充分彰显海永志书的特色。经半年多时间的精心编纂,全志形成 42 万文字初稿。四是审稿修改。这个阶段主要由编修人员内审,乡镇新老领导复审,市方志办全文通审,特别是市方志办用 2 个多月时间精心审阅,提出许多宝贵的修改意见,并下文同意经修改后正式出版。根据各方面的审稿意见,经编纂人员反复加工修改,五易其稿,最后定稿付梓出版。在审稿修改的同时,通过收集老照片、拍摄新照片,形成 120 多幅彩页照和 70 多幅随文插图,为丰富志书的内容增添了色彩。

《海永镇志》的编纂工作自始至终是在镇党委政府领导下进行的,同时得到市党史办、方志办、档案局等有关部门的支持和指导,镇直机关和下属单位为镇志的编纂提供了大量历史资料,尤其是市党史办老主任施裕岩、水利局高级工程师黄志良,以及曾在海永工作过的老干部蒋雪高、陈范祖、卢君佳、沈一鹏等为镇志提供许多珍贵的原始资料和口述资料,在此谨向所有关心、支持、帮助《海永镇志》编修工作的各级领导、行家里手、社会各界人士表示衷心的感谢!由于参与镇志编修人员水平有限,缺乏经验,志书中难免有疏漏和错误之处,敬请各位专家和读者指正。

编　者

2018 年 5 月

844826103@qq.com

图书在版编目(CIP)数据

海永镇志 / 海永镇志编纂委员会编 . ——北京:
方志出版社,2019. 1
ISBN 978 - 7 - 5144 - 3646 - 4

Ⅰ. ①海… Ⅱ. ①海… Ⅲ. ①乡镇—地方志—海门
Ⅳ. ①K295. 35

中国版本图书馆 CIP 数据核字(2019)第 031005 号

海永镇志

编　　者: 海永镇志编纂委员会
责任编辑: 张　颢

出 版 人: 冀祥德
出 版 者: 方 志 出 版 社
地址　**北京市朝阳区潘家园东里 9 号(国家方志馆 4 层)**
邮编　100021
网址　http://www.fzph.org
发　　行: 方志出版社图书经销中心
电话　(010)67110500
经　　销: 各地新华书店
印　　刷: 南京顺和印刷有限责任公司

开　　本: 889 × 1194　　1/16
印　　张: 17.5
字　　数: 505 千字
版　　次: 2019 年 1 月第 1 版　2019 年 1 月第 1 次印刷
印　　数: 001 ~ 500 册

ISBN 978 - 7 - 5144 - 3646 - 4　　　　定价:280.00 元